Missbraucht im Namen des Herrn

Wie bringt man Eltern dazu, ihr 10-jähriges Kind allen Ernstes vor die Wahl zu stellen: »*Wenn der Herr Jesus Mama und Papa geholt hat, wo willst du dann bleiben, bei Oma oder lieber bei Tante Helga*«? oder völlig emotionslos zu sagen: »*Wenn du erst in der Hölle bist, dann können wir dir auch nicht mehr helfen*«! Willkommen in der Welt einer Evangelischen Freikirche. Einer Welt, die Bernd Vogt weit mehr als nur 16 Jahre seines Lebens gekostet hat.

Während die nicht abreißenden Missbrauchsskandale in der katholischen, aber auch in der evangelischen Kirche in regelmäßigen Abständen die Schlagzeilen der Medien füllen, dringt über den geistlichen Missbrauch, der im Namen eines christlichen Gottes insbesondere im freikirchlichen Bereich geschieht, kaum etwas nach draußen.

Bernd Vogt wächst in dem felsenfesten Glauben auf, dass die Erde nur noch kurze Zeit Bestand haben wird, weil Gott in Kürze seinen *großen Krieg, das Armageddon*, beginnt. Unmittelbar zuvor wird Jesus in den Wolken erscheinen und seine Eltern gemeinsam mit allen wiedergeborenen Christen in einer Nacht- und Nebelaktion in den Himmel abtransportieren. Bis dahin müssen alle *Weltmenschen*, also die Ungläubigen, missioniert werden. Bernd Vogt erfüllt augenscheinlich die Erwartungen seiner Eltern und der Prediger. In Wahrheit ist er innerlich schon längst zerbrochen; missbraucht im Namen des Herrn. Mit 16 Jahren gelingt ihm wie durch ein Wunder der Ausstieg aus seiner Gemeinde. Aber fertig ist er mit seiner Vergangenheit noch lange nicht.

BERND VOGT

Missbraucht im Namen des Herrn

Die Geschichte einer gestohlenen Kindheit
in einer Evangelischen Freikirche

Bericht eines Aussteigers

Bibliografische Information der Deutschen Nationalbibliothek:
Die Deutsche Nationalbibliothek verzeichnet diese Publikation in der Deutschen
Nationalbibliografie; detaillierte bibliografische Daten sind im Internet über dnb.dnb.
de abrufbar.
Die Namen der vorkommenden Personen wurden geändert.
Jegliche Ähnlichkeit mit lebenden oder realen Personen wären rein zufällig.

© 2020 Bernd Vogt
Satz, Umschlaggestaltung, Herstellung und Verlag:
BoD – Books on Demand, Norderstedt
ISBN 978-3-7504-5948-9

Inhalt

Vorwort

*D*ass dir das später nicht alles noch einmal leid tut. Du weißt ja, dass wir in der Endzeit verfolgt werden müssen«. Ich war wie vor den Kopf gestoßen, als mir meine Mutter diese zwei Sätze vor vielen Jahren direkt ins Gesicht sagte. Dabei hatte ich ihr lediglich unter Tränen gesagt, dass ich nicht länger den Mantel des Schweigens über meinen Missbrauch in der Kindheit hüllen könnte, ohne daran zugrunde zu gehen.

Was treibt eine Mutter zu einer derart kaltherzigen Reaktion? Was bewegt einen im Grunde genommen liebenswerten Vater, seinen längst erwachsenen Sohn aufzufordern: »*Auf die Knie, jetzt wird gebetet*«? Wie bringt man Eltern dazu, ihr 10-jähriges Kind allen Ernstes vor die Wahl zu stellen: »*Wenn der Herr Jesus Mama und Papa geholt hat, wo willst du dann bleiben, bei Oma oder lieber bei Tante Helga*«? oder völlig emotionslos zu sagen: »*Wenn du erst in der Hölle bist, dann können wir dir auch nicht mehr helfen*«! Willkommen in der Welt einer Evangelischen Freikirche. Einer Welt, die mich um einen Großteil meines Lebens betrogen hat.

Während die nicht abreißenden Missbrauchsskandale in der katholischen, aber auch in der evangelischen Kirche in regelmäßigen Abständen die Schlagzeilen der Medien füllen, dringt über den geistlichen Missbrauch, der im Namen eines christlichen Gottes insbesondere im freikirchlichen Bereich geschieht, kaum etwas nach draußen. Lediglich durch das längst überfällige staatliche Verbot sogenannter »Konversationstherapien« erfuhr beispielsweise die breite Öffentlichkeit davon, dass es in vielen evangelikalen Kirchen gängige Praxis ist, mit Hilfe derartiger Umerziehungstherapien –nicht selten Dämonenaustreibungen-, Homosexualität »zu heilen«. Das sagt eigentlich alles. Dass ein solches Verbot zu kurz greift, sei hier nur am Rande erwähnt. Schließlich ist und bleibt für radikale Christen Homosexualität eine verdammungswürdige Sünde. Und zwar aus dem ganz einfachen Grund, weil Gott es so will *(Römer 1, 26 – 32)*.

Nun muss man wissen, dass in evangelikalen Kreisen die Bibel wortwörtlich genommen wird. Hierzu gehört nicht zuletzt der Glaube, dass Gott die

Erde in nur 6 Tagen erschuf, und Jesus in Kürze zum *großen Weltgericht* wiederkommt. Allein in Amerika glaubt das so fast die Hälfte der Bevölkerung.

Doch was es für ein Kind im Alltag ganz konkret bedeutet, mit einem derartigen Glauben aufzuwachsen, darüber ist meines Wissens bislang relativ wenig an die Öffentlichkeit gedrungen. So erzählt dieses Buch eine Lebensgeschichte, in der ich von klein auf zu einem Menschen dressiert wurde, der seine eigene Natur verleugnen und sich am Leben vorbeiquälen musste – ausgrenzt und abgestempelt zu einem Außenseiter in Schule und Gesellschaft. Es berichtet von einer Kindheit, in der nur eines gewiss war – die Wiederkunft Jesu und damit der Verlust meiner Eltern. Jeden Moment konnte der Heiland angepreschst kommen und sie in einer Nacht- und Nebelaktion abtransportieren. Bis dahin galt es, die sogenannten *Weltmenschen* im wahrsten Sinne des Wortes auf Teufel komm raus zu missionieren.

Es schildert, wie man mir seit frühesten Kindertagen einbläute, dass mit mir irgendetwas nicht in Ordnung war. Kein Wunder also, dass ich schon als kleiner Knirps begann, mich selbst zu hassen. Dieser Selbsthass war es dann auch, der sich Jahre später wie ein Krebsgeschwür durch meinen Körper fressen sollte – wortwörtlich. Zweimal erkrankte ich an Krebs. Folgen dieser so früh gelegten Saat – der Verteufelung meiner natürlichen Wünsche und Bedürfnisse. Die Erkrankungen habe ich überstanden. Geblieben ist trotz einer verzweifelten psychotherapeutischen Odyssee meine psychische Erkrankung – die Überbleibsel meiner »Jesuskrankheit«.

Dabei würde ich wirklich alles dafür geben, wenn ich dieses Buch, das Sie, liebe(r) LeserIn, gerade in Händen halten, niemals hätte schreiben müssen. Denn dann wäre mir nicht nur meine schreckliche Lebensgeschichte erspart geblieben, sondern auch die Schmach und die unbändige Wut, mich noch immer mit Gott, Jesus und eben meiner Kindheit herumschlagen zu müssen. Aber dass diese Auseinandersetzung nach so vielen Jahren und Jahrzehnten immer noch geschieht, daran bin nicht ich schuld, sondern die in meinem Unterbewusstsein gelegte teuflische Saat nicht erfüllbarer Glaubenssätze, also der Lügen, die man mir tagein, tagaus aufgetischt hatte. Und obwohl ich von längst vergangenen Zeiten schreibe, hat sich an der Problematik, die eine wortgetreue Auslegung der Bibel mit sich bringt, bis zum heutigen Tage nichts geändert. Wie sollte es anders sein? Schließlich wurde die Bibel seit Jahrhunderten nicht mehr verändert. Allein schon deshalb sind meine geschilderten Erfahrungen zeitlos und geschehen so oder ähnlich auch heute noch weltweit in großer Zahl.

Genauso wie der Glaube an eine schützende höhere Macht, ob man diese nun Gott oder Geist, Natur oder Höheres Selbst oder sonst wie nennt, einer gesunden psychischen und physischen Entwicklung zuträglich ist, kann ein bibeltreuer Glaube an einen strafenden Gott krank machen. Und um nichts anderes geht es in diesem Buch. Deshalb ist es auch nicht geschrieben für Menschen, die mit ihrem Glauben glücklich und zufrieden leben. Es ist geschrieben für Menschen, die zweifeln, leiden oder im Namen eines Gottes Leid und Einschränkungen in ihrem Leben erfahren mussten.

Gleichzeitig versteht es sich aber auch als eine Warnung vor Kirchen und Gemeinschaften, die eine wortgetreue Auslegung der Bibel propagieren. Als ein flehentlicher Appell genauer hinzuschauen, wenn man sich vielleicht von einer fröhlichen, warmherzigen Atmosphäre in Gottesdiensten angezogen fühlt, man mit Zuwendung und Aufmerksamkeit geradezu überschüttet wird. So soll es »aufschrecken lassen« vor charismatischen Predigern, die es verstehen, mit vollmundigen Versprechen und einfachen Lösungen Menschen in ihren Bann zu ziehen. Denn hinter der Schwärmerei im Wolkenkuckucksheim verbirgt sich fast immer ein autoritäres System aus Glaube und Gehorsam: Vogel friss oder stirb.

Vor allem möchte ich mit diesem Buch aber auch den weit überwiegenden Teil der Menschen ansprechen, die über groteske Erfahrungen mit einem irrsinnigen Glauben schmunzeln können, über aberwitzige Erlebnisse in einer »Heil«Anstalt, die wir Gemeinde nannten.

Kapitel 1:
Das Irrenhaus, das wir Familie nannten -
Die »Heil«Anstalt, die wir Gemeinde nannten

So war es mein verfluchtes Schicksal, dass ich in die Gemeinde meiner Eltern, einer kleinen Evangelischen Freikirche auf dem Dorf, hineingeboren wurde. In eine scheinbar harmlose christliche Gemeinschaft, der auch heute noch mein älterer Bruder Erich als Prediger und meine strenggläubigen Eltern bis zu ihrem Tod als bekennende Mitglieder angehör(t)en. Was danach kam, lässt sich am besten mit den Worten Aufzucht und Dressur umschreiben. So verbinde ich die frühesten Erinnerungen an meine Kindertage –ich mag vielleicht 4 Jahre alt gewesen sein- mit stinklangweiligen Versammlungen in unserer kleinen Dorfschule, zu denen mich meine Eltern trotz meines Quengelns und Murrens unerbittlich mitschleppten. Nur noch allzu lebhaft habe ich adrett gekleidete alte Männer und Frauen in voll besetzten Stuhlreihen vor Augen, die andachtsvoll einem Onkel dort vorne am Rednerpult lauschten. Und über diesem Pult hing feierlich zelebriert ein kleines rotes Deckchen mit der Aufschrift: *»Jesus ist der Sieger«*. Gegen wen dieser Jesus gewonnen hatte und wie hoch, stand da leider nicht.

Und es musste wohl wichtig sein, was dieser Mann da ziemlich aufgeregt rausposaunte, denn auch Mama und Papa hingen mit ehrfurchtsvollen Mienen an seinen Lippen. Allein aufgrund ihres unterwürfigen Verhaltens wusste ich, dass ich stillzusitzen und den Mund zu halten hatte. Da ich aber nur Bahnhof verstand, von dem, was dieser Schreihals da wild gestikulierend zum Besten gab, versuchte ich die Zeit irgendwie totzuschlagen. Mal zählte ich die Fliegen an der Wand, dann wieder spielte ich mit meinen kleinen Fingern. Jedenfalls langweilte ich mich zu Tode. Als der Mann endlich aufhörte zu schreien, fingen die Leute an; ein gruseliger Gesang. Und als dann alle mit ihrer Schreierei fertig waren, durfte ich wieder mit Mama und Papa nach Hause gehen.

Und manchmal, wenn ein besonders wichtiger Onkel –meine Eltern sprachen dann immer von einem »reich gesegneten Bruder«, was zum Teufel das auch immer bedeutete-, von weit her zum Schreien angereist war, baute Papa sein riesiges Tonbandgerät auf, damit wir uns das schreckliche Gebrüll auch noch Zuhause anhören konnten. Das war wohl ganz im Sinne dieser Schreihälse.

Papa saß dann immer ganz aufgedreht vorne links in der ersten Stuhlreihe, wo er gleich drei Stühle auf einmal für sich in Beschlag genommen hatte. Einen für sich, einen für das Tonbandgerät und einen für das Mikrofon. Ich staunte dann immer nicht schlecht, dass er mit dem ganzen Kabelsalat überhaupt klarkam. Denn eigentlich wusste er von Technik und Elektronik nur so viel, dass er seine Finger nicht in die Steckdose halten durfte, wie es mein Bruder wohl formuliert hätte. Nichtsdestotrotz, ich wurde das Gefühl nicht los, dass der ganze Kokolores nur ein krampfhaftes Ablenkungsmanöver war. Letztlich wollte er sich wohl nur bei den Predigern einschleimen, damit sie ihm nicht auf die Schliche kamen, dass für ihn *»die ganze Sache mit Jesus scheiße war«*, wie es noch eines Tages förmlich aus ihm rausplatzen sollte.

Jedenfalls galt es für mich von da an, regelmäßig eine mindestens zweistündige Folter aus Predigt, Gesang und Gebet auszuhalten. Mit zunehmendem Alter wurde mir dann schmerzhaft bewusst, dass Mama und Papa nichts mehr interessierte, als dass ich zu einem braven Jesusjungen heranwuchs. Und je sehnsüchtiger ich mir liebende Eltern zusammenfantasierte, desto verzweifelter spürte ich, dass es ihnen nur darum ging, mich in die richtige Spur zu bringen. Also mich auf Gedeih und Verderb diesen fanatischen Menschen auszuliefern. Für den Rest, nicht mehr und nicht weniger als die Verformung zu einem lebendigen Glied ihrer Gemeinde, würden diese verrückten Leute, die Prediger, sorgen – ihr Tagesgeschäft sozusagen. Sie würden mich schon unter ihre Fittiche, besser gesagt unter ihre Fuchtel nehmen und mir mein letztes zaghaftes Aufmucken austreiben. Schuldgefühle galt es zu wecken und zu schüren, um sie dann mit Strafängsten zu belegen.

Dabei war es so, dass mir der Herr Jesus in meinen ersten Lebensjahren noch als eine Art hilfsbereiter Polizist, als Freund und Helfer, verkauft wurde. So hatte ich in den Predigten aufgeschnappt, dass er uns Kinder durchaus mochte, denn immerhin hatte er mal gesagt: *»Lasset die Kindlein zu mir kommen« (Lukas 18, 16).* Allerdings war die Kehrseite der Medaille, dass ich ihn ganz doll liebhaben und immer brav und artig sein musste.

Und wenn ich irgendetwas lieber machte, als in die Kinderstunde oder mit Mama und Papa an der Hand zur Versammlung zu gehen, fand er das gar nicht gut und konnte sogar richtig ärgerlich werden.

Dazu muss man wissen, dass es mit dem Besuch dieser Veranstaltungen weiß Gott nicht getan war. Und ohne den folgenden Kapiteln vorgreifen zu wollen, so viel sei an dieser Stelle schon mal preisgegeben, für einen »strenggläubigen Christen« gibt es nichts Wichtigeres, als seine Zeit dem Herrn Jesus und damit der Gemeinde zu opfern. Kinderstunden, später dann Jugendstunden, Gebetskreise, Freizeiten, Evangelisationen und, und, und. Ich sollte das ganze Programm bekommen, die volle Jesus-Dröhnung.

Und damit ich auch immer schön parierte, hatte der Herr Jesus seine Ohren gespitzt und belauerte mich in einer Tour. Das fand ich wiederum richtig fies. So bekam ich von klein auf das Gefühl, dass ich mich mächtig ins Zeug legen musste, um ihm und damit auch meinen Eltern zu gefallen. Je älter ich dann wurde, desto mehr zog er die Zügel an. Der liebe Heiland, der bis dahin so eine Art *»göttlicher Flipper, der Freund aller Kinder«* war, und die Erwachsenen sogar ausgeschimpft hatte: *»Es sei denn, dass ihr umkehret und werdet wie die Kinder, so werdet ihr nicht ins Himmelreich kommen«* (*Matthäus 18, 3*), wurde plötzlich wunderlich, genau genommen, unbeherrscht und böse.

Und das hatte einfach damit zu tun, dass wir Kinder mit zunehmendem Alter unseren Welpenschutz verloren, und damit auch der Heiland seine Beißhemmung. Denn ab einem gewissen Alter, das konnte je nach Entwicklungsstand etwa zwischen sechs und neun Jahren sein, war es mit der »kindlich-christlichen Unschuld« vorbei. Von da an konnten wir nämlich zwischen »Gut« und »Böse« unterscheiden. Nun hieß es plötzlich: *»Das Dichten und Trachten des menschlichen Herzens ist böse von Jugend auf«* (*1. Mose 8, 21*). Und unversehens steckte uns auch die sogenannte »Erbsünde« in den Knochen, die uns »*vom ersten Schrei an zu Sündern gemacht hatte«* (*Römer 5, 12*). Im Klartext, von Geburt an hatten wir nun »Dreck am Stecken«.

Und dieser Irrsinn bedeutete für mich ganz konkret, dass ich ohne jegliche Vorwarnung vom süßen kleinen Steppke, den der Herr Jesus einigermaßen gut leiden konnte, zum verdammungswürdigen Sünder mutierte, der den Teufel im Herzen hatte. Von einem Tag auf den anderen war ich sozusagen höllentauglich geworden. Ich verstand das überhaupt nicht. Ich hatte mich doch gar nicht verändert. Ich war doch noch genauso angepasst und pflegeleicht wie kurz zuvor. Doch es nutzte alles nichts. Die Zeiten, als der liebe Heiland noch fünfe gerade sein ließ, und es reichte, artig zu den Kinderstunden zu gehen, waren ein für alle Mal vorbei. »Nur lieb sein und keine Dummheiten zu machen«, reichte als Ticket zu den Herzen meiner Eltern, der Glaubensgeschwister und vor allen Dingen zum Herzen des Heilands einfach nicht mehr aus.

Auch rein äußerlich hatte sich der Herr Jesus komplett neu erfunden. Der *»gute Hirte«,* den ich bis dahin nur im weißen Umhang, schwarzen wallenden Haaren und den echten, nach ihm benannten »Jesuslatschen« –mal mit Wanderstab, dann wieder ohne, dafür aber mit leicht erhobenen Armen–, aus der Kinderbibel und den Pixi-Heften kannte, hatte sich zum gnadenlos dreinschlagenden Gottessohn verwandelt. Und das mit einem Aussehen, dass mir schon Angst und Bange wurde, wenn ich nur an ihn dachte: *»Seine Augen waren wie Feuerflammen, aus seinem Mund zischte ein scharfes, zweischneidiges Schwert, seine Füße glühten wie Messing, und in seiner Hand hielt er ganz viele Sterne ...«* *(Offenbarung 1, 14 – 16 u. Offenbarung 19, 12).* Aber nicht nur das. Er würde die *Ungläubigen,* –das waren irgendwie ganz böse Menschen–, *»in seinen Feuerofen werfen« (Matthäus 13, 41 – 50),* den er irgendwo unter der Erde betrieb. Selbst kleine Kinder wie mich, würde er *»zu Tode schlagen« (Offenbarung 2, 23).* Oha! Bei aller Liebe, mein Bild von ihm hatte sich merklich getrübt. Schon da ist wohl irgendetwas in mir kaputtgegangen.

Je näher ich dem Grundschulalter rückte, desto augenfälliger geriet ich ins Visier einiger Geschwister und des Jugendleiters Matthias, die nun mit aller Macht versuchten, mir das Singen im Jugendchor schmackhaft zu machen. Wie ich später noch in Erfahrung bringen sollte, kam dieser kleinen Truppe die wichtige Aufgabe zu, einleitend zu den Gottesdiensten Lobpreislieder zur Verherrlichung des Heilands zu trällern. So sollten die Gemeindemitglieder und sogenannte *»Weltmenschen«* –wenn sich denn mal welche in unseren Klassenraum verlaufen hatten– auf die anschließende Predigt eingestimmt bzw. weichgekocht werden. Wenn man so will, ein Chor als »musikalischer Eisbrecher im Dienste des Herrn«. Und schon bald sollte ich dahinterkommen, dass es sich bei diesen merkwürdigen *Weltmenschen* um Leute handelte, die nicht in die Versammlung kamen und deshalb bekehrt werden mussten. Also eigentlich um alle anderen. So einfach war das.

Und gerade dieser Matthias war es, der mich noch das Fürchten lehren sollte. Ein aufgeblasener Wichtigtuer, dem selbst mein Vater mit einer Mischung aus Furcht und Feigheit in den Hintern kroch und katzbuckelnd mit »Doktor« ansprach. Letzteres nur deshalb, weil Matthias ein Medizinstudium aufgenommen hatte. Verständlich also, dass ich nur noch allzu lebendig seine aschfahle Visage und seine markant hohen Wangenknochen vor Augen habe, während mir seine drohende, diabolische Stimme in den Ohren klingt. Auf jeden Fall ein gefährlicher geistiger Brandstifter, dem man im normalen Leben besser nicht über den Weg gelaufen wäre. So viel an dieser Stelle zu Matthias. Er wird uns noch häufiger begegnen – leider!

Jedenfalls hatten sie alle gemeinsam ausgeheckt, mich mit dem Lockvogelangebot »im Chor mitsingen zu dürfen«, ködern und so ihrer Gemeinde einverleiben zu können. Schließlich standen die Chancen für einen Chorsänger recht gut, schon bald im Himmel als Backgroundsänger Karriere machen zu können. Besser hätte es also für mich eigentlich gar nicht laufen können. Zumindest aus dem Blickwinkel meiner Eltern.

Die Sache hatte allerdings einen Haken. Ich war bockig und zickte rum. Das war umso erstaunlicher, weil ich dieses Gefühl »andere nicht von mir enttäuschen zu wollen«, sozusagen wie Muttermilch aufgesogen hatte. Und während sie mir meine ausgeprägte »Zurückhaltung« zunächst noch als Schüchternheit durchgehen ließen, zogen sie nach und nach die bekannten Stellschrauben aus Zuckerbrot und Peitsche an. Doch je mehr sie mir auf die Pelle rückten, desto heftiger spielte mein Innerstes verrückt. Es sträubte sich mit Händen und Füßen. Und ganz unabhängig davon, dass ich der Kleinste war und einigen »Lobe-den-Herrn Sängern« gerade mal bis zur Hüfte reichte, fühlte es sich einfach falsch an.

Aber wie zum Teufel sollte ich ihnen das beibringen? Ich hatte mich gefälligst zu freuen, weil ich den lieben Heiland loben und preisen durfte. Ich kapierte zwar nicht *»warum«?!* Doch alle sagten, er hätte sich eigens für mich vor fast 2000 Jahren freiwillig an ein Kreuz nageln und quälen lassen. Und das nur deshalb, weil ich so schlecht und böse sei. *»Ach ja?! Schönen Dank auch, »lieber« Jesus! Das wäre aber wirklich nicht nötig gewesen«,* sagte ich natürlich nicht. Was ich damit sagen will, es wollte einfach nicht in meinen kleinen Schädel gehen, dass jemand für mich sterben musste, dazu noch der

Sohn Gottes. Denn so übel fand ich mich gar nicht. Und bis dahin war ich auch noch ganz gut ohne diese »Erkenntnis« zurechtgekommen.

Nichtsdestotrotz, wenn ich es mir mit meinen Eltern nicht verderben wollte, würde ich die Kröte schlucken müssen. Es gab einfach keinen Grund, nicht im Chor mitzusingen. Welche Entschuldigung hätte ich auch vorbringen sollen? Etwa, dass ich völlig unmusikalisch war und nicht einen einzigen Ton traf? Das war doch wohl kein Grund! Schließlich konnte ich leise mitsingen, damit man die schiefen Töne nicht hörte, zumindest jedoch versuchen, meine Lippen synchron zu bewegen.

Und letzten Endes war es doch so, dass jeder Mensch vom Heiland eine Gabe mitbekommen hatte. Nur …, dass diese Gabe bei mir nun mal nicht im Gesang lag, hatte mir meine Grundschullehrerin, Fräulein Sundermann, bereits beim Vorsingen im ersten Schuljahr vor versammelter Mannschaft mit den Worten bescheinigt: *»Singen kann er zwar nicht, aber Mut hat er wenigstens gehabt«*. Na ja, das war vielleicht nicht gerade diplomatisch von ihr, aber sicherlich nicht böse gemeint. Leider half mir dieses Manko in unserer Kirche überhaupt nicht. Meine Gesangskarriere im Jugendchor war eine abgekartete Sache.

Und schon bald sollte sich zum allgemeinen Frohlocken herauskristallisieren, dass meine Gabe, mit der mich der Herr Jesus ausgerüstet hatte, zwar nicht im »Singen«, dafür aber in dem »Stemmen« des über 200 Seiten starken grünen Liederbuchs lag. Na und ob! Und da ich in dieser Funktion, sozusagen als lebendiger Notenständer, eine durchaus passable Figur abgab, waren die Würfel für meine steile Karriere als Gesangbuchhalter gefallen. Danke »lieber« Jesus, dafür! Was er sich allerdings dabei gedacht hatte, mir zu allem Überfluss auch noch die Gabe »des *weltlichen* Fußballspielens« in die Wiege zu legen, wird wohl sein Geheimnis bleiben.

Allerdings erwies sich meine Aufgabe alles andere als ein Zuckerschlecken. Nun ja, ich musste das gewaltige Liederbuch so weit nach vorne recken und strecken, dass Text und Noten für die älteren und größeren Geschwister, aber auch für ein oder zwei Gitarrenspieler gut lesbar waren. Dabei mag ich wie ein kleiner Gewichtheber gewirkt haben – nur eben ohne Hantel. So hatte auch für Mama und Papa mein peinliches Rumgezicke dann doch noch ein gutes Ende genommen. Ihr Sohn war mit von der Partie. Voller Stolz durften sie nun endlich die Komplimente der Geschwister für ihren geschmeidigen

Jesusjungen einstreichen, der sich dort vorne im Chor krampfhaft abmühte, Lobpreislieder zum Ruhme des Heilands zu trällern. Ihr kleiner Sohn hatte das Zeug dazu, ein kleiner »geleckter Lobe-den-Herrn Sänger« zu werden.

Und noch heute überkommt mich eine Mischung aus Beklommenheit und Gänsehaut, wenn wir uns dann auf ein Zeichen bzw. Kopfnicken Matthias' hin zum Chor formieren und vor der Gemeinde in Stellung bringen mussten. Dann galt es nämlich für mich, und ich glaube für einige andere auch, sich so gut es eben ging, vor den durchbohrenden Blicken der Prediger in Deckung zu bringen. Nun muss man wissen, dass diese Werkzeuge Gottes, die sie vorgaukelten zu sein, mit ihren stechenden Röntgenblicken unseren Seelenzustand im Nu erfassen und bloßlegen konnten: »*Das Auge ist des Leibes Licht, wenn nun dein Auge einfältig ist, so ist dein ganzer Leib licht; so aber dein Auge ein Schalk ist, so ist auch dein Leib finster*« (Lukas 11, 34).

Und dieses erbarmungslose Anstarren, um festzustellen, »*wes Geistes Kind wir waren*«, habe ich gefürchtet wie der Teufel das Weihwasser. So war es dann auch nicht weiter überraschend, dass die meisten von uns, sagen wir mal so, den blickgeschützten Lobpreis aus der zweiten Reihe bevorzugten. Wenn man sich jedoch allzu auffällig versteckte, drohte der Schuss nach hinten loszugehen. Denn das kam einem Schuldeingeständnis gleich, und zwar verbergen zu müssen, dass man »*nicht wiedergeboren*«, also kein »wahrer« Christ war. Im Nachhinein schon verrückt, welche Verrenkungen wir anstellen mussten, um unseren Heiland zu loben.

Kaum, dass ich meinen ersten Gesangsauftritt auf den Brettern dieser Welt, in dem Fall vor einer in die Jahre gekommenen Wandtafel eines Klassenraumes meiner Grundschule, hinter mich gebracht hatte, machte uns Matthias zur Schnecke, dass unser Gesang nicht zu einem gedankenlosen Runtersingen leerer Worthülsen verkommen dürfe. Dieses »Strahlen und Leuchten«, das wir aus voller Kehle rausposaunten: »*Jugend für Christus, Jugend voll Freud, Wonne und Glück, leuchtend und strahlend der Blick*«; »*Jesus, du meine Wonne, du meine Sonne, du hast mich lieb …*«, musste sich einfach in unseren Gesichtern widerspiegeln. Zu Befehl, Matthias! Strahlender Blick! Leuchtendes Antlitz! So wird's gemacht!

So war es dann auch nicht weiter verwunderlich, dass wir stets und ständig mit einem aufgesetzten Dauergrinsen durch die Gegend rannten. Alle angespannt freundlich, alle verkrampft herzlich. Niemals ein böses Wort. Wir waren verdammt zum Strahlen für Jesus, »*unserem Herrn und Meister*«. Und da der Gemeindegesang eine tragende Säule unseres Glaubens war, werde ich hierzu im Kapitel 25 noch einiges zu erzählen haben.

Damit diese Wonne, dieser Wonneproppen, auch rein äußerlich sichtbar wurde, unterzog mich meine Mutter vor jeder Versammlung einer Spezialbehandlung. Ja genau! Wie es sich für einen geschniegelten und gestriegelten Jesusjungen gehörte, steckte sie mich in eine festliche Kombination aus Sakko und Hose, Hemd und Krawatte. Ausstaffiert und fein rausgeputzt, dass die anderen sich an meinem Aussehen eine Scheibe abschneiden konnten, das war es, was sie selig machte. Während sie dann mit mir angab wie mit einem Sack Sülze, fühlte ich mich einfach nur benutzt und zur Schau gestellt. Letztlich nur ein Mittel zum Zweck, um sie ins rechte Licht zu rücken.

So saß ich auch im Sommer in Schlips und Kragen in den Gottesdiensten, schwitzte artig vor mich hin und war in Gedanken bei meinen Freunden, die im Freibad rumtobten. Gern geschehen, »lieber« Jesus! Mir klebte die Hose am Hintern, während du dir von Maria Magdalena deine verschwitzten Füße kraulen ließest (*Lukas 7, 37 – 38*) und was weiß ich, was noch?!

Und wenn meiner Mutter dann im Eifer des Gefechtes das Gespür dafür abhandengekommen war, dass ich dem Heiland mit allzu grellen und farbenfrohen Krawatten Aufmerksamkeit wegschnappte, ihm buchstäblich auf den Schlips trat, war es an mir, mich querzustellen. Schließlich hatten uns die Prediger lange genug eingebläut, dass auf uns gerichtete Aufmerksamkeit immer Bewunderung von unserem Meister abzog. Und wegen dieser blöden Krawatten ins Visier der Prediger zu geraten, war das, was ich am wenigsten gebrauchen konnte.

Und wenn ich mir heute die überschaubare Anzahl der Bilder aus meiner Kindheit anschaue, wirkte ich eher wie die Imitation eines Kleinwüchsigen, als dass ich wie ein normal gekleideter acht- oder neunjähriger Junge aussah. Vorbildlich geschorene Haare, wie es die Prediger verlangten (*1. Korinther 11, 14*), kein fehlender Knopf am Sakko, kein Fleck auf der Hose, alles picobello. Wie aus dem Ei gepellt. Nun gut.

Vielleicht wäre mein Leben anders verlaufen, wenn der Versammlungsraum, in dem die Kinderstunden abgehalten wurden, für mich nicht im Nu zu erreichen gewesen wäre. Schließlich besaßen wir kein Auto, mit dem mich Papa regelmäßig zur wöchentlichen Gehirnwäsche in der Anstalt hätte abliefern können. So war ein umgebauter Schuppen in der Nachbarschaft als Versammlungsort wahrlich eine Fügung Gottes, jedenfalls für meine Eltern. Für mich dagegen fiel ein »zu weiter Weg« als Entschuldigung für ein Schwänzen der Stunden von vornherein flach. Und ich konnte mir an fünf Fingern abzählen, dass auch eine vorgetäuschte Krankheit als faule Ausrede für eine Fehlstunde so ziemlich das Dämlichste war, was ich hätte ins Feld führen können. Schließlich »*kam Krankheit aus Sünde*« und würde mich erst recht in die Bredouille bringen.

Je älter ich wurde, desto stärker und zugleich verzweifelter spürte ich, dass am Besuch der Kinderstunden und Versammlungen kein Weg vorbeiführte. Und wenn Erich oder ich dann doch einmal all unseren Mut zusammennahmen und Mama anbettelten, einmal »aussetzen« zu dürfen, wurden wir von ihr ebenso schroff, wie erbarmungslos abgekanzelt. »*Wenn ihr groß seid, könnt ihr eure eigenen Wege gehen. Solange ihr hier wohnt, geht ihr mit. Davon will ich kein Wort mehr hören«,* lautete ihre keine Widerworte duldende Standpauke. Punkt aus. Damit war das Thema für sie erledigt. So als ob Kinder nach jahrelanger Indoktrination noch die Möglichkeit hätten, im späteren Leben eigene Wege zu gehen! Dabei ging mir die Furcht vor ihrer erwartenden Abfuhr dermaßen unter die Haut, dass mir noch heute die Worte Erichs: »*Frag du doch*« oder »*Frag doch selbst*« in den Ohren klingen. Er traute sich ebenso wenig, diese aufmüpfige, vom Teufel ausgeheckte Bitte zu äußern.

Und wenn ich mich dann mitunter auf dem Fußboden wälzte, weil mich die Angst vor den Stunden Blut und Wasser schwitzen ließ, veranlasste das meine Mutter lediglich dazu, einen etwas größeren Schritt über mich hinweg zu machen. Sie blieb gnadenlos und unerbittlich. Schließlich hatte sie gegenüber ihrem Meister eine Bringschuld – uns Kinder. Mit der gleichen Gefühlskälte ließ man mich nun von Tag zu Tag mehr spüren, dass mit mir etwas nicht stimmte. Mir fehlte das Wichtigste in meinem noch jungen Leben: »*Die Bekehrung und Wiedergeburt«.* Mein tägliches Gebet und Bibelstudium, das Mitwirken im Jugendchor, das Stillsitzen in den Kinderstunden und Gottesdiensten, alles war für die Katz. Die *Wiedergeburt* und die damit verbundene *Heilsgewissheit* war der einzig gültige Fahrschein, um in den Himmel zu kommen.

Kein Wunder also, dass ich dieser verfluchten *Heilsgewissheit:* »*Sein Geist gibt Zeugnis unserem Geist, dass wir Kinder Gottes sind«* (Römer 8, 16) mit zunehmenden Alter noch wie ein Verrückter hinterherhecheln sollte. Einem Phantom, wie ich noch schmerzhaft erfahren würde. Dabei hätte nach den Worten der Prediger doch eigentlich alles so einfach sein sollen: *»Den alten Adam sollten wir abtöten und den Herrn Jesus als unseren ganz persönlichen Erlöser annehmen. Dann würde er uns in eine ›neue Kreatur‹ verwandeln«* (2. Korinther 5, 17). Sozusagen von einer Raupe in einen wunderschönen Schmetterling. *»Hä? Wie jetzt? Wen soll ich töten? Welchen Adam«?* sagte ich natürlich nicht. Es dauerte nur halt ein bisschen länger, bis bei mir kleinem Knirps der Groschen fiel, dass mit dem »alten Adam« wohl unser »altes Leben« gemeint war. Machte die Sache als solche aber nicht besser. Die Prediger … schöne Schmetterlinge? Na dann, gute Nacht! Gefährliche Zecken trifft es wohl eher.

Damit wir das dann auch wirklich machten, also das *»mit dem Adam toten und so …«,* verfolgten die Prediger eine zweigleisige Strategie. Einerseits paukten sie uns immer neue Schuldgefühle für vermeintliche Sünden ein. Andererseits versuchten sie uns den Genuss eines neuen, fantastischen Lebens mit unserem Meister und einem grandiosen Happy End im Paradies schmackhaft zu machen. Und um uns die ganze Sache kindgerecht zu vermitteln, verglichen sie unser »altes Leben« mitunter mit einer »alten Puppe«, die wir nicht bereit waren herzugeben, obwohl der Heiland doch schon längst darauf wartete, uns mit einer »neuen, viel schöneren Puppe« zu beglücken. Ja, schönen Dank auch, »liebe« Prediger für diese prima Veranschaulichung. Nur, eure dämliche Jesus-Puppe: *»Predigt, geht übers Wasser und weckt Tote auf«* könnt ihr euch sonst wo hinstecken. Ich hatte einen Teddy, und den wollte ich auch behalten.

Ganz abgesehen davon, ich hatte das »alte Leben«, diese »Welt der irdischen Vergnügungen«, ja noch nicht einmal ansatzweise zu Gesicht bekommen, geschweige denn genießen dürfen. Ich kannte doch nichts anderes als singen und beten. Und mit diesem ganzen Kokolores, egal ob *»Bekehrung oder Wiedergeburt«, »alte oder neue Kreatur«, »Puppe hin oder her«,* konnte ich schon mal gar nichts anfangen. Und ja, bis dahin fand ich mich eigentlich ganz okay. Die Prediger sollten mich endlich in Ruhe lassen mit *»Jesus und Teufel«, »Himmel und Hölle«* und dem ganzen Gedöns. Ich wollte mit meinen Kumpels spielen. Fußball und Hockey, Cowboy und Indianer, Buden bauen und auf Bäume klettern. Das war es, was mein Kinderherz höher schlagen ließ. Wald und Wiesen, kaum befahrene Straßen und Plätze direkt vor unserer Haustür boten doch ideale Bedingungen dafür.

Unsere Helden waren nicht der Heiland oder so ein komischer Heiliger Geist, sondern Winnetou, der Häuptling der Apachen und sein weißer Bruder Old Shatterhand, der schwarze Ritter Ivanhoe und Robin Hood, Sigurd und Falk, die Ritter ohne Furcht und Tadel. Diese Kultfiguren der deutschen Comicgeschichte waren es, mit denen ich ein Abenteuer nach dem anderen bestand. Und wenn es schon »ein Meister« sein musste, den ich liebhaben sollte, dann doch bitte schön den aus der amerikanischen Kultserie »Bezaubernde Jeannie«, Astronaut Tony Nelson.

Wohl überflüssig zu erwähnen, dass meine Helden all das schafften, was ich nicht konnte. Sie waren stark und furchtlos. Kein Bösewicht, der es mit ihnen hätte aufnehmen können. Keine noch so missliche Lage, keine noch so ausweglose Situation, der sie nicht Herr wurden. Ich dagegen war klein und schwach, hatte eine Mordsangst und war auf mich allein gestellt. Gefangen in einem Käfig, aus dem es kein Entrinnen gab. So schlüpfte ich immer öfter in die Rollen meiner wahren Helden, die sich um den Heiland und die Prediger einen feuchten Kehricht scherten, und spielte ihre mitreißenden Abenteuer nach. Mit ihrer Hilfe konnte ich über mich hinauswachsen und die Prediger mit einem Handstreich erledigen. Jedenfalls in meiner Fantasie. Schon rein äußerlich hoben sie sich so wohltuend vom Herrn Jesus ab. Anstatt im weißen Gewand mit erhobenem Zeigefinger predigend um die Häuser zu ziehen, kämpften sie mit echten Waffen, Schwertern und Gewehren, gegen die Bösen.

Und während der Heiland bestenfalls auf einem lahmen Esel durch die Gegend gurkte, wenn er von A nach B wollte, um Hinz und Kunz zu heilen oder seine neuesten Gleichnisse, also Binsenweisheiten, die ihm gerade gekommen waren, unters Volk zu bringen, preschten meine Helden derweil auf tollen Hengsten üblen Zeitgenossen hinterher. Sie hatten das Zeug dazu, diesen verfluchten Heiland dahinzuschicken, wo er hingehörte – in die Wüste. Das wäre dann auch so ganz nebenbei für ihn ein willkommener Anlass gewesen, um an sein berühmtes »Frage- und Antwortspiel« mit dem Satan anzuknüpfen *(Matthäus 4, 1 – 11)*. Dazu gleich mehr. Ich hatte ihn so satt, diesen vollbärtigen, stinklangweiligen Wanderprediger, der niemals lachte und immer ein Gesicht wie das Leiden Christi zog. Okay, in seinem Fall nicht ganz unbegründet.

Ich konnte sie einfach nicht mehr hören, diese Geschichten von Gips- oder Gichtbrüchigen, von Leber- oder Leprakranken, von Aussätzigen und Blutflüssigen, von irgendwelchen Gebrechen, die er angeblich geheilt hatte. Von Krankheiten, die ich noch niemals gehört hatte, und von denen ich auch nichts wissen wollte. Jedenfalls hatte sich bis dahin noch keiner von diesen komischen Vögeln in unsere »Heil«Anstalt verlaufen, weder ein Leprakranker noch ein Blutflüssiger.

Allerdings war ich schon bald so durchgeknallt, dass ich mich bisweilen allen Ernstes fragte, ob vielleicht mein Kumpel Jochen zu diesen Aussätzigen gehörte. Warum? Nun ja, ihm machte bereits seit Monaten ein hartnäckiges Geschwür am Unterarm zu schaffen. Von »Leber« oder »Lepra« hatte seine Mutter zwar nie gesprochen, aber was hieß das schon. Schließlich würde sie wohl kaum an die große Glocke hängen, dass Jochen »Aussatz« oder »Lepra« hätte, wenn ihr auch nur halbwegs daran gelegen war, dass wir noch mit ihm spielten.

Und auch mit der tausendsten Predigt wurden die Schauwunder des Heilands, die man uns bis zum Gehtnichtmehr als grandiose Zauberstücke verkaufte, nicht spannender. »*Was interessierte es mich, dass er Wasser in Wein, vermutlich vollmundige Spätlese, verwandelt hatte*«? (*Johannes 2, 1 – 11*). Meinetwegen! Sollte er doch, wenn er Spaß dran hatte. Dass er offensichtlich kein Kind von Traurigkeit war und als »*dorfbekannter Fresser und Weinsäufer*« die Puppen tanzen ließ (*Lukas 7, 34*), kehrten die Prediger ohnehin unter den Teppich. »*Weshalb sollte ich ihn anhimmeln, nur weil er an einem See mit dem seltsamen Namen Genezareth mit sieben Broten und etwas Fischlein mal 4.000 (Markus 8, 1 – 9), dann wieder 5.000 (Matthäus 14, 15 – 21) Menschen verköstigt hatte*«? Man wusste es nicht so genau. Ohne Kochbuch, ohne Küche, nur im Schnellimbiss! Ohne Frage, eine Meisterleistung! Interessierte mich trotzdem nicht die Bohne. Ich war satt und unser Brotkasten voll.

So konnte ich auch mit der Schwärmerei der Prediger über »*irgendwelches Mama oder Manna, das der liebe Gott zur Speisung seine Volkes 40 Jahre! lang vom Himmel hatte regnen lassen*« (*2. Mose 16, 1 ff*), nichts anfangen. Wie sollte ich auch? 40 Jahre lang! Tagein, tagaus, nichts anders als Manna und irgendwelche Wachteln futtern? Puh …! Wer wollte das denn? Das Zeug musste einem doch aus den Ohren wieder rauskommen. Ich wollte Pommes rot-weiß und keine himmlischen Semmeln mit Wachtelbeilage. Und in irgendein *Schlaraffenland, wo Milch und Honig flossen (2. Mose 3, 8)*, wollte ich schon mal gar nicht abreisen. Nicht, dass ich etwa keine Milch oder keinen Honig gemocht hätte. Ganz im Gegenteil. Doch wenn ich Kohldampf darauf hatte, wetzte ich in die Küche, Kühlschrank auf und im Nu war der Drops bzw. der Honig gelutscht. Dafür extra ins »*gelobte Land*« abzudampfen, war einfach nichts für mich. Keine zehn Pferde hätten mich bei diesen bescheidenen Aussichten dorthin gekriegt.

»Und was half es mir, dass der Herr Jesus gelegentlich übers Wasser latschte, ohne unterzugehen? Auch wenn es im wahrsten Sinne den Wortes ein noch so ›schwerer Seegang‹ war«: »*Das Boot mit den Jüngern war inzwischen weit draußen auf dem See. Der Wind trieb ihnen die Wellen entgegen und machte ihnen schwer zu schaffen. Im letzten Viertel der Nacht kam Jesus auf dem Wasser zu ihnen. Als die Jünger ihn auf dem Wasser gehen sahen, erschraken sie und sagten:* »*Ein Gespenst! und schrien vor Angst*« (Matthäus 14, 24 –27).

Zugegeben, dieses Kunststück habe ich in meinem kindlichen Glauben auch einige Male probiert. Na ja, nicht auf hoher See, aber in unserem Freibad! Wie das ausging, kann man sich wohl denken. Ich ging schneller unter, als ich gucken konnte. Nur gut, dass ich meine Freunde nicht in mein Experiment eingeweiht hatte, und vor allen Dingen, dass ich bereits schwimmen konnte. Mehr Glaube wäre hier vonnöten gewesen. Nun, während der Heiland mit dem »*echten Überswassergeh-Abzeichen*« an seiner Badehose den dicken Max markieren konnte, hatte ich bereits mit dem Jugendschwimmschein das Ende der Fahnenstange erreicht. Aber das war es dann auch schon an Bewunderung.

Und ob Petrus zwei oder dreimal feige gelogen hatte, bevor irgendwelche »römischen Hähne«, was weiß ich wie oft gekräht hatten *(Markus 14, 30 – 31)*, war mir ehrlich gesagt scheißegal. Und von barmherzigen und fiesen Samaritern, die auf ihren Eseln landauf, landab durch die Gegend hoppelten, wenn sie nicht gerade im Berufsverkehr feststeckten *(Lukas 10, 25 – 37)*, hatte ich schon längst die Nase gestrichen voll. Vor allen Dingen aber hing mir diese verfluchte Leidensgeschichte des Heilands, die man mir fast täglich aufs Butterbrot schmierte, zum Halse raus.

Der einzige mit dem ich Mitleid hatte, war Judas. Aber der war ja unglücklicherweise der Blödmann in Person. Bekanntermaßen war er es doch, der unseren Meister verraten hatte. Weil er das aber nicht ungestraft tun durfte, hatte er sich selbst gerichtet. Mit anderen Worten, er hatte sich erhängt *(Matthäus 27, 5)* oder war einfach »geplatzt« *(Apostelgeschichte 1, 18 – 19)*. Peng! Vermutlich in tausend Teile. Auch das wusste man nicht so genau. Und wenn wir Fußball spielten, dann schossen wir unsere Tore als Uwe Seeler, Gerd Müller oder Siggi Held. Da würden uns Fremde, egal ob *»alter Adam oder neuer Adam, Saulus oder Paulus«* oder was weiß ich, wie diese Plagegeister alle hießen, nur im Wege stehen.

Kapitel 2:
1.000 Jahre mit Löwen und Lämmchen spielen?

Ich mag gerade einmal 9, vielleicht auch 10 Jahre alt gewesen sein, als mein Vater mir eines Tages ohne jegliche Vorwarnung direkt ins Gesicht sagte: *»Bernd, wenn du erst in der Hölle bist, dann können wir dir auch nicht mehr helfen«!* Und das in einem Tonfall, als hätte ich lediglich mein Pausenbrot für die Schule vergessen. *»Wie bitte«? »War ich gerade mitten in einem bösen Traum«?* Leider nicht! Dabei war an diesem Sonntag eigentlich alles wie immer. Meine Eltern saßen im Wohnzimmer und beschäftigten sich, wie sollte es anders sein, mit Gott und der Welt, also der Bibel und ihren christlichen Magazinen. Sicherlich werden sie sich auch im Vorfeld abgesprochen haben, dass es jetzt der richtige Zeitpunkt sei, um mir im wahrsten Sinne des Wortes »Feuer unterm Hintern zu machen«. Jedenfalls kapierte ich zunächst gar nicht, was da gerade passiert war. Erst allmählich dämmerte es mir, dass sie das wirklich ernst meinten, also das mit *»der Hölle und dem Nichthelfen«.*

Dabei war es wohl insbesondere die in ihren Gesichtern abzulesende beängstigende Gefühlskälte, die mich so schockierte und förmlich erstarren ließ. Ganz offensichtlich schien es für sie das Normalste von der Welt zu sein, dass ich für alle Ewigkeit in der Hölle gequält würde, während sie derweil rund um die Uhr mit Jubelgesängen vor dem Throne Gottes beschäftigt sein würden. Ein kaum erträglicher Schmerz erfasste mich. Mein Kopf war leer, mein kleiner Körper wie eingefroren. Kein Ton kam mir über die Lippen. Was hätte ich auch darauf erwidern sollen: *»Danke Papa! Gut zu wissen«!* oder *»Kein Problem! Ich komme schon klar da! In den Flammen, beim Teufel und so! Vielleicht wird's ja auch gar nicht so heiß«?* Wohl nicht!

Vielmehr ratterte mir in meiner furchtbaren Panik eine Frage nach der anderen durch den Kopf: *»Warum in aller Welt sagen sie das jetzt«? »Du hast doch gar nichts verbrochen«. »Du warst doch immer schön artig«. »Weshalb würden sie nicht wenigstens versuchen, dich aus der Hölle zu befreien«? »Ihre Gebete erhörte der Heiland doch sonst auch«.* Auch die Gewissheit vor Augen, dass ich dort in der Hölle unsere ungläubigen Verwandten wiedersehen würde, vermochte mich wenig überraschend nicht zu trösten. »Wiedersehen« ist gut, wir würden gemeinsam geröstet. Dann habe ich nur noch bruchstückhaft in Erinnerung, dass ich wie ein geprügelter Hund aus dem Wohnzimmer schlich, mich aufs Fahrrad setzte und losfuhr. Einfach nur weg, während meine Eltern wohl wieder zur Tagesordnung übergegangen sein werden. Es war gesagt, was gesagt werden musste.

Im Laufe der Zeit wurde mir dann immer deutlicher, dass ihnen jedes Mittel recht war, damit ich mich endlich bekehrte. Nur ein *Gotteskind* war ein gutes Kind. Und damit sie ihren Auftrag, »*mich in die bedingungslose Nachfolge Jesu zu führen*« auch niemals aus den Augen verloren, und jedem klar war, wo es bei uns im Hause langging, hing an unserer Wohnzimmerwand das eingerahmte Gelöbnis: »*Ich aber und mein Haus wollen dem Herrn dienen*« *(Josua 24, 15)*. Die Frage, »*ob Erich und ich das auch wollten*«? stellte sich nicht. So sollte sich dieser unantastbare Schwur wie ein stählerner Mantel um mein noch junges Leben legen.

Und als ob ich nicht schon genug Probleme an der Backe gehabt hätte, war bei einer anderen Gelegenheit die eingangs erwähnte Frage zu klären, »wo ich denn bleiben möchte, wenn sie sich mit dem Heiland auf Nimmerwiedersehen vom Acker gemacht hätten«. Wobei ich einräumen muss, dass mir Papa, grundanständig wie er war, die freie Auswahl zwischen meiner Oma und meiner Tante ließ: »*Bernd, wenn der Herr Jesus Papa und Mama geholt hat, wo willst du dann bleiben, bei Oma oder lieber bei Tante Helga*«? Das war eine ganz wichtige Frage für meine Eltern.

Dazu muss man wissen, dass wir geradezu besessen waren von dem Glauben, Jesus könnte jeden Augenblick in den Wolken erscheinen, um seine Günstlinge –das waren alle *wiedergeborenen Christen* auf der ganzen Welt ins *himmlische Jerusalem* abzutransportieren. Und da mich nichts mehr in Panik versetzt hat als diese unmittelbar bevorstehende Wiederkunft Jesu, habe ich diesem Trauma ein eigenes Kapitel, Kapitel 9, gewidmet. Eins sei an dieser Stelle zum besseren Verständnis jedoch schon mal vorausgeschickt: Meine Angst, bei dieser sogenannten »*Entrückung*« nicht dabei zu sein, war seit frühesten Kindertagen zum Motor all meines Denkens und Handelns geworden.

Ob meine Oma und Tante Helga bereits über den unerwarteten Familienzuwachs informiert waren? Keine Ahnung! Spielte aber auch keine Rolle. Sie würden mich schon nicht auf der Straße stehen lassen. Oder, Tante Helga?

Jedenfalls mussten in den Augen meiner Eltern Nägel mit Köpfen gemacht werden. Schließlich konnte es bereits im nächsten Moment soweit sein, ihr Abflug in den Himmel. Damit hatten unsere Eltern-Kind-Gespräche ein Niveau erreicht, von dem meine Kumpels und Schulkameraden nicht einmal hätten träumen wollen. Ihre Eltern beschäftigten sich erfreulicherweise dann doch eher mit irdischen Angelegenheiten, also Klassenarbeiten, Schulzeugnissen und dem Freizeitverhalten ihrer Sprösslinge. Das hatte ich zumindest den Gesprächen meiner Mitschüler entnommen.

War doch nett von meinen Eltern, mir ein Mitspracherecht einzuräumen, oder finden Sie nicht? Sagen wir mal so, ihnen blieb nichts anderes übrig. Sie würden die Entscheidung ja nicht mehr treffen können. Sie durften dann bereits ihren Meister von Angesicht zu Angesicht schauen. Ihren *himmlischen Bräutigam*, dem sie ihr Leben lang schmachtend zu Füßen gelegen hatten. Sie waren gelandet in der *»goldenen Stadt, wo weder Krankheit noch Tod, weder Leid noch Geschrei sein würden, und Gott alle Tränen von ihren Augen abwischen würde« (Offenbarung 21, 1 – 4)*. So unglaublich sich das alles auch anhören mag, ich wünschte, ich könnte es anders schreiben.

Dabei vermag ich nicht in Worte zu fassen, was Papas »Frage« mit mir gemacht hat. Ob ich ihm antwortete? Ich weiß es ehrlich gesagt nicht. Vermutlich nicht. Was hätte ich auch sagen sollen: *»Ist gebongt, Papa! Prima, dass ich mir mein neues Zuhause selbst aussuchen darf. Ich bleibe bei Tante Helga, wenn die einverstanden ist«?* oder *»Schade, dass ihr schon abfliegen müsst. War schön bei euch hier auf der Erde«! Guten Flug euch beiden«!?* Oder was sagte man in solchen Momenten? Ich hatte da keine Erfahrung. Dass ich sie schlicht und einfach nur behalten wollte, wird ihnen schon klar gewesen sein. Ging aber nun mal nicht.

Was ich aber niemals vergessen werde, war die entsetzliche Panik, die meinen kleinen Körper von einer Sekunde auf die andere gepackt hatte. Dabei glaubte ich förmlich zu spüren, wie mir der Boden unter den Füßen wegsackte. So muss ich sie wohl derart entgeistert angestarrt haben, dass sie meinten, mir einen »Rettungsanker« zuwerfen zu müssen. *»Vielleicht kannst du auf irgendwelchen verschlungenen Wegen doch noch gerettet werden. Denn gleich nach Mamas und Papas Entrückung bricht hier auf Erden das 1000-jährige Friedensreich an«,* hörte ich meinen Vater dann wie aus weiter Ferne schwafeln. Ach was? Danke Papa, für den hilfreichen Hinweis! Dass ich da aber auch nicht von alleine drauf gekommen bin!

Aber wie mir das genau gelingen könnte, da tappte Papa blöderweise im Dunkeln. Vermutlich, weil er selbst keinen blassen Schimmer von dem kommenden Tohuwabohu hatte. Und wie das überhaupt mit dem bevorstehenden *großen Krieg Gottes,* der Vernichtung der Erde, zusammengehen sollte, weiß der Teufel. Das passte doch alles hinten und vorne nicht.

Wohl unnötig zu erwähnen, dass ich weder bei meiner Oma noch bei Tante Helga wohnen wollte. Und schon gar nicht wollte ich 1000 Jahre lang mit Löwen und Lämmchen, Wölfen und Bären spielen, auch wenn diese noch so zahm und friedlich waren. Ums Verrecken nicht! Das waren jedenfalls die Bilder, die sich bei mir vom 1000-jährigen Friedensreich im Kopf festgesetzt hatten. Genauso, wie es auf unseren Traktaten in den schillerndsten Farben zu bestaunen, und von den Predigern anhand passender Bibelzitate zusammenfantasiert worden war: »*Die Wölfe werden bei den Lämmern wohnen. Ein kleiner Knabe wird Kälber und junge Löwen miteinander treiben. Kühe und Bären werden auf der Weide gehen … und Löwen werden Stroh essen wie die Ochsen*« *(Jesaja 11, 6 – 7).* Wie mir allerdings Stroh fressende Löwen und Ochsen bei meiner Errettung behilflich sein konnten, stand da leider nicht. So machten meine Eltern die ganze Sache, bewusst oder unbewusst, nur noch schlimmer.

Dabei wollte ich doch nur eins, genauso normal groß werden wie alle anderen Kinder auch. Fernsehgucken, Fußball spielen und Eltern haben, die mich genauso liebten und akzeptierten wie ich war. Ich wollte Mama und Papa doch auch ein bisschen stolz auf mich machen. Aber all das, was mir Spaß machte, und was ich gut konnte, Fußball spielen und Tischtennis, Rollschuhlaufen und Fahrradfahren, überhaupt jeglicher Sport war »*leibliche Übung, zu nichts nutze und in der Nachfolge Jesu einfach nur hinderlich*« *(1. Timotheus 4, 8).* Unterm Strich, brotlose Kunst.

Für meine Eltern hingegen war unser »vertrauliches Gespräch« letztlich nur Resultat logischen Denkens und konsequenten Handelns im Endzeitwahn. Also Ausfluss dessen, was sie unter elterlicher Fürsorge und Liebe verstanden. Für sie galt es, die letzten irdischen Formalitäten vor ihrem Himmelstransit, wozu letztlich auch meine Bleibe zählte, noch sauber über die Bühne zu bringen. Eingecheckt am himmlischen Schalter hatten sie ja schon längst.

Und wenn ich dann während des Gottesdienstes vor lauter Angst aufs Klo musste, wurde ich von Papa obendrein noch angeblafft. *»Konntest du dir dein Austreten nicht bis zum Ende der Stunde verkneifen«?* fuhr er mich eines Sonntags direkt im Anschluss an den Gottesdienst an. So als ob es ihm entgangen wäre, dass ich bereits seit geraumer Zeit auf meinem Stuhl unruhig hin- und her gerutscht war. Kein Ton zu meiner Verteidigung kam mir über die Lippen. Weder dass ich mir schon seit Minuten vor lauter Schmerzen auf die Lippen gebissen hatte, noch dass ich kurz davor war, mir in die Hosen zu pinkeln. Dabei trank ich meistens schon Stunden vor Beginn der Versammlungen kaum noch etwas, um genau diesen hochnotpeinlichen Situationen aus dem Weg zu gehen.

Und es würde mich schon sehr wundern, wenn das etliche Geschwister nicht genauso oder ähnlich gehandhabt hätten. Zumindest werden einige von ihnen gegen Ende der Gottesdienste von ähnlichen menschlichen Bedürfnissen geplagt worden sein. Mit dem fragwürdigen Ergebnis, dass sie mit ihren Gedanken wohl eher »auf dem Klo« als »beim Heiland am Kreuz« waren. Was genau genommen aufs Gleiche hinauslief: Qual und Erlösung. Jedenfalls werde ich nicht der einzige gewesen sein, der den Schlusssegen sehnlichst herbeiwünschte.

Und wenn sich dann der Prediger oder ein eigens dafür auserkorener Bruder mit gewichtiger Miene und erhobenen Händen breitbeinig vor uns aufbaute, um »seinen Segen an den Mann zu bringen«, war ich einfach nur heilfroh, endlich pissen zu dürfen bzw. kurz darauf. *»Und der Friede Gottes, welcher höher ist denn alle Vernunft, bewahre eure Herzen und Sinne in Christo Jesu« (Philipper 4, 7)* oder *»Der Herr lasse sein Angesicht leuchten über dir und sei dir gnädig. Der Herr erhebe sein Antlitz auf dich und gebe dir Frieden. Amen« (4. Mose 6, 24 – 26),* hörte ich diese Wichtigtuer mal ohnmächtig andächtig säuseln, dann wieder lauthals rausposaunen. So als ob es nichts Schöneres gab, als das ewig lauernde »Big-Brother-Antlitz« unseres Meisters über mir schweben zu sehen. Und als ob ich keine anderen Sorgen gehabt hätte, als »bei Sinnen zu bleiben«.

Und welcher Friede überhaupt? Es herrschte doch überall Krieg. Das einzig Gute an diesem blöden Segen war doch, dass dieses ewige Stillsitzen ein Ende hatte, und mir die Blamage erspart blieb, mit pitschnasser Hose raustransportiert zu werden. Und anstatt von Papa angeschnauzt zu werden, hätte ich mir von ihm ein paar lobende Worte für mein Durchhaltevermögen gewünscht. Schließlich war ich von Haus aus Bettnässer. Für die Prediger dagegen kam diese Segensformel wie gerufen, denn unseren Verstand galt es in einen leicht debilen Zustand zu bewahren. So »glaubte« es sich halt leichter. Nun, in der Rückschau betrachtet, war die Bitte, »*uns bei Sinnen zu halten*«, ebenso dringlich wie vergeblich, denn unser Meister hatte ohne Frage »*sein leuchtendes Antlitz einmal zu viel auf uns erhoben*«. Aber ja! Wir waren im wahrsten Sinne des Wortes »verstrahlt«.

Und dann war da noch die Sache mit den Hustenanfällen meines Vaters. Es war nämlich so, dass mein Vater vor und während der Versammlungen immer einen seltsamen Hustenreiz verspürte. Und während er seinen Alltag im Großen und Ganzen meistern konnte, ohne dabei auf Hustenbonbons zurückgreifen zu müssen, kam er in den Gottesdiensten, ich sag' mal so, nicht so gut dabei weg. So habe ich noch bildhaft vor Augen, wie ich jedes Mal ängstlich mit ihm mitfieberte, wenn er plötzlich anfing, sich zu räuspern oder zu husten. Ich konnte das gar nicht haben, weil ich genau spürte, wie peinlich ihm das war. Damit es also erst gar nicht so weit kam, und sich das lästige Kratzen im Hals zu einem handfesten Hustenanfall ausweitete, deckte er sich bereits im Vorfeld mit Bonbons jedweder Art und Couleur ein. Egal, ob Rachengold, Wick oder Em-Eukal Hauptsache, er wusste um einen ausreichenden Vorrat in seiner Hosentasche.

Im Nachhinein muss man wohl sagen, dass es seine Psyche noch recht gut mit ihm meinte, denn die Predigten waren ja doch eher dazu angetan, einen ausgiebigen Brechreiz auszulösen. Der Gedanke, dass sich da vielleicht eine Art innere Auflehnung Gehör verschaffen wollte, wäre ihm nie und nimmer in den Sinn gekommen. In seinen Augen hatte er mit Anfechtungen des Teufels zu kämpfen. Dafür sprach natürlich, dass diese verflixten »Heimsuchungen« im unmittelbaren Zusammenhang mit den Versammlungen standen. Zwar unangenehm die ganze Sache, aber an sich ein gutes Zeichen, zeigten die Anfechtungen doch, dass der Satan und Konsorten das Interesse an ihm noch nicht verloren hatten. Aber natürlich!

Oder glaubt jemand ernsthaft, dass der Teufel sich die Mühe macht, einen Menschen zu verführen, dessen Seele er ohnehin im Sack hat? Wohl kaum!

Am Ende des Tages hatte das Kratzen und Husten leider nicht mehr bewirken können als den besagten unseligen Fluch: »*Es ist doch alles Scheiße mit Jesus*«. Wütend und resignierend zugleich.

Ich sollte noch erwähnen, dass meinen Eltern mein Wunsch, doch auch einmal an den Kinder- und Jungscharstunden des CVJM teilnehmen zu dürfen, von Anfang an ein Dorn im Auge war. Weshalb? Nun, ich würde unter *weltlichen Einfluss* im Allgemeinen und des Teufels im Besonderen geraten. Ja was dachten Sie denn?! Der »*rechte Weg*« war niemals beim CVJM oder in der örtlichen Kirchengemeinde zu finden. Nichts weiter als »*Namens- und Sonntagschristen*« waren sie, mit deren Nachfolge Jesu es nicht weit her war. Genauso wenig wie der Aufenthalt in einer Garage einen Menschen zu einem Auto werden ließ, machten regelmäßige Gottesdienstbesuche einen Menschen zu einem Christen. Na gut! Zugegeben, eine naive Veranschaulichung! Nicht für uns! Den Predigern war jedenfalls ein zustimmendes Gelächter sicher, so oft sie diesen schrägen Vergleich auch bemühten.

Kurz und gut, gefährliches Gedankengut drohte in mein unschuldiges Kinderhirn zu gelangen. Alles viel zu lax und liberal. Es wurde gespielt und gelacht. Und Spaß und kindliche Unbeschwertheit war etwas, das sich so gar nicht mit den Leiden des »*Schmerzenmannes*« oder »*Mann der Schmerzen*« – wie die Prediger den Heiland mitunter auch nannten-, am Kreuz vertrug, und uns daher besser heute als morgen ausgetrieben werden musste.

So machten die Prediger auch keinen Hehl daraus, dass diese Narren samt und sonders noch ihr Fett wegkriegten. Beim *großen Weltgericht* würde der Heiland nämlich »*die Böcke von den Schafen trennen*« (Matthäus 25, 31 – 46), und dann würden sie sprichwörtlich ganz belämmert aus der Wäsche gucken. Endlich würde Schluss sein mit ihrem »Wischi-Waschi-Christentum«. Während sie dann vom Heiland zu hören kriegten: »*Gehet hin von mir, ihr Verfluchten, in das ewige Feuer, das bereitet ist dem Teufel und seinen Engeln*« (Matthäus 25, 41), würden wir als Jesu handverlesene Lieblinge wie Paradepferde ins Paradies stolzieren. Halleluja! Gelobt sei der Herr!

So hatte man mir holterdiepolter den Zahn gezogen, mein »Jesuskorsett« wenigstens für ein paar Stunden ablegen zu dürfen. Der Vollständigkeit halber sei erwähnt, dass ich an ein oder zwei Abenden grünes Licht für die Teilnahme an einer Zeltevangelisation des CVJM bekam. Der Evangelist würde ja nicht allzu viel Unheil anrichten können, mögen sich meine Eltern gedacht haben. Konnte er doch! So bezichtigte man ihn Jahre später, ob zu Recht oder Unrecht weiß ich nicht, dass er sich mit seiner Geliebten und Spendengeldern aus dem Staub gemacht hätte. Womöglich in dem Glauben, ihm gebühre eine Art Mitgift für die vielen Seelen, die er zu Jesus geführt hatte. Anscheinend schien ihm irgendwann klar geworden zu sein, dass er all die Jahre mit Zitronen gehandelt hatte. Im späteren Leben sollte er es mit Edelsteinen versuchen. Genau genommen, als Diamantenhändler. Vom Paulus zum Saulus. Okay, das war's dann wohl mit der *goldenen Stadt* im Himmel. Für ihn als Experten für Edelsteine umso ärgerlicher, weil es im Paradies von Perlen, Diamanten etc. nur so wimmelte *(Offenbarung 21, 10 – 21)*. Wie gut hätte er doch das Berufliche mit dem Privaten verbinden können?! Aber jeder wie er mochte! Wie auch immer. Spielte für unsere kleine Gemeinde ohnehin keine Geige. Wir hatten uns ausschließlich auf unseren Meister zu fokussieren.

Und dazu gehörte nicht zuletzt, die *»Aufgabe des eigenen Ichs«*, sozusagen *»das A und O«* in der kompromisslosen Nachfolge Jesu. Kein Wunder also, dass wir von klein auf zu Marionetten in den Händen der Prediger herangezüchtet wurden. Allein unser alltägliches Vokabular: *»Kindlicher Glaube«*; *»Sei getreu bis in den Tod«; »Aufschauen zum Anfänger und Vollender des Glaubens«;* beschrieb, wie wir auf das Idealbild eines tugendhaften Christen gedrillt wurden. Also zu richtigen Trotteln, die zu allem, was die Prediger ihnen aufbürdeten, *»Ja und Amen«* sagten. Egal, ob zuhause oder in der Gemeinde, wir hatten zu parieren. Eigene Wünsche und Gefühle galt es hinten anzustellen oder gleich zu *»kreuzigen«*. Probleme in der Nachfolge gingen immer zu unseren Lasten und durften niemals Anlass zum Stänkern sein, denn *»wir wussten, dass denen, die Gott lieben, alle Dinge zum Besten dienen« (Römer 8, 28)*. Alles klar, »liebe« Prediger! Das stundenlange Stillsitzen und Beten, das ewige Trällern und Missionieren, der Hohn und Spott meiner Schulkameraden und, und, und. Alles zu meinem Besten?! Wie hatte ich es satt!

Damit bei unserer Dressur auch ja nichts aus dem Ruder lief, wurde uns *»Demut und Hingabe«* durch eigens dafür komponierte Lieder regelrecht antrainiert. Schließlich ließ sich über den Gesang das erstrebte »Duckmäusertum«: *»Ich bin ein Nichts, Jesus ist alles«; »Ich aber muss abnehmen, damit Jesus zunehmen kann«,* viel effektiver transportieren, als es durch Predigten jemals hätte bewirkt werden können. So strotzte unser Liederbuch nur so von Texten, die eine gesunde psychische Entwicklung nicht nur nicht zuließen, sondern sie vollends konterkarierten. Dabei stand ein Kinderlied besonders hoch im Kurs: »*Pass auf kleines Auge, was du siehst, denn der Heiland schaut herab auf dich …*«. Perfider konnte gewünschtes Verhalten und ein anhaltend schlechtes Gewissen einfach nicht in zarte Kinderseelen implantiert werden: »*Pass auf kleines Auge, was du siehst, denn der Heiland schaut herab auf dich, drum pass auf kleines Auge was du siehst. Pass auf kleines Herz, was du fühlst …, Pass auf kleines Ich, werd' nicht groß, denn der Heiland schaut herab auf dich, drum pass auf kleines Ich, werd' nicht groß*«.

Und damit diese Botschaft der gnadenlosen Rund-um-die-Uhr-Bespitzelung noch heimtückischer wirken konnte, wurden wir angeleitet, unseren Gesang spielerisch mit den passenden Fingerzeigen auf die jeweils besungenen Körperteile zu unterlegen. Also legten wir die Finger auf unsere Augen, wenn wir sangen »*Pass auf kleines Auge, was du siehst*« und streckten dann einen Arm über den Kopf nach oben zum Herrn Jesus in den Himmel, um mit Kopfwackeln und Augenrollen nachzuahmen, wie unser Meister auf uns herab und dabei hin und her blickte. Dann folgte in gleicher Abfolge das Herz, der Kopf, der Fuß usw. So ging es Vers um Vers, Körperteil um Körperteil. Und bei dem letzten Vers »*Kleines Ich werd' nicht groß*« reckten wir zur Freude des Heilands unsere Hände so weit in die Höhe, wie unser »*kleines Ich*« niemals werden sollte. Gerne geschehen, »lieber« Jesus.

Dank dieser kindgerechten Bedienungsanleitung für meinen kleinen Körper hatte ich auf spielerische Weise im Handumdrehen verinnerlicht, dass der Heiland wie ein Schießhund auf der Lauer lag, um mich irgendwelcher böser Gedanken, Worte und Handlungen zu überführen. Und »böse« war eigentlich alles, was wir lieber hatten als unseren Meister. Und wenn ich eins kapiert hatte, dann war es das, dass der Herr Jesus es einfach nicht ertragen konnte, wenn mir irgendetwas mehr Spaß machte, als ihn zu loben und zu preisen. Sein Ding war es, mir den Spaß und die Freude am Leben zu vermiesen, und zwar so gründlich, dass ich weder ein noch aus wusste. Ich konnte mich drehen und wenden wie ich wollte, er sah alles, hörte alles und wusste um meine geheimsten Gedanken.

Nicht nur das, »*er kannte meine Gedanken bereits von Ferne, noch ehe ich sie überhaupt gedacht hatte*« (Psalm 139, 2). Das warf bei mir natürlich die Frage auf, »*warum er meine bösen Gedanken nicht einfach umpolte und meine*

Sehnsucht nach den Freuden dieser Welt ganz und gar ausradierte«? Für ihn als allmächtigen und allgütigen Gottessohn hätte das doch ein Kinderspiel sein müssen. Doch anstatt sich meiner zu erbarmen, lauerte er nur darauf, mir irgendwelche Verfehlungen brühwarm unter die Nase zu reiben. Und je verzweifelter ich mich bemühte, meine »bösen« Gedanken zu vertreiben, desto mehr und böser wurden sie. Es war ein ganz perfides Katz-und-Mausspiel, das der *»Schmerzensmann«* da mit mir trieb.

Dass es auch anders ging, also ganz ohne Sünde und so, hatte er uns ja höchstpersönlich vorexerziert. Nun ja, er hatte sich eigens für uns einem freiwilligen Belastungstest in der Wüste unterzogen *(Matthäus 4, 1 – 11)* – eine Art EKG, nur nicht für den Körper, sondern für die Seele. Im Rahmen dieses uneigennützigen Experiments hatte er sich nämlich vom Teufel 40 Tage lang auf Herz und Nieren prüfen und auf alle *irdischen Versuchungen* testen lassen – und zwar ohne schwach zu werden. Na und ob! Er hatte sechs Wochen für uns gefastet und dabei in einer Art Bauernschläue drei hundsgemeine Fragen des Teufels lupenrein beantwortet. So kann man ihn wohl mit Fug und Recht als Vorreiter bzw. Meister des modernen Heilfastens bezeichnen. Nicht wahr, Meister?!

Für die Prediger dann auch Anlass genug, um eine Lobeshymne nach der anderen auf ihn anzustimmen. Nun, mich hätte es nicht gewundert, wenn eines Tages in unser »Heil«Anstalt ein Werbebanner gehangen hätte: *»Der große Fasten-Spaß! Barfuß durch die Wüste! 40 Tage All Inclusive Urlaub!«*

So lag das Zaubermittel für die Lösung all unserer Probleme in den zwei Worten: *»Jesus allein«.* Nur bei mir war mal wieder der Wurm drin: Jesus war nicht die Lösung meiner Probleme, sondern er war mein Problem! Kurzum, die Geschichte vom *»Großen-Fasten-Spaß in der Wüste«* beeindruckte mich nicht im Geringsten. Mehr noch, ich fand die drei Fangfragen des Teufels, mit denen er den Heiland zu seinen allseits beliebten Schauwundern verleiten wollte, einfach nur selten dämlich. Beispielhaft sei hier nur die *zweite Versuchung* erwähnt, mit der er unseren Meister dazu verführen wollte, von einer Zinne in die Tiefe zu springen. *»Wie doof war das denn, bitteschön?! Warum sollte sich der Sohn Gottes auf diese Mutprobe einlassen«?* fragte ich mich insgeheim. *»So blöd konnte doch keiner sein, und schon gar nicht unser Meister. Wir Kinder sprangen beim Klettern doch auch nicht von hohen Bäumen, wenn uns ein Kumpel dazu anstiften wollte«!*

Und ganz davon ab, wer hin und wieder seine Runden auf einem See drehte, wie es unser Meister zu tun pflegte *(Matthäus 14, 24 –27)*, konnte auch fliegen. Nicht umsonst feierten wir doch alljährlich seine Himmelfahrt. Insofern hätte er doch ohnehin nichts zu befürchten gehabt. Da standen mir jedenfalls *Versuchungen* ganz anderen Kalibers ins Haus, zumindest als ich älter wurde. Oder hatte ihm der Teufel etwa Bilder von halbnackten Frauen in unzüchtigen Posen unter die Nase gehalten? Oder ihn mit dem Besuch von Kino, Kirmes oder Disco geködert? Eben! Doch wohl nicht!

Okay, die Tatsache, dass ich die Falle des Satans auf Anhieb durchschaute, mag vielleicht auch dem Umstand geschuldet gewesen sein, dass ich als 10- vielleicht auch 11-Jähriger selbst einmal auf eine Mutprobe reingefallen war. So hatte mich Marion, ein 1 Jahr jüngeres Mädchen aus der Nachbarschaft, dazu angestachelt, mit meinem Fuß ein Kellerfenster ihres Wohnhauses einzutreten. *»Wetten, dass du dich nicht traust«*? klingt es mir noch heute in den Ohren. Was ich ihr antwortete, weiß ich nicht mehr. Jedenfalls traute ich mich. Schließlich wollte ich »den starken Mann markieren«. Mit Wucht trat ich zu und musste entsetzt feststellen, dass die Scheibe tatsächlich klirrend in tausend Teile zersplitterte. So ein Mist aber auch! Die Wette hatte ich gewonnen. Doch die einzige, die lachte und glುckste, war Marion. Ehrlich gesagt, ich hätte mir von ihr etwas mehr Wertschätzung für meinen Mut gewünscht.

Ob unser Meister in diesem Augenblick schockiert die Hände über den Kopf zusammenschlug? Möglich! Entsetzter, als ich es über mich selbst war, konnte er allerdings kaum sein. Ich kapierte einfach nicht, wer oder was da gerade in mich gefahren war. *»Hatte der Teufel Marion benutzt, um mich zu verführen«? »War ich dem Satan in die Falle getappt«?* Ja was denn sonst?! Ich machte auf dem Absatz kehrt und stürmte voller Panik nach Hause, um Mama, in Tränen aufgelöst, das Malheur zu beichten. Gott sei Dank war meine Mutter mit der Thematik, was *»Tricks und Kniffe des Teufels«* anging, bestens vertraut. Kein Zweifel, er hatte ihren kleinem Sohn zu dieser unerklärlichen Tat verleitet. Ah ja! Gut zu wissen!

So grübelte sie dann auch mehr über die Attacke des »Leibhaftigen«, als dass sie buchstäblich ein Scherbengericht über mich abgehalten, also mit mir geschimpft hätte. Meinetwegen, mir war's eh egal. Ich hatte versagt, so oder so! Und obwohl ich mich nicht mehr genau erinnern kann, wird es am Ende des Tages so gewesen sein, ich entschuldigte mich beim Eigentümer, Marions Opa, Papa meldete den Schaden seiner Versicherung, und gemeinsam standen wir beim Heiland für meinen »Fehltritt« stramm. Der Herr Jesus würde mir doch wohl vergeben? Nicht wahr, Jesus?! Jedenfalls sollte ich von da an nur noch gegen Fußbälle treten. Und Mutproben wollte ich auch keine mehr bestehen.

Kapitel 3:
Mit 11 Jahren im »Dschungelcamp« in Dinslaken

Dessen ungeachtet wurde der Druck für eine *bewusste Entscheidung* für Jesus mit allem Drum und Dran, also *Bekehrung, Wiedergeburt und Zeugnis* vor der Gemeinde von Tag zu Tag größer. Und ich war noch keine 11 Jahre alt, als die alljährliche Sommerfreizeit, diesmal in dem niederrheinischen Städtchen Dinslaken, ihre bedrohlichen Schatten vorauswarf. Matthias hatte mir im Anschluss an eine Kinderstunde mehr oder weniger angedroht, dass er meine Eltern aufsuchen wolle, um ihre Erlaubnis für meine Teilnahme einzuholen.

Nun, als es dann eines Mittwochabends an unserer Haustür klingelte, fuhr es mir spontan durch die Knochen: *»Scheiße, das ist Matthias. Es geht um dich. Matthias will das Einverständnis von Mama und Papa für die beschissene Freizeit«.* Mir rutschte das Herz in die Hose. Leider Gottes sollte ich Recht behalten. Kaum hatte Mama oder Papa, ich weiß es nicht mehr, die Haustür geöffnet, hörte ich auch schon sein aufgesetztes, diabolisches Lachen durch den Hausflur schallen. Allein der Klang seiner Stimme versetzte mich in Panik. Ich wusste sofort, dass dieser Tag für meine Zukunft kein guter werden würde.

Wie die Sache ausging, kann man sich wohl denken. Matthias rannte bei meinen Eltern offene Türen ein. Im Handumdrehen hatte er ihre Zusage für meine Freizeitteilnahme in der Tasche. Für sie würde sich die Sache in jedem Falle rentieren. Für einen Einsatz von gerade einmal 30 oder 40 DM, denn mehr mussten sie für die einwöchige Freizeit nicht auf den »Tisch des Herrn« blättern, durften sie der wunderbaren Verwandlung von einem *»Kind des Teufels«* in ein *»freudestrahlendes Gotteskind«* entgegenfiebern. Und ja, diese Verwandlung würde auch sie in neuem Glanz erstrahlen lassen. Schließlich waren wir Kinder Vorzeigeobjekte und damit zugleich Indikatoren, wie es mit dem Verhältnis der Erwachsenen zum Herrn Jesus bestellt war. Inwieweit sie ihrer Bringschuld, uns an die Gemeinde zu verschachern, nachgekommen waren.

Die Freizeit kam also wie gerufen. Und wenn alles nach Schema F lief, würde nach einer Woche alles in trockenen Tüchern sein. Besser konnte es also aus ihrer Sicht zunächst gar nicht laufen. Wie mir bei diesem Kuhhandel zumute war? Blöde Frage! Wen, zum Teufel, interessierte das denn?! Und obwohl wir Kinder untereinander niemals ein Wort darüber verloren, spürte ich genau, dass ich nicht der einzige war, der eine Heidenangst vor den Freizeiten hatte. Schließlich hatten die Prediger auch nie einen Hehl daraus gemacht, dass diese Abschottungen, durch die wir unserem vertrauten häuslichen Umfeld entrissen wurden, die Brutstätten für die Zauberkraft des Heiligen Geistes waren. Sie brüsteten sich dann damit, dass es dieser Isolation bedürfe, um »*unser Ich zu brechen*«. Wohl unnötig zu erwähnen, dass bei mir bereits alle Sicherungen durchbrannten, wenn ich das Wort »Freizeit« nur hörte. Und schon bald sollte ich am eigenen Leibe leidvoll zu spüren bekommen, dass die Prediger wahrlich keine Pferde scheu gemacht hatten.

Es war ein schöner Samstagvormittag im Sommer 1967, als sich der Regionalexpress mit unserer kleinen Truppe an Bord vom Bahnhof Bünde in Richtung Dinslaken in Bewegung setzte. Ich fühlte mich im wahrsten Sinne des Wortes von Gott und allen guten Geistern verlassen. Bis zum letzten Augenblick hatte ich gehofft, dass irgendetwas dazwischen kommen würde, oder meine Eltern mir vielleicht doch noch erlaubt hätten, zu Hause zu bleiben. Zugegeben, ein dummer Gedanke.

Kaum, dass wir in einem Großraumabteil Platz genommen hatten, packte Matthias auch schon seine Klampfe aus und begann unter den sprichwörtlich ungläubigen Blicken der Mitreisenden unsere geisttötenden Missionslieder zu schmettern. »*Ja liebe Mitreisende, so ist das nun mal, wenn man auf brennende Nachfolger des Herrn trifft. Im Zug könnt ihr nicht einfach weglaufen. Das hört ihr euch jetzt mal schön zu Ende an*«, so oder ähnlich wird es durch Matthias' krankes Hirn gegangen sein. Und wie auf Knopfdruck stimmten auch die anderen in seinen Lobpreis mit ein. Was blieb mir übrig? Ich trällerte leise mit, zumindest tat ich so, während ich am liebsten laut losgeheult hätte.

In Dinslaken angekommen, wurden wir mit Pkws anderer Teilnehmer zu unserer Unterkunft gekarrt, einer inmitten eines Waldes gelegenen runtergekommenen Jugendherberge. Und dann sollte es auch schon ans Eingemachte gehen. Wir bekamen die volle Jesus-Dröhnung. Eine Gebetsstunde jagte die andere. Eine Predigt folgte der nächsten. Ein Lobpreis löste den anderen ab. Näher konnten wir unserem Meister einfach nicht sein. Und genauso wie bei uns zu Hause keine Mahlzeit eingenommen wurde, ohne hierüber das Tischgebet gesprochen zu haben, dankten wir hier erst recht unserem Heiland für den guten Schlaf in der vergangenen Nacht und das Frühstück am Morgen. Schließlich war es ja nicht selbstverständlich, dass wir morgens überhaupt die Augen wieder aufschlagen durften, so wie wir es mitunter gedankenlos in dem Kinderlied sangen: »*Und so Gott will, wirst du morgen früh wieder geweckt*«. Allerdings weckte mich Gott schon längst öfter, als es mir lieb war.

So schreckte ich bereits seit frühesten Kindertagen nahezu jede Nacht aus meinen Albträumen hoch. Wachgerüttelt von bedrohlichen Panzern, die durch unseren kleinen Ort rasselten, apokalyptischen Reitern, mal blutrot, dann wieder pechschwarz wie der Tod, die über unseren Hof preschten, gruseligen Predigerfratzen und dem Verschwinden von Mama und Papa. Mitunter fand ich mich dann schweißgebadet auf dem Fußboden wieder, wo ich mich an einem oder zwei Stuhlbeinen festgeklammert hatte. Aber das alles behielt ich dann doch lieber für mich. Heilsgewisse Jungchristen haben solche Träume nicht! Für sie ist die *ultimative Endzeitschlacht* keine Bedrohung. Stimmt doch Jesus, oder!?

Allzu viel Zeit für das Frühstück blieb nicht, denn die Prediger erwarteten uns bereits um 9.30 Uhr zur morgendlichen Bibelarbeit. Dabei war mir die knapp bemessene Frühstückszeit schnuppe, denn in Erwartung eines weiteren zermürbenden Tages bekam ich ohnehin keinen Bissen runter. Und je nachdem wie der Heilige Geist so drauf war, schwankte die Dauer der morgendlichen Gebetsstunde zwischen drei und vier Stunden. Und diese Bibelstunden, »*die zu unserer Reinigung und Heiligung unverzichtbar waren*« – so nannten wir das in unserer Kultsprache -, sollten sich als der blanke Horror entpuppen. Die Räume waren klein. Die Stühle zu einem Kreis aufgestellt, die Teilnehmerzahl überschaubar. Für die Prediger ideale Bedingungen, um uns unter dem Deckmantel der Liebe Jesu niederzuknüppeln. Alles klar, Jesus! Jetzt weiß ich, was du damit meintest: »*Ihr müsst leiden um meines Namens willen*«!

Und schon beim Aufschlagen der Bibel konnte uns jede Menge Ärger ins Haus stehen. So erwarteten die Prediger zweifelsohne, dass wir als »biblische

Leseratten« den jeweils von ihnen ausgegebenen Losungstext in null Komma nichts aufgeklappt vor uns liegen hatten. Allerdings hakte es bei dem ein oder anderen gelegentlich mehr, als es Meister gutheißen konnte.

So habe ich noch bildhaft ein junges Mädchen vor Augen –sie mag vielleicht ein oder zwei Jahre älter gewesen sein als ich, also 12 oder 13 Jahre-, die trotz verzweifelter Suche die ausgegebene Tageslosung einfach nicht fand. Während sie mit zittrigen Händen und wachsender Verzweiflung in ihrer Bibel hin und her blätterte und offensichtlich im Nebel stocherte, ergötzte sich der Freizeitleiter, wir »durften« Onkel Heinz zu ihm sagen, mit dem ihm eigenen diabolischen Grinsen förmlich an der Not des Mädchens. Die Versuche einiger Geschwister, ihr auf die Sprünge zu helfen, unterband er brüsk. Selbst Matthias, der sonst nur zu gerne das Feuer der Hölle anheizte, schwieg betreten. Aber in der Sache mussten wir Onkel Heinz natürlich Recht geben: Wie wollten wir unsere Schulkameraden zu Jesus führen, wenn wir uns noch nicht einmal richtig in der Bibel auskannten? Genau, das ging nicht!

Nun muss man wissen, dass Onkel Heinz nicht nur die Leitung dieser Freizeit innehatte, sondern bundesweit für die Durchführung der Jugendfreizeiten und Zeltevangelisationen verantwortlich war. Mit anderen Worten, er machte den lieben langen Tag nichts anderes, als sich eisern durch Deutschland zu predigen. Kein Mensch war vor ihm sicher, an keinem Ort, zu keiner Zeit. Ein kleiner cholerischer Teufel, um die 50, mit grau gelockten Haaren und knallrotem Gesicht, dessen vornehmste Charaktereigenschaft sein Jähzorn war. Ein durch und durch bösartiger, bigotter Zeitgenosse, der sich daran ergötzen konnte, Menschen aus dem Nichts heraus, »die Hölle an den Hals zu wünschen«. Dabei war es ihm letzten Endes egal, ob die Betroffenen klein oder groß, gläubig oder ungläubig waren. Einfach ein Vollblutverkünder der Frohen Botschaft!

Kein Wunder also, dass sein Anblick allein ausreichte, um mir regelmäßig das Blut in den Adern gefrieren zu lassen. So habe ich noch heute meinen Vater vor Augen, der diesem Sadisten ebenso ängstlich, wie speichelleckend an den Lippen hing, während seine Stimme einen geradezu eunuchenhaften Klang annahm. Er würde mich niemals vor ihm schützen. Dafür hatte er viel zu sehr mit sich und seinen Ängsten zu kämpfen. Hauptsache, die Prediger rückten ihm nicht auf die Pelle. Soviel an dieser Stelle zu Onkel Heinz. Er wird uns in diesem Buch leider Gottes noch häufiger über den Weg laufen.

Stillschweigend wurde dann von uns erwartet, dass wir die etwa zweistündige Mittagspause nutzten, um uns von »im Glauben reiferen Brüdern« stärken zu lassen. Die reiferen Brüder ihrerseits bedurften keiner zusätzlichen Stärkung, wohl weil sie schon reif und stark genug waren. Der Nachmittag stand dann ganz im Zeichen der Straßenmission, zumindest wenn es das Wetter zuließ, und der Heilige Geist in Gestalt der Prediger nicht kurzfristig einen anderen Marschbefehl ausgab. Wir schnappten unsere Liederbücher und Gitarren, verstauten sie in die Pkws und düsten in die Stadt, um dann wie Troubadoure singend und zeugnisgebend durch die Einkaufsstraßen zu tingeln. Nach dem allmorgendlichen Horror fast eine Zeit zum Durchschnaufen. Und das hatte einfach damit zu tun, dass die Prediger nicht an zwei Fronten gleichzeitig kämpfen konnten. Denn während sie zum »Straßenkampf« auf die Ungläubigen bliesen, ließen sie uns in Ruhe. Jedenfalls meistens.

Und wer glaubte, sich nach einem bleiernen Achtstundentag auf seinen Lorbeeren ausruhen zu können, der war schief gewickelt. Die abendliche Zeltevangelisation stand noch aus und erst dann würde die Messe gelesen sein. Aber selbst diese »Heidenarbeit« hinderte einige Brüder nicht daran, die Nacht zum Tag zu machen und den Heiland bis zum Morgengrauen für den sogenannten »Durchbruch«, also den Sieg über den Teufel und seiner Brut, anzuflehen. Nun ja, wir waren geradezu besessen von dem Glauben, dass der Teufel und seine Dämonen in vielen Menschen hausten und nur eins im Sinn hatten, sie zu quälen.

Dazu muss man wissen, dass Dämonen von Haus aus Engel waren, die vor Urzeiten Gott den Rücken gekehrt hatten und seitdem mit dem Teufel unter einer Decke steckten. Und wenn diese Quälgeister nicht weichen wollten, war es an unserem Joker, »Superjesus«, dem Spuk ein Ende zu setzen. Richtig, die Prediger trieben die Dämonen in Jesu Namen aus. Was auch sonst?!

So konnten wir von Glück sagen, dass sich die Prediger mit Dämonen im Allgemeinen und ihrer Austreibung im Besonderen richtig gut auskannten. »*Fasten und Beten*« war die einzige Sprache, die der Teufel und sein Gesindel verstanden: »*Diese Art Teufel fährt nur durch Fasten und Beten aus*« (*Matthäus 17, 21*). Ah ja! Gut zu wissen. Und während ich fürs Fasten noch zu klein war und mit dem Begriff ohnehin nichts anfangen konnte, ließen sich die älteren Brüder nicht lange bitten. Einziger Wermutstropfen, sie durften ihre »Austreibungsdiät« in keinem Fall an die große Glocke hängen oder ein Gesicht wie sieben Tage Regenwetter ziehen. In dieser heiklen Vorbereitungsphase durften nämlich keine schlafenden Hunde bzw. Teufel geweckt werden. *»Wenn ihr fastet, sollt ihr nicht sauer sehen wie die Heuchler … salbe deinen Kopf und wasche dein Gesicht, damit du nicht wegen deines Fastens bei den Leuten auffällst«* (Matthäus 6, 16 – 18), lautete dann auch das Erfolgsrezept unseres Meisters. Na dann …, kann ja nichts schiefgehen!

Und obwohl sie ihr sprichwörtliches »Heilfasten« nicht jedem auf die Nase banden, und ich kleiner Knirps mir schon gar keinen Reim darauf machen konnte, weshalb sie bei den Mahlzeiten fehlten, konnten sie ihr hochnäsiges Grinsen trotz aller Waschungen und Salbungen nicht verbergen. Sagen wir mal so, sie hatten ihr Sendungsbewusstsein einfach eine Spur zu dick aufgetragen. Bei einem Kollegen, nennen wir ihn Detlef, kam noch erschwerend hinzu, dass man nie wusste, ob er seine eklig fettigen Haare einfach nicht wusch, oder er mal gerade wieder am Fasten war und seinen Kopf einer Dauersalbung unterzogen hatte.

Jedenfalls werden die Brüder nicht im Traum daran gedacht haben, dass unser Meister wohl gerade sie vor Augen hatte, als er das vernichtende Urteil über Heuchler raushaute: *»Weh euch, ihr Heuchler, die ihr gleich seid wie die übertünchten Gräber, welche auswendig hübsch scheinen, aber inwendig sind sie voller Totengebeine und alles Unflats …! Von außen scheint ihr den Menschen fromm, aber inwendig seid ihr voller Heuchelei und Untugend«* (Matthäus 23, 27 – 28). Ja genau! So ist das nämlich, »liebe« Prediger! Schaut mal in den Spiegel, ihr »unflätigen Totengebeine«!

Wohl überflüssig zu erwähnen, dass all das, was uns daran hinderte *»dem Herrn Jesus ähnlicher zu werden«*, auf Freizeiten nichts zu suchen hatte. So wurden wir während der einwöchigen Kasernierung auch nur ein einziges Mal zu einem Spiel, »Verstecken im Wald«, zusammengetrommelt. Doch wie es der Teufel wollte, befeuerte gerade dieses Spiel meine Verlustängste. Schließlich bestimmte das ängstliche Beobachten vermeintlich *»Wiedergeborener«* meinen Alltag von klein auf. Dazu werde ich später noch kommen. *»Die Sache des Herrn«*, also die Missionierung der Ungläubigen, war einfach zu dringlich, als dass wir unsere Zeit mit Spielen oder anderen *weltlichen Dingen* hätten verplempern dürfen: *»Und kaufet die Zeit aus; denn es ist böse Zeit«* (Epheser 5, 16). Selbst verlobte und verheiratete Paare mussten auf

Freizeiten ihren Partner links liegen lassen: »*Die Zeit ist kurz. Die da Weiber haben, dass sie seien, als hätten sie keine, … dass es fein zugehe, und ihr stets ungehindert dem Herrn dienen könntet*« *(1. Korinther 7, 29 ff).* Das machte in unseren Augen natürlich Sinn, denn der Partner würde die Geschwister nur ablenken und damit dem Satan direkt in die Karten spielen.

Und je weniger Honig, in dem Fall Lobpreis, wir unseren Meister um seinen schwarzen Bart schmierten, desto größer war die Gefahr, dass er die beleidigte Leberwurst spielte und sich einen Teufel um die Rettung der Ungläubigen scherte. Damit er sich also gar nicht erst in seine Schmollecke verkroch, mussten wir »*betend und ringend vor seinem Thron liegen, um den Arm Gottes zu bewegen*«, wie es uns die Prediger ebenso großkotzig, wie beschwörend abverlangten. Dabei gingen wir doch schon längst auf dem Zahnfleisch. Fehlte nur noch, dass wir uns hätten auspeitschen sollen. Nichtsdestotrotz, wenn der »Durchbruch« trotz Betens und Fastens ausblieb, schoben die Prediger uns dafür den Schwarzen Peter zu. Aber was zum Teufel hätten wir denn machen sollen? Wir konnten uns doch keine »Frischbekehrten« aus den Rippen schneiden.

Ob ich während der Freizeit Kontakt zu meinen Eltern hatte? Natürlich nicht! Zweck der ganzen Übung war doch gerade die Abschottung von Zuhause. Ich sollte doch auf Teufel komm raus den Predigern ausgeliefert sein – wortwörtlich! Dass ich als Kleinster das fünfte Rad am Wagen war, wäre ihnen allenfalls ein Achselzucken wert gewesen. Verpflegung und Unterkunft war ihnen sowas von egal! Was juckte es sie, dass wir in einer baufälligen Baracke mitten im Wald wie Trolle und Kobolde hausten? Was ging es sie an, in welches Auto man mich steckte, wenn wir zur abendlichen Zeltevangelisation aufbrachen? Weshalb sollten sie sich einen Kopf darum machen, dass unser Schlafraum nur über eine alte, marode Holzleiter zu erreichen war? Der Heiland würde schon Obacht geben. All diese irdischen, kleingeistigen Banalitäten hatten schon längst keinen Platz mehr in ihrem Wolkenkuckucksheim. Das einzige was für sie zählte, war meine Bekehrung. Nur ein *wiedergeborenes* Kind war ein gutes Kind.

Deshalb durften sie auch niemals von meiner Angstattacke erfahren, die mir eines Morgens förmlich den Boden unter den Füßen weggezogen hatte. Es war wohl gegen fünf Uhr in der Früh, als ich vom Krähen der Hähne eines angrenzenden Gehöftes erwachte und von panischen Schrecken gepackt, feststellte, dass fünf oder sechs Stockbetten in unserem kleinen Schlafsaal leer standen. Wie ein Blitz schoss es mir durch den Kopf: *»Der Herr Jesus ist wiedergekommen und hat die Brüder zu sich geholt«*. Es war das Grauen eingetreten, vor dem uns die Prediger wieder und wieder im Guten gewarnt hatten: *»Die Entrückung«*. Keine Frage, wenn der Heiland die Brüder geholt hatte, dann hatte er auch meine Eltern und Erich von zu Hause mitgenommen. Auf einen Schlag war ich mutterseelenallein auf der Erde. Und während die anderen noch in aller Seelenruhe schliefen und offensichtlich, genau wie ich, *»zu den ausgestoßenen fünf Jungfrauen gehörten«* (Matthäus 25, 1 – 13), war ich, wie von der Tarantel gestochen aus meinem Bett gesprungen und starrte entgeistert dorthin, wo abends zuvor noch die Brüder gelegen hatten. Ich zitterte am ganzen Körper und glaubte den Verstand zu verlieren.

Nachdem sich nach einer Weile die erste Schockstarre gelöst hatte, rannte ich wie ein Verrückter hin und her, von einer Ecke des Schlafsaales zur anderen. Ob ich die anderen mit meinem Hin- und Her-Gerenne nicht weckte? Ich weiß es ehrlich gesagt nicht mehr! War mir in dem Moment auch völlig egal. Ich erinnere mich nur noch, dass mir kurz darauf das kleine, einen Spalt breit geöffnete Dachfenster ins Auge fiel. Sofort wetzte ich dorthin, starrte hinaus, und glaubte bereits im nächsten Augenblick meinen Augen nicht zu trauen. Die vermissten Brüder krebsten im nebeligen Morgengrauen auf dem Vordach unserer Baracke herum und lieferten sich mit ihrem Geplärr zu unserem Meister eine Art Wettkrähen mit besagten Hähnen. Einerseits verschlug mir dieser wahrhaft gespenstische Anblick den Atem, andererseits fiel mir ein riesiger Stein vom Herzen, weil Jesus noch nicht gelandet war. So hatte wider Erwarten nicht etwa unser Meister die Brüder abtransportiert, sondern sie hatten sich lediglich selbst durch das kleine Fenster gebeamt. Nun gut.

Fast unnötig zu erwähnen, dass sich schon bald die Erwartungen meiner Eltern erfüllen sollten. Wie von Matthias prophezeit, hatten mich die Prediger in Windeseile weichgeknetet. Und als Onkel Heinz eines Abends wie üblich zur Buße und Lebensübergabe aufrief, streckte auch ich meine kleine Hand in die Höhe und bekehrte mich. Nun würde alles gut werden. Der Herr Jesus würde mich kleinen Knirps doch wohl annehmen? Von wegen! Gar nichts würde er! Anstatt angenommen, fühlte ich mich ausgestoßen.

Anstelle des vorgegaukelten tiefen Friedens und der riesigen Freude verspürte ich eine schreckliche innere Unruhe und eine unfassbare Traurigkeit. Mit anderen Worten, meine *Bekehrung* war ein Schuss in den Ofen, meine *Wiedergeburt* bestenfalls eine »Missgeburt«. *»Warum schenkt der Heiland dir diese Freude nicht«? »Die anderen sind doch vor Freude ganz außer sich«. »Was machst du nur falsch«?* kreiste unaufhörlich mein Gedankenkarussell.

Und diesem unheimlichen Drang, nach Aufruf der Prediger die Hand zu heben oder nach vorne zu kommen oder beides, sollte ich in den folgenden Jahren noch so oft nachgeben. Dabei ist mir erst viele Jahre später schleppend und unter Qualen bewusst geworden, wie dieser Druck, dieses »sich persönlich angesprochen fühlen«, entstehen konnte. Es waren die perfiden Einschüchterungen der Prediger, die sich wie ein Würgegriff um meinen Hals gelegt hatten. Bis in den letzten Winkel meines kleinen Körpers hatte man mich vollgepumpt mit dem Grausen vor der ewigen Verdammnis, dem Verlust meiner Eltern, Schuldgefühlen für meine Schlechtigkeit, für Jesu Kreuzestod, für einfach alles und jedes. Ich taumelte von einem Schuldgefühl zum anderen, von einem Nicht-Okay-Gefühl zum nächsten.

Und immer dann, wenn uns die Prediger zum Ende des Schlussgebetes im flehentlichen Tonfall zur Bekehrung nötigten, ging mir der Arsch auf Grundeis. Also ganz im Sinne der Prediger. *»Wenn Jesus heute Abend wiederkommt, bist du dann dabei? Wo verbringst du die Ewigkeit, wenn du gleich von einem Auto überfahren wirst? Ja, du bist gemeint. Ja du, der du keine Heilsgewissheit hast. Hebe deine Hand, komme jetzt nach vorne. Morgen kann es bereits zu spät sein. Jetzt klopft Jesus an deine Tür, verschließe dein Herz nicht … «,* klingeln mir noch heute ihre unheilvollen Drohungen in den Ohren. Dann glaubte ich förmlich zu spüren, wie mich die eiskalten Blicke der Prediger geradezu durchlöcherten. Das Herz schlug mir bis zum Hals, während mein Mund nahezu ausgetrocknet war. Jeden einzelnen Tropfen meines kalten Angstschweißes spürte ich die Achselhöhlen runterlaufen. Mein puterroter Kopf musste jeden Moment explodieren, so fühlte es sich zumindest an. Die Augen zu öffnen oder auch nur zu blinzeln, traute ich mich nicht, weil ich dann erst recht aufzufliegen drohte. Es war der Vorgeschmack auf die Hölle. Mehr ging nicht!

Dabei schien es so zu sein, als seien die Prediger über meine heimlichen Sünden und verdorbenen Gedanken haarklein im Bilde. Als würden sie gerade vor der versammelten Mannschaft mein gesamtes Sündenregister ausbreiten. *»Woher zum Teufel kennen sie nur all deine bösen Gedanken«?* »*Wer hat ihnen verraten, dass es mit deiner Liebe zum Heiland nicht weit her ist«?* »*Wer hat ihnen deine verborgenen Sehnsüchte nach den Vergnügungen dieser Welt gesteckt«?* so oder ähnlich feuerte mein Gehirn einen panischen Gedanken nach dem anderen ab. Ich konnte mir einfach keinen Reim darauf machen, wer dahintersteckte. Bis es mir irgendwann ganz allmählich dämmerte. Es gab nur eine »Person«, die mich bei den Predigern angeschwärzt haben konnte. Richtig! Ein Geist. Und zwar der Heilige. Der Dreifaltige musste aus dem Nähkästchen geplaudert haben. Er war es, der mich verpfiffen hatte und ihnen in einer Art stiller Post die ungeschminkte Wahrheit über meinen Seelenzustand verraten hatte. Ich weiß, das hört sich unglaublich an, aber so war es.

Und erst im Rahmen meiner Auseinandersetzung sollte es mir wie Schuppen von den Augen fallen, dass es eben nicht dieser zwielichtige dreifaltige Geist war, der da meine Missetaten und bösen Gedanken Schlag auf Schlag ans Tageslicht befördert hatte. Die Prediger waren nur deshalb so gut im Bilde, weil es ihre ureigenen, sie bedrängenden Gedanken und Triebe waren, die sie einfach mal so in den Raum geworfen hatten. Doch davon hatte ich als Kind natürlich nicht die leiseste Ahnung.

Und da sich die suggerierte *Heilsgewissheit*, dieses Hirngespinst der Prediger, einfach nicht einstellte, bekehrte ich mich immer wieder aufs Neue. So war die Freizeit in Dinslaken dann so etwas wie der Aufgalopp für meine permanenten Bekehrungsversuche. Später auf einer Osterfreizeit in Hannover war es dann der imposante Kinosaal, ausgestattet mit den klassischen Kinosesseln mit rotem Samtbezug, vor denen ich gemeinsam mit vielen anderen Bußwilligen am Ostersonntag vor einer riesigen Menschenmenge kniete. Den Kopf tief in meinen kleinen Händen vergraben, umringt von Brüdern, die wild auf mich einbeteten.

Und ich weiß noch genau, wie ich dort vorne in das erbärmliche Schluchzen und Jammern der anderen neben mir, vor mir und hinter mir mit einstimmte. So heulte ich, weil die anderen auch heulten, ich wimmerte, weil die anderen auch wimmerten. Dabei hatte ich mich in meiner Verzweiflung bereits am Vorabend zum x-ten Mal bekehrt. Ein Ende des Wahnsinns war einfach nicht in Sicht. Ach so! Verstehe »lieber« Jesus! Dein Versprechen, also das »*mit dem Bitten, so wird euch gegeben, suchet so werdet ihr finden und so …*« *(Matthäus 7, 7)*, war nur ein schlechter Witz von dir, oder?! Ein gigantischer Schwindel, nicht wahr?!

Damals habe ich natürlich nicht einmal im Traum daran gedacht, dass ich einige Jahre später erneut ein Kino betreten würde. Dann jedoch als 16-jähriger Teenager, dem es mit einer schier unmenschlichen Kraftanstrengung gelungen war, aus seiner Gemeinde auszusteigen. Und dieser Teenager sollte fortan nicht mehr vor irgendwelchen Kinosesseln kauern und ein menschenunwürdiges Schauspiel abliefern, sondern er würde –genauso wie seine Freunde auch- in einem roten Klappsessel sitzen und es bis zur Neige auskosten, einen »richtigen Kinofilm« zu schauen. Und ja, es passte buchstäblich wie die Faust aufs Auge, dass sein erster Film, der dann über die Leinwand flimmerte, ausgerechnet der Italo-Western »Vier Fäuste für ein Halleluja« sein würde. Denn diese Fäuste waren es, die er so händeringend für jedes »Halleluja« in seiner Kindheit benötigt hätte. Und das waren verdammt viele. Doch soweit war es leider Gottes noch nicht. Er sollte noch einige Jahre mit leerem Blick gegen die Stäbe seines Jesuskäfigs starren.

So waren es meine beharrlichen Bekehrungsversuche auf Freizeiten und zu Hause, die mich wieder und wieder auf die Knie sinken ließen. Ob »im stillen Kämmerlein« oder im Wohnzimmer, im Bad oder im Keller, hinterm Haus oder im Wald und was weiß ich wo noch, immer und überall habe ich den Heiland angebettelt, ja regelrecht angewinselt, dass er in mir kleinem Knirps doch auch seine Wohnung nehmen möge. Es gab einfach keinen Ort, der vor meinen Bekehrungen sicher war. Selbst in der Schule, im Schulbus und mitunter sogar beim Spiel hetzte ich im stillen Übergabegebet der richtigen Gebetsformel hinterher. Doch es war immer das Gleiche. Funkstille! Der Herr Jesus hatte seine Ohren auf Durchzug geschaltet. So glaubte ich schon bald, nicht zuletzt befeuert von den Predigern, noch härter mit mir ins Gericht gehen zu müssen. Ich musste noch hartnäckiger nach Sünden forschen. »*Was hast du bloß verbrochen«? »Was hast du nur Böses gedacht oder getan«?* zermarterte ich mir tagein, tagaus mein Hirn.

Unzählige Male habe ich den Heiland wortwörtlich angefleht: »*Herr Jesus vergib mir dreckigem Schwein. Mach mit mir, was du willst, aber bitte nimm mich an*«. Tat er aber nicht, ums Verrecken nicht! Wie oft habe ich ihm meine kindliche Verzweiflung ins Gesicht geschrien? Wie oft habe ich ihm wirklich alles versprochen, was man als Kind überhaupt versprechen kann? Immer wieder hieß es: Alles auf Anfang. Und weil ich glaubte, dass ein verheultes Gesicht als Zeichen aufrichtiger Buße meinem Jammern und Schreien mehr Glaubwürdigkeit verleihen würde, mussten Tränen her. Egal wie. Ich kniff mich in Arme und Beine, drückte die Fingernägel in meine dünnen Ärmchen und biss mir auf die Lippen, bis sie mitunter bluteten. Das war es, was der *Schmerzensmann* für eine aufrichtige Lebensübergabe sehen wollte, was ihn regelrecht antörnte – knallrote Augen und Tränen, die über meine glühenden Wangen kullerten.

So habe ich mir meine Würde und mein Selbstwertgefühl aus dem Leib geheult und geschrien – Begriffe, die ich kleiner Kerl ja noch nicht kannte. Wie blanker Hohn klang dabei in meinen Ohren sein Versprechen: »*Suchet, so werdet ihr finden; klopfet an, so wird euch aufgetan*« (Matthäus 7, 7). Denn mehr »*Suchen und Klopfen*« ging einfach nicht. Keine Sprechstunde, jedenfalls nicht für mich. Dass mich diese unsägliche »*Klopferei und Bettelei*« dann auch noch lebensbedrohlich krank machen sollte, davon hatte er leider nichts gesagt.

Kapitel 4:
Als kleiner Troubadour durch die City von Rheine

Kaum waren wir aus Dinslaken wieder daheim, forderte Matthias sogleich ein Zeugnis von mir. »*Bernd, hast du schon von deinem großen Glück erzählt*?« platzte es voller Stolz in Gegenwart meiner Eltern und einiger Geschwister förmlich aus ihm raus. Dass ich da aber auch noch nicht von alleine drauf gekommen war! »*Nee, hab' ich nicht, und will ich auch nicht*«, traute ich mich natürlich nicht zu sagen. Matthias wollte offensichtlich keine Zeit verstreichen lassen, um sein »Menschenfangkonto« mit dem Fang einer weiteren Seele aufzupolieren. Mich dagegen überflutete dieses unerträgliche Gefühl in einem falschen Leben zu sein. »*Großes Glück? Wovon spricht dieser Teufel? Dir geht es doch beschissener als jemals zuvor*«, war mein erster Gedanke. »*Und jetzt auch noch das, dieses schmachvolle Bekennen vor der Gemeinde, das er dir abverlangt! Was wollen die denn noch von dir? Reicht es denn nicht, dass du schon kurz vorm Verrücktwerden bist*?« so oder ähnlich ratterte es mir durch den Kopf.

Und während mich die Geschwister mit ihren leuchtenden Halleluja-Fratzen voller Erwartung anglotzten, wäre ich vor lauter Angst und Scham am liebsten im Erdboden versunken. Doch es half alles nichts, ich musste liefern. Denn wenn ich dieses verfluchte Zeugnis nicht unmittelbar nach meiner Bekehrung austrompetete, würde man mich nicht nur schief angucken, sondern mir die ganze Geschichte auch nicht abkaufen. Das Pendel des Wohlwollens und der Gnade würde in Form von Misstrauen zurückschlagen. Meine gerade erst errichtete Fassade aus Heuchelei und Selbstverleugnung würde wie ein Kartenhaus in sich zusammenfallen. Je größer der Kloß im Hals auch wurde und desto tiefer meine Schulterblätter auch sanken, es gab einfach kein Zurück.

So sah man nur kurze Zeit später einen kleinen Jungen, verraten und verkauft, vor den voll besetzten Stuhlreihen eines Klassenraumes seiner kleinen Dorfschule stehen. In dem Raum war es so still, dass man eine Stecknadel hätte fallen hören. Anscheinend wusste er weder, wie er dahin gekommen war, noch was er da eigentlich machte. Seine Beine fühlten sich an wie Pudding, und im Kopf glaubte er Watte zu haben. Unzählige Augenpaare starrten ihn gierig an und warteten darauf, dass er mit seinem Zeugnis endlich loslegte. Es waren überwiegend erwartungsfrohe, wohlgesonnene Blicke zumeist älterer Menschen, die es anscheinend gut mit ihm meinten. Ganz im Gegensatz zu den finsteren, unbarmherzigen Blicken der Prediger, die sein Innerstes zu durchleuchten schienen und jede Silbe seiner Worte auf die Goldwaage legten. Voller Argwohn, ob das echt war, was er da kundtat. So hatte er es gerade noch geschafft, sich auf die Schnelle ein paar Worte zurechtzulegen. Leere Worthülsen und Floskeln, die nicht auf seinem Mist gewachsen waren, und die er schon tausende Male von den anderen genauso oder ähnlich gehört hatte.

Und dann erzählte er den vielen Leuten, was sie hören wollten: »*Der Herr Jesus hätte ihn angenommen, ihn frei und glücklich gemacht. Er wäre nun ein fröhliches Gotteskind und wolle dem Heiland immer folgen*«. Wie durch ein Wunder hatte er sich nicht einmal verhaspelt. Und das, obwohl ihn schon längst eine schreckliche Furcht gepackt hatte. Die Angst, dass ihm die Prediger sein Zeugnis nicht abkauften und die Maske vom Gesicht rissen. »*War seine Stimme nicht zu zittrig gewesen*«? »*Hatte sein Antlitz genug geleuchtet*«? »*War er rot im Gesicht geworden*«? »*Hatte man das Schlottern seiner Knie bemerkt*«? jagte es ihm in Bruchteilen von Sekunden durch den Kopf. Denn nichts von alledem, was er da vorne von sich gegeben hatte, stimmte. Alles war erstunken und erlogen. Er war weder glücklich, noch frei. Und angenommen hatte ihn der Heiland schon mal gar nicht.

»*Und was hieß das überhaupt ›frei‹?* »*Was meinten die anderen denn damit*«? Soweit ich zurückdenken konnte, war ich gefangen in einem Käfig. Mein Zeugnis war der blanke Hohn. Doch ich wusste genau, dass letzten Endes alles von diesem verfluchten Zeugnis abhing – die Annahme meiner Eltern, die Aufnahme in die Gemeinde, letztlich mein Überleben. Und während mir die Geschwister mein Bekehrungserlebnis gierig von den Lippen gesaugt hatten, war es augenscheinlich auch den Predigern nicht gelungen, ein Haar in der Suppe zu finden. Alles war gutgegangen. Allerdings fragte ich mich klammheimlich, »*weshalb sie mir nicht auf die Schliche gekommen waren*«? »*Weshalb hatte der Heilige Geist mich nicht auffliegen lassen*«? Ich hatte keine

Erklärung. Auch die nächsten Tage und Wochen sollte ich darüber nicht zur Ruhe kommen. Denn ich hatte nicht die leiseste Ahnung, ob und wie lange der Heilige Geist noch dichthalten würde?! Doch zunächst einmal hatte ich meine Eltern und die Geschwister glücklich gemacht. Dass ich dabei selbst auf der Strecke blieb und vor lauter Verzweiflung am liebsten alles zusammengebrüllt hätte, musste ich ganz tief in meinem Inneren versinken lassen.

Und nur kurze Zeit später sollte sich das Drama wiederholen. Ohne jegliche Vorwarnung hatte mich Karla C., die Witwe des Gemeindegründers, aufgefordert, erneut vor der Gemeinde Zeugnis zu geben. Ich war wie vor den Kopf gestoßen und konnte einfach nicht glauben, dass sich dieses demütigende Ritual innerhalb so kurzer Zeit wiederholte. Obwohl alles in mir rebellierte, und ich am liebsten einfach nur weggerannt wäre, musste ich auch diese Feuerprobe bestehen. So stand ich kleiner Knirps ein zweites Mal vor der versammelten Mannschaft und tischte ihnen das gleiche lupenreine Märchen auf wie kurz zuvor. Und ja, schon wieder hatte ich dieses Gefühl, als würde ich mir selbst beim Sprechen zuschauen. Das Gefühl des völligen Kontrollverlustes.

Dabei vermag ich nicht mehr zu beurteilen, was schlimmer war: Die Heidenangst, dass mein Lügengeflecht ans Licht kommen würde oder die Schuldgefühle für meine Täuschungsmanöver. Schließlich hatte ich mir die Gunst meiner Eltern und der anderen ja nur unverdient erschlichen. Die Kiste war total verfahren. So oder so. Diesen Spagat würde ich auf Dauer nicht hinbekommen, ohne dass es mich vollends zerreißen würde. Und was ich damals noch nicht ahnen konnte, ich würde viele Jahre später all diese traumatischen Erlebnisse in jahrelangen Therapien wieder ausgraben müssen. So habe ich Jahre und Jahrzehnte gebraucht, bis ich ganz allmählich den Gedanken zulassen konnte, dass ich mich für meine Schwindelei ja gar nicht schuldig fühlen musste. Ich war ja derjenige, der missbraucht worden war, und es die verdammte Verantwortung meiner Eltern war, mich aus diesem Wahnsinn rauszuholen. Zu spät!

Nun, da die Freizeit in Dinslaken bei mir allem Anschein nach so wunderbar angeschlagen hatte, wurde im darauffolgenden Sommer gleich die nächste hinterhergeschoben, diesmal im erzkatholischen Rheine. Für unsere Mission allemal ein schwieriges Pflaster, so viel war schon mal bekannt. Und welcher Standort des Evangelisationszeltes wäre unserem Missionszweck würdiger gewesen als in unmittelbarer Nähe zu einer Kirche, mitten in der Innenstadt? Wohl keiner! Also schlugen wir ähnlich einem Wanderzirkus, nur ohne Tiere, unser Zeltlager auf einer unbebauten Fläche im Stadtkern auf. Dabei war allein der Aufbau des Missionszeltes unter der Regie von Onkel Heinz von meinem Herzklopfen und Zittern begleitet, zur falschen Zeit, am falschen Ort, den falschen Handgriff zu tätigen.

So ist es wahrlich nicht übertrieben, wenn ich schreibe, dass er wie ein wütender Hobbit mit zornesrotem Kopf von einem Befestigungsseil zum nächsten hüpfte und uns seine Befehle und Verwünschungen genauso entgegenzischte wie kurze Zeit später Jesu Gebote und Verbote. Ich werde dieses Geräusch seines Atems, dieses gehechelte »Rrrrhhhh«, das er in seinem maßlosen Zorn im Minutentakt vor sich hin schnaubte, während er mit seinen Armen wild gestikulierend in der Gegend rumfuchtelte, niemals vergessen. Ein Anblick zum Schreien komisch, wenn es nicht so schrecklich gewesen wäre.

Nachdem das imposante Missionszelt endlich stand, durften auch wir den Aufbau unserer kleinen Schlafzelte in Angriff nehmen. Das ging dann wiederum schneller, als man gucken konnte. So hausten wir, seltsamerweise von den Behörden unbehelligt, wie »Missionsnomaden« im Stadtzentrum einer Kleinstadt. Und diesmal gleich 14 Tage am Stück. Auch wenn wir von der Bevölkerung nicht gerade mit offenen Armen empfangen wurden, galt es für uns jeden Tag aufs Neue, dem eindeutigen Missionsbefehl unseres Heilands nachzukommen: »*Gehet hin in alle Welt und prediget das Evangelium aller Kreatur*« *(Markus 16, 15)*. Alles klar, Jesus! Wird gemacht! Schließlich hatten wir keinen Grund zu der Annahme, dass unser Meister nicht auch die konservativen Menschen in Rheine auf dem Schirm hatte. Kreaturen waren sie allemal, auch wenn es sich »nur« um Katholiken handelte.

Als kleiner Pimpf hatte ich zwar nicht die leiseste Ahnung davon, was es mit »konservativen und erzkatholischen Leuten« so auf sich hatte, irgendwo hatte ich aber aufgeschnappt, dass diese Menschen irgendwie verstockt waren, also nichts von unserem Meister wissen wollten. Wer auch immer dahinter steckte – der Teufel oder Gott selbst?! Man wusste es nicht so genau. Nur blöd, dass die Leute selbst keinen blassen Dunst davon hatten, denn sonst hätten sie uns wohl kaum so »ungläubig« angeglotzt. Und wenn wir dann mit unserem Equipment, also Gitarren und Gesangbüchern, Bibeln und Traktaten, wie die letzten Mohikaner durch die Fußgängerzone tingelten und unsere Missionslieder schmetterten: »*Wir wollen in Rheine den Heiland verkünden. Wir wollen sagen, dass Jesus uns liebt ...*«, ernteten wir im günstigsten Fall ein spöttisches Lächeln, im schlimmsten Fall ein paar wüste Beschimpfungen der vorbeieilenden Passanten und vorwitzigen Gaffer.

Dabei starrten uns einige an, als seien wir Wesen von einem anderen Stern, was ja in gewisser Weise auch stimmte. Nichtsdestotrotz, wir waren darauf vorbereitet, dass uns der Teufel gerade auf Freizeiten pausenlos Knüppel zwischen die Beine warf. Leider Gottes nicht so heftig, dass Onkel Heinz seinen »heiligen Geist« aufgegeben hätte. Dafür hatte es mich erwischt. Nun ja, von einem Tag auf den anderen hatte ich hohes Fieber bekommen, so dass ich mich nicht mehr auf den Beinen halten konnte. Und ohne dem Kapitel 24 vorgreifen zu wollen, soviel kann ich an dieser Stelle schon mal verraten, eine Krankheit war genau das, was einem tatendurstigen Jungchristen auf einer Freizeit am allerwenigsten passieren durfte.

Noch beschämender als unser Einsatz in der Fußgängerzone erwies sich dann der »*geistliche Kampf um die Häuserblocks*«, also das Klinkenputzen für unseren Herrn und Meister. So jagten uns die Prediger jeweils in Zweiertrupps von Haus zu Haus, von Tür zu Tür, um Einladungen unter die Leute zu bringen und unsere Heilsmärchen aufzutischen *(Predigtmitschnitt auf Audiodatei)*: »*Und wenn ich nicht mehr von Tür zu Tür gehe, dann ist in meinem Geistlichen was falsch, irgendwo in mir was faul. Es ist Endzeit Geschwister. Wir stehen kurz vor dem Wiederkommen Jesu Christi, und wir haben noch einen Endspurt zu tun. Die Netze sollen eingeholt werden. Aber wenn du nicht mit anfasst usw.*«. Exakt, wir waren Menschenfischer auf der Zielgeraden zum Paradies. Damit die ganze Sache dann auch mit dem nötigen Feuereifer und »Brennen im Herzen« vonstattenging, erteilten uns die Prediger freundlicherweise kurz vor unserem Ausschwärmen noch ihren Segen. Wow! Wie großmütig! Aber von mir aus! Sollten sie sich doch dumm und dämlich segnen, ich brannte nicht. Nicht mal der besagte Funke war übergesprungen, geschweige denn, dass ich »*Feuer und Flamme für den Heiland*« gewesen wäre.

Und so hoffte ich insgeheim, dass niemand die Tür öffnete, wenn ich mir ein Herz fasste und auf die Klingel drückte. Meistens jedoch vergeblich. Beschämt und mit gesenktem Blick stand ich dann wildfremden, übermächtigen Erwachsenen gegenüber, denen ich ungefragt ein Traktat in die Hand drücken und von meinem Glück mit dem Heiland erzählen sollte. An einzelne Situationen vermag ich mich nicht mehr zu erinnern, wohl aber an die mal mitleidigen, dann wieder abweisenden Blicke. Fast überflüssig zu erwähnen, dass ich die Werbetrommel rührte, für ein Produkt, das niemand wollte und brauchte. Wie gut ich die Menschen verstehen konnte! Das Missionieren war mir einfach nicht in die Wiege gelegt worden. Aber was blieb mir anderes übrig? Eine Weigerung wäre mir als Bumerang in Form wüster Beschimpfungen durch die Prediger wieder um die Ohren geflogen. Und das war allemal schlimmer, als den Spott der Ungläubigen zu ertragen.

Nun war es aber auch nicht so, dass uns bei der ganzen Plackerei keine Verschnaufpause vergönnt gewesen wäre. Nach einwöchiger Kasernierung durften wir eines Samstagsmittags das enge Zeitfenster zwischen Bibelarbeit und Straßenmission nutzen, um auf die Schnelle ins Kaufhaus zu flitzen – und zwar ohne dabei unsere Missionslieder trällern zu müssen. Was an sich schon eine Erleichterung war! Diese Atempause hatten wir allerdings nur dem glücklichen Umstand zu verdanken, dass Onkel Heinz an diesem Tage Geburtstag hatte und auf den letzten Drücker noch ein Geschenk für ihn besorgt werden musste. Eine Idee der älteren Geschwister, die wohl still und heimlich hofften, mit einer Geburtstagsüberraschung seinen unaufhörlich köchelnden Zorn im Zaum halten zu können. Und wer von uns wollte das nicht?! Daher fand ich die Idee als solche gut, das Geschenk dann eher weniger.

So überkam mich bereits beim Kauf eines Sets aus Handfeger und Kehrblech ein mulmiges Gefühl. Kurzum, mir fehlte schlichtweg die Fantasie, um mir vorzustellen, dass Onkel Heinz vor Freude an die Decke springen würde, wenn er die »Überraschung« in Händen hielt. Er würde sich bestenfalls fragen, welches Utensil besser geeignet wäre, um uns mal richtig »durchzulassen«, wie er es in seinem heiligen Zorn bisweilen sicherlich nur zu gerne gemacht hätte. Da ich als Kleinster aber nichts zu melden hatte, machte ich das, was man mir beigebracht hatte, ich hielt meinen Mund. Mit wenigen Handgriffen hatte die Verkäuferin das Set tipptopp verpackt, und wir konnten uns mit der Kehrgarnitur im Gepäck wieder auf den Rückweg machen.

Die feierliche Übergabe sollte dann allerdings ohne mich stattfinden. Lediglich zwei ältere Geschwister waren auserkoren worden, das Ding über die Bühne, in dem Fall in seinen Wohnwagen, zu bringen. Machte auch durchaus Sinn, denn wenn wir zu fünft oder sechst unangemeldet bei ihm auf der Matte standen, würde er gleich im Dreieck springen. Ich war jedenfalls nicht traurig, nicht dabei sein zu dürfen. Ganz im Gegenteil. Schließlich hatte dieser Sadist bis dahin schon mehr als genug gottgefälliges Leiden über mich gebracht. Wie die Sache ausging, kann man sich wohl denken. Bereits kurze Zeit später schimpfte und tobte er wie eh und je. Und ohne dem Kapitel 23 vorgreifen zu wollen, soviel sei an dieser Stelle schon mal preisgegeben, nur kurze Zeit später durfte er sich über ein standesgemäßes Geschenk, ein nigelnagelneues Auto, freuen. Ja genau! Der Herr Jesus hatte nämlich seine Spendierhosen angezogen. Stimmt doch Jesus, oder etwa nicht?!

Je mehr Tage ohne Seelenfang verstrichen, desto unbeherrschter wurde Onkel Heinz. So konnten die halsstarrigen Rheiner am Ende des Tages von Glück sagen, dass er ihr kleines Städtchen samt Kind und Kegel nicht in Schutt und Asche gelegt hatte – ganz nach dem biblischen Vorbild von Sodom und Gomorrha. Gefaselt hat er von der Liebe Gottes, getrieben wurde er von ungezügeltem Hass und nackter Vergeltungssucht. Aber hatte unser Meister das nicht genauso vorgelebt? Hatte Jesus etwa nicht das Städtchen Kapernaum mit den Worten verflucht: »*Und du, Kapernaum, die du bist erhoben bis an den Himmel, du wirst bis in die Hölle hinuntergestoßen werden. … Doch ich sage euch, es wird dem Sodomer Lande erträglicher gehen am Jüngsten Gericht als dir*« (Matthäus 11, 23 – 24)? Eben!

So hatte sich am Ende der Freizeit herausgestellt, dass wir Prediger in der Wüste gewesen waren. Kein Schwein hatte zugehört, geschweige denn, dass sich eine Seele bekehrt hatte. Nicht mal ein kleines, wie auch immer geartetes Schauwunder hatte sich im Missionszelt oder drum herum verlaufen. Auch den verantwortlichen Brüdern hatte es nach dieser missionarischen Bruchlandung die Sprache verschlagen. Keiner mochte mehr davon sprechen –wie sonst lauthals propagiert-, dass der Dreifaltige in irgendeiner Weise gewirkt, geschweige denn Fahrt aufgenommen hätte. Streng genommen hatten wir einen toten Gaul, in dem Fall einen toten Geist, geritten. Für uns jedoch kein Grund, den Kopf in den Sand zu stecken. Wir mussten eben noch einen Zahn zulegen. Dann würde der Satan schon noch klein beigeben. Und das sollten wir auf der nächsten Sommerfreizeit in Blaubeuren, einer Kleinstadt im Osten Baden-Württembergs, dann auch tun.

Dabei war diese Freizeit Anlass für unseren ersten und zugleich letzten gemeinsamen Familienurlaub. Und Familienurlaub hieß bei uns, dass ich meine Eltern an gerade einmal zwei, maximal drei Abenden jeweils im Anschluss an die Abendevangelisation für etwa fünf Minuten zu Gesicht bekam. Die Zeit war einfach zu kostbar, um sie mit unnützen Eltern-Kind-Gesprächen zu vertrödeln. Diese Freizeit war es dann auch, auf der mir weisgemacht wurde, dass uns »falsches Beten« in Teufels Küche bringt – wortwörtlich. Wie jetzt? Ist es etwa für den »lieben« Gott kein Grund zur Freude, wenn ein unschuldiges Kind ein Gebet zu ihm spricht? Nein, ist es nicht! Gott hat nämlich die Messlatte für seine Anbetung recht hoch gehängt. Wer ihn anbeten will, der muss das *»im Geist und in der Wahrheit tun« (Johannes 4, 23 – 24)*, was zum Henker das auch immer bedeutet! Und wer das eben nicht macht, also »falsch betet«, läuft Gefahr, von Gott dafür bestraft zu werden. Und was eignet sich am besten als Strafe? Richtig, Krankheit oder Unglück! Also eine ziemlich heikle Angelegenheit, die ganze Beterei und so.

»Seht ihr was passiert, wenn ihr Jesus nicht im Geist und in der Wahrheit anbetet«! schrie ein Prediger, nennen wir ihn Paul, eines Tages wutentbrannt in unsere morgendliche Gebetsstunde hinein. Ich hatte nicht den blassensten Schimmer, weshalb der Typ plötzlich so ausflippte. *»Was haben wir denn jetzt schon wieder ausgefressen«?* war mein erster Gedanke. Doch bereits kurze Zeit später hatte ich kapiert, dass es um die Halsentzündung eines Jungen meines Alters, also eines 13-Jährigen ging, der krank in seinem kleinen Schlafzelt darniederlag. Und ja, dieser arme Kerl diente Paul als abschreckendes Beispiel dafür, was »Falschbetern« blühte. Dabei hatte ich ihn tags zuvor noch beneidet, weil er so salbungsvoll beten konnte, jedenfalls tausendmal besser als ich. *»Und das sollte ihm jetzt zum Verhängnis geworden sein«?* war mein nächster, mich zutiefst verstörender Gedanke.

So dämmerte es mir allmählich, dass die Strafaktion Gottes mindestens ebenso auf mich abzielte. Keine Frage, ich hatte Riesenglück, dass es mich noch nicht erwischt hatte. *»Wer soll dir jetzt noch helfen, wenn dich deine Gebete schon krank machen«?* schoss es mir voller Panik durch den Kopf. Ich weiß, dass hört sich alles verrückt an, aber so war es. Das waren Ängste und Nöte, die meine *fleischlich gesinnten* Kumpels *(Römer 8, 5 – 8)* schlichtweg nicht kannten. Wie ich mich danach sehnte, ein *Weltmensch* zu sein! Dabei hatte Paul sicherlich nicht die leiseste Ahnung davon, was unserem Meister da gerade durch den Kopf gespukt war. Aber so war es immer. Die Prediger legten die Bibeltexte so aus, wie sie ihnen am gelegensten kamen und uns am gefügigsten machten. Nur eins blieb immer gleich: Sünde, Schuld und Strafe.

Über Paul sei an dieser Stelle nur so viel gesagt, dass es sich um einen charismatischen, durch und durch verbohrten Mitte Zwanzigjährigen handelte, den man in seinem Heimatort schon als Kind den *»feurigen Elias«-in Anspielung auf den gleichnamigen biblischen Propheten-* nannte. So prahlte er dann auch allen Ernstes damit, dass er bereits als 9-Jähriger! mitunter stundenlang im Wald rumgeschrien hätte. Jedenfalls solange, bis die Nachbarn sich beschwerten. Unseligerweise sollte er seinen »Hang zur Schreierei« auch im späteren Leben nie ganz ablegen können. Im Gegenteil, zu unserem Leidwesen hatte er sein fanatisches Gebrüll geradezu perfektioniert.

Ohne Zweifel, Paul war ein Paradebeispiel dafür, dass Menschen, formulieren wir es mal wohlwollend, mit psychischen Auffälligkeiten und Störungen nirgendwo besser aufgehoben waren als in unserer Anstalt. Schließlich konnten sie bei uns ihre Ticks und Neurosen nicht nur ausgiebig ausleben, sondern sie hatten darüber hinaus noch die besten Aussichten, für ihren blinden Eifer und ihre fanatischen Spinnereien als Sprachrohre Gottes frenetisch bejubelt zu werden. Kein Wunder also, dass er heute ein ziemlich hohes Tier innerhalb der Organisation ist. Wahrlich eine »Meister-Leistung«!

Kapitel 5:
Dank des Heilands zum kleinen Bettnässer

Während mein Vater häufig mit uns Kindern spielte, hauste meine Mutter derweil in ihrer Parallelwelt und beschäftigte sich mit ihrem virtuellen Partner, ihrer *»Jesus-Puppe«*. Sie betete, beackerte ihre Bibel und verschlang ihre frommen Magazine. Und wenn sie ihrer Hausarbeit nachging, lagen das dicke schwarze Buch und ihre Endzeitschmöker meistens aufgeklappt in Reichweite. So war sie gegenüber den Attacken des Teufels stets gewappnet und konnte ihm bei Bedarf irgendwelche Binsenweisheiten des Heilands vor den Latz knallen. Man wusste ja nie, wann und wo der Satan seine *feurigen Pfeile* –dazu noch später- abschießen würde. Außerdem lohnte es sich ohnehin nicht, die *»geistliche Nahrung«* beiseite zu räumen, weil sobald das Tagesgeschäft es zuließ, es mit der *»geistlichen Ermunterung«* weiterging. Kurzum, was ihren Kontakt zu unserem Meister anging, war Mama reich gesegnet.

Damit bei meiner Aufzucht auch bloß nichts schiefging, wurde das Anwachsen meiner »Jesuskrankheit« durch eine engmaschige Kontrolle gedeichselt. Dazu gehörte nicht zuletzt die Nagelprobe, ob ich meine Mutter bestehlen würde. Das glauben Sie jetzt nicht? Aber natürlich! Das war eine ganz wichtige Frage für meine Mutter. So war ich wohl nicht älter als 7 vielleicht auch 8 Jahre, als sie eines Tages auf den Trichter gekommen war, einen Taler, in dem Fall eine 2 DM Münze, auffällig auf der Anrichte unseres Wohnzimmer zu platzieren, wie sie mir im Nachhinein noch verraten sollte. In der Hoffnung, dass ich den Braten nicht riechen würde, wartete sie nun mit Engelsgeduld darauf, ob ich in die von ihr gemeinsam mit dem Heiland ausgetüftelte Falle tappte. Als nach einigen Stunden die Münze immer noch unberührt auf demselben Fleck lag, weihte sie mich mit seliger Miene in ihr Experiment ein. *»Ich wollte dich nur mal auf die Probe stellen, ob du den Taler da wegnimmst und vielleicht auch sonst an mein Portemonnaie gehst«*, glaubte ich meinen Ohren nicht zu trauen. Ah ja! Gut zu wissen, Mutter! Und ich Dummkopf hatte bis dahin immer geglaubt, dass mich nur der Teufel auf die Probe stellen würde!

Und während mich ihre Worte wie Keulenschläge trafen, konnten sich die zwei, also unser Meister und Mama, die Hände über den glücklichen Ausgang ihres Experimentes reiben. *»Und bewahre uns vor dem Bösen«*, dieser Bitte Mamas hatte der Herr Jesus freundlicherweise auf Anhieb entsprochen. Zweifelsohne, an diesem Tag durfte er sich über eine Extraportion Lobpreis von ihr freuen. Schön, dass ich dir dieses fantastische Erlebnis bescheren durfte, »liebe« Mutter. Dass für mich kleinen Zwerg eine Welt zusammengebrochen war, halb so wild, oder?!

Und immer dann, wenn es um unseren Meister und unsere »Heil«Anstalt ging, und darum ging es ja die meiste Zeit, wurde meine Mutter zu einem anderen Menschen. Von einem Moment auf den anderen verklärte sich ihr Blick und ihre im Alltag sonst eher barsche Umgangsart verwandelte sich in ein gestelztes, bigottes Verhalten. Und wenn sie dann ihre Stimme zum Gebet erhob, erfassten mich zwiespältige Gefühle. Einerseits sträubten sich mir alle Nackenhaare, weil es sich einfach nicht echt anfühlte, wenn ihre schroffe Stimme einen säuselnden, fast schwülstigen Klang annahm. Anderseits spürte ich eine Wärme und Hingabe, wie ich sie als Kind nie erfahren durfte. So heimelig und vertraut, dass ich glauben musste, sie hätte einen besonderen Draht zum Heiland. Dabei war ich mir schon längst darüber im Klaren, dass ich den Kampf um ihre Liebe gegen ihren himmlischen Bräutigam niemals würde gewinnen können. Es wäre ein Kampf gegen Windmühlenflügel gewesen.

So weiß ich noch genau, wie traurig ich damals war, als sie mir auf meine Frage hin, *»wen sie denn am liebsten hätte«?* direkt ins Gesicht sagte: *»Natürlich den Herrn Jesus, danach Papa und dann euch«*. Zugegeben, war auch 'ne blöde Frage von mir! Wenngleich ich gehofft hatte, dass sie sagen würde: *»Natürlich dich«*, auch wenn das geflunkert war. Ein dummer Gedanke! *»Wer Sohn oder Tochter mehr liebt denn mich (Jesus), der ist meiner nicht wert«* (*Matthäus 10, 37*), hatte unser Meister ihr ohne Wenn und Aber abverlangt. Und genauso handhabe sie das dann auch. Für sie gab es *»keinen Kompromiss an der Schrift«*. So ist es wahrlich nicht übertrieben, wenn ich schreibe, dass die *»Jesus-Puppe«* ihre gesamte Zuneigung wie eine Art »himmlischer Staubsauger« absorbierte.

»Paulus du rasest«! »War das ein Wort«! platzte es eines Sonntags direkt im Anschluss an den Gottesdienst aus meiner Mutter raus. Dabei starrte sie

mich ebenso verzückt wie erwartungsfroh an, wohl in dem festen Glauben, ich würde ihre Euphorie teilen. Tat ich nicht. Im Gegenteil, ich verstand die Welt nicht mehr. Aber nicht etwa deshalb, weil ich nicht gewusst hätte, dass sie damit auf »Paulus' Raserei« vor Festus anspielte, sondern weil ich einfach nicht glauben konnte, dass sie irgendetwas von der Schreierei des komplett unter Strom stehenden Predigers verstanden hatte.

Nun muss man wissen, dass es sich bei besagtem Festus natürlich nicht um den kauzigen Hilfssheriff aus der amerikanischen Westernserie »Rauchende Colts« handelte, sondern um einen gleichnamigen römischen Befehlshaber, vor dem sich der Apostel Paulus verantworten musste *(Apostelgeschichte 26, 24)*. Das allerdings nicht etwa deshalb, weil er auf einem hochgezüchteten Esel, womöglich mit 80 Sachen, durch die geschlossene Ortschaft von Damaskus gebrettert und dabei geblitzt worden war, und zwar so grell, dass er für drei Tage einen Blindenhund brauchte: *»Und da er auf dem Wege war und nahe an Damaskus kam, umleuchtete ihn plötzlich ein Licht vom Himmel, … und er war drei Tage nicht sehend und aß nicht und trank nicht«* *(Apostelgeschichte 9, 3 – 9)*-, sondern Festus hatte lediglich seine Bewunderung für Paulus' »überirdischen Redeschwall« zum Ausdruck bringen wollen.

So glaubte auch meine Mutter an diesem Nachmittag, Zeugin einer wunderbaren Offenbarung des Heiligen Geistes geworden zu sein. Glücklich und zufrieden durften wir sein, bei dieser Sternstunde des Dreifaltigen, die uns der Prediger mit großem Getöse beschert hatte, dabei gewesen zu sein. War ich aber nicht! So wusste ich auch gar nicht, was ich ihr erwidern sollte. Sollte ich etwa sagen: *»Mama, ich habe Angst vor dem Onkel«!* *»Warum hat der uns so angeschrien«?* oder überspitzt formuliert: *»Warum ist der Onkel nicht in einer Anstalt«?* Das gehörte sich für einen »rasenden« Jesusjungen ja wohl nicht! Jedenfalls hatte ich an diesem Nachmittag nur Bahnhof verstanden. Von einer Predigt, mit der sich der Bruder über eine Zeitspanne von etwa zwei Stunden in eine regelrechte Ekstase gegeifert und geschrien hatte, so dass ich am liebsten einfach nur rausgerannt wäre.

Nun, ich musste meine Mutter wohl völlig entgeistert angestarrt haben, wie ich bereits im nächsten Augenblick an ihren entgleisenden Gesichtszügen erschrocken feststellte. Offensichtlich hatte ich ihrer Schwärmerei mit meiner ernüchternden Reaktion einen herben Dämpfer versetzt. Besser gesagt, ich hatte es vermasselt! Kein Wunder also, dass ihre Retourkutsche nicht lange auf sich warten ließ. Der Frust über meine fehlenden Antennen für »Paulus' Raserei« war dann ihr Aufhänger, um mein grundsätzliches Verhältnis zu unserem Meister auf den Prüfstand zu stellen. So lief alles auf die Kardinalfrage hinaus: »*Bernd, ist der Heiland noch der Steuermann deines kleinen Lebensschiffes*«? »*Fährst du noch im richtigen Fahrwasser*«? Sicherlich ganz im Sinne des Brüllaffen am Rednerpult. Dabei vermag ich nicht mehr zu sagen, ob sie mir das unverblümt ins Gesicht sagte oder nur als unausgesprochener Vorwurf im Raum stand.

Jedenfalls blieb ich ihr die Antwort schuldig. Und während mir dieses beklemmende Geschehen noch geraume Zeit in den Gliedern stecken sollte, sauste und brauste der Dreifaltige nun immer öfter bei ihr im Kopf herum. Und zwar genauso, wie sie es wohl einmal zu oft in ihrer Bibel gelesen hatte: »*Und es geschah schnell ein Brausen vom Himmel wie eines gewaltigen Windes und erfüllte das ganze Haus, da sie saßen, ... und er (der Heilige Geist) setzte sich auf einen jeglichen unter ihnen ...*« (Apostelgeschichte 2, 2 – 3). Auf dieses »*Brausen des Dreifaltigen*« werde in dem Kapitel 19 noch zu sprechen kommen.

Nun war es aber auch nicht so, dass meine Psyche nicht schon längst durch entsprechende Körpersignale um Hilfe geschrien hätte. So nässte ich über Jahre hinweg regelmäßig nachts ein. Ja genau, ich pinkelte fast jede Nacht ins Bett. Für meine Mutter jedoch kein Grund, auch nur einen Gedanken an diese »ungeweinten Tränen des Tages« zu verschwenden, geschweige denn, sie als Ventil meiner unterdrückten Gefühle zu werten. Jedenfalls war ich schon heilfroh, dass sie mich nicht ausschimpfte, wenn ich ihr morgens vor Schulbeginn ein ums andere Mal völlig beschämt beichten musste: »*Mama, ich habe schon wieder ins Bett gepillert. Es tut mir leid*«. Während sie dann mit versteinerter Miene wortlos die Bettwäsche wechselte, stand ich kleiner Kerl wie ein begossener Pudel daneben und rührte mich nicht vom Fleck. Das war dann sicherlich einer dieser vielen Momente, wo sie geseufzt haben wird: »*Gott legt uns eine Last auf; aber er hilft uns auch*«. Nicht wahr, Mutter?!

Und wenn sie hin und wieder glaubte, es sei ausreichend Bettlaken und Oberbett zum Trocknen lediglich über einen Stuhl zu legen oder einfach nur aus dem Fenster zu hängen, fühlte ich mich nicht mehr ganz so elend. Sie hatte sich dann eine Menge Zeit gespart und davon profitierte letztlich unser Meister. Dass ich dann mitunter etwas »strenger« roch, davon ging die Welt ja schließlich nicht unter. Letzten Endes konnte der Herr Jesus ja nicht darunter leiden, dass ihr Sohn andauernd ins Bett pisste. »*Heute Nacht darf dir das aber nicht schon wieder passieren*«, ging ich dann von Mal zu Mal härter mit mir ins Gericht. Geholfen hat's natürlich nicht. Auch Mamas genervter Appell, abends nichts mehr zu trinken, sollte wenig überraschend keinerlei Wirkung zeigen. Wohl unnötig zu erwähnen, dass mir auch unser Meister trotz meiner verzweifelten Gebete nicht aus der buchstäblichen all-morgendlichen Patsche half.

Was meinen Alltag anbetraf, war ich einmal mehr auf mich alleine gestellt. So konnte meine Mutter allem, was mir Spaß machte, aber auch meinem Schulalltag wenig bis gar nichts abgewinnen. Soweit es um meine schulischen Leistungen ging, musste sie das auch nicht. Aber nicht etwa deshalb, weil ich ein besonders guter Schüler gewesen wäre, sondern einzig und allein aufgrund der Verheißung des Heilands, »*dass uns alles andere zufallen würde, wenn wir zuerst nach dem Reich Gottes trachteten*« (Matthäus 6, 33). Aber ja, die guten Noten würden sich wie auf Kommando einstellen, wenn ich denn nur dem Heiland mit Leib und Seele nachfolgte. So einfach war das. Ehrlich gesagt, ich warte heute noch drauf, also auf die guten Noten.

Auf der anderen Seite hieß das natürlich auch, dass Schwierigkeiten in der Schule in der Regel ein Indiz für Scherereien mit dem Herrn Jesus waren. Oder hätte ich meinen Mitschülern unseren Meister als Freund und Helfer verkaufen können, wenn ich nur mit Ach und Krach über die Runden kam oder gar eine »Fünf« nach der anderen mit nach Hause brachte? Etwa mit den Worten: »*Hi Wolfgang, dank der Hilfe des Heilands habe ich schon wieder 'ne glatte ›Fünf‹ in meiner Mathearbeit geschrieben! Prima, oder?! Schon die dritte in dieser Woche. Mensch, komm doch auch mal mit in die Kinderstunde, dann schreibst du auch keinen ›Sechsen‹ mehr*«? Wohl kaum!

So kann ich mich in meiner ganzen Kindheit an kein Erlebnis mit meiner Mutter erinnern, das nicht »jesusverseucht«, also in irgendeiner Weise mit der Gemeinde verknüpft gewesen wäre. Lediglich ein einziges Mal schaute sie mir, auf mein fast flehentliches Betteln hin, beim Rutschen in der »Batze« zu. Damals sagte man zum Freibad noch Badeanstalt oder einfach kurz Batze. Diese Beachtung schenkte sie mir allerdings nur deshalb, weil uns der Heimweg nach einem Besuch bei meiner Oma ohnehin an der Batze vorbeiführte. Während ich dann vor Stolz platzte, dass ich mich auf dem

Bauch zu rutschen traute und dafür nach ihrer Anerkennung lechzte, rang sie sich am Beckenrand mit Hängen und Würgen ein gequältes Lächeln ab. Mit einem Gesichtsausdruck, der mich stillschweigend zum Sündenbock für versäumte Zeit mit ihrer »Jesus-Puppe« machte: »Was hätte sie in dieser Zeit nicht alles mit dem Herrn Jesus ausklamüsern können«? »Wie viele Lobpreisgebete mussten für diesen irdischen Krempel auf der Strecke bleiben«? Das war natürlich Mist!

So war mir im Laufe der Zeit in Fleisch und Blut übergegangen, dass ich sie im Alltag mehr oder weniger für ihren heißgeliebten Erlöser freischaufeln und mit meinem »weltlichen Tinnef« verschonen musste. Deshalb war es dann auch schon fast wieder normal, dass sie bei meiner Einschulung durch Abwesenheit glänzte. Und während alle anderen I-Männchen, wie man die Erstklässler damals nannte, zumindest von ihren Müttern begleitet wurden, schaffte sie es lediglich bis zur Haustür, um mir ihren »Segen« mit auf den Schulweg zu geben. Gut, den Segen hatte ich erstmal im Sack. Änderte aber dummerweise nichts daran, dass ich mir mutterseelenallein vorkam, als ich auf meine Mitschüler und ihre Mütter traf.

Als mir dann mit 12 Jahren der Blinddarm herausoperiert wurde, beschränkte sich ihre Fürsorge auf meine Einlieferung ins Krankenhaus, ein oder zwei lästige Stippvisiten und dem Öffnen unserer Haustür, vor der mich ein Kranken-Taxi nach meiner Entlassung absetzte. Zugegeben, das war allemal mehr, als ich von meinem Vater während diesen einwöchigen Aufenthalts zu Gesicht bekam. Zumindest kann ich mich an einen Besuch von ihm nicht erinnern. Aber weshalb sollten sie sich auch wer weiß wie kümmern? Meine Ängste und Schmerzen waren doch wohl nichts im Vergleich zu den Qualen, die der Schmerzensmann am Kreuz erleiden musste, oder? Ich will es mal so sagen, wenn unser Meister operiert worden wäre – weil ihm womöglich noch die ein oder andere Dorne von seiner Kreuzigung im Kopf steckte (Matthäus 27, 29)-, Mama hätte Tag und Nacht an seinem Bett gewacht und alle fünf Minuten Fieber gemessen.

Dabei sprach es Bände, dass es nicht etwa der Herr Jesus und die Bibel waren, die mir in meiner Not über den Berg halfen, sondern das vollständige »Abtauchen in die Abenteuer des Pferdes Fury«. Fury, ein kluger Mustang, der alles konnte, von Hilfe holen, über Gefahren erkennen und vor allen Dingen eins, mich verstehen und trösten. In dieser Fantasiewelt habe ich mir den

Schutz und die Energie geholt, die mir meine Eltern und der *Schmerzensmann* aus dem Körper gesogen hatten. Ich sollte noch erwähnen, dass ich mir meine Krankheitssymptome nur eingebildet hatte und vollkommen gesund war, wie die Ärzte im Nachhinein diagnostizierten. Anders gesagt, schon damals bestand meine eigentliche Krankheit in meinem tiefverwurzelten »Nicht-Okay-Gefühl« und dem damit verbundenen Selbstbestrafungsmechanismus.

So gerne ich es hier auch schreiben würde, für mich gab es einfach keinen unbeschwerten Tag. Dabei war ein guter Tag für mich bereits ein Tag, an dem der Heiland meine Eltern noch nicht abtransportiert hatte! Von daher war es dann auch nicht weiter verwunderlich, dass schon seit frühesten Kindertagen das Gefühl einer seltsamen Leere und Traurigkeit von mir Besitz ergriffen hatte. Ich wusste nicht, was das war und woher es kam. Den Begriff Depression kannte ich ja damals noch nicht. Ich spürte nur dieses lähmende, alles erdrückende Gefühl, das sich wie ein schwerer Stein auf meine kleine Brust gelegt hatte. Dieses entsetzliche Gefühl, das schon im Vorfeld der Kinderstunden und Versammlungen nahezu unerträglich wurde.

Alles in mir rebellierte gegen dieses falsche Leben, gegen den Herrn Jesus und die fanatischen Prediger. Gegen die ewig lächelnden Geschwister und die unerträglichen, meinen Körper und meine Seele marternden stumpfsinnigen Gesänge und Gebetsorgien. Aber gerade dieses innere Aufbegehren war es, das es gar nicht geben durfte, für das ich mich schuldig fühlen musste und am *Jüngsten Tag* verdammt werden würde.

Nur, wer denn sonst, wenn nicht ich selbst, sollte für meinen erbärmlichen Zustand verantwortlich sein?! Denn alle anderen hatte der Heiland ja längst angenommen, wie sie es in ihren Zeugnissen ein ums andere Mal verzückt kundtaten. Dabei liefen sie jedes Mal zur Höchstform auf, wenn sie mit leuchtenden Antlitzen, gefragt oder ungefragt, von Jesu Eingreifen in ihr Leben, von ihrer Freude und ihrem Glück schwärmten. Dass sie genauso einem Phantom hinterherjagten, und ihre vermeintliche *Heilsgewissheit* nur ein Produkt ihrer Fantasie war, wäre mir doch niemals in den Sinn gekommen. Und immer dann, wenn sie von Wolke 7 ihres »Jesustrips« runterkamen, werden sie wohl insgeheim genauso gezweifelt haben wie ich.

»Und wie hätte ich mit Mama oder Papa über meinen erbärmlichen Seelenzustand sprechen können«? »Wie hätte ich ihnen beibringen sollen, dass der Heiland ausgerechnet in ihrem kleinen Sohn keine Wohnung nehmen will«? »Mit so

einem würde doch keiner mehr was zu tun haben wollen, weder sie, geschweige denn die Geschwister«, zermarterte ich mir stets und ständig das Hirn.

Fast unnötig zu erwähnen, dass bei uns Zuhause über Ängste und Gefühle nicht gesprochen wurde. Wir gehörten zu den frommen Familien, in denen nicht miteinander gesprochen wurde, sondern all das, was zu besprechen war, entweder beim gemeinsamen Gebet oder im »stillen Kämmerlein« mit dem Herrn Jesus ausgekaspert wurde. So schlüpfte der Heiland im häuslichen Alltag nur allzu oft in die Rolle eines Gebärdendolmetschers. Ja sicher, was Mama auf den Hörnern hatte, schnappte unser Meister auf und warf es Papa, der ja seine Ohren gespitzt hatte, als Vorwurf oder Auftrag wieder vor die Füße. *»Bitte Herr Jesus, gib du Willi die Kraft dies oder jenes zu tun«*, hörte ich sie dann mitunter säuseln. Und ja, Überraschung! Jesus gab Willi die Kraft, jedenfalls meistens. Schließlich wollte es sich mein Vater weder mit meiner Mutter noch mit Jesus verderben. Ein dummer August hätte den gleichen Zweck erfüllt – sowohl was unseren Meister anging, als auch meinen Vater.

Und wenn meine Höllenqualen nahezu unerträglich wurden, und ich mich dann doch einmal traute, mich meiner Mutter in meiner Not zu offenbaren, blickte ich in ein versteinertes Gesicht und hörte sie mitleidlos sagen: *»Sag es Jesus«* oder *»Sprich mit Matthias oder Uwe darüber«*. Dabei ließ sie mich spüren, wie unappetitlich, geradezu widerwärtig ihr mein Elend und Versagen war. Eine Bankrotterklärung ihres aufsässigen Sohnes, die es gar nicht geben durfte. *»Tut mir leid, Mama! Wie konnte ich nur auf den Gedanken kommen, dass du mir helfen würdest?! Aber Danke für den Supertipp, mit Uwe und Jesus und so ...«!* sagte ich natürlich nicht.

Mit Uwe meinte sie übrigens einen aufstrebenden jungen Bruder, der Sonderpädagogik studierte –zumindest wenn er nicht gerade predigte oder betete-, und in der Gemeinde schon was zu melden hatte. Gesagt, getan. Ich weihte Uwe in meine Seelenqualen ein. Unseligerweise war es nur so, dass er keinen anderen Ausweg sah, als mich eines Abends in sein Auto zu locken, um den Teufel in mir den Garaus zu machen. Zugegeben, das konnte meine Mutter natürlich nicht ahnen, hätte aber sicherlich ihr Herz höher schlagen lassen. Endlich würde ich ihr keine blöden Fragen mehr stellen. Wie die Sache ausging, kann man sich vielleicht denken. Doch ich möchte dem Kapitel 21 nicht vorgreifen.

Und da meine Eltern als Gesprächspartner ein Totalausfall waren, habe ich seit meinen frühesten Kindertagen mit niemanden mehr geredet als mit Jesus. Ganz ehrlich, eine ziemlich einseitige Angelegenheit meinerseits. Er blieb stumm wie ein Fisch. So begann ich schon recht bald mit meinem Schicksal zu hadern. Dabei quälte mich eine Frage von Tag zu Tag mehr: »Wenn der Herr Jesus schon nichts von dir wissen will, warum darfst du dann nicht wenigstens genauso normale Eltern haben wie deine Freunde und Mitschüler auch«? »Warum darfst du dann nicht das machen, was alle anderen Kinder in deinem Alter auch machen«? »Und wenn du ohnehin in die Hölle kommst, warum darfst du bis dahin nicht wenigstens das Leben hier auf der Erde genießen«? »Weshalb zum Teufel bestraft er dich gleich doppelt«? So flüchtete ich mich immer häufiger in eine Traumwelt. In eine Welt, in der es weder Jesus noch Gemeinde, weder Prediger noch Geschwister, dafür aber liebende Eltern gab. Ich träumte davon, ein normales Kind sein zu dürfen.

Kapitel 6:
Meine gottgefälligen Geburtstage - der blanke Horror

So habe ich meiner Mutter auch nicht lange bettelnd in den Ohren gelegen, einmal einen »richtigen« Kindergeburtstag feiern zu dürfen. Ich spürte genau, dass ihr dies zu viel Umstand bereiten würde. Es war schließlich *Endzeit,* und da waren wichtigere Dinge zu verrichten. Weshalb sie dann doch ein einziges Mal eine Ausnahme zuließ, werde ich nicht mehr erfahren. Damit diese »Party« allerdings nicht aus dem Ruder lief, hatte sie bereits im Vorfeld den Rahmen abgesteckt und die Teilnehmerzahl streng limitiert. Kurzum, zwei meiner Kumpels waren mit von der Partie. Wie soll ich sagen, einzig die Tatsache, dass zum Abendbrot zwei Bratwürstchen mehr in der Pfanne lagen, erinnerte mich daran, dass ich ja meinen Geburtstag feierte. So mussten auch meine *weltlichen* Freunde lernen, dass der Heiland mit einem unbekümmerten irdischen Kindergeburtstag nichts anfangen konnte.

Ein fröhlicher Kindergeburtstag mit bunten Luftballons und Girlanden, wie ich ihn einmal bei einem Freund erleben durfte, kam schon deshalb nicht in die Tüte, weil dabei das *»eigene Ich«* in den Mittelpunkt gerückt würde. Ja was denken Sie denn! Die Kehrseite einer unbeschwerten, vielleicht sogar ausgelassenen Stimmung war doch, und insoweit mussten wir uns auch gar nichts vormachen, dass der *Schmerzensmann* zwangsläufig einen Schritt zurücktreten musste. Und jetzt mal ganz ehrlich, wer wollte ihm das schon zumuten? Zumal wir aufgrund seiner furchtbaren Qualen am Kreuz ohnehin ganz tief bei ihm in der Kreide standen. Am Ende des Tages war mir jedenfalls die Lust am Feiern gründlich vergangen. Ich hatte meine Lektion gelernt und mir ein für alle Mal hinter die Ohren geschrieben: *»Auf uns gerichtete Aufmerksamkeit zieht immer Leidenschaft und Hingabe vom Herrn Jesus ab. Und das kann der Heiland nun mal nicht leiden«.* Ich habe nie wieder gefragt.

Und wie sich Mama und Matthias eine Geburtstagsfeier so ganz nach dem Geschmack des *Schmerzensmannes* ausmalten, davon sollte ich anlässlich meines 11. Geburtstages im wahrsten Sinne des Wortes noch ein bzw. einen ganzen Stall voll Lieder zu singen bekommen. Unglückerweise fiel dieser Tag nämlich auf einen Sonntag mit vollem Gottesdienstprogramm. Das bedeutete zwangsläufig, dass mir das vermeintliche Vorrecht vergönnt war, meinen Geburtstag im Kreise der Geschwister mit Gebet und Lobpreis verbringen zu dürfen. Halleluja! Gesegneter konnte man kaum sein, zumindest aus dem Blickwinkel meiner Eltern. Und was ich morgens beim Aufstehen noch nicht ahnen konnte, im Anschluss an die Versammlung würde ich noch weitere drei bis vier Stunden Gebets- und Gesangsfolter oben draufpacken müssen.

So hatte es unserem Meister gefallen, dass wir uns unmittelbar nach Beendigung des Gottesdienstes noch im kleinen Kreis in einer kuscheligen Gartenlaube einnisteten, um Schnulzen zu seiner Verherrlichung zum Besten zu geben. Dem Herrn sei's getrommelt und gepfiffen! Diese heimelige Gefühlsduselei veranlasste Matthias dann auch recht bald zu der Frage: *»Bernd, gibt es etwas Schöneres als in diesem Kreis seinen Geburtstag zu feiern«?* Und das mit einem Gesichtsausdruck, der mir dankbare Bewunderung entlocken sollte. *»Ja, verdammt noch mal! Gibt es! Nirgendwo ist es so beschissen wie hier«,* hätte ich ihm am liebsten in seine blöde Fresse gebrüllt. Allein, mir fehlte der Mut. Stattdessen hörte ich, wie mir lediglich ein zaghaftes *»Nein«* über die Lippen kam. Wohlwissend, dass mich jede andere Erwiderung in die Bredouille gebracht hätte.

Und es wäre kein gelungener Ausklang dieses Tages gewesen, wenn ich nicht noch einen Liederwunsch frei gehabt hätte. So als ob mein Lobpreisbedarf nicht schon bis über beide Ohren gedeckt gewesen wäre. Seit Stunden hatte es mir die Kehle zugeschnürt, und jetzt bekam der »feiernde« Jesusjunge noch eine Zugabe. Verdammter Mist! Und ich hatte meinen »Wunsch« noch nicht ausgesprochen, da schlugen die anderen bereits wie im Schlaf das Lied Nr. 310 auf. Schließlich war es kein Geheimnis, dass meine Liederwünsche immer auf diesen einen Schmachtfetzen, das Lieblingslied meines Vaters, hinausliefen: *»Meines Herzens tiefste Sehnsucht und mein Hoffen fand Erfüllung, als ich einst zu Jesus kam. Dort fand ich den Himmel für mich offen, fand Vergebung in dem teuren Gottes Lamm …«.*

Doch anders als alle glaubten, war mein Wunsch nicht etwa dem *»offenen Himmel«* oder irgendeinem *»teuren Lamm, Ochsen oder was weiß ich wem«*

geschuldet, sondern Teil meiner Überlebensstrategie. Denn je mehr ich mich nach dieser Schnulze verzehrte, desto unverdächtiger musste mich das in ihren Augen machen. In Wahrheit jedoch kotzte mich dieses »Wunsch-Geplärr« genauso an wie all die anderen Lobpreislieder auch. Ich will mal so sagen, es war der krönende Abschluss eines zermürbenden, fünfstündigen »Stillsitz- und Lobpreismarathons« – einer Art Waterboarding für unseren Herrn und Meister.

Und was Matthias Frage anbetraf, war ich diesmal noch mit einem blauen Auge davon gekommen. Weshalb? Nun ja, mir fiel jedes Mal ein Stein vom Herzen, wenn er mich nicht wegen meiner Beziehung zum Heiland in die Mangel nahm oder versuchte, mich mit scheinbar unverfänglichen Fragen auszuhorchen. Mit Fangfragen, deren falsche Beantwortung oder auch nur ein krampfhaftes Rumgeeiere mich bis zum Hals in Schwierigkeiten stecken ließen. Lediglich an seinem lauernden, heimtückischen Blick konnte ich dann erahnen, wie wichtig die richtige bzw. die von ihm erwartete Antwort für mich sein würde. *»Bernd, ihr habt doch in der Schule bestimmt schon die Evolutionslehre durchgenommen. Was hältst du denn davon? Du glaubst doch sicher auch nicht mehr daran, dass Gott die Erde an nur sechs Tagen erschaffen hat«?* Mit dieser hinterlistigen Frage hatte er mich eines Samstags nachmittags in der Kinderstunde kalt erwischt. Und das, obwohl ich mit seinen diabolischen Schlichen und Winkelzügen durchaus vertraut war.

So wusste ich zunächst auch gar nicht, wie mir geschah, außer dass mir eine falsche Antwort jede Menge Ärger bescheren würde. Und das Verrückte an der ganzen Sache war, dass ich bis dahin nicht den geringsten Zweifel an dem Wahrheitsgehalt der biblischen Schöpfungsgeschichte hegte. Mehr noch, ich hatte es nicht zuletzt Matthias »zu verdanken«, dass ich die Evolutionstheorie für eine wissenschaftlich verbrämte Irrlehre hielt. So hätte mir Matthias allenfalls meinen fehlenden Bekennermut im Biologieunterricht ankreiden können.

Und ja, ich hätte mich im Unterricht melden und meinen Biologielehrer vor den Augen meiner Mitschüler bloßstellen können: *»Ähm, Entschuldigung Herr Düstermann, aber was sie da sagen, das mit der Evolutionstheorie, das stimmt so nicht. In der Bibel steht nämlich, dass Gott die Erde in sechs Tagen erschaffen hat. Und uns Menschen hat er nämlich aus einem Stück Erde und die Frauen aus Adams Rippe gebastelt«?* Richtig! Ich traute mich nicht, meinen

»Jesus-Joker« zu ziehen. Zum einen, weil ich mich nicht auf eine Diskussion mit Herrn Düstermann einlassen wollte, zum anderen aus Furcht vor dem Spott und Gelächter meiner Mitschüler.

Aber musste ich denn gegen jede Irrlehre Sturm laufen? Hmm …? Okay Jesus, es war ganz schön feige von mir, Herrn Düstermann in dem Glauben zu lassen, die Menschen würden vom Affen abstammen! Aber das hieß doch noch lange nicht, dass ich das auch glaubte. Ganz im Gegenteil. Ich hätte Stein und Bein geschworen, dass wir von Adam und Eva abstammten. Wie und was ich Matthias antwortete? Ich weiß es ehrlich gesagt nicht mehr. Nur so viel, dass ich mich von seinem Argwohn tief getroffen und an den Pranger gestellt fühlte. Nachdem ich mich dann vom ersten Schock etwas erholt hatte, schwirrte mir ein Wust von Fragen durch den Kopf: »*Weshalb nimmt Matthias gerade dich aufs Korn*«? »*Ist er dir bereits auf die Schliche gekommen, dass du gar nicht wiedergeboren bist*«? »*Wie kannst du sein Misstrauen ausräumen*«?

Dann wiederum versuchte ich mich damit zu beruhigen, dass er vielleicht nur einen Versuchsballon hatte steigen lassen, in der Hoffnung mir seiner Frage ins Schwarze getroffen zu haben. Jedenfalls konnte ich im weiteren Verlauf des Abends keinen klaren Gedanken mehr fassen. So stürmte ich, kaum dass die Stunde vorbei war, nach Hause, direkt hinter unseren Schuppen, ließ mich auf die Knie fallen und winselte den Heiland einmal mehr an, mich doch auch endlich anzunehmen. Dann würde mir auch Matthias nichts mehr anhaben, mich nicht mehr peinigen können. Doch es war wie immer – der Heiland hüllte sich in Schweigen!

Nun, es war mein 13. Geburtstag, als mir meine Eltern mit stolzgeschwellter Brust eine nagelneue Bibel feierlich überreichten. Wissen Sie, so ein richtig wertvolles Stück, eingefasst im schwarzen Echtleder mit Reißverschluss und Goldschnitt. Nicht etwa, dass ich bis dahin ganz ohne Bibel klargekommen wäre. Gott bewahre! Soweit ich zurückdenken kann, besaß ich ein kleines handliches Exemplar. Und ja, es würde mich nicht wundern, wenn man mir bereits als Baby die Heilige Schrift mit in die Wiege gelegt hätte – wortwörtlich. Für einen »bibelfesten« Jungchristen war so ein nullachtfünfzehn Exemplar natürlich auf Dauer kein Zustand.

Und noch bevor ich das Prachtexemplar überhaupt in Händen hielt, schwante mir, woher der Wind wehte. Hier ging es um etwas anderes, als mir vielleicht eine Freude zu machen. Es ging um etwas viel Größeres. Es ging um Herzblut, um Jesu Blut. Um eine Sache, der sich meine Eltern mit Haut und Haaren verschrieben hatten. Letztlich um ihre unverhohlene Forderung an mich, es ihnen gleich zu tun, und mit unserem Meister für immer und ewig durch dick und dünn zu gehen.

Damit ich dieses Ziel, wir sprachen von »*Kleinod*«, auch niemals aus den Augen verlor, fand ich im Einband des dicken Schinkens in fein geschwungenen, roten Druckbuchstaben ihr Vermächtnis an mich zementiert: »***Bernd, Jesus spricht: »Folge Du mir nach«!*** Mein Vater hatte einfach ein Händchen für so was. So standen diese verfluchten sieben Worte für wirklich alles, was mir meine Eltern für die Zukunft aufbürdeten. Es war die schriftliche Bestätigung dessen, was ich von klein auf zu spüren bekam: Zuneigung und Annahme und damit letztendlich Überleben war nur über die Nachfolge Jesu möglich. Dabei ging ihre Erwartungshaltung, die sie mit ihrem Geschenk verknüpften, weit über den Ehrgeiz jener Eltern hinaus, die ihrem musikalisch talentierten Sohn ein Musikinstrument oder ihrer sportlich ambitionierten Tochter ein Reitpferd für die erwartete spätere Karriere schenkten. Aber ja! Was war wohl für mein Seelenheil günstiger, auf Gedeih und Verderb unserem Meister nachzufolgen oder den vergänglichen Lüsten dieser Welt hinterherzujagen? Eben!

Natürlich musste ich den Eindruck erwecken, als ob ich mir schon lange die Finger nach diesem »*Schwert des Geistes*«, wie die Prediger die Bibel mitunter so martialisch bezeichneten, geleckt hätte. Allerdings behielt ich mein Entzücken gegenüber meinen Kumpels dann doch lieber für mich. Schließlich erntete ich im Alltag schon Hohn und Spott zur Genüge. Und erst recht verschwieg ich ihnen, dass ich nun über eine gefährliche Waffe verfügte, »*die schärfer als ein zweischneidiges Schwert sein sollte*« (Hebräer 4, 12). Ach was? Meine Bibel ein scharfes Schwert? Auf die Idee muss man erstmal kommen! Meine Kumpels hätten sich schlappgelacht. Und ganz davon ab war ich bis dahin bei unseren Ritterspielen mit meinen selbst zusammengezimmerten Holzschwertern immer noch ganz gut zurechtgekommen. Schließlich wollten wir ja nur kämpfen und uns nicht gleich umbringen.

Und wenn mich meine Freunde dann nach meinen Geschenken ausfragten, druckste ich rum und versuchte mich irgendwie aus der Affäre zu ziehen. Ganz anders dagegen meine Eltern. Sie waren von ihrem kostbaren

Geschenk derart begeistert, dass bei mir für einen Moment die Hoffnung keimte, sie würden die dicke Schwarte dann doch lieber für sich behalten. Leider nicht.

Und zu allem Überfluss hatte ich jetzt noch ein weiteres Problem an der Backe. Nun ja, anhand des Zustandes der Bibel, vermochten die Prediger Rückschlüsse auf unser Verhältnis zu unserem Meister zu ziehen. So war eine Bibel im neuwertigen Zustand immer ein Indiz dafür, dass in unserem geistlichen Leben irgendetwas faul war *(Predigtmitschnitt auf Audiodatei)*: »*Wenn die Bibel neu ist, dann taugt dein geistliches Leben nichts. Wenn die Bibel kaputt ist, dann ist es bei dir in Ordnung*«. Genau, das meine ich! Meine neue Bibel, die nicht den kleinsten Kratzer aufwies und bei der die mit Goldrand versehenen Seiten noch aneinanderpeckten, würde mich schneller als ich gucken konnte, in der Klemme stecken lassen. »*Woher sollen die Prediger wissen, dass deine Bibel neu ist und nicht einfach nur unbenutzt in der Schublade rumliegt*«? grübelte ich vor mich hin.

Als Ausweg aus diesem Dilemma wusste ich mir nicht anders zu helfen, als ihr ein gebrauchtes Outfit zu verpassen. »Vintage« würde man heute wohl sagen. So zerkratzte ich allen Ernstes die Schutzhülle mit meinen kleinen Fingernägeln, schmirgelte sie in unbeobachteten Momenten an der Gehsteigkante ab und ließ sie absichtlich zu Boden fallen. Außerdem markierte ich im Eilverfahren einige Textstellen farblich und schrieb den einen oder anderen Querverweis, die ich in den Exemplaren meiner Eltern und Erichs gespickt hatte. Je bunter und abgegriffener der Zustand der Bibel, desto geringer war die Gefahr, dass die Prediger meine Schauspielerei aufdeckten.

Ja was hätte ich denn sonst machen sollen? Mir vielleicht ein Schild mit der Aufschrift: »*Nicht schimpfen, neue Bibel!*« um den Hals hängen? Wohl eher nicht! Das waren echte Probleme für mich. Ängste und Nöte, die meine *weltlichen* Freunde und Schulkameraden nicht hatten. Auch wenn meine Eltern in der griechischen Mythologie wohl nicht bewandert waren, wussten sie am Ende des Tages ganz genau, dass sie mir als Geburtstagsgeschenk ein »trojanisches Pferd« in meine Seele implantiert hatten. Ich weiß, das hört sich alles völlig verrückt an, für mich war es Teil meiner Überlebensstrategie.

Ich sollte noch erwähnen, dass »wahre« Christen den Tag ihrer »*Wiedergeburt*« als ihr eigentliches Geburtsdatum betrachteten. Also den Tag, an dem ihnen der Heilige Geist in einer Art stiller Post die *Heilsgewissheit* ins

Ohr geflüstert hatte. Ja genau, als ob sie einen kleinen Mann im Ohr hätten. Was ja ehrlich gesagt nicht weit hergeholt war. »Mann oder Geist im Ohr«, so kleinlich wollen wir doch wohl nicht sein. Man muss halt nur lange genug lauschen, bis man irgendwelche Stimmen im Kopf hört. Also eigentlich ein Fall für den Psychiater. So war es gang und gäbe, dass die Geschwister die Frage nach ihrem Alter in einer Art Bauernschläue mit dem Datum ihres Schlüsselerlebnisses, ihrer vermeintlichen *Wiedergeburt,* beantworteten. So mutierten beispielsweise 30-Jährige plötzlich zu 3-Jährigen. Ein Wunder! Gepriesen sei der Herr!

Nun, es ist sicherlich ein Mitbringsel aus dieser Zeit, dass mich anlässlich von Ereignissen, bei denen ich einmal im Mittelpunkt stehen sollte, ein nicht zu fassendes Unbehagen bis hin zu einer lähmenden Traurigkeit überfiel, mitunter bis zum heutigen Tag. Denn gerade anlässlich besonders freudiger Anlässe, wie Geburtstage, anstehende Urlaubsreisen, damals die Geburt meiner Kinder verschlimmerten sich meine Ängste und Depressionen signifikant. Das Ergebnis meiner Dressur zu einem parierenden Jesusjungen, dem eingehämmert worden war, dass es *»Freuden im Diesseits für ein richtiges Gotteskind nicht gibt«.*

Kapitel 7:
Onkel Fritz im Puff und Tante Luise im Paradies

Und dann war da noch diese unschöne Sache mit Onkel Fritz. Wie eine Bombe schlug eines Tages bei uns die Nachricht ein, dass unser Nachbar Onkel Fritz, ein allseits geschätzter und beliebter Glaubensbruder, wenige Tage zuvor in einem Bordell oder zumindest in eindeutiger Absicht davor gesehen worden war. Man wusste es nicht so genau. Genauso wenig wie man wusste, wie diese unglaubliche, uns zutiefst verstörende Nachricht überhaupt durchsickern konnte. Jedenfalls musste der Teufel Onkel Fritz geritten haben. Nun muss man wissen, dass Onkel Fritz ein sogenannter *»Ältester«* war, also einer derjenigen Brüder, die die geistliche Führung unserer Gemeinde innehatten. Verständlich also, dass sich meine Eltern, insbesondere meine Mutter, lange Zeit von diesem Schock nicht erholen sollten. Gerade für sie war es eine besonders harte Prüfung, die ihr der Heiland da reingedrückt hatte – wie wohl auch für Onkel Fritz mit seinen gut 80 Jahren. Schließlich hatte meine Mutter ihn und seine Frau, Tante Luise, bis dahin wie Heilige verehrt.

Auch im Kreise der Geschwister wurde den beiden gehuldigt, weil sie an Würde und Demut, an Zucht und Keuschheit das verkörperten, was wir in unserer Kultsprache mit den Worten ausdrückten: *»Sie lebten, webten und waren im Herrn« (Apostelgeschichte 17, 28).* Welch ein Irrglaube, jedenfalls soweit es Onkel Fritz anbetraf! Und da die beiden, sozusagen als Kenner der Materie, über verlockendes, endzeitliches Geheimwissen verfügten, das ihnen vom Dreifaltigen exklusiv in den Apokryphen (nicht in den Kanon der Bibel aufgenommene Texte) auseinanderklamüsert worden war, nutzte meine Mutter jeden freien Sonntagabend zu einem nachbarschaftlichen Besuch. Damit hatte sie gleich zwei Fliegen mit einer Klappe geschlagen. Zum einen hatte sie sich einen direkten Zugang zum Zapfhahn göttlichen Geheimwissens verschafft, und zum anderen ermöglichten es ihr die erbaulichen Gespräche, Widerstandskraft für die neue Woche zu tanken. Sie fühlte sich dann immer mächtig gestärkt im Glauben.

Und weil ich schnell spitz hatte, dass bei diesem »himmlischen Auftanken« dank ihrer euphorischen Stimmung etwas Zuwendung für mich abfiel, begleitete ich sie seit frühesten Kindertagen. Und wenn ich dann in der Wohnstube vor lauter Langeweile zu quengeln anfing, was mitunter vorkam, durfte ich im abgedunkelten Nebenraum mit dem Wellensittich spielen. Na gut, soweit das mit einem Vogel eben möglich war. Zumindest teilten der Wellensittich und ich das gleiche Schicksal – einen Käfig, aus dem es kein Entrinnen gab.

Ich sollte noch erwähnen, dass ich Onkel Fritz mit seiner kehlig-heiseren Stimme gar nicht mal so übel fand. Dagegen kam Tante Luise bei mir, sagen wir mal so, nicht besonders gut weg. Nun ja, sie wirkte auf mich von jeher gespenstisch und geheimnisvoll. Das mag vielleicht auch daran gelegen haben, dass sie mich mit ihrer krummen, ellenlangen Nase, ihren zerfurchten Gesichtszügen und ihren im Nacken zu einem Dutt verknoteten Haaren schon rein äußerlich mal an eine Hexe, dann wieder an eine Vogelscheuche erinnerte.

Doch nun zu Onkel Fritz' Abstecher ins bzw. im Bordell. Es war nämlich so, dass er für seine »Stippvisite« einen Zeitpunkt gewählt hatte, der für ihn nicht hätte günstiger fallen können. Unserem Meister hatte es nämlich gefallen, ein paar Tage zuvor Tante Luise »heimzurufen«. Anders gesagt, seine Frau hatte das Zeitliche gesegnet und musste daher seiner Spritztour erfreulicherweise nicht mehr ihren Segen geben. Und während sie im weißen Kleid und einer Krone auf dem Kopf nun endlich ihren himmlischen Bräutigam »von Angesicht zu Angesicht schauen durfte« (Offenbarung 22, 4), stand Onkel Fritz im Adamskostüm, jedoch nicht weniger sabbernd, den Nutten im Puff gegenüber – beide im Paradies, aber nur einer nackt. Eine typische Win-Win-Situation hatte sich eingestellt. Jedenfalls kein Grund, um Trübsal zu blasen. Letztlich hatte Onkel Fritz nur Paulus beim Wort genommen und »den alten Adam bzw. den alten Fritz ausgezogen« (Kolosser 3, 9).

Auch wenn es einige Geschwister nicht wahrhaben wollten, an Pietät mangelte es ihm nicht. Denn wenn ein Mitglied der Gemeinde »den (heiligen) Geist aufgegeben« hatte, war dies für die Hinterbliebenen allemal Anlass genug, sich »mit« dem Heimgeholten zu freuen. Aber natürlich! Endlich durfte der Entschlafene den Lohn für ein Leben voller Verzicht und Entbehrungen empfangen. Er durfte das sehen, worauf er sein ganzes Leben spekuliert hatte – *das himmlische Jerusalem*. Während es ein Leben lang geheißen hatte, *»denn Christus ist mein Leben, und Sterben ist mein Gewinn (Philipper 1, 21)*, wurde am Grab des *Heimgerufenen* folgerichtig rausposaunt: *»Ziel erreicht«*. Oder, wie es beim Tod meines Vaters eine seiner Glaubensschwestern verzückt kundtat: *»Ist doch klar, dass der (mein Vater) so zufrieden strahlt, weil er doch auf gar keinen Fall hierhin zurück will«*. Ein Trost, der selbst meine Mutter für einen kurzen Augenblick zusammenzucken ließ. Ich bin mir nicht sicher, ob sie das in dem Moment auch so sah. Aus ihrer Erwiderung: *»Ich koche mir jetzt erstmal 'ne Tasse Kaffee«*, wurde ich jedenfalls nicht richtig schlau. Wie auch immer.

Für Onkel Fritz war die Freude über die *Heimholung* seiner Frau fraglos der Anlass, nun endlich Dampf vom Kessel zu lassen. Es war einfach an der Zeit, sein Geheimwissen an den Mann bzw. in dem Fall an die Frau zu bringen. Genauso, wie ihm all die Jahre das Wasser im Mund zusammengelaufen sein dürfte, wenn er in seiner Bibel hatte lesen müssen: *»Denn die Lippen der Hure sind süß wie Honigseim und ihre Kehle ist glatter als Öl ...«* (*Sprüche 5, 3*), wird er sich bei Tante Luise mit seinen fleischlichen Begierden wohl seit Jahrzehnten die Zähne ausgebissen haben. Zumindest konnte und wollte ich es mir nicht anderes vorstellen. So habe ich noch bildhaft seinen beigefarbenen, kleinen Lloyd mit dem Kennzeichen HF 910 vor Augen, mit dem er nun immer öfter, wie ein Wiesel auf Koks, abdüste. Zweifelsohne, um seinem neuen Hobby, seiner zügellosen Fleischeslust, zu frönen.

Wohl überflüssig zu erwähnen, dass die Prediger unsere Organisation im Allgemeinen und uns Schäfchen im Besonderen vor ihm schützen mussten. Es war einfach zu offensichtlich, dass nicht nur er, sondern auch die Dämonen ihre helle Freude an seinem lüsternen Treiben hatten. Und auf uns überschwappen sollte seine dämonische Begeisterung doch wohl nicht, oder?! Und während wir aufgrund unserer dringlichen Fürbitten und so mancher Gardinenpredigt der Verantwortlichen seine baldige Rückkehr in Sack und Asche erwarteten, sah Onkel Fritz das anscheinend ganz anders. Anstatt im Büßergewand herumzulaufen, marschierte er eines Sonntag nachmittags stolz wie Oskar mit seiner neuesten Eroberung im Schlepptau in den Gottesdienst. Dabei hätten wir bis dahin Stein und Bein schwören können, dass er alles daran setzen würde, um diese »blöde Sache« irgendwie aus der Welt zu schaffen, also öffentlich Buße zu tun. Von wegen! Gar nichts würde er!

Nun, während die meisten Geschwister guckten wie eine Kuh, wenn's donnert, schien Onkel Fritz auf ein paar warme, anerkennende Worte von uns zu warten. Na und ob! Schließlich hatte er »*Frucht gebracht*«, also ein neues Mitglied für unsere Gemeinde geworben. Und um nichts anderes ging es doch letztlich. Als er dann auch noch aus voller Kehle in unseren Gemeindegesang: »*Ich sah viel von der Lust und Freude dieser Welt ...*« mit einstimmte, schien seine Heiserkeit wie weggeblasen zu sein. Endlich ein Happy End für ihn.

All die Jahre hatte er in der Bibel lesen müssen: »*Dein Schoß ist wie ein runder Becher, dem nimmer Getränk mangelt. Deine zwei Brüste sind wie zwei Rehzwillinge, ... deine Nase ist wie der Turm auf dem Libanon ... »* (*Hohelied 7, 2 – 10*) und sich gefragt haben, von wem zum Teufel hier die Rede war?! »*Lange Nase«?* Okay! Aber alles andere, also das mit »*den zwei Rehen im Turm oder so ähnlich«,* konnte doch bestenfalls nur ein schlechter Scherz sein. Dabei wird er Tante Luise dutzende Male von oben bis unten ungläubig angestarrt und leise gebetet haben: »*Oh Gott, das kann jetzt aber bitte nicht dein Ernst sein«.* Sei's drum, jedenfalls hatte Gott diese biblische Verheißung für ihn auf seine alten Tage noch wahr werden lassen.

Allerdings war dieser jubelnde Gesang dann auch das letzte, was er in unserer Gemeinde zum Besten geben durfte. Denn trotz des großzügigen Angebotes des Gemeindeleiters, den Mantel der Nächstenliebe über seine abartigen Entgleisungen zu hüllen, zeigte Onkel Fritz weder Einsicht noch Reue. Und während wir einen großen Bogen um ihn machten, war seine neue Partnerin die einzige, die ihm noch die Stange hielt. Sagen wir mal so, ihre ölige Kehle hatte bei ihm offensichtlich tiefere Eindrücke hinterlassen als das widerlich fettige Haar unseres Gemeindeleiters Onkel Heinrich.

Dabei war ihm offensichtlich jegliches Gespür dafür abhandengekommen, wie viel Porzellan unerschütterlichen Gottvertrauens der Geschwister er mit seiner Lüsternheit zerschlagen hatte. Besonders meine Mutter war völlig durch den Wind. Ihre beiden wichtigsten Gesprächspartner nach dem Heiland waren innerhalb kürzester Zeit ausgefallen – der eine durch Tod des Fleisches, der andere durch Fleischeslust. Manchmal sind die Wege des Herrn einfach unergründlich. Das hätte Onkel Fritz sicherlich auch so unterschrieben. Okay, Tante Luise wohl eher nicht. Onkel Fritz würde ewige Höllenqualen erleiden müssen.

Zu seiner Ehrenrettung müssen an dieser Stelle ein paar blöde Fragen erlaubt sein: »*Haben wir Onkel Fritz nicht vielleicht Unrecht getan? War es nicht Jesus höchstpersönlich, der uns den ›Umgang mit Weibern‹ genauso vorgelebt hatte? Wer hatte sich denn von einer Hure die Füße küssen, salben und föhnen lassen?* »*Und siehe, ein Weib war in der Stadt, die war eine Sünderin … und küsste seine (Jesu) Füße und salbte sie mit Salbe und trocknete sie mit den Haaren ihres Hauptes*« (Lukas 7, 37 – 38). *Und wer hatte denn klipp und klar gefordert, keine Zeit mit der Beerdigung der Liebsten zu vertrödeln, wenn es um seine Nachfolge ging*«: »*Ein anderer sprach zu ihm: Herr, erlaube mir, dass ich zuvor hingehe und meinen Vater begrabe. Aber Jesus sprach zu ihm: Folge du mir und lass die Toten ihre Toten begraben*« (Matthäus 8, 21 – 22)? Eben! Doch wohl unser Meister höchstpersönlich! Galt das etwa für Onkel Fritz nicht?!

»*Durfte er sich etwa aus Pietätsgründen von der Beerdigung seiner Frau ausbremsen lassen, wenn die Missionierung im Bordell vorangetrieben werden musste? Und wer sagte uns denn, dass er nicht einfach nur auf den Spuren des Heilands wandelte und lediglich eine Art Pediküre mit Küssen und Föhnen seiner Füße ausgekungelt hatte, während dessen er den Prostituierten ›seinen Meister‹ näherbrachte? Wer waren wir denn, dass wir glaubten, den Stab über ihn brechen zu können? Hatte der Heiland etwa nicht gesagt:* »*Was siehst du aber den Splitter in deines Bruders Auge und wirst nicht gewahr des Balkens in deinem Auge*« (Matthäus 7, 3)? Nun gut.

Kapitel 8:
144.000 versiegelte Glückspilze

Und während Tante Luise schon längst im *himmlischen Jerusalem auf goldenen Gassen (Offenbarung 21, 21)* flanierte, würden wir anderen, zumindest die meisten von uns, *»den leiblichen Tod erst gar nicht schmecken«.* Alle Menschen müssen sterben, wir nicht! Geile Sache, oder!? Der Herr Jesus hatte uns nämlich versprochen, dass wir schon bald mit ihm ins Paradies abdüsen würden: *»Wahrlich, ich sage euch: Es sind einige von denen, die hier stehen, die werden den Tod keinesfalls schmecken, bis sie den Sohn des Menschen haben kommen sehen in seinem Reich« (Matthäus 16, 28).* Und da sich bei uns alles, wirklich alles, um diese *Entrückung* drehte, hatten wir auch eine ganz konkrete Vorstellung davon, wie diese Raumfahrt vonstattengehen würde.

Unser Meister würde sichtbar in den Wolken angeflogen kommen, und dann würden wir ihm düsentriebartig entgegenkatapultiert. *»Wumm, dann geht es ab«,* genauso hatten es uns die Prediger ebenso verführerisch wie euphorisch zugleich aufgeschwatzt. Wow! Und diesen Floh hatten ihnen der Apostel Paulus und Jesus höchstpersönlich ins Ohr gesetzt: *»Wir, die wir leben und übrig bleiben, werden hingerückt werden in den Wolken, dem Herrn entgegen in der Luft und werden also bei dem Herrn sein allezeit« (1. Thessalonicher 4, 17); »Bald aber nach der Trübsal derselben Zeit werden Sonne und Mond den Schein verlieren und Sterne werden vom Himmel fallen, ... und alsdann werden heulen alle Geschlechter auf Erden und werden sehen kommen des Menschen Sohn in den Wolken des Himmels mit großer Kraft und Herrlichkeit. Und seine Engel werden sammeln seine Auserwählten von den vier Winden ...« (Matthäus 24, 29 – 31).* Oha! Auf der Erde würde es zappenduster werden! Also, nichts wie weg!

Fast unnötig zu erwähnen, dass von diesem *»verheißenen Tag«,* den die anderen allem Anschein nach so herbeisehnten, für mich die größte Bedrohung meines Seins ausging. Ich würde bei der *Entrückung,* der großen Reise in den Himmel, nicht dabei sein. Und während die anderen dann einfach vom Fleck weg in den Wolken verschwinden würden, zählte ich zu den Ungläubigen, gegen die Gott zum ultimativen Vernichtungsschlag ausholen würde. Zu seinem großem Krieg, »dem Armageddon«. Ich gehörte zu den verzweifelten Menschen, die hier weiter auf der Erde herumkrebsten und »die Berge anflehten, über uns zu fallen« (Offenbarung 6, 15 – 16). Und das Heimtückische an diesem geheimnisumwitterten Ereignis war, dass niemand den genauen Zeitpunkt der Landung Jesu kannte, angeblich unser Meister selbst nicht (Markus 13, 32). So waren wir lediglich darüber im Bilde, dass er, ausgefuchst wie er war, als Einbrecher kommen würde. Um es mit seinen Worten zu sagen, »wie ein Dieb in der Nacht, zu einer Stunde, zu der wir es nicht meinten« (Matthäus 24, 42 – 44 u. 1. Thessalonicher 5, 2).

Dabei hatte er mit der Geheimhaltung seines Flugplanes gleich zwei Fliegen mit einer Klappe geschlagen. Zum einen sicherte er sich so unsere ungeteilte Aufmerksamkeit, damit wir beim Abflug nicht in die Röhre guckten, zum anderen konnte er auf diese Weise die Spreu vom Weizen trennen. Die »lauen und schläfrigen Christen« würde er aussortieren und einfach stehen lassen, »denn viele waren berufen, aber wenige auserwählt« (Matthäus 22, 14). Das machte auch durchaus Sinn, da die himmlische Stadt nur über eine begrenzte Aufnahmekapazität von 144.000 »Glückspilzen« verfügte, natürlich allesamt Männer, und zwar unbefleckte. (Offenbarung 14, 1 – 5). Ich sollte noch erwähnen, dass die meisten Prediger beteuerten, dass diese Zahl nur symbolisch zu verstehen sei und auch Frauen zu den Auserwählten gehörten. »Ach was? Auch Frauen? Mehr als 144.000«? Wie gewagt, »liebe« Prediger! Egal, Hauptsache man war dabei.

Jedenfalls durften die »lauen Christen« auf keinen Fall mit den »echten« in einen Topf geworfen werden. Die Guten ins Töpfchen, die »Lauen« ins Kröpfchen. Und eins sei hier schon mal vorweggeschickt, die »Lauen« würden sich noch ganz warm anziehen müssen. Sie waren noch schlimmer dran als die Ungläubigen: »Weil du aber lau bist und weder kalt noch warm, werde ich dich ausspeien aus meinem Munde« (Offenbarung 3, 16). Also Schluss mit lau und lustig. Entweder ganz oder gar nicht! Für die Prediger ein gefundenes Fressen, um uns stets und ständig auf die Pelle zu rücken, »mehr für die Gemeinde zu tun, mehr zu beten, mehr zu spenden, immer mehr zu machen ...« (Predigtmitschnitt auf Audiodatei): »Wir fragen, warum wächst die Gemeinde nicht? Was tust du denn, dass sie wächst? Ist dir die Rettung der Menschen was wert? Was investierst du? Wie viel Geld, wie viel deiner Zeit gibst du dafür? Abraham wagte alles. Er setzte alles ein ...« Es war einfach nie genug!

Allerdings war es auch nicht so, dass unser Meister wie »Kai aus der Kiste« kommen würde. So hatte er uns freundlicherweise ein paar schwammige Geheimtipps über zukünftige Ereignisse verraten, die seiner Wiederkunft unmittelbar vorausgehen würden – die sogenannten *»Endzeitzeichen«: »Ihr werdet hören von Kriegen und Kriegsgeschrei. Es werden Hungersnöte und Seuchen sein und Erdbeben da und dort, ... und es werden sich viele falsche Propheten erheben und werden viele verführen usw.«* (Matthäus 24, 5 ff). Wenn man so will, eine Art Endzeitquiz.

Wohl unnötig darauf hinzuweisen, dass all diese Ereignisse das aktuelle Weltgeschehen eins zu eins widerspiegelten, zumindest in unseren Augen. Überall auf der Welt litten Menschen Hunger und Not. Es gab Erdbeben und Kriege, politische und wirtschaftliche Krisen, hier und dort. Der Werteverfall von Gesellschaft und Familie ging Hand in Hand mit dem Abfall vom Glauben. Und zweifelsohne hatten die Verlockungen des Satans und seiner falschen Propheten ein Ausmaß angenommen, wie es keine Epoche der Menschheitsgeschichte zuvor gesehen hatte. Keine Frage, der Zeiger der Weltenuhr stand bereits auf fünf vor zwölf, wenn nicht sogar darüber.

Kurz und gut, Jesus musste sich eigentlich schon längst in der Abschussrampe befinden. Und wenn sich einer mit der bemannten Raumfahrt auskannte, dann war es doch unser Meister. Oder war er etwa nicht vor fast 2000 Jahren in den Himmel aufgefahren? Eben! So machten die Prediger auch keinen Hehl daraus, dass sie ab und an zum Himmel schielten, in der Hoffnung seine Landung sozusagen »backstage« zu erleben. *(Predigtmitschnitt auf Audiodatei): »Nun ihr Lieben, die Ereignisse häufen sich wirklich, und manchmal schaue ich so zwischen den Wolkenlücken durch, und dann denke ich, Herr Jesus ist es bald so weit, du wirst wiederkommen«.* Da haben die also morgens so aus dem Fenster geschaut und gedacht: Kein Sturm, kein Regen, gutes Flugwetter heute ...! Oder wie muss man sich das vorstellen, »liebe« Prediger?

Und den Abfall vom Glauben erlebten wir nicht nur in der Gesellschaft allgemein, sondern auch ganz konkret in unserer kleinen Gemeinde. Geschwister blieben von heute auf morgen den Versammlungen fern oder verschwanden ganz in der Versenkung. Diese Abtrünnigen hatten die Welt wieder lieb gewonnen. Nun denn, jeder wie er mag! Das dicke Ende würde für sie noch kommen: *»Der Rauch ihrer Qual würde aus der Hölle aufsteigen* *von Ewigkeit zu Ewigkeit« (Offenbarung 14, 9 – 11)*. Wer nicht hören will, muss fühlen, ihr aufmüpfigen Abtrünnigen!

Und falsche Propheten gab es selbst in unseren eigenen Reihen. So waren eines Sonntags einem Prediger die Gäule durchgegangen. Weshalb? Nun, er hatte sich mit seinen Zweifeln an der *ewigen Verdammnis* um Kopf und Kragen geredet und zu der wahnwitzigen Bemerkung hinreißen lassen, »*dass Gott vielleicht nach einigen Millionen Jahren doch noch Erbarmen zeigen und die Tore der Hölle aufschließen* würde«. Was natürlich Quatsch ist! Und vor allen Dingen, schön blöd für uns! Es durfte einfach nicht sein, dass unsere Nachbarn und Arbeitskollegen, deren Schmähungen wir im irdischen Leben zu ertragen hatten, irgendwann in der Ewigkeit auch noch für ihren lieder-lichen Lebenswandel belohnt wurden. Es musste sich doch rentiert haben, für den Heiland die unzähligen Entbehrungen in Kauf genommen zu haben.

Er gehörte zu »*den falschen Aposteln, diesen falschen Hunden*« (*2. Korinther 11, 13 u. Philipper 3, 2),* vor denen wir auf der Hut sein mussten. Mich würde es nicht wundern, wenn man ihn kurz darauf als Irrlehrer, als sogenannter »*Allversöhner*«, aus dem Verkehr gezogen hätte. Jedenfalls sollte ich ihn nie wieder sehen. Wünschen wir ihm, dass er Recht behält. Wir ließen uns die *Hölle* von nichts und niemanden kaputtmachen. Denn wenn am Ende doch alle Menschen gerettet würden, konnten wir unsere Drohungen vor *Hölle und Teufel* doch gleich in die Tonne kloppen *(Predigtmitschnitt auf Audio-datei):* »*Was macht es denn für einen Sinn, die Weltmenschen zu bekehren, wenn es gar keine Hölle gibt*«?! Ganz im Ernst, wer brauchte noch einen Gott und Meister, wenn der Teufel tot war? Kein Mensch!

Doch nicht nur das. Auch der Sinn unseres Lebens hätte sich von einer Minute auf die andere in Luft aufgelöst. Die Missionsarbeit, die Gebets-rituale, die Gemeindearbeit und, und, und …, all das wäre von einem Tag auf den anderen überflüssig wie ein Kropf. Einfach nicht auszudenken. Und was zum Henker sollten wir dann den lieben langen Tag nur anstellen? Ohne Teufel und Meister würden wir doch gar nichts mit uns anzufangen wis-sen. Wir kannten doch nichts anderes als unsere kleine Anstalt, leuchtende Antlitze und gruselige Predigerfratzen. Und welche Lieder sollten wir dann überhaupt schmettern: »*Theo wir fahren nach Lodz*«, wo wir doch eigentlich mit Jesus ins *himmlische Jerusalem* fliegen wollten? Oder etwa: »*Er hat ein knallrotes Gummiboot*«, während wir bis dahin doch immer von den »*echten*

Jesus-Überswassergeh-Latschen (Matthäus 14, 24 –27) geschwärmt hatten? Wohl kaum! Zugegeben, das hört sich jetzt überspitzt an, trifft aber den Kern unseren damaligen Gemütszustandes. Nun gut.

Je größer das Tohuwabohu und die Ausschweifungen, desto eher würde Jesus angeflogen kommen, um uns daraus zu holen. Egal, ob Kino oder Fernsehen, Illustrierte oder Bücher, die Menschen wurden überschwemmt mit Schund und Schmutz, mit immer schamloseren Bildern und Filmen. Für die Prediger ein weiteres Indiz, der vom Heiland angekündigten großen Drangsal, auch als große Trübsal bezeichnet. Und diese Drangsal mussten wir, ohne vom Glauben abzufallen, überstehen *(Matthäus 24, 21 – 22).*

Wobei ich gestehen muss, dass sich meine Trübsal beim heimlichen Anschauen von unkeuschen Bildern in Grenzen hielt. Genau genommen fühlte ich mich weder von aufreizenden Fotos von Frauen im Allgemeinen noch von entblößten Brüsten im Besonderen in irgendeiner Form drangsaliert. Ganz im Gegenteil. Wenn ich beim Chorgesang mit meinem Arm –wie zufällig- eine Schwester gerade dort berührte, wo es unkeusch war, versetzte mich dieser unzüchtige Körperkontakt weder in eine Drangsal noch in eine Trübsal, sondern eher in ein Labsal. Zugegeben, ganz schön verdorben für einen standhaften Jesusjungen, oder?!

Und was die Geheimniskrämerei um den genauen Zeitpunkt der *Entrückung* anging, warfen die Prediger mit ihren düsteren Orakeln, in denen ein Schreckensszenario das andere jagte, nur so um sich – quasi Marktschreier am Vorabend der Apokalypse. Warum auch sollten sie mit ihrem Wissen hinter dem Berg halten? Schließlich verfügten sie über Insiderinformationen Gottes, *»die er den Mächtigen und Weisen dieser Welt verborgen hatte«* *(Matthäus 11, 25).* So hegten wir überhaupt keinen Zweifel daran, dass *»Gott uns zu Augenzeugen dessen auserkoren hatte, was Generationen vor uns zu sehen begehrt und erwartet hatten«* *(Matthäus 13, 17)* – die Landung unseres Meisters. Halleluja, das ist ein Ding!

Verständlich also, dass auch Mama und Papa sich schon längst von dieser Lust am Weltuntergang hatten anstecken lassen. Nun, genauso wie meine Freunde die Abenteuerhefte von Sigurd und Falk sammelten, hatte meine Mutter einen nicht minder großen Stapel ihrer Endzeitlektüre gehortet. Ein Cover furchtbarer als das andere. Dabei lagen diese christlichen Magazine bei uns zu Hause in jeder Ecke derart provokativ herum, dass es nahezu unmöglich war, von einem Zimmer in das andere zu gelangen, ohne mit irgendwelchen apokalyptischen Endzeitszenarien traktiert zu werden. Und so wenig sich meine Mutter aus meinen schulischen Leistungen auch machte, umso mehr Wohlwollen strahlte sie aus, wenn ich in einer ihrer Lieblingslektüren, wie *»Im Bann des Teufels«, »Mitternachtsruf«, »Fröhliche Nachrichten etc.«* »rumschnüffelte«.

Während ich dann mit offenem Mund und vor Schreck weitaufgerissenen Augen erfahren musste, dass Gott bereits in Kürze die vier apokalyptischen Reiter *(Offenbarung 6)* zur Vernichtung der Erde ins Rennen schicken würde, stand meine Mutter frohgelaunt am Bügelbrett oder wirtschaftete in der Küche. So kann ich mich nur noch allzu lebhaft daran erinnern, wie mir eines Tages die Knie schlotterten, als mir auf einer Titelseite eines Heftes das Bild eines gewaltigen Heeres mit lauter konturlosen, pechschwarzen Soldaten ins Auge stach. Sofort war mir klar, die sowjetische Armee im Anmarsch zur *Endzeitschlacht*. So waren es mal die schrecklichen Bilder, dann wieder die reißerischen Texte, die mir jedes Mal aufs Neue das Blut in den Adern gefrieren ließen.

Meine Eltern und die Geschwister dagegen konnten dem *großen Krieg Gottes* ganz entspannt entgegensehen. Der Heiland würde sie unmittelbar vor der *Apokalypse (Offenbarung 16, 16 u. 19, 11 – 21)* in den Himmel abtransportieren. Zumindest glaubten sie das. Das war insofern auch ganz nett von Jesus, weil sie das *große Gemetzel Gottes, »wenn sich alle Völker gegen Israel versammelten und auf einen Schlag vernichtet würden«,* auf der sicheren Seite, im himmlischen Hafen, bestaunen durften. Aber ja! *»Gott würde sein auserwähltes Volk wie seinen Augapfel hüten und Jerusalem zum Taumelbecher für die angreifenden Nationen machen« (Sacharja (2, 12 u. 12, 2 – 3),* so hatte er es von Ewigkeit her in seinem Heilsplan ausgeklüngelt. Israel musste angegriffen werden, andernfalls hätten die Prediger ihre Prophezeiungen allesamt in die Tonne kloppen können, und ihre Bibel gleich mit.

So war es dann auch nicht weiter verwunderlich, dass sie nichts mehr elektrisierte als Kriegsgeschrei im Nahen Osten *(Predigtmitschnitt auf Audiodatei): »Der Hass gegen die Juden und gegen Israel nimmt zu. Alles in allem ist der Aufmarsch zur Apokalypse vorprogrammiert. Er hat eingesetzt, möchte ich schon sagen. Für uns meine Lieben ist das eine Freudenbotschaft, denn unsere Erlösung naht«.* Ja, Sie haben richtig gelesen: »*Freudenbotschaft*«! Was zum

Teufel war dann eine Schreckensbotschaft?! An dieser Stelle muss die Frage erlaubt sein, wie krank im Kopf man eigentlich sein muss, um sich auf den Untergang dieses Planeten zu freuen, ja ihn sogar regelrecht herbeizusehnen? Richtig! Ich war umzingelt von Schwärmern und Fantasten, von lauter Bekloppten. Aber das wusste ich ja damals nicht. Ich musste doch glauben, dass mit mir kleinem Kerl etwas nicht stimmte.

Nun, dank der Prediger kannte ich zwar die Zauberformel, wie sich das *nahe Weltende,* also *Himmelstransit* und *Endzeitschlacht,* noch verhindern ließen, doch was half mir das? Dabei sah doch ein Blinder mit dem Krückstock, dass es ohne Krieg keine *Entrückung* geben würde. Und ohne *Entrückung* behielt ich Mama und Papa. So einfach war das. Aber wem sollte ich mich anvertrauen? Einem kleinen Knirps würden die Erwachsenen doch ohnehin keinen Glauben schenken. Bestenfalls würde man mich auslachen. Alles in allem, eine Lage, die mich völlig verzweifeln ließ.

So kam es nicht von ungefähr, dass ich am 5. Juni 1967, einen Tag nach meinem 11. Geburtstag, eines der schrecklichsten Erlebnisse meiner Kindheit haben sollte. Es war der Beginn des Sechstagekrieges im Nahen Osten. Irgendwie hatte ich die Nachricht vom Kriegsausbruch auf dem Schulhof unserer Städtischen Realschule in Bünde aufgeschnappt. Von einer Sekunde auf die andere war mir klar geworden, dass nun das eintreten würde, was meine Ängste von Kindesbeinen an befeuert hatte – der besagte Anflug unseres Meisters. Und während ich das Gefühl hatte, den Boden unter den Füßen zu verlieren, nahm ich wie in Trance wahr, dass meine Schulkameraden nicht einmal ansatzweise Notiz von diesem Ereignis nahmen. Der Sohn Gottes würde in Kürze seine Füße auf den Ölberg in Jerusalem setzen, um *Gottes großen Krieg* anzuzetteln, und sie tobten und spielten, gackerten und glucksten, als sei nichts geschehen. Unfassbar.

Dabei war ihnen der Begriff »Ölberg« durchaus geläufig, wie ich ihren ordinären Gesprächsfetzen und frivolem Gejohle hatte des Öfteren entnehmen können. Allerdings nur aus den Schaukästen voller unzüchtiger Fotos eines gleichnamigen teuflischen Nachtclubs, nur wenige Kilometer von unserer Schule entfernt. Nun, was diese Angst vor der Wiederkunft Jesu mit mir gemacht hat, darauf werde ich im nächsten Kapitel eingehen.

Ganz anders hingegen die Gemütslage der Prediger. Sie waren ganz aus Häuschen, dass *»ihr Bräutigam auf einem weißen Pferd triumphal angalop-*

piert käme und seine himmlischen Heerschaaren im Schlepptau praktischerweise gleich mit dabei hatte« (Predigtmitschnitt auf Audiodatei): »Meine Lieben, in dieser Weltlage, in der wir uns befinden, warte ich auf den Tag der Entrückung. Freunde, es kann jeden Moment sein. Ich weiß von was ich spreche. Der Herr kommt mit vielen tausend Heiligen. Das ist das Heer auf den weißen Pferden …«. (Offenbarung 19, 11 – 15). Und so weiter, und so fort. Muss man sich bildlich wie bei Winnetou vorstellen, der mit seinem Volk der Apachen ebenso majestätisch durch die Landschaft rauschte, nur eben mit Himmel.

Damit würden dann auch die Zeiten, als Jesus noch auf ein oder zwei stinknormalen Eseln durch die Gegend gurken musste *(Matthäus 21, 5 – 10),* ein für alle Mal vorbei sein. Und fast hätte ich es vergessen, so ganz nebenbei würde er *»den Antichristen mit dem Hauch seines Mundes verzehren (2. Thessalonicher 2, 8) und alle Feinde Israels erwürgen« (Offenbarung 19, 19 – 21).* Au weia! So viel an dieser Stelle zum Herrn Jesus als »Freund und Helfer«.

Aber leider Gottes war es so, dass wir unsere Errettung nicht zum Null-Tarif, also ohne Risiko und Nebenwirkungen, bekommen würden. Nun ja, man wurde uns verfolgen, und zwar so massiv, dass Gott die Endzeit würde verkürzen müssen, damit unser Meister wenigstens noch eine kleine Rumpftruppe, die *»glorreiche* Überwinderschar«, aufgabeln konnte. Genauso hatte er das angekündigt: *»Alsdann werden sie euch überantworten in Trübsal und werden euch töten. … Und wenn jene Tage nicht verkürzt würden, so würde kein Fleisch errettet werden; aber um der Auserwählten willen sollen jene Tage verkürzt werden …« (Matthäus 24, 9 – 22).* Und während in vielen Staaten dieser Erde die Christenverfolgungen bereits eingesetzt hatten, kamen wir bis dahin noch relativ ungeschoren davon. Sehr zum Leidwesen der Prediger, die unsere Verfolgung auch schon deshalb herbeisehnten, damit diesem »Kuddelmuddel-Christentum« endlich ein Riegel vorgeschoben würde.

Aber ja! Dann galt es klare Kante zu zeigen und zu riskieren, für unseren Glauben ans Messer geliefert, gefoltert und getötet zu werden *(Predigtmitschnitt auf Audiodatei):* »Ist dir die Rettung der anderen auch wert, dass wir notfalls sterben? Jeder Soldat der in den Krieg zieht, ist sich über eines im Klaren, dass er möglicherweise nicht zurückkommt. Was setzt du ein? Das ist eine ganz, ganz ernste Frage! Ich habe schon mal gebetet: Gott schenk in unserem Land Verfolgung, damit dieser Mischmasch letztendlich mal aufhört. Damit die Leute* *wissen, wenn sie sagen ich bin Christ, dass es sein kann, dass sie am* nächsten Tag sterben müssen». Puh …! Welch ein Wahnsinn! Und ich kleiner Knirps mittendrin!

Allerdings war es auch nicht so, dass die Prediger nicht noch ein paar »tröstende Worte« unseres Meisters in petto gehabt hätten: *»Fürchtet euch nicht vor denen (Menschen), die den Leib töten und die Seele nicht können töten; fürchtet euch aber vielmehr vor dem (Gott), der Leib und Seele verderben kann in der Hölle« (Matthäus 10, 28).* Na dann ….. ! Geht's ja! Und ich Dummbacks dachte schon, dass es irgendwie unangenehm wäre, wenn mich einer umbringt.

Wohl überflüssig zu erwähnen, dass sich die Prediger dumm und dämlich trösten konnten, ich hatte eine Scheißangst um mein Leben und keinen Bock auf Verfolgung, von wem auch immer. Und während sich jeder normale Mensch, der seine fünf Sinne noch halbwegs beisammen hat, vor einer Verfolgung fürchtet, maßen wir ihr eine positive Heilsbedeutung zu. Schließlich gab es ohne Verfolgung keine Reise in den Himmel. Die Sache hatte allerdings einen Haken. Es war weit und breit niemand in Sicht, der uns ernsthaft belästigte oder nachstellte. Und da uns keiner den Gefallen tat, hätten wir uns am liebsten selbst verfolgt. So konstruierten wir aus jeder abfälligen Bemerkung der *Weltmenschen* den Beginn der Hetzjagd auf uns. Es konnte ja nicht schaden, wenn wir den göttlichen Prophezeiungen etwas auf die Sprünge halfen. Ich weiß, dass hört sich alles verrückt an, aber so war es.

Und was unsere Liebe zu Jesus anging, forderten die Prediger von uns die gleiche Sehnsucht, die eine irdische Braut für ihren Bräutigam empfand bzw. empfinden sollte. Doch je penetranter wir Jesus mit unserem Endzeitgeplärr wie: *»Der Ruf erschallt, es schmückt sich schon die Braut …«*; *»Welch ein Tag, glorreicher Tag wird das sein, wenn einst Jesus mich führt heim. Er nimmt mich an der Hand und führt mich ins verheißene Land …«* auf die Pelle rückten, desto mehr schien er mit seiner himmlischen Luftnummer in Verzug zu geraten. Anscheinend hatte er kurz vor der Hochzeit kalte Füße bekommen. Nun, wenn ich mir einige Geschwister im Nachhinein so anschaue, kann ich ihn durchaus verstehen. So konnte er es wirklich nicht erst gemeint haben, dass beispielsweise auch Bruder Gisbert, mit dem nun wirklich kein Blumentopf zu gewinnen war, *»sein Licht vor den Leuten leuchten lassen sollte«* *(Matthäus 5, 16).* So dunkel war es in der Welt nun auch wieder nicht.

Für uns war seine Trödelei jedoch kein Grund, die Flinte ins Korn zu werfen. Wir mussten einfach noch einen Zahn zulegen, also noch mehr für die Gemeinde tun, dann würde er schon noch eingetrudelt kommen. Und während die anderen im Endzeittaumel einen Lobpreis nach dem anderen ins Weltall jagten, drehte ich mittlerweile schon am Rad, wenn ich das Wort *Entrückung* nur hörte.

Nun muss man wissen, dass unser Meister nur die »wahren Christen« mitnehmen würde, nämlich all diejenigen, die das *»Siegel der Gotteskindschaft trugen«*. Doch anders als bei Rindern, die ihre Markierungen an den Ohren trugen, bekamen seine handverlesenen Günstlinge das Siegel direkt vor die Stirn geplättet: *»Und ich sah einen anderen Engel, der hatte das Siegel Gottes und rief mit großer Stimme: Tut der Erde und dem Meer und den Bäumen keinen Schaden, bis wir versiegeln die Knechte unseres Gottes an ihren Stirnen. Und ich hörte die Zahl derer, die versiegelt wurden: 144.000 ...« (Offenbarung 7, 1 – 4 u. 14, 1 ff)*. Und lediglich anhand dieses verflixten himmlischen Logos würde der Heiland seine Pappenheimer erkennen können. Wie auch sonst?! Anders gesagt, als sogenannter *»Versiegelter«* standen die Chancen recht günstig, schon bald im *himmlischen Chor* mit Millionen von Engeln um die Wette trällern zu dürfen. Alle anderen würde Gott in seinen unterirdischen Mega-Backofen braten: *»Der Verzagten aber und Ungläubigen und Gräulichen und Totschläger und Hurer und Zauberer und Abgöttischen und aller Lügner, deren Teil wird sein in dem Pfuhl, der mit Feuer und Schwefel brennt; das ist der andere Tod« (Offenbarung 21, 8)*. Was für eine miese Auswahl! »Trällern« oder »Brennen« von Ewigkeit zu Ewigkeit?! Ehrlich gesagt, beides nichts für mich!

Nun war es blöderweise auch noch so, dass sich die Prediger, was das Aussehen dieser Stempel anbetraf, in Schweigen hüllten. Mit dem Ergebnis, dass meiner kindlichen Fantasie Tür und Tor geöffnet waren. Und weil ich lediglich die Null-acht-fünfzehn-Stempel aus der Schule kannte, stellte ich mir mal runde, dann wieder viereckige Siegelabdrücke vor. Und ja, mitunter blickte ich allen Ernstes in den Spiegel, ob mir der Heiland nicht wider Erwarten vielleicht doch seinen Stempel aufgedrückt hatte. Wie das ausging, kann man sich wohl denken. Den Blick hätte ich mir sparen können.

Allerdings beunruhigte mich das nicht weiter, denn auch den Geschwistern, die ich hin und wieder mit verstohlenem Blick quer durch die Reihen musterte, fehlte allem Anschein nach diese obskure Markierung. Und so (schein)heilig ihr Antlitze durch die Bank weg auch strahlten, da war kein verfluchter Abdruck auszumachen. *»Entweder sind die Dinger unsichtbar oder die Geschwister bekommen ihren Stempel erst im Himmel verpasst«,* war in meinem kindlichen Verständnis die einzig logische Erklärung. Verrückt, nicht wahr?! Nicht für ein Kind, das besessen ist von der Angst, seine Eltern für immer und ewig zu verlieren.

Und dann war da noch diese unappetitliche Sache mit Schwester Ingrid, der besten Freundin meiner Mutter. Soweit man unter Betschwestern von besten Freundinnen sprechen kann. Und unappetitlich hieß in dem Fall, dass Tante Ingrid in Umständen war. Das hätte nicht passieren dürfen! Weshalb? Nun ja, genau diese »Endzeit-Schwangerschaften« waren es, vor denen der *Schmerzens-mann* die Schwestern eindringlich gewarnt hatte: *»Wehe den Schwangeren und Stillenden in jenen Tagen« (Matthäus 24, 19).* Kein Wunder also, dass meine Mutter aus allen Wolken fiel, als sie von Ingrids Schwangerschaft erfuhr.

»Wie konnte Ingrid das nur passieren«? »Wie verantwortungslos von ihr, jetzt noch Kinder in die Welt zu setzen«, ereiferte sie sich eines Tages. Und das stimmte auch. Nach Lage der Dinge stand das Ende von Mutter Erde vor der Tür, und Ingrid war schwanger. Man glaubt es nicht! Nur …, die eigentliche Katastrophe war wohl, dass ihr ungläubiger Ehemann dahintersteckte. Ja genau, ein *Weltmensch.* Ingrid hatte sich im Laufe ihrer Ehe bekehrt, aber Onkel Siegbert wollte einfach *»nicht mit dem Herrn gehen«,* ums Verrecken nicht. Kurz und gut, der Teufel hatte mal wieder ganze Arbeit geleistet.

An dieser Stelle sollte ich noch erwähnen, dass ich schon als Kind in dem felsenfesten Glauben lebte, dass ich selbst niemals eine eigene Familie, Frau und Kinder, haben würde. Warum? Ganz einfach deshalb, weil es schon bald keine Erde mehr gab. So ist es wahrlich nicht übertrieben, wenn ich schreibe, dass keine Versammlung verging, ohne dass wir nicht auf unseren Meister wie auf einen kranken Gaul eingebetet hätten, er möge doch bald wiederkommen – wie Junkies in der Warteschleife zum »ultimativen Himmelstransit«. Doch weder heute, noch in 10, 20 oder was weiß ich wie viel Jahren werden diejenigen, die sich für *»wiedergeborene Christen«* halten, aufwachen und bemerken, dass ihre weißen Brautkleider infolge der langen Wartezeit längst vergilbt und zu dem geworden sind, was sie eigentlich schon immer waren: Trauerkleider ihrer enttäuschten Erwartungen und Sehnsüchte.

Kapitel 9:
Panik auf Wangerooge

Nun, Außenstehende werden kaum nachvollziehen können, was es mit mir kleinem Knirps gemacht hat, in einem völlig außer Kontrolle geratenen Endzeitfieber aufzuwachsen. So starrte ich schon im Grundschulalter wie ein Kaninchen vor der Schlange auf die aktuelle Weltlage. Das Horrorszenario *»bei der Entrückung nicht dabei zu sein«*, ließ mich einfach nicht mehr los. *»Mama, Papa, Erich, von einem Augenblick auf den anderen einfach weg! Gerade noch neben mir, jetzt nicht mehr da. Unsere Wohnung leer. Totenstille! Nie wieder würde ich ihre Stimmen hören. Niemals mehr würde ich mit ihnen am Tisch sitzen. Nie wieder würde mir Mama ein Butterbrot mit Klitsch (Rübensirup) schmieren. Ich konnte schreien und heulen, so viel ich wollte, es würde keine Antwort geben. Aus und vorbei! Was sollte ich dann nur machen? Ich würde doch nicht alleine zu Hause bleiben* können«, schwirrte es mir stets und ständig im Kopf herum. *»Wer würde sich dann um mich kümmern? Tante Helga? Meine Oma? So wie es meine Eltern bereits beschlossen hatten. Bitte nicht, ich wollte Mama und Papa doch behalten«*. Ging aber nun mal nicht!

Ihre angekündigte *Reise in den Himmel* war nicht etwa einem Science-Fiction-Roman entnommen, sondern das schrecklichste aller denkbaren Ereignisse, das sich bereits im nächsten Augenblick abspielen konnte. So starrte ich bisweilen ernsthaft in die Wolken, ob sich schon Anzeichen dieses Grauens ausmachen ließen. Schließlich hatte man mich von klein auf damit vertraut gemacht, dass wir hier auf der Erde keine bleibende Wohnung hatten. Unser Haus und Garten, unser Alltag und unsere Freizeit, all das war nur ein kurzes Intermezzo, *»ein mühseliges Durchschreiten dieses irdischen Jammertales«*. Ob zu Hause oder in der Schule, beim Spiel oder im Schulunterricht, fortwährend kreisten meine Gedanken um das befürchtete Hereinplatzen unseres Meisters. So oder ähnlich müssen sich Kinder fühlen, die im Kaufhaus ihre Eltern verloren haben.

Dabei war es der Herr Jesus höchstpersönlich, der sein »Kommen« so mitleidlos beschrieben hatte: *»In derselben Nacht werden zwei auf einem Bette liegen, einer wird angenommen, der andere wird verlassen werden. Zwei*

werden auf dem Felde sein, doch nur einer wird angenommen …« *(Lukas 17,
34 – 36).* Und genau diese unmissverständliche Ankündigung des Heilands
war es, die mich seit frühesten Kindertagen dazu getrieben hatte, wirklich
jede Nacht voller Furcht dem Atem meines Bruders zu lauschen. Unzählige
Male fragte ich Erich dann, zunächst im Flüsterton, und wenn er nicht
reagierte, zunehmend lauter und panischer: *»Schläfst du schon«?* Nicht etwa
weil mich das interessierte, sondern nur deshalb, weil ich seinen verdammt
leisen Atem nicht mehr hörte.

Wie oft schreckte ich nachts hoch und knipste unter irgendwelchen fadenscheinigen Ausflüchten die Nachttischlampe an, nur um mich zu vergewissern, dass der Heiland ihn noch nicht abtransportiert hatte?! Abends war
mein letzter und morgens mein erster Gedanke: *»Kommt der Herr Jesus heute
Nacht bzw. war er bereits wiedergekommen«?* Immer die bange Frage: *»Hat
der Heiland Erich und damit auch Mama und Papa zu sich in den Himmel
verschleppt«?* Und letzten Endes ging es ja um viel mehr als um dieses profane
Erdenleben. Viel grausamer war die Vorstellung, sie für alle Ewigkeit zu verlieren. *»Würden sie im Himmel vielleicht noch mal an mich denken? Würden sie
sich noch erinnern* können, *dass sie hier auf der Erde mal einen kleinen Jungen
hatten? Einen kleinen Kerl, der jetzt vom Teufel im Höllenfeuer gequält würde«?*

*»Würde Papa noch wissen, dass er mit seinem kleinen Sohn häufig hinterm
Haus gebolzt hatte? Würde Erich sich noch entsinnen können, wie sehr ihm
sein kleiner Bruder immer auf den Wecker gegangen war? Würde Mama noch
wehmütig daran zurückdenken, wie selig es sie immer gemacht hatte, wenn ihr
kleiner Jesusjunge dort vorne im Jugendchor mitträllerte? Oder hatte der Herr
Jesus ihnen ein komplett neues Update verpasst und sämtliche Erinnerungen an
ihr Erdendasein ausgelöscht? Na gut, für 200 oder 300 Jahre würde es vielleicht
noch reichen, aber was half mir das? Alles Irdische würden sie dort im Paradies
hinter sich gelassen haben. Kein Schmerz, kein Leid, kein Geschrei würde dort
sein; nur ein Jubeln und Jauchzen allezeit. In weißen Kleidern und mit goldenen Kronen auf ihren Köpfen würden sie von Ewigkeit zu Ewigkeit singen und
jauchzen«,* genauso hatte ich es mir schon als ganz kleiner Junge ausmalen
müssen. So hätte ich einfach nur losschreien können. Laut, immer lauter,
bis mein Kopf zu explodieren drohte.

Mit Argusaugen beobachtete ich daher jeden ihrer Schritte. Sobald ich
alleine in der Wohnung war, sei es auch nur, dass sie für einen kurzen Augen-

blick den Raum verlassen hatten, brannten bei mir alle Sicherungen durch. Wie oft wetzte ich dann voller Panik durchs Haus und rief: »*Mama*«? »*Papa*«? »*Erich*«? Nicht etwa, weil ich etwas von ihnen gewollt hätte, sondern nur um mich zu vergewissern, dass unser Meister sie noch nicht abgeholt hatte. Und wenn sie mir dann aus dem Keller, Bad oder sonst woher, zumeist genervt, erwiderten: »*Jaaa*«? »*Was ist*«? »*Was willst du*«? schob ich erleichtert irgendwelche Nichtigkeiten hinterher, die meine Verlustängste vertuschen sollten.

Während meiner Heimfahrt von der Schule quälte mich nur ein Gedanke: »*Wird Mama noch die Haustür öffnen, wenn du gleich klingelst*«? Wie oft schlotterten mir die Knie, wenn ich nach Schulschluss meinen Vater nicht hinter seinem Schreibtisch in der Güterabfertigung erblickte? »*Dein Papa kommt gleich wieder*«, hörte ich dann erleichtert seine Kollegen sagen. Wie oft schlug mir das Herz bis zum Hals, wenn ich meine Mutter von ihrer Arbeitsstelle, einer kleinen Näherei, abholte, und ich sie nicht gleich als eine der ersten am Ausgang entdeckte? Dabei habe ich noch bildlich den kleinen Burschen vor Augen, der am ganzen Körper zittert und völlig aufgelöst ihre Kolleginnen fragt: »*Ist meine Mama noch da drin*«? Den Knirps, dem dann eine zentnerschwere Last vom Herzen fällt, als die Frauen erwidern: »*Ja, die kommt gleich*«.

Wie oft lag ich spätabends noch wach, weil meine Eltern von ihren Bibelstunden, die im Übrigen ja so viel wichtiger waren als wir Kinder, noch nicht heimgekehrt waren? Und noch heute verspüre ich die unglaubliche Erleichterung, wenn mir dann nach einer gefühlten Ewigkeit das Klicken des Haustürschlosses ihre längst überfällige Heimkehr ankündigte. Wie eine Klette heftete ich mich im Alltag an die Fersen meines Bruders. Selbst auf Freizeiten suchte ich immer die Nähe zu besonders frommen Teilnehmern und dackelte ihnen nach, immer verbunden mit dem Quäntchen Hoffnung, im Fall des Falles mit dem »*Sog der Entrückung*« mitgerissen zu werden.

Auf Klassenfahrten, sofern ich sie nicht bereits im Vorfeld mit irgendwelchen fadenscheinigen Begründungen verweigern konnte, setzte ich alles daran, meinen frommen Klassenlehrer, Herrn Hornbichel, nicht aus den Augen zu verlieren. Denn er, so mutmaßte ich, könnte bei der großen Reise ins Paradies auch dabei sein. So versetzte mich eines Abends seine Abwesenheit anlässlich eines einwöchigen Aufenthalts in einer Jugendherberge in St. Goar, am Rhein, in helle Aufregung. Während meine Schulkameraden schon längst selig schlummerten, lauschte ich ängstlich in die Nacht hinein, bis mir dann irgendwann gegen Mitternacht das Öffnen der schweren Eingangstür Entwarnung signalisierte.

Das traumatischste Erlebnis meiner gesamten Kindheit hatte ich dann im Alter von 11 Jahren während einer Klassenfahrt im Spätsommer 1967 auf der ostfriesischen Insel Wangerooge. Anlässlich unseres dreiwöchigen Aufenthalts waren meine Mitschüler und ich in einem Schullandheim am Ostende der Insel einquartiert worden. Im sogenannten Lokschuppen. Da ich als Außenseiter auf Klassenfahrten erst recht isoliert war, fieberte ich nach zwei schier endlosen Wochen dem Besuch meiner Eltern und meines Bruders entgegen. Sie waren samstags angereist und hatten sich für eine Nacht in einer Pension im Ortskern eingemietet. Sonntagmorgens wollten wir uns dann um 9.00 Uhr in der Mitte der Insel, und zwar auf dem oberen Deichweg treffen. Gleich nach dem Frühstück stürmte ich also los und rannte, es mögen vielleicht fünf Kilometer gewesen sein, entlang des Deiches schnurstracks Richtung Zentrum. Und obwohl ich es nicht gewohnt war, eine derart lange Wegstrecke zu laufen, hatte ich binnen kurzer Zeit das Ziel erreicht.

Unglücklicherweise hatte ich jedoch in der Aufregung verschwitzt, dass wir schon damals unsere eigene Sommerzeit eingeführt hatten. Verständlich also, dass ich bereits wesentlich früher als verabredet am vereinbarten Treffpunkt eintraf. Von meinen Eltern und Erich war natürlich weit und breit nichts zu sehen. Eigentlich kein Grund, um gleich durchzudrehen. Für mich schon. Schließlich war das eingetreten, was uns die Prediger immer und immer wieder drohend vor Augen geführt hatten, und wonach mich meine Eltern –wie beschrieben- einmal gefragt hatten: »*Bernd, wo willst du bleiben, wenn der Herr Jesus Mama und Papa geholt hat*«? Kein Zweifel, Jesus war *wiedergekommen* und hatte meine Eltern und Erich geholt. Ich vermag nicht einmal ansatzweise in Worte zu fassen, welches Drama sich dann auf der kleinen idyllischen Insel abspielte.

Man sah einen kleinen Jungen, der an einem schönen Sonntagmorgen wie ein Verrückter auf dem Deich hin- und herlief, ziel- und planlos. Dabei zitterte er am ganzen Körper und schrie ganz erbärmlich nach dem Heiland, seiner Mama und seinem Papa. Um ihn herum herrschte nur Stille, endlose Weite. Keine Menschenseele weit und breit. Als er nach einer Weile mit seinen Kräften völlig am Ende zu sein schien, sackte er auf die Knie und winselte den Heiland herzzerreißend an, »*dass Jesus ihn doch auch noch abholen möge*«. Er brüllte und schluchzte solange, bis das letzte Wimmern verstummt war.

Irgendwann fand er sich dann im weichen Sand unterhalb des Deiches wieder. Wie er dahin gekommen war, und wie lange er dort gelegen hatte, wusste er nicht und spielte auch keine Rolle mehr. Seine Mama, sein Papa und Erich waren beim Heiland im Paradies, und er würde nun den *großen Krieg Gottes* miterleben müssen, bevor er dann für alle Ewigkeit in der Hölle gequält würde. Der Schmerz, der ihn erfasst hatte, war stärker, als er ertragen konnte. Innerhalb kürzester Zeit war er zu einer leblosen menschlichen Hülle erstarrt und wünschte sich, nur noch tot zu sein.

Und als ob der Heiland sein jämmerliches Schluchzen gehört hatte, tauchten nach einer gefühlten Ewigkeit –er hatte jegliches Gefühl für Raum und Zeit verloren- am Horizont drei kleine Punkte auf. Erst Punkte, dann hüpfende Striche, die nach und nach die Gestalt seiner Eltern und seines Bruders annahmen. Er konnte sein Glück kaum fassen. Die anfängliche vage Hoffnung machte im Nu einer unbeschreiblichen Freude und Erleichterung Platz. Jesus war noch nicht gelandet. Es herrschte noch *Gnadenzeit*. Am liebsten hätte er die Beine in die Hand genommen und wäre den Dreien, so schnell wie er nur konnte, entgegengestürmt und ihnen um den Hals gefallen. Doch bereits im nächsten Augenblick war ihm klar geworden, dass dies keine wirklich gute Idee war. Denn dieses traumatische Geschehen hätte es niemals geben dürfen. Als vermeintliches Gotteskind hätte er ja die Gewissheit haben müssen, bei der *Entrückung* dabei zu sein.

So durfte es weder sein verquollenes Gesicht noch den riesigen Stein geben, der ihm beim Anblick seiner Eltern und seines Bruders vom Herzen gefallen war. Daher ging es jetzt vor allen Dingen darum, einen kühlen Kopf zu bewahren. Er brauchte Zeit. Zeit zum Durchschnaufen. Die hatte er aber nicht. In null Komma nichts musste er seine verheulten Augen kaschieren und seine ungezügelte Freude im Zaum halten. Und obwohl ihm bei der Begrüßung der Drei das Herz noch immer bis zum Halse schlug, hatte er sich so weit unter Kontrolle, dass sie ihm nichts anmerkten. Von einem Erlebnis, dass er ganz tief in seinem Inneren vergraben musste. Und erst Jahrzehnte später sollte ich im Rahmen zahlloser Psychotherapien darüber sprechen können.

Ein ganzes Buch wäre wohl zu füllen, wollte ich all die schrecklichen Kindheitserlebnisse zu Papier bringen. Eines hat sich mir noch besonders tief ins Gedächtnis gebrannt. Ich mag vielleicht 11 oder 12 Jahre alt gewesen sein, als ich eines Mittags mit meinem Vater allein zu Hause war. Nun, ich hatte Papa zu einem Tischtennisspiel auf dem Dachboden unseres Schuppens überredet und war bereits voller Vorfreude vorausgeeilt. Ich wartete und wartete. Doch mein Vater kam einfach nicht. Als nach einer gefühlten Ewigkeit immer noch nichts von ihm zu sehen war, und er auch auf mein immer lauter und zunehmend hektischer werdendes Rufen nicht reagierte, wurde ich erneut von panischem Schrecken gepackt. Hals über Kopf hetzte ich die Holzleiter hinunter, rannte ins Haus, stürmte von Zimmer zu Zimmer, riss Tür um Tür auf. Von Papa keine Spur. Wie vom Erdboden verschluckt. Mein Kopf drohte zu platzen. *»Der Keller?! Papa kann nur noch im Keller sein«*, schoss es mir durch den Kopf.

Flugs jagte ich die Kellertreppe runter und hetzte bis in den Waschkeller. Und tatsächlich, mein Vater stand in gebückter Haltung vor dem Wasserhahn und wusch in aller Seelenruhe ein paar Möhren ab. Eine unbeschreibliche Erleichterung durchflutete meinen kleinen Körper. Natürlich durfte ich mir jetzt weder meine heimliche Wut auf ihn noch meine buchstäbliche Höllenangst anmerken lassen. Oder sollte er etwa rauskriegen, dass ich noch immer keine *Heilsgewissheit* hatte? Eben! Aber warum hatte er auf mein panisches Schreien nicht regiert? Hmm …? Das konnte er doch nicht überhört haben! War er mir womöglich doch auf die Schliche gekommen? Trotzdem, mein eigener Vater würde mir doch wohl keine Angst einjagen wollen, oder? Aber natürlich würde er das! Schließlich ging es um mein Seelenheil.

Kapitel 10:
Der himmlische Chor, nichts für mich!

Also, die *himmlische Stadt* war da, was fehlte, waren die Bewohner. Und die sollten nicht mehr lange auf sich warten lassen. Richtig! Mit unserem Abflug von der Erde würde auch die himmlische Besiedlung vorangetrieben. Doch bis dahin lautete die Parole: Zähne zusammenbeißen und *»dem Teufel und seinem Lumpenpack zu widerstehen«*. Denn schon längst konnten wir ein Lied davon singen, dass unsere Reise hinauf in die *goldene Stadt* alles andere als ein Zuckerschlecken war. Die Reise war beschwerlich und gefährlich, und nur wenige würden das Ziel, die *schmale Himmelspforte*, erreichen *(Matthäus 7, 13 – 14)*. Und während die *Weltmenschen* in Saus und Braus lebten und auf dem *»breiten Weg«* direkt in die *»ewige Verdammnis«* marschierten, rackerten wir uns auf dem *»schmalen Weg«* ins *»himmlische Jerusalem«* ab.

Und damit ich auch niemals vom Pfad der Tugend abwich und das himmlische Ziel aus den Augen verlor, bekam ich von meinen Eltern mit dem Buch *»Jungchrists Pilgerreise«* so etwas wie einen christlichen Kompass zur Überwindung aller *weltlichen Verlockungen* gleich mit an die Hand. Wenn man so will, einen himmlischen Routenplaner, der mich –komme was wolle– ins *»gelobte Land«* bringen sollte. Toll! Ein Navi bis zur Himmelspforte! Da konnte ich mich ja mal so richtig freuen! Oder, »liebe« Eltern? Was für ein »beschissenes Lehrbuch«! Zumindest für Kinder, die einfach nur hier auf der Erde bleiben wollen!

Und je häufiger ich zu Mamas Wohlgefallen in diesem mich zutiefst verstörenden Taschenbuch blätterte, desto deutlicher führte mir ein Musterknabe namens *Jungchrist* vor Augen, was *»kompromisslose Nachfolge«* im Alltag bedeutete. Nun ja, er hatte gut lachen. Er ging mit dem Heiland durch dick und dünn und boxte sich immer und überall durch. Das alles, dank der Hilfe von »Superjesus«. Ich dagegen kriegte nichts auf die Kette. Von »Superjesus« bei mir keine Spur. Ja genau, der tugendhafte Kollege stolzierte wie ein Paradepferd durch die *»enge Pforte«,* und ich krebste auf dem *»schmalen Pfad«* herum.

Kein Wunder also, dass ich diesem heiligen Streber nichts abgewinnen konnte. Mehr noch, er war mir regelrecht zuwider. Und jetzt mal ganz ehrlich, würden Sie ihrem Kind den Namen »*Jungchrist*« geben? Eher nicht, oder?! Allein sein Name privilegierte ihn doch für Klassenkeile. Und was zum Henker sollte ich mit seinen abgedroschenen, hohlen Phrasen überhaupt anfangen, da mich der Heiland ohnehin nicht mit dem »Arsch anguckte«?

Ganz anders dagegen waren die Prediger und Geschwister drauf. Stets und ständig trompeteten sie mit strahlendem Antlitz raus: »*Es geht himmelan*«; »*Es geht himmelwärts*«. So als ob sie nicht mehr alle Latten am Zaun hätten. Was ja auch nicht weit hergeholt war. Sie waren berauscht von dem Versprechen unseres Meisters, dass er uns eine Wohnung im Paradies zubereitet hatte: »*In meines Vaters Hause sind viele Wohnungen .... Und wenn ich hingehe euch die Stätte zu bereiten, so will ich wiederkommen und euch zu mir nehmen, auf dass ihr seid, wo ich bin*« (Johannes 14, 2 – 3). Schönen Dank auch, »lieber« Heiland! Das wäre aber wirklich nicht nötig gewesen! Wenn es dir nichts ausmacht, würde ich dann doch lieber hier auf der Erde bleiben und mit meinen Kumpels Fußball spielen!

Eine Wohnung, die die anderen so schwärmerisch jubilieren ließ: »*Meine Heimat ist dort in der Höhe, wo man nichts weiß von Trübsal und Weh, wo die heilige unzählbare Schar jubelnd preiset das Lamm immerdar. Ja, bald werde ich dort sein in der Höhe*«. »*Über Wolken weit in der Herrlichkeit hab ich ein Heim, ein himmlisches Heim ...*«. Welch ein gigantischer Bluff! Nicht wahr, Jesus! So hatte der »himmlische Virus« unsere kleine Gemeinde bereits derart infiziert, dass das »*Neue Jerusalem*« für uns genauso real war wie unser irdisches Zuhause in unserem kleinen Dorf. Und das ist weiß Gott nicht übertrieben. Also keine Luftschlösser, die sich die Prediger da zusammengesponnen hatten, sondern echte Wohnungen warteten auf uns. Dazu noch ökologisch ausgeklügelt, denn dank der »*Leuchte des Lammes*« gab's noch saubere Energie obendrauf: »*Und ich sah die Heilige Stadt, das Neue Jerusalem, von Gott aus dem Himmel herabfahren, bereitet als eine geschmückte Braut ihrem Mann .... Und die Gassen der Stadt waren lauteres Gold .... Und die Stadt bedarf keiner Sonne noch des Mondes, dass sie scheinen; denn die Herrlichkeit Gottes erleuchtet sie. Und ihre Leuchte ist das Lamm*« (Offenbarung 21). Wow! Man glaubt es nicht, wir aber.

In diesem Zustand völliger Verblendung war ein besonders pfiffiger Prediger dann auch auf die glorreiche Idee gekommen, sich beim Juwelier die in Offenbarung 21, 18 – 21 beschriebenen zwölf Edelsteine, aus denen die himmlische Stadtmauer besteht, auf dem Ladentisch präsentieren zu lassen. Genauso hatte er es jedenfalls eines Tages vor versammelter Mannschaft zum Besten gegeben. Und seine Euphorie über die Schönheit und den Glanz dieses Mauerwerks war derart authentisch, dass wir glauben mussten, er wäre soeben von einer himmlischen Stippvisite zurückgekehrt. Über die Motivation des Juweliers seiner Bitte zu entsprechen, vermag ich an dieser Stelle nur zu spekulieren. Im günstigsten Fall wird er sich gedacht haben, dass ein Spinner allemal besser ist als ein Überfall. Im ungünstigsten Fall, im Hinblick auf seinen eigenen Geisteszustand, wird er auf eine Auftragsvergabe für den Bau der himmlischen Umzäunung gehofft haben. Wie auch immer.

Jedenfalls waren die Prediger immer ganz aus dem Häuschen, wenn sie davon schwärmten, dass wir mit unserer *Entrückung* direkt vor dem Throne Gottes landen würden. Und den Jetlag noch in den Knochen würden wir wie auf Kommando anfangen, »uns einen von der Palme zu wedeln«. Um Himmels willen, natürlich nicht! Richtig ist: Wir würden sofort anfangen, mit einer Palme zu wedeln und dazu neue Lieder trällern. Und einige handverlesene Günstlinge dürfen noch Harfe dazu spielen: »*Und die Stimme, die ich hörte, war wie von Harfenspielern, die auf ihren Harfen spielen. Und sie sangen ein neues Lied vor dem Stuhl …. Danach sah ich eine große Schar vor dem Stuhl stehend und vor dem Lamm, angetan mit weißen Kleidern und Palmen in ihren Händen, schrien mit großer Stimme und sprachen: Heil sei dem, der auf dem Stuhl sitzt, unserm Gott, und dem Lamm … «* (Offenbarung 14, 3 u. 7, 9 ff). Muss man sich in etwa wie bei den ewig trommelnden Duracell-Hasen vorstellen, nur noch mit geiströtendem Gesang.

Und jetzt kommt's. Als nette Zugabe würden wir in der »neuen Welt« noch einer Nebentätigkeit nachgehen dürfen, eine Art 400 € Job. Wir würden gemeinsam mit dem Herrn Jesus eine Himmelsregierung bilden und wie »kleine Könige« mitregieren: »*Wenn wir weiterhin ausharren, werden wir auch als Könige mitregieren*« (2. Timotheus 2, 12); »*Und sie werden regieren von Ewigkeit zu Ewigkeit*« (Offenbarung 22, 5). Aber ja! Und das alles, bei dem Heiland auf dem Schoß sitzend: »*Wer überwindet, dem will ich geben, mit mir auf meinem Stuhl zu sitzen*« (Offenbarung 3, 21). Alter Schwede! Das sollte uns erst mal einer nachmachen. Unser Meister hatte wirklich an alles gedacht.

Und dann war da noch diese Sache mit dem »Richten«. Nun muss man sich mal einen Augenblick vorstellen, was los wäre, wenn wir im Himmel über unsere ungläubigen Schulkameraden und Arbeitskollegen –sagen wir als Schöffen- zu Gericht sitzen würden. Verrückt, oder?! Doch genau diesen Trumpf bzw. Triumpf hatte der »liebe« Gott für uns noch im Ärmel. Wir würden nicht nur die Engel richten, sondern unsere ungläubigen Schulkameraden und Arbeitskollegen praktischerweise gleich mit: »*Wisset ihr nicht, dass die Heiligen die Welt richten ... wisset ihr nicht, dass wir die Engel richten werden*« (1. Korinther 6, 1 – 2). Lassen Sie es mich mal so sagen, »*Regieren und Richten im Paradies*«, da gab es sicherlich schlechtere Stellenangebote, oder?

Und die Gewissheit vor Augen, dass die *Weltmenschen* nun endlich ihr blaues Wunder erlebten, würde auch unseren Lobpreis vor dem Throne Gottes viel lieblicher ausfallen lassen. Unser Meister würde kurzen Prozess mit ihnen machen und sie in den himmlischen Backofen stecken. Um es mit seinen Worten zu sagen, »*in den Feuerofen werfen, wo Heulen und Zähneklappern sein würde*« (Matthäus 13, 40 – 42). Das hatten sie nun davon, die halsstarrigen *Weltmenschen!* Wer nicht hören will, muss fühlen! Ich sollte noch erwähnen, dass ich meine Freunde und Mitschüler vorsichtshalber nicht in die Materie einweihte. Ich bin mir nicht sicher, ob sie mich richtig verstanden hätten.

Und zu guter Letzt gibt's noch das Sahnehäubchen obendrauf – wortwörtlich. Ganz nach dem Motto: »*Wer arbeitet, soll auch essen*« (2. Thessalonicher 3, 10) hatte uns der Heiland versprochen, dass »*wir mit ihm an einem Tisch sitzen und mit ihm speisen* würden« *(Lukas 22, 30).* Doch nicht nur das. Wir würden sogar das Hochzeitsmahl mit ihm einnehmen *(Matthäus, 22, 1 – 14).* Na und ob! Und wenig überraschend wussten die Prediger über die himmlischen Wohltaten besser Bescheid als unser Meister und alle Engel zusammen.

So verstieg sich ein Prediger zu der Behauptung, *dass wir im Himmel ganz lecker essen könnten* –und jetzt kommt's-, *und zwar ohne dick zu werden (Predigtmitschnitt auf Audiodatei): »Im Himmel werden wir wieder essen. Nur werden wir 1000-fache Möglichkeiten haben, um es zu genießen. Da kannst du essen, ohne dick zu werden. Hör mal, möchtest du auch mal essen im Himmel? Dann werden wir singen, nur unsere Stimmen werden 1000-fach schöner sein, und wir werden es 1000-fach genießen. Da werden wir einstimmen in die himmlische Chöre mit Tausenden und noch mal Millionen von Engeln ...«.* Ach was? Mmh ... lecker! Currywurst mit Pommes rot weiß! Keine lästigen Diäten mehr! Eine Fressorgie jagte die andere, ein Lobpreis den nächsten. Wir durften uns sozusagen auf eine »kulinarische und musikalische Lust-reise« freuen. Voll krass das Ganze, oder?! Ich weiß, das hört sich alles völlig irre an, nicht wenn man das so glaubt!

Nun war es aber blöderweise so, dass ich keinen Nerv auf diesen ganzen Kokolores hatte, egal ob mit Verköstigung oder ohne. Als Kind versucht man ja immer alles in Bilder zu kleiden. So konnte ich mir insgeheim nichts Öderes und Langweiligeres vorstellen als ein zukünftiges Leben im *»Vaterhaus dort oben«.* Und unter »herrlich« verstand ich schon als kleiner Knirps etwas anderes, als mich im Himmel vollzufressen und noch gruseliger, *»im himmlischen Chor mit Millionen von Engeln um die Wette trällern zu müssen«.* Dazu noch mit vollem Bauch.

Und wie furchtbar musste es erst sein, *»mit den Geschwistern ewig und drei Tage im weißen Nachthemd auf goldenen Gassen rumzulatschen«?* Wie krank im Kopf muss man eigentlich sein, um das toll zu finden? Kein Baum, kein Strauch, nichts. Nur die ewig leuchtenden Antlitze des Heilands und der Geschwister anglotzen? Nein danke, das war einfach nichts für mich! Schließlich war mein Quantum an Langeweile bereits durch die gelegentlichen sonntäglichen Waldspaziergänge mit meinen Eltern gedeckt. Ich wollte mit meinen Freunden Buden bauen und Fußball spielen. Und dafür brauchten wir Wald bzw. Rasen, zumindest eine gemähte Wiese, aber doch keine *goldenen Gassen.* Für meine Kumpels mit ihren Stollenschuhen bestenfalls ein schlechter Scherz.

Und allein der Gedanke *»liebe und freundliche Engel, die mich im irdischen Leben noch als Schutzengel vor so manchem Unglück bewahrt hatten, nun bestrafen zu müssen«,* ließ mich erschaudern. Wofür noch mal bestrafen? Keine Ahnung! Ich verstand das alles überhaupt nicht! Meine Freunde und Schulkameraden sollte ich zu ewigen Höllenqualen verdonnern? Schön und gut, aber so schlimm war ihr Spott nun auch wieder nicht! Und eine neue Wohnung im Himmel wollte ich schon mal gar nicht. Hier auf der Erde musste ich mir zwar von klein auf mit Erich ein winziges Kinderzimmer teilen, was auch nicht gerade das Gelbe vom Ei war, jedoch allemal besser, als im Himmel mit *unbefleckten Harfenspielern* in der Kiste liegen zu müssen. Eine unbefriedigende Wohnsituation war es allemal; wie im Himmel so auf Erden!

Und ich kann es gar nicht genug betonen, vor allen Dingen wollte ich eins nicht: »*Tagein, tagaus, Jahr für Jahr, von Ewigkeit zu Ewigkeit, im weißen Umhang und einer Krone auf meinem kleinen Kopf im Himmel rumwetzen. Wobei von Wetzen ja noch nicht mal die Rede sein konnte. Bekanntlich sollte ich dem lieben Gott Tag und Nacht mit einer Palme in meinen kleinen Händen, frische Luft zuwedeln und ihn dabei noch mit den Worten »Heil sei dir … anschreien«* (Offenbarung 7, 9 ff). Wie das allerdings mit dem besagten »*Richten und Regieren*« zusammengehen sollte, hielten die Prediger einmal mehr geheimnisvoll in der Schwebe.

Und ganz davon ab kotzte mich mein Mitwirken im irdischen Chor schon viel zu sehr an, als dass ich noch Potenzial für ein Engagement im himmlischen Chor gesehen hätte. So war die Vorstellung, mir als lebendiger Notenständer für alle Ewigkeit die Beine in den Bauch stehen zu müssen, einfach nur gespenstisch. Da würde einem doch die Decke bzw. der Himmel auf den Kopf fallen. Das mag sich vielleicht alles völlig irre anhören, nicht wenn man die Bibel wortwörtlich nimmt.

So blieb es dabei: Singen konnte ich nicht, eine Harfe hatten wir nicht, und Wedeln wollte ich nicht. Und das, was ich konnte, Fußball spielen, Fahrradfahren und Fechten, wollte Gott nicht. Und hinsichtlich der »*Heil sei Dir – Rufe*« hatte uns doch eigentlich die Geschichte gelehrt, dass sich derartige Rufe eher ungünstig für ein Volk auswirken. Und ja, so ungeschminkt und zynisch ich heute über diesen von geradezu schreiender Naivität geprägten Glauben schreiben kann, so bitterernst und nicht hinterfragbar war er als Kind für mich, und ist er noch heute für fundamentalistische Gemeinschaften. Für Strenggläubige, deren kindlicher Glaube *(Matthäus 18, 3)* ihnen eine Art Wohnberechtigungsschein für eine Wohnung im *gelobten Land* vorgaukelt.

Kapitel 11:
Meine »erbarmungslosen« Mitschüler

Obwohl die *Gnadenzeit* eigentlich schon längst abgelaufen war, würde unser Meister erst dann angebraust kommen, wenn sich »der letzte Mohikaner«, also der letzte Ungläubige, *»den Gott bereits vor Erschaffung der Erde auserwählt hatte« (1. Petrus 1, 20 u. Offenbarung 13, 8),* bekehrt hatte. Wir konnten Gott zwar nicht in die Karten schauen, wann das sein würde, aber eins war so sicher wie das Amen in unserer Kirche: Je eifriger wir für den Heiland auf *Menschenfang* gingen, desto eher startete unsere Traumreise ins Paradies. Nicht umsonst hatte uns Jesus doch zu *»waschechten Menschenfischern berufen« (Matthäus 4, 19)* und befohlen: *»Gehet hin in alle Welt und verkündigt das Evangelium der ganzen Schöpfung« (Matthäus 28, 19).* Und genauso posaunten wir das in unseren Missionsliedern dann auch raus: *»Menschenfischer, Menschenfischer wollen wir sein, ausgesandt vom König in die Welt, Licht zu bringen ihm allein, bis kein Widerstand mehr hält …«.* Dabei spielte es keine Geige, »ob die *Weltmenschen* es hören wollten, oder nicht«.

Keiner war vor unserer Zeugniswut sicher. An keinem Ort, zu keiner Zeit. Die Tatsache, dass Jesus dieser Missionsbefehl erst nachträglich in den Mund gelegt worden war, und er an uns Nichtjuden keinerlei Interesse hatte: *»Ich bin nur gesandt zu den verlorenen Schafen Israels« (Matthäus 15, 24),* wäre uns niemals in den Sinn gekommen. Wir waren *»das Salz der Erde und das Licht dieser Welt«.* Und dieses Licht sollten wir gefälligst *»vor den Leuten leuchten lassen« (Matthäus 5, 13 – 16).* Wobei der Heiland stillschweigend in Kauf nahm, dass die meisten von uns im Alltag wahrlich keine großen Leuchten waren. Ich will mal so sagen, wenn ich mir im Rückblick unsere weltfremde, in jeder Hinsicht verbohrte und vernagelte Truppe so anschaue, und mir vorstelle, dass wir das *»Licht der Welt«* sein sollten, dann wäre der herbeigesehnte Weltuntergang in der Tat ein Segen für diesen Planeten gewesen. Nichtsdestotrotz, wir fühlten uns von unserem Meister gebauchpinselt.

Damit wir mit unseren Bemühungen auch niemals schlappmachten, stachelten uns die Prediger mit irgendwelchen, nach Lust und Laune zusammengeschusterten Bibelzitaten immer wieder zum Bekennen unseres Glaubens an. Schließlich waren wir »Botschafter an Christi statt« (2. Korinther 5, 20). Ohne Frage, wir mussten höllisch aufpassen, dass wir uns »unseres Glaubens nicht schämten« oder noch schlimmer »unseren Meister gar verleugneten«. So billig wie Petrus mit einem zweimaligen Kikeriki irgendeines Hahnes (Markus 14, 30 – 31), würden wir jedenfalls nicht davonkommen. Die Retourkutsche des Heilands würde nicht lange auf sich warten lassen, und auch er würde uns bei Gott anschwärzen: »Wer nun mich bekennet vor den Menschen, den will ich bekennen vor meinem himmlischen Vater. Wer mich aber verleugnet vor den Menschen, den will auch ich verleugnen vor meinem himmlischen Vater« (Matthäus 10, 32 – 33). Kurz und gut, wir mussten schon deshalb klare Kante zeigen, um nicht selbst in der Hölle zu landen.

Doch gerade beim »Bekennen und Nichtschämen« haperte es bei mir dann doch hin und wieder gewaltig. So konnte ich mich drehen und wenden wie ich wollte, wenn mich unsere Nachbarn oder meine Kumpels mit der Bibel unter dem Arm auf dem Weg zur Kinder- oder Jugendstunde erwischten, schämte ich mich in Grund und Boden. Gut, in der kälteren Jahreszeit konnte ich die dicke Schwarte noch relativ unauffällig unter meiner Jacke verschwinden lassen –das hatte ich mir bei Erich abgeguckt-, aber was zum Teufel sollte ich im Sommer machen? Richtig, gar nichts! Mir blieb lediglich die Hoffnung, dass mir nicht gerade ein Bekannter über den Weg lief. Aber selbst diese Schmach wäre in jedem Fall leichter zu ertragen gewesen, als ohne Bibel in der Jugendstunde aufzulaufen und damit ins Visier der Prediger zu geraten.

Nun, die Prediger nötigten uns stets und ständig, die Werbetrommel für unseren Meister zu rühren: »Hast du heute schon den Heiland bekannt«? (Zeugnis für Jesu abgelegt) »Hast du heute schon deine Schulkameraden zur Kinderstunde eingeladen«? »Wann hast du das letzte Mal Traktate verteilt … «? und, und, und. »Nein, ihr verfluchten Wichser, habe ich nicht! Keinen eingeladen! Keinen bekannt! Und eure beschissenen Traktate könnt ihr euch sonst wo hinstecken«, traute ich mich natürlich nicht zu sagen. Kurzum, der Druck war einfach unerträglich. Nun kann man sich aber wohl denken, dass wir den Weltmenschen mit unserem ganzen Jesus-Gedöns richtig auf den Sack gingen, und unsere Traktate meistens schneller im Mülleimer« landeten, als wir gucken konnten. Tat unserem Missionsfimmel aber keinen Abbruch.

Und obwohl mich bereits als Grundschüler dieser Druck des *»Bekennen müssen«* oft genug ins Schwitzen gebracht hatte, verschlimmerte sich meine Situation mit meinem Schulwechsel zur Realschule dramatisch. Fast täglich wurde ich nun von meinen Mitschülern wegen meines Glaubens gehänselt und verspottet. »Gemobbt« würde man heute sagen. Verständlich also, dass mir das alles langsam aber sicher über den Kopf wuchs. Da half es mir auch überhaupt nichts, dass der Herr Jesus versprochen hatte, mir zur Seite zu springen und sie *»im tiefsten Meer zu ersäufen«*. Aber natürlich: *»Wer aber ärgert dieser Geringsten einen, die an mich glauben, dem wäre es besser, dass ein Mühlstein an seinen Hals gehängt, und er ersäuft werde im Meer, da es am tiefsten ist«* *(Matthäus 18, 6)*. Oha! Richtig nett war das jedenfalls nicht.

Auch wenn ich mitunter völlig verzweifelt war und einen »richtigen Hass« auf sie hatte, fand ich diese Strafe dann auch wieder überzogen. Irgendwie konnte ich ja auch verstehen, dass ich ihnen mit meinem ganzen Jesus-Zeugs gehörig auf den Wecker ging. Und da ihnen der Heiland den Buckel runterrutschen konnte, wussten sie sich meiner Missionswut eben nicht anders zu erwehren als mit Hohn und Spott. Wie sollten sie auch? *»Denn das Wort vom Kreuz ist eine Torheit denen, die verloren werden; uns aber, die wir selig werden, ist es eine Gotteskraft«* *(1. Korinther 1, 18)*. Ah ja! So ist das nämlich, ihr »dummen« Mitschüler!

Wohl unnötig zu erwähnen, dass ich schon bald den Ruf eines merkwürdigen Sonderlings weghatte. Und das, obwohl ich als Kind alles an Gaben und Fähigkeiten mitbrachte, was mir bei meinen Mitschülern Achtung und Anerkennung hätte einbringen müssen. Aber genau diese Rolle *»Fremdling in der Welt zu sein«* war es, die uns Jesus auf den Leib geschneidert hatte: *»Doch ihr gehört nicht zur Welt, denn ich habe euch ja aus der Welt herauserwählt. Das ist der Grund, warum sie euch hasst«* *(Johannes 15, 19)*. Nicht nur das. Die Prediger lagen uns fortwährend mit passenden Bibelzitaten in den Ohren: *»Darum geht hinaus von ihnen und sondert euch ab, spricht der Herr«* *(2. Korinther 6, 18)*; *»Habt nicht Gemeinschaft mit den unfruchtbaren Werken der Finsternis …«* *(Epheser 5, 11)*. Zu Befehl, Meister! Absondern! Hinausgehen! Keine Gemeinschaft mit der Finsternis! So wird's gemacht!

Nur …., das eine war die Theorie und das andere die Praxis: *»Sollte ich meinen Klassenkameraden jetzt etwa direkt ins Gesicht sagen, dass ich mit ihren ›unfruchtbaren Werken‹ keine gemeinsame Sache machen durfte?« »Sollte ich gar* *raustrompeten, dass sie für mich die Verlockungen der Finsternis verkörperten, und ich mich deshalb von ihnen absondern müsste«?* Sagen wir es mal so, auf Klassenkeile konnte ich gut und gerne verzichten! Aber ich musste ja auch nicht gleich mit der Tür ins Haus fallen. Es würden sich schon noch ausreichend Gelegenheiten ergeben, um unseren Meister anzupreisen. Und so war es dann auch. Allerdings änderte das unseligerweise nichts daran, dass ich mich für meinen Glauben schämte. Ja genau, die Brüder konnten sich dumm und dämlich predigen, ich hatte eine Scheißangst vor den ständigen Hänseleien meiner Mitschüler. Also genau die Reaktionen an den Tag legte, bei denen uns der Heiland die Hammelbeine lang ziehen würde, und das ärgerlicherweise in der Hölle.

Wen wundert's, die Antwort meines Körpers ließ nicht lange auf sich warten. Regelmäßig vor Beginn des Schulunterrichts stellten sich Übelkeit und Bauchschmerzen ein. Und während ich mich dann ein ums andere Mal an der Else-Brücke, etwa 300 Meter Fußweg von unserer Schule entfernt, übergeben musste, wurde der *Mann der Schmerzen* mit jedem neuen Brechreiz trauriger. Der Heiland traurig? Weil es mir so dreckig ging? Das ist natürlich Quatsch! Er war traurig, weil er ganz genau wusste, dass ich seinetwegen kotzte. Und das zu Recht! Wenigstens mein Körper funktionierte noch, bis dahin jedenfalls!

Und ja, ich schämte mich in Grund und Boden, wenn ich nicht umhinkam, meinen Klassenkameraden die Gründe meiner Abkapselung zu »beichten«. Wenn sie mich solange gepiesackt hatten, dass ich damit herausrücken musste, nicht auf zwei Hochzeiten gleichzeitig tanzen zu können: *»Niemand kann zwei Herren dienen ...« (Matthäus 6, 24).* Natürlich ahnten sie nicht, dass es mich innerlich schon längst zerrissen hatte. Und natürlich durften sie niemals Wind davon bekommen, dass ich alles dafür gegeben hätte, einfach in ihre Haut schlüpfen zu dürfen. Und während mir einerseits ihre Schikanen von Tag zu Tag mehr zu schaffen machten, entwickelte ich andererseits gegenüber den Geschwistern in der Anstalt immer neue Scham- und Schuldgefühle für meine *weltlichen Gelüste.* So war mir schon längst nichts anderes übriggeblieben, als hier wie dort, Augenwischerei zu betreiben. Egal, wie und wo, immer und überall saß ich zwischen den Stühlen. Ich gehörte weder zu der einen noch zu der anderen Seite.

Im Alltag war es dann so, dass meine Kumpels und Mitschüler einfach nicht kapieren wollten, dass ich weder heimlich mit ihnen rauchen noch Alkohol trinken durfte. Genauso wenig wie es ihnen in den Schädel ging, dass ich einen großen Bogen um ihre schmuddeligen Zeitschriften machen musste. Dass ich »diesen Bogen« ehrlich gesagt nur in ihrer Gegenwart machte, durften sie niemals erfahren. Zugegeben, reichlich verlogen für einen stubenreinen Jungchristen. Mit fortschreitendem Alter musste ich dann Farbe bekennen, dass der Besuch von Kirmes und Kino, Kneipen und Diskos und der anstehende Tanzkurs für mich auch schon deshalb nicht infrage kam, weil ich nicht dort sein durfte, »wo die Spötter saßen bzw. tanzten« (Psalm 1, 1). Aber sicher! »Tanzen« im Allgemeinen und »mit Mädchen« im Besonderen war strikt verboten.

Oder hätten wir vielleicht auf dem Tanzboden Reklame für unseren Meister machen können? Ausgerechnet dort, wo »die Weltmenschen um das goldene Kalb irdischer Lüste und Begierden tanzten«? Etwa mit den Worten: »He, du da! Du brauchst Jesus! Willst du nicht auch mal mit in unsere Versammlung kommen? Wir loben und preisen den Herrn; und das stundenlang«! Das Ganze womöglich noch mit einem Mädel im Arm. »Hä«? »Schön und gut, Alter! Aber was machst du dann hier? Geh mal schön wieder loben und preisen«! so oder ähnlich wäre doch die spöttische Antwort der Weltmenschen ausgefallen. Und ja, wir würden unsere Bekannten und Schulkameraden nur dann retten können, wenn wir ein »lebendiges Zeugnis für den Heiland waren und allen weltlichen Vergnügungen abschworen«.

So und nicht anders hatten es uns die Prediger mit passenden Bibelversen eingehämmert: »Ziehet nicht am fremden Joch mit den Ungläubigen. Denn was hat das Licht für Gemeinschaft mit der Finsternis« (2. Korinther 6, 14)! »Habt nicht lieb die Welt, noch was in der Welt ist ..., denn alles, was in der Welt ist des Fleisches Lust und der Augen Lust ... « (1. Johannes 2, 15 – 16). »Mein Kind, wenn dich die bösen Buben locken, so folge nicht« (Sprüche 1, 10). Aber all das behielt ich dann doch lieber für mich. Schließlich wollte ich es ja auch nicht übertreiben. Genauso wie ich ihnen vorsichtshalber verschwieg, »dass sich wahre Christen schon allein deshalb nicht an einer weltlichen Vergnügungsstätte aufhalten durften, weil Jesus sie bei seiner Wiederkunft dort nicht entdecken könnte«.

Nun, noch heute spüre ich dieses jämmerliche Gefühl, das mich damals auf dem Schulhof packte, wenn meine Mitschüler dann von einer Minute auf die andere zur Hetzjagd auf mich bliesen. Wenn sie, wie aus dem Nichts heraus, plötzlich angestürmt kamen, mich umzingelten und voller Häme triezten: »*Komm Bö (mein Spitzname), erzähl uns noch einmal von der Entrückung*«. Und obwohl ich mir durchaus darüber im Klaren war, dass es ihnen nur darum ging, mich zum Spielball ihres Gespöttes zu machen, durfte ich mir keine Blöße geben und musste *Bekennermut* beweisen. »*Ja, der Herr Jesus kann jeden Augenblick wiederkommen, und dann verschwinden wir einfach in den Wolken …*«, hörte ich dann zaghaft über meine Lippen kommen.

Und während ich mich eisern durchpredigte, wurde mit jedem meiner Sätze ihr höhnisches Gelächter lauter. All das hätte mir aber eigentlich nichts ausmachen dürfen. Schließlich hatte uns der Heiland ja auch nicht versprochen, dass seine Nachfolge ein Leben auf dem Ponyhof werden würde. Ganz im Gegenteil. Wir mussten »*um seines Namens willen leiden und gehasst werden*« *(Matthäus 10, 22 u. Philipper 1, 29)*. Gern geschehen, »lieber« Jesus. Das hat ja dann auch prima geklappt!

Zum standhaften »Bekennen« gehörte selbstverständlich auch, dass ich meine Kumpels vor ihren Starkulten, ihren Idolen und Götzen der Rock- und Popmusik, warnte. Sie verharmlosten diese tickenden Zeitbomben in nahezu sträflicher Weise. Dabei war doch allgemein bekannt, dass sowohl Sänger als auch Bandmitglieder durch die Bank weg vom Teufel und seinem Gesindel besessen waren, zumindest jedoch mit ihnen unter einer Decke steckten! Na und ob! Das Hören dieser Musik reichte allemal aus, um unter einen dämonischen Bann zu geraten *(Predigtmitschnitt auf Audiodatei)*: »*Rockmusik ist nicht von Gott, sondern es ist ein Weg, worin der Teufel versucht und ihm auch gut gelingt, um Menschen unter seine Gewalt zu kriegen. Und das gilt für christliche und nichtchristliche … *«. Nur blöd, dass meine Freunde das einfach nicht schnallten oder nicht schnallen wollten.

Und wenn sie dann in ihren Kinderzimmern eine »Scheibe« –damals hörte man noch Schallplatten- auflegten, oder im Freibad das Radio auf volle Pulle drehten, blieb mir nichts anderes übrig, als mich auf der Stelle »*von ihnen abzusondern*« *(2. Korinther 6, 17)*. Richtig! Ich suchte fluchtartig das Weite. Damit ging ich dem Teufel zwar aus der Schusslinie, meinen Kumpels jedoch mächtig auf den Keks. Nutzte aber nichts, denn Kompromisse einzugehen, war die Sache des Heilands nicht. Entweder sie nahmen Rücksicht auf den *Schmerzensmann* und mich, oder eben nicht! Und wenn nicht, machte ich mich halt postwendend wieder vom Acker, und der gemeinsam geplante Nachmittag fiel ins Wasser. Oder glauben Sie etwa der Herr Jesus hätte sich dämonische Musik angehört? Wohl kaum! Er hätte Kleinholz aus den Platten gemacht! Ich weiß, das hört sich völlig irre an, aber ich kann es nicht anders schreiben.

Und natürlich machten sie sich über mich lustig, wo sie nur konnten. So behauptete eines Tages ein Mitschüler steif und fest, dass ich auf irgendeinem Rockfestival, ich glaube er sprach von Fehmarn, gesehen worden sei. Während ich das mit aller Macht abstritt, zumal ich nicht die leiseste Ahnung hatte, was und wo das überhaupt war, lachten und glucksten die anderen über den Witz des Tages. Erst allmählich dämmerte es mir, dass sie sich mal wieder auf meine Kosten amüsiert hatten. Kein Wunder also, dass ich im Schulalltag alles daransetzte, ihnen, zumindest jedoch den Rädelsführern, so gut es eben ging, aus dem Weg zu gehen. So drückte ich mich in den Unterrichtspausen meistens mit meinem Tischnachbarn Wilfried in irgendwelchen Ecken und Nischen des Schulhofes herum.

Nun muss man wissen, dass dieser Wilfried einer der wenigen war, die sich nicht in faule Ausreden flüchteten, wenn es darum ging, die Schulbank mit mir zu teilen. Das allerdings hatte ich nur dem glücklichen Umstand zu verdanken, dass auch er aus einem frommen Elternhaus stammte. Gleichwohl hatte er es die ganzen Schuljahre über verstanden, sich geschickt aus der Schusslinie unserer Mitschüler zu nehmen. Dabei hatte ihm fraglos geholfen, dass sie ja bereits in mir ein Opfer für ihre Schikanen gefunden hatten. Und da er »seinen Glauben« nicht ein einziges Mal »bekannte«, zumindest nicht in meiner Gegenwart, war er in meinen Augen bestenfalls ein Mitläufer. Ein Duckmäuser, der mit seinem Glauben hinter dem Berg hielt. Konnte mir aber egal sein, für mich war er ein echter Glücksfall. Ich hatte einen Kumpel gefunden. Ich sollte noch erwähnen, dass sein »weichgespültes« Christentum seiner späteren beruflichen Karriere keinen Abbruch tat. Heute ist er Superintendent eines evangelischen Kirchenkreises in Westfalen. Nun gut.

Jeweils am ersten Schultag nach den Sommerferien steckte in einem richtigen Schlamassel. Weshalb? Nun ja, bekanntlich war es ja so, dass nicht nur wir Schüler, sondern auch die meisten Lehrer noch keinen Bock auf Unterricht hatten. Und um die Zeit irgendwie totzuschlagen, fragten sie uns dann nach unseren Urlaubserlebnissen aus. Für meine Mitschüler eine prima

Sache, für mich nach Lage der Dinge natürlich eine Katastrophe. Nun, wenn meine Klassenkameraden dann in ihren Erinnerungen schwelgten und von ihren Reisen in den Süden, in die Berge oder an die deutsche See schwärmten, wurde ich auf meinen Stuhl immer kleiner. Während sie Sonne, Strand und Meer hatten genießen dürfen, war ich mit meinem Meister-Gedöns missionierend um die Häuser gezogen und hatte mich in stickigen Evangelisationszelten und übelriechenden Toilettenwagen rumgedrückt.

Zugegeben, Sonne hatte ich beim Aufbau des Missionszeltes in Rheine zwar auch, zumindest so viel, dass es für einen Sonnenstich reichte, ansonsten gab es für mich nur eine Sonne: *»Jesus, den Mann der Schmerzen«.* Doch so sehr ich meine Mitschüler um ihre Urlaube und Abenteuer auch beneidete, das war mein kleinstes Problem. Die Frage, die mich umtrieb, war eine andere: *»Wie und was kannst du von deinen Urlauben erzählen, ohne gleich mit Spott und Häme überschüttet zu werden«?* Meine Handicaps waren Dinslaken und Rheine, Bielefeld und Hannover und, und, und. Also nicht gerade die klassischen Urlaubsorte, wo jeder, der etwas auf sich hielt, mal seinen Sommerurlaub verbracht haben musste.

Verständlich also, dass ich jeweils vor dem ersten Schultag nach den großen Ferien einen derartigen Bammel hatte, dass ich bereits in den letzten Ferienwochen zu grübeln begann, wie ich, sagen wir mal so, die Kuh vom Eis kriegen konnte: *»Wie bringst du deinen Lehrern bei, dass wir eine Woche lang wie Penner in einem Wald in Dinslaken gehaust hatten? Und vor allen Dingen, warum«?* Das Dschungel-Camp gab es ja damals noch nicht. *»Wie kannst du ihnen verklickern, dass wir bei brütender Hitze 14 Tage lang in kleinen Zelten im Stadtzentrum von Rheine campiert hatten? Und weshalb«?* Als kleiner Wanderzirkus hätte die ganze Sache ja noch Sinn gemacht. Aber so? Ohne Tiere und Clowns? *»Wie kannst du ihnen vermitteln, dass wir wie Troubadoure singend und missionierend durch die Einkaufsstraßen von Bünde, Bielefeld, Hannover … getingelt waren«?* Um es vorwegzunehmen, mir fehlte schlichtweg der Bekennermut.

Als ich dann eines Tages mal wieder an der Reihe war und zaudernd zu Lehrer Mecker sagte, dass wir unseren Urlaub in Blaubeuren verbracht hätten, konnte er zu meiner Überraschung mit diesem Ort etwas anfangen. *»Ah, da wo der Blautopf ist«,* platzte es, wie aus der Pistole geschossen, aus ihm heraus. *»Hä«? »Was für 'n Topf«?* sagte ich natürlich nicht. Ich hatte keine Ahnung, wovon zum Teufel unser Pauker sprach. Schließlich hatte ich während der gesamten Freizeit allenfalls Kochtöpfe, jedoch keine »Blautöpfe« zu Gesicht bekommen. Zumindest nicht solche, die einen bleibenden Eindruck bei mir hinterlassen hatten.

Und jetzt mal ganz ehrlich, was interessierte einen »echten Jungchristen« schon irgendein »Blautopf«, –gleichwohl eine der berühmtesten Quellen Deutschlands-, wo unser Meister doch spontan einen Epileptiker in unserem Missionszelt »geheilt« hatte? Eben! Rein gar nichts! Dazu mehr in dem Kapitel 21. Was ich Herrn Mecker antwortete? Ich weiß es ehrlich gesagt nicht mehr. Jedenfalls verschwieg ich den wahren Grund unseres Urlaubs samt besagter »Wunderheilung«. Mein Quantum an Häme und Spott, das ich tagtäglich zu ertragen hatte, war für diesen Tag wohl schon gedeckt. Zugegeben, richtig feige für einen »blauäugigen« Nachfolger. Nach Schulschluss sollte ich Buße darüber tun.

Wie ich mich im Alltag und in der Schule zu benehmen hatte, um den *Schmerzensmann* bei Laune zu halten, musste mir niemand mehr groß erklären. Schließlich hatte ich seit frühester Jugend verinnerlicht, dass bei all unserem Jesus-Gequatsche nichts rumkommen würde, wenn wir *»uns der Welt anpassten«*, also all das machten, was Kinder in unserem Alter halt so machten. Schlimmer, wenn die *Weltmenschen* Anstoß an unserem Lebenswandel nahmen, würden wir der *»Sache des Herrn«* mehr schaden als nützen, und dann mochten die Prediger auch nicht in unserer Haut stecken: *»Und führet einen guten Wandel unter den Heiden, auf dass sie eure guten Werke sehen und Gott preisen ...«* (1. Petrus 2, 12). In unserer Kultsprache hieß das dann: *»Täter des Wortes zu sein, und nicht Hörer allein« (Jakobus 1, 22).*

So lagen uns die Prediger stets und ständig in den Ohren: *»Eure Schulkameraden müssen einfach spüren, dass ihr etwas habt, was sie nicht haben«.* Und ja, das haben sie dann auch. Wenn sie im Schulbus rumkrakelten, saß ich mucksmäuschenstill auf meinem Platz und hoffte, dass es keinen Ärger mit dem Busfahrer gab. Wenn sie vor Beginn des Unterrichts rauften oder irgendwelche Schmierereien an die Tafel kritzelten, wäre ich am liebsten aufgesprungen, hätte mir den Schwamm geschnappt und alles wieder weggewischt. Wenn sie in den Pausen unerlaubt den Schulhof verließen, heimlich qualmten oder mit Mädchen flirteten, knabberte ich brav an meinem Butterbrot. Und immer dann, wenn sie es darauf anlegten, einen Streit mit mir vom Zaun zu brechen, ging ich ihnen einfach aus dem Weg oder *»hielt die andere Wange hin«*, wie es der *Mann der Schmerzen* von einem »schmerzlosen« Nachfolger verlangte. In aller Bescheidenheit, braver und untadeliger ging es einfach nicht.

Dummerweise war es nur so, dass weder meine Freunde noch meine Mitschüler *»neidisch auf meine guten Werke waren«*. Ganz im Gegenteil. Keiner von ihnen wollte so ein erbärmliches und beschissenes Leben führen wie ich. Wie gut ich sie verstehen konnte! Und natürlich ging es ihnen mächtig gegen den Strich, dass ich immer und überall mein eigenes Süppchen kochte. Woher sollten sie auch wissen, wie ich mich als *gläubiger Christ,* der ich ja vorgab zu sein, in ihrer Welt zu bewegen hatte? Und was ich durfte oder eben nicht, war ja letzten Endes das Ergebnis einer jahrelangen Gehirnwäsche – mein »innerer Richter«.

So lautete die Gretchenfrage, die ich mir stets und ständig zu stellen hatte: *»Macht es den Herrn Jesus vielleicht traurig, wenn ich dies oder jenes tue«? »Kann ich den Herrn Jesus ›dahin‹ mitnehmen«?* Wohl überflüssig zu erwähnen, dass ihn eigentlich alles und jedes traurig machte. Zumindest das, was mir Spaß gemacht hätte. Und mitnehmen konnte ich ihn eigentlich nirgendwo hin, außer in unsere »Heil«Anstalt natürlich. Aber da war er ja schon.

So entschied in letzter Instanz mein »innerer Richter«, also mein Gewissen, was ich zu tun und zu lassen hatte. Und das viel effektiver und erbarmungsloser, als es elterliche Verbote hätten jemals bewirken können. In späteren Jahren musste ich mich dann beispielsweise fragen, *»ob ich mir den Heiland in einer Kneipe oder Disco vorstellen konnte«?* Überspitzt formuliert: *»Unser Meister mit 'ner Kippe im Mund und 'ner Pulle Bier am Hals? Schwofend oder rockend auf der Tanzfläche, während er in Gedanken bei seiner Maria Magdalena (Lukas 7, 44 – 46) weilte? Über unziemliche Witze lachend oder vulgäre Fotos anstarrend«?* Wie dieser Abwägungsprozess ausging, kann man sich wohl denken! Ich konnte von Glück sagen, dass ich nicht augenblicklich tot umfiel. Wenn das keine Gotteslästerung war, was bitte schön dann?!

Und während ich den alltäglichen Hänseleien meiner Mitschüler noch jeweils mittags mit Schulschluss entfliehen konnte, trieben sie mich auf Klassenfahrten regelrecht vor sich her. Wie nicht anders zu erwarten, fühlten sie sich schlicht und einfach provoziert, wenn ich mich bei ihren Dummejungenstreichen ausklinkte und sie spüren ließ, dass ich nichts mit ihnen zu tun haben wollte.

So war es dann auch ein gefundenes Fressen für sie, als sie spitzkriegten, dass ich mir mitunter nachts heimlich, still und leise die Bettdecke über den Kopf zog, um mit Hilfe einer kleinen Taschenlampe noch mein Tagespensum Bibellektüre abzuarbeiten. Im Eifer des Gefechtes hatte ich dann nämlich übersehen, dass mich der Lichtkegel der Lampe verraten musste. Warum ich diese nächtlichen Verrenkungen veranstaltete? Nun ja, sollte der Heiland etwa auch noch nachts in die Röhre gucken, angesichts der beschämenden Tatsache, dass er den ganzen Tag noch nichts von mir gehört hatte? Doch wohl nicht! Das sind Probleme, die man wohl nur als »leuchtender« Nachfolger hat.

Von daher kam es auch nicht von ungefähr, dass mir auf besagter Klassenfahrt nach St. Goar eines Nachmittags unserer Klassensprecher ohne jegliche Vorwarnung mit geballter Faust ins Gesicht schlug. Wie jetzt? Einfach so? Ja genau, einfach so! Doch so schmerzhaft und demütigend zugleich sich der Faustschlag und das damit einhergehende schadenfrohe Gelächter der Mitschüler auch anfühlte, verspürte ich weder den Impuls, ihm auch »eine reinzuhauen«, noch überkamen mich irgendwelche Rachegelüste. Dabei kam mir natürlich »zugute«, dass ich das Gebot unseres Meisters, »auch die andere Wange hinzuhalten« (Lukas, 6, 29) quasi wie Muttermilch aufgesogen hatte.

Es mag verrückt klingen, aber ich empfand allen Ernstes einen fast märtyrerhaften Triumph. Was war ich stolz! Ich hatte dem Mann der Schmerzen etwas von »seinen Leiden am Kreuz zurückgeben dürfen«. Und genau das war es ja, was der Heiland von mir kleinem Kerl sehen wollte, was ihn antörnte: »Ihr habt nicht nur das Vorrecht, an Christus zu glauben, ihr dürft sogar für ihn leiden« (Philipper 1, 29). Halleluja! Gepriesen sei der Herr! Oder nicht?! Ein Augenblick, in dem ich glaubte, unserem Meister ganz nahe zu sein. Okay, man kann es auch anders ausdrücken. Er hatte eine Schießbudenfigur aus mir gemacht. Einen Trottel, dem jeder aufs Maul hauen durfte, wenn ihm gerade danach war. Gern geschehen, »lieber« Schmerzensmann!

Und was unsere »guten Werke« anbetraf, sei an dieser Stelle noch eine Begebenheit anlässlich einer Herbstfreizeit in meinem Heimatort erzählt. Die Freizeit hatte gerade begonnen, als Bruder Gotthard, »weder sein Licht noch seine guten Werke vor den Leuten hatte leuchten lassen«. Nun, er war in einen leichten Verkehrsunfall verwickelt gewesen. Mit oder ohne Leuchte, man wusste es nicht so genau. Na sowas aber auch! Da er unglücklicherweise auch noch der Schadensverursacher war, hatte nicht nur sein Auto, sondern auch sein ansonsten untadeliger Lebenswandel ein paar herbe Kratzer abbekommen, die es auszubügeln galt.

Und es würde mich schon sehr wundern, wenn er es nicht als göttliche Fügung betrachtet hätte, dass ihm bereits tags darauf die abendliche Evangelisationsveranstaltung diese einmalige Chance bot. Aber ja! Er musste mit Jesus und unserer Gemeinde ins Reine kommen, damit nicht auch wir ins Straucheln gerieten. Und ehe wir uns versahen, stand er am Rednerpult der gerammelt vollen Aula des Bünder Gymnasiums und beichtete sein »Vergehen«. Ich war wohl noch zu klein, um diese Selbstgeißelung zu verstehen. Wünschen wir ihm, dass ihm irgendwann noch ein Licht aufgeht!

In der Rückschau betrachtet, hegte ich schon als Kind den leisen Verdacht, dass an unserer Mission irgendetwas faul war. So fragte ich mich insgeheim, *»warum uns der Heiland die Mission unserer Mitschüler und Freunde überhaupt aufs Auge gedrückt hatte«?* Denn letztlich ist es doch so: Entweder steht der Name eines Menschen im Buch des Lebens geschrieben, –dass Gott schon vor Erschaffung der Erde verfasst hatte-, oder eben nicht! Und wenn der Name drinsteht, bedarf es keiner Mission mehr. Und wenn nicht, dann würde auch unser blindwütiger Eifer für die Katz sein. So oder so, unsere Mission würde nichts an dem von Ewigkeit her vorherbestimmten Schicksal eines Menschen ändern. Es war gehopst wie gesprungen. Nicht wahr, »lieber« Gott!

Kapitel 12:
Bruder Heinzi im Pyjama in der Imbissbude

Darf man tricksen und schummeln, um die Ungläubigen rumzukriegen? Na und ob! Oder dachten Sie etwa, dass kleine Lügen bis hin zu Lug und Betrug als *»Mittel zum Heil«* nicht erlaubt sind? Aber natürlich sind sie das! Nicht umsonst steht doch in der Bibel: *»Denn so die Wahrheit Gottes durch meine Lüge herrlicher wird …«* (Römer 3, 7); *»Dass nur Christus verkündigt werde allerleiweise, es geschehe zum Vorwand oder in Wahrheit«* (Philipper 1, 18). Schließlich flunkert und trickst man ja für einen guten Zweck. So verspürten meine Eltern eines Sonntag nachmittags dann auch keinerlei Hemmungen, Erich und mich als Köder zur Missionierung eines jungen Mannes einzuspannen, der an diesem Tag zum ersten Mal im Gottesdienst aufgetaucht war. Fast unnötig zu erwähnen, dass dieser Ungläubige bereits mit Betreten unseres Versammlungsraumes in die Falle getappt war. Woher sollte er auch wissen, dass ihn die Prediger nach und nach für unsere Gemeinde vereinnahmen würden?!

Doch bevor sie ihm die volle Jesus-Dröhnung verpassen konnten, mussten wir ihm noch ordentlich Honig um den Bart schmieren, ihm sozusagen jeden Wunsch von den Lippen ablesen. Was in seinem Fall auch tatsächlich nötig war. Nun ja, er war gehörlos. So bekam er auch nur einen Bruchteil von unserem Jesus-Gelaber mit. Hatte er was verpasst? Eher nicht! Keine Frage, mit seiner Behinderung war er der perfekte Kandidat für ein Schauwunder des Heilands. Denn wenn sich einer mit der Heilung von Gehörlosen auskannte, dann unser Meister: *»Die Tauben macht er (Jesus) hörend und die Sprachlosen redend«* (Markus 7, 37). Große Klasse, oder?! Besser konnte es also für uns zunächst gar nicht laufen.

Und nun sollten Erich und ich ins Spiel kommen. Die Rekrutierung des Neubruders in spe sollte nämlich auf unserem Rücken ausgetragen werden. Zur allgemeinen Überraschung hatte sich nämlich herausgestellt, dass der merkwürdige Kollege ganz versessen darauf war, mit uns beiden eine Spritztour in das knapp 20 Kilometer entfernt gelegene Städtchen Bad Essen zu machen. Weiß der Teufel, warum? *»Was für niedliche Jungs! Denen zeigst du* *jetzt erstmal, wie schnell dein Sportwagen so fahren kann«,* wird es ihm womöglich durch den Kopf gegangen sein. *»Wenn's mehr nicht ist«,* mögen sich Mama und Papa gedacht haben, *»jedenfalls kein Grund für die Kinder zum Mucksen«.* Falsch gedacht! Wir hatten Angst und zickten rum. Meinetwegen konnte der schräge Typ so viele Spritztouren machen, wie er wollte, aber bitte ohne mich.

Nutzte aber nichts. Der »Heils-Anwärter« durfte nun nicht mehr von der Angel gelassen werden. Kurzum, man verständigte sich buchstäblich mit Händen und Füßen auf den nur wenige Kilometer entfernt gelegenen Grünen See als Ausflugsziel. Hmm …? Darf man seine Kinder für einige Stunden einem wildfremden Mann anvertrauen? Einem seltsamen Zeitgenossen, der ihnen mit seinem Sportwagen imponieren will? Aber natürlich darf man das! Zeigte sich doch gerade in solchen Situationen, was völliges Gottvertrauen wert ist! So habe ich noch heute den seligen Gesichtsausdruck meiner Eltern vor Augen. *»Ihre Kinder als Zugpferde vor den himmlischen Karren gespannt: Ein Gottesgeschenk! Welch ein Vorrecht«,* werden sie voller Dankbarkeit vor sich hin geschwelgt haben.

Alle etwaigen irdischen Bedenken durften sie frohen und dankbaren Herzens auf ihren Meister abwälzen. Die Wahrscheinlichkeit, dass der Fremde durch den Einsatz ihrer Kinder zum Glauben geführt und –so wie es aussah– sogar geheilt werden konnte, war ungleich höher, als dass ihren beiden Jungs etwas zustoßen würde. Und letzten Endes war es doch so, dass Erich und Bernd nicht tiefer fallen konnten als in Gottes Hand. Glaube kann so einfach sein, nicht wahr »liebe« Eltern!

Und so viel Bauchschmerzen mir die Gebärdensprache des Fremden und sein starrer, unheimlicher Blick –er hatte ein grünes und ein blaues Auge– auch bereitete, ich musste mich in den Dienst einer größeren Sache stellen und für den Heiland den Lockvogel spielen. Dein Wille geschehe! Wie im Himmel, so auch am Grünen See! Gern geschehen, »lieber« Jesus?!

Was soll ich sagen, die »heilige Wallfahrt« sollte zu einem Volltreffer werden. Ich hatte zwar zwei Stunden die Hosen gestrichen voll, dafür schloss sich der Kollege unserer Gemeinde an, und wir durften von nun an Bruder Heinzi zu ihm sagen. Gelobt sei der Herr! Wieder eine Seele vorm ewigen Höllenfeuer gerettet. Oder vielleicht doch nicht? Na ja, wie es Gottes Vorsehung so wollte, traf ich ihn vor einigen Jahren rein zufällig in einem

Schnellimbiss wieder. Soweit nicht ungewöhnlich. Nun war es aber so, dass sein Äußeres nichts Gutes ahnen ließ, was seinen psychischen Zustand anging. Denn er war nur mit einem blauweiß gestreiften Pyjama bekleidet. Kein Scherz. Ein entflohener Sträfling hätte nicht anders aussehen.

Das wirkte auf mich und die übrigen Anwesenden dann doch eher gewöhnungsbedürftig. Und seinen schnittigen Ford Capri hatte er anscheinend gegen ein paar Badelatschen eingetauscht. Offensichtlich war ihm die jahrzehntelange treue Nachfolge Jesu zu Kopf gestiegen und auch an seinem Äußeren nicht spurlos vorübergegangen. Anders gesagt, Jesus hatte es gefallen, ihn im Rahmen einer Vorher-Nachher-Show komplett zu verwandeln. Früher in Anzug und Krawatte im Gottesdienst, heute im Pölter (Schlafanzug) in einer Pommes-Bude. Lediglich die Jesuslatschen an seinen Füßen vermochten mit etwas gutem Willen noch an seine Zeit als gehörloser, aber treuer Nachfolger Jesu zu rinnern.

Vermutlich hatten ihn die vielen Predigten dann doch sehr ermüdet und ihm ärger zugesetzt, als bei seiner Bekehrung zu erwarten war. Möglicherweise hatte ihn aber auch eine Art »Jerusalem-Syndrom« befallen. Eine Krankheit, bei der der Betroffene in eine religiöse Wahnvorstellung verfällt und meint, er sei Jesus oder eine andere biblische Figur. Und da der Heiland all die Jahre und Jahrzehnte wider Erwarten darauf verzichtet hatte, seine Gehörlosigkeit zu heilen, schien Bruder Heinzi seine neue Rolle in der Gesellschaft gefunden zu haben, konnte sie nur nicht kommunizieren. In Anbetracht seines verwirrten Blickes verzichtete ich vorsichtshalber auch darauf, ihn danach zu fragen. Die Wege des Herrn sind manchmal einfach unergründlich. So viel zu Heinzi. Wünschen wir ihm, dass er irgendwann seine Klamotten wiederfindet.

Nun muss man sich mal einen Augenblick vorstellen, was los wäre, wenn Gott uns für das Seelenheil der *Weltmenschen* zur Rechenschaft ziehen würde! Wie jetzt? Dass würde ein gerechter, allgütiger Gott doch wohl niemals machen, oder? Denkste! Genau das würde er tun! Es war überhaupt keine Frage, »*dass Gott das Blut der Weltmenschen von unserer Hand fordern würde*« *(Hesekiel 3, 18),* wenn wir sie nicht warnten und schnurstracks in die Hölle marschieren ließen *(Predigtmitschnitt auf Audiodatei):* »*Die Arbeitskollegen, dein Arbeitskollege, wo du den ganzen Tag sitzt, und du schaust den Mann an, und der ist auf seinem Weg zur Hölle. Die Flammen der Hölle brennen* unter ihm. *Wenn er jetzt den letzten Atem ausbläst, dann ist er für ewig verloren. Und du hast deinen Mund zugehalten. Und du hast ihn nicht eingeladen, schrecklich ...«.* Oha! Schönen Dank auch, »liebe« Prediger, für diese prima Veranschaulichung! Nur, ich traute mich nicht, meinen Kumpels zu sagen, dass die Flammen der Hölle bereits unter ihren Hintern loderten. Sie hätten mich auch wohl nicht verstanden.

Aber selbst dann, wenn wir richtig Alarm machten, hieß das noch lange nicht, dass wir damit aus dem Schneider waren. Um es mit den Worten des Heilands zu sagen: *»Ein jeglicher Baum, der nicht gute Früchte bringt, wird abgehauen und ins Feuer geworfen. Darum an ihren Früchten sollt ihr sie erkennen« (Matthäus 7, 19 – 20).* Aber sicher, wir mussten die *Ungläubigen* schon allein deshalb missionieren, um »den eigenen Arsch zu retten« *(Matthäus 7, 19 – 20).* Man kann es gar nicht genug betonen: Wie soll ein Kind damit umgehen, dem weisgemacht wird, schuld daran zu sein, dass seine Freunde und Schulkameraden für alle Ewigkeit in der Hölle gequält werden? Und das nur deshalb, weil es vielleicht mal an der falschen Stelle den Mund gehalten und kein Zeugnis für Jesus abgegeben hatte. Oder einfach nur im Alltag kein Vorbild für seinen Glauben war. Ganz zu schweigen von dem unerträglichen Druck, seine Freunde und Spielgefährten schon allein deshalb bekehren zu müssen, damit es selbst in den Himmel kommt. Ein Druck, dem kein Kind auf Dauer gewachsen sein kann.

Und genau diese Parole: *»An den Früchten sollt ihr sie erkennen«* sollte wie ein Damoklesschwert über meiner gesamten Kindheit hängen. Schließlich hatte ich nicht nur *»keine Frucht gebracht«,* also keinen meiner Kumpels rumgekriegt, viel beunruhigender war, es sah nicht einmal ansatzweise danach aus, dass mir das jemals gelingen könnte. Und das blieb natürlich weder meinen Eltern noch den anderen verborgen. Doch so sehr ich mich für unseren Meister auch ins Zeug legte, weder meine besten Freunde Andreas und Klaus, geschweige denn einen meiner Mitschüler hatte ich mit meinem Jesus- und Teufelskram beeindrucken können. Das Gegenteil war der Fall. Ich ging ihnen mit meinem Bekehrungsgedöns richtig auf den Sack. Und ehrlich gesagt, ich mir selbst auch.

Ganz anders dagegen mein Bruder Erich. Zwei seiner Arbeitskollegen, an denen er sich monatelang gebetsmühlenartig abgearbeitet hatte, hatten sich bekehrt und unserer kleinen Schar angeschlossen. Voller Neid und Missgunst hatte ich bis dahin auf seine buchstäbliche Heidenarbeit geschielt und klammheimlich gehofft, dass sie im Sande verlaufen würde. Vergeblich. Nun ja, für mich kam sein Triumpf alles andere als gerufen. Erich sollte von nun an in einer anderen Liga spielen. Aus einem Mitläufer in der Gemeinde war von einem Tag auf den anderen ein »echter Jungchrist« geworden. So ein richtiger Wichtigtuer, wie er in meinem Buche stand. Ein junger Bruder, dem die anderen Anerkennung und Wertschätzung zollten. Und während Mama und Papa hinsichtlich meiner Missionserfolge einmal mehr in die Röhre gucken mussten, konnten sie mit Erich angeben wie mit einem Sack Sülze.

Wohl überflüssig zu erwähnen, dass damit die Zeiten, in denen ich mich hinter meinem großen Bruder verstecken konnte, ein für alle Mal vorbei waren. Ab sofort sollte ich richtig unter Beschuss geraten. So lag dann auch nur kurze Zeit später der stillschweigende Vorwurf in der Luft: »Und Bernd …«? »Wo bleiben deine Früchte«? »Was ist mit dir«? »Immer nur mit Klaus und Andreas spielen, geht auf Dauer nicht. Der Heiland ist allmählich mit seiner Geduld am Ende«. Schon klar! Ich musste, was meinen Missionseifer anging, nochmals eine Schüppe drauflegen. Und das, obwohl ich schon längst auf dem Zahnfleisch kroch. Zu Befehl, Meister! Wird gemacht!

Irgendwie musste ich Andreas und Kaus übertölpeln. Schließlich hatte auch der Heiland von uns gefordert, dass wir »klug sein sollten wie die Schlangen« (Matthäus 10, 16). Danke Jesus, für den hilfreichen Tipp! Nur blöd, dass ich nicht den blassesten Schimmer davon hatte, was kluge Schlangen denn an meiner Stelle so gemacht hätten. Ich sag' mal so, die beiden »beißen oder würgen« schien mir wenig zielführend zu sein. –Dass Schlangen gar nicht so klug sind, wie unser Meister behauptete, sei hier nur am Rande erwähnt-.

Doch eines Tages glaubte ich, im wahrsten Sinne des Wortes die »rettende Idee« zu haben. Ich musste Andreas und Klaus auf neutralem Boden mit den Brüdern und damit auch mit unserem Meister zusammenbringen, sozusagen verkuppeln. Und was wäre hierfür besser geeignet gewesen, als ein gemeinsames Fußballspiel auf dem heimischen Sportplatz?! Für die beiden, die in der C-Jugend des örtlichen Fußballvereins, dem SV Rödinghausen, spielten, quasi ein Heimspiel. Gesagt, getan. Und da ich fast täglich mit ihnen bis zur Erschöpfung bolzte, musste ich sie erwartungsgemäß auch nicht lange bequatschen. Kurzum, ich fuhr mit meinem Fahrrad zum Ortsbürgermeister und holte mir grünes Licht für meine Mission, in dem Fall zum Betreten des Fußballplatzes. Inwieweit ich die Brüder in meinen Plan eingeweiht hatte, weiß ich nicht mehr. Auf alle Fälle spielten sie mit. Schließlich war der mutmaßliche Seelenfang für unseren Meister ja auch ganz in ihrem Sinne. Bis dahin lief also alles wie am Schnürchen. Mein Heilsplan schien aufzugeben.

So bildeten wir drei, also Andreas, Klaus und ich, eine Mannschaft und spielten gegen den Rest. Und der Rest, das waren sechs oder sieben Brüder im Alter von etwa 16 bis 35 Jahren, die nichts anderes kannten und konnten, als singen und beten. Von daher war es dann auch nicht wirklich überraschend, dass sie bereits nach kurzer Zeit pumpten wie die Maikäfer. Was soll ich sagen? Das Spiel verkam zu einem ziemlich trostlosen Gekicke, das wir drei trotz Unterzahl haushoch gewannen. Meine eigentliche Mission allerdings, »*Frucht zu bringen*«, war einmal mehr in die Binsen gegangen. Andreas und Klaus wollten zwar spielen, aber ohne »Brüder und Meister«. Wie gut ich sie verstehen konnte!

Ein anderes Mal versuchte ich es dann mit Gesang. Wie bitte? Keine Bange, so verrückt, ihnen was vorzuträllern, war ich nun auch wieder nicht! Zur Erinnerung, ich war von Haus aus Nichtsänger. Meine zündende Idee steckte in Papas Schallplattensammlung, einem Schrank voller »himmlischer Scheiben«. So schnappte ich mir eines Nachmittags eine dieser Platten und fuhr mit meinem Fahrrad schnurstracks zu Andreas, in der Hoffnung, ihm unseren *Mann der Schmerzen* sozusagen musikalisch schmackhaft machen zu können. Und ja, wenn es gut für mich lief, würde er sich über kurz oder lang bekehren und seine unzähligen dämonischen Platten, die ich Jahre später noch als Beatles, CCR, Bee Gees etc. kennen und lieben lernen sollte, »ohne Schmerzen« in den Müll werfen. Soviel kann ich schon mal verraten: Tat er nicht!

Unter irgendeinem Vorwand bat ich Andreas dann, meine Platte einmal aufzulegen. Ein echter Schmachtfetzen: »*Wenn wir das Meer mit Tinte füllten und wär' der Himmel Pergament ... wenn Menschen, die nie beten wollten, zu Berg und Fels um Hilfe flehen ...*«. Die Verzweiflung war also groß. Wie soll ich das Ergebnis meiner Mission zusammenfassen? Lassen Sie es mich so sagen, kaum dass Andreas reingehört hatte, wurde mir klar, dass er weder »*das Meer mit Tinte füllen*« noch »*irgendwelche Berge und Felsen um Hilfe anflehen wollte«.* Allenfalls die Befürchtung, dass sein Plattenspieler bei diesem elenden Geplärre in die Brüche gehen könnte, war seinem Gesichtsausdruck zu entnehmen. Ehrlich gesagt, ich hätte mir etwas mehr Begeisterung von ihm gewünscht. Nicht, dass er mich direkt verspottete, aber ein paar hämische Kommentare hatte er sich dann doch nicht verkneifen können. Am Ende des Tages war es jedenfalls so, dass er dann doch lieber bei seiner *dämonischen Rockmusik* bleiben wollte, als meine lausigen »Meister-Lieder« zu hören. Dämonen hin oder her. Nichtsdestotrotz, für mich war es ein guter Tag. Schließlich hatte ich mit relativ wenig Aufwand Reklame für unseren Meister gemacht.

Doch eines Tages, es war im Februar 1969, schien sich das Blatt zum Guten zu wenden. Es sah tatsächlich danach aus, als könnte ich *»Frucht bringen«* – mit etwas Glück sogar doppelt. Völlig überraschend hatten sich Andreas und Klaus breitschlagen lassen und mir zähneknirschend ihre Zusage zu einem Evangelisationsabend in unserer kleinen Dorfschule gegeben. Warum auch immer? Ich konnte es zunächst kaum glauben. Denn bis dahin hatten sie mich mit immer neuen Ausreden hingehalten. Kein Wunder also, dass ich stolz wie Oskar war. Doch bereits kurze Zeit später begann ich die Sache mit gemischten Gefühlen zu betrachten. *»Was ist eigentlich mit dir, wenn die beiden sich jetzt tatsächlich bekehren«? »Was hilft es dir, wenn du deine Freunde zum Heiland führst und dabei selbst auf der Strecke bleibst«? »Andreas und Klaus jubeln im Himmel, und du schmorst in der Hölle?! Wie scheiße ist das denn«?* waren nun plötzlich die Fragen, die mich nicht mehr zur Ruhe kommen ließen.

Auf einen Schlag hatte ich kapiert, dass ich dann ja der Gelackmeierte war. Dann wiederum versuchte ich mich mit dem frommen Wunsch zu beruhigen: *»Vielleicht stimmt es Jesus ja gnädig, wenn du erst einmal zwei Seelen für ihn gefangen hast«? »Vielleicht erbarmt er sich dann ja auch noch deiner«?* Ein Wust verstörender Fragen schwirrte mir durch den Kopf. Allerdings sollten sich schon bald alle ausgemalten Szenarien als Schnee von gestern erweisen. Es sollte schlimmer kommen, als ich es mir in meinen kühnsten Träumen hätte ausmalen können. Und ohne dem Verlauf des Abends vorgreifen zu wollen, soviel kann ich schon mal preisgeben: Nach diesem Tag würden Andreas und Klaus nie wieder einen Fuß über die Schwelle unseres Versammlungsraumes setzen.

Dabei verlief der Gottesdienst zunächst in geordneten Bahnen. Paul schnaubte und tobte wie eh und je gegen »Gott und die Welt«. Ähm, gegen Gott natürlich nicht. Keine besonderen Vorkommnisse bis dahin. Doch kaum war das abschließende Segensgebet: *»Der Herr erhebe sein Angesicht über dich und gebe dir Frieden …«* gesprochen, nahm Paul die Segensformel allzu wörtlich und *»erhob sein Angesicht«* über Klaus und Andreas. Genau genommen, wie die Geier fielen er und zwei oder drei weitere Brüder über die beiden her. *»Hoffentlich geht das gut«,* dachte ich nur noch. Ging es nicht. Und während es dem damals 14-jährigen Andreas noch gelang, sich des über ihn *»hereinbrechenden Friedens«* zu erwehren, und er sich sogar rotzfrech zu sagen traute: *»Jesus? Wer ist das? Ich kann mit Jesus nichts anfangen«,* sollte Klaus mit seinen gerade einmal 12 Jahren nicht so glimpflich davonkommen. Ihn hatte man in einen Nebenraum gezerrt.

Und da er von dem dann folgenden Geschehen viel zu traumatisiert war, als dass er mit mir darüber hätte sprechen können, erfuhr ich erst durch die mehr als berechtigten Schimpftiraden seiner Mutter von dem wahrhaft teuflischen Treiben nebenan. So konnte sich seine Mutter in den folgenden Tagen und Wochen gar nicht darüber beruhigen, dass Paul Klaus mehrfach mit leichten Schlägen auf den Kopf traktiert hatte. Und das demonstrierte sie dann auch immer mal wieder mit ihrer Hand auf meiner Schädeldecke. Natürlich hatte ich ein viel zu schlechtes Gewissen, als dass mir auch nur ein Piep zu meiner Verteidigung über die Lippen gekommen wäre. Ich war doch derjenige, der Klaus die ganze Misere eingebrockt hatte. Und gerade jetzt beim Niederschreiben dieser Zeilen spüre ich, dass es mir hilft, diese schreckliche Begebenheit auf humorvolle Art zu verarbeiten.

Nun, es war wohl so, dass Paul mit Hilfe besagter Klopfzeichen einem Klaus innewohnenden *bösen Geist* hatte beibiegen wollen, wer der »Herr im Häuschen« ist. Schon klar! Der vermeintliche Dämon brauchte es auf die harte Tour. Aber während es in dem Volksmärchen die böse Hexe war, die Hänsel und Gretel ins Haus gelockt hatte, war es hier genau umgekehrt. Paul versuchte, den *Dämon* aus Klaus heraus zu locken. Doch je heftiger er mit der Hand auf Klaus' Kopf einhämmerte, desto bockiger wurde der finstere Kollege. Er wollte nicht raus, der Dämon, auch mit der Brechstange nicht! Wie diese teuflische Geschichte ausging, kann man sich vielleicht denken. Klaus und Andreas waren ein für alle Mal von unserer Gemeinde kuriert.

Aber anstatt den eigentlichen Dämon, also Paul, wegen Missbrauchs anzuzeigen, glaubte Klaus Mutter in mir den Sündenbock gefunden zu haben. So machte sie mich noch viele Jahre später in regelmäßigen Abständen zur Schnecke – aus ihrer Sicht vielleicht zu Recht. Aber was hätte ich denn machen sollen? Ich hatte mir meinen Job als Menschenfischer ja schließlich auch nicht ausgesucht.

Ich sollte noch erwähnen, dass ich in meiner Verzweiflung eines Tages einen kleinen Knirps aus der Nachbarschaft, nennen wir ihn Detlef, mit in die Kinderstunde geschleppt hatte. Ich war vielleicht 11, er 8 oder 9 Jahre alt. *»Das habe ich alles Bernd zu verdanken«,* posaunte er nach seiner vermeintlichen Bekehrung freudestrahlend raus. *»Dank lieber deinem Jesus«,* hörte ich im nächsten Augenblick zaghaft über meine Lippen kommen. Ganz ehrlich, ich wäre am liebsten im Erdboden versunken. Weshalb? Weil jeder der Anwesenden im Raum spürte, dass Detlef überhaupt nicht wusste, was er da gerade kundgetan hatte. Geschweige denn, was es hieß, ein »strammer Gefolgsmann Jesu« zu sein. Er hätte genauso gut sagen können, *»das alles habe ich Ernie und Bert aus der Sesamstraße zu verdanken«* und *»er wolle jetzt für immer Meister Propper oder Donald Duck nachfolgen«.* Sicherlich eine ähnlich gut fundierte Entscheidung. Kurzum, die ganze Geschichte war furchtbar peinlich.

Kann man mit 11 Jahren einen 8-Jährigen missionieren? Ja was glauben Sie denn! Für einen kleinen Jesuskrieger sogar ein »Muss«! Oder hatte Jesus etwa nicht befohlen: *»Lasset die Kindlein zu mir kommen« (Matthäus 19, 14)?!* Eben! Okay, dass er meine zarte Kinderseele verwüsten und Kleinholz aus meinem noch jungen Leben machen würde, davon hatte er leider nichts gesagt!

Glücklicherweise hatte sich Detlef recht bald wieder berappelt und verschwand schneller von der Bildfläche, als wir gucken konnten. Im späteren Leben sollte ich nie wieder mit ihm über dieses peinliche Erlebnis sprechen. Und das, obwohl wir uns häufig über den Weg liefen. Ehrlich gesagt, ich mehr stolperte. Nun ja, aus ihm war der klassische Türsteher einer Disco geworden, und ich stand meist sternhagelvoll davor. Danke, lieber Detlef, dass du immer ein Auge zugedrückt und mich reingelassen hast. Es würde mich nicht wundern, wenn ich das in meinem besoffenen Kopf auch noch als göttliche Fügung betrachtet hätte. Die Wege des Herrn sind einfach unergründlich. Und rückblickend darf ich erleichtert feststellen, dass mein Versuch *»Frucht zu bringen«* grandios gescheitert ist.

Kapitel 13:
Der perfekte Start in den Tag, von wegen Kaffee!

Wohl unnötig zu erwähnen, dass ohne tägliches Gebet und Bibelstudium unsere Mission von vornherein zum Scheitern verurteilt war. So hatten uns die Prediger darauf eingeschworen, morgens nach dem Aufwachen als erstes die Bibel zu schnappen und wenigstens eine halbe Stunde für den *Mann der Schmerzen* abzuknapsen. Das konnte seine Qualen für uns am Kreuz zwar nicht wettmachen, jedoch etwas lindern. Wenn man so will, »unsere geistliche Morgentoilette«. Ganz unabhängig davon lag dieses allmorgendliche *»beim Heiland zu Kreuze kriechen«* in unserem ureigenen Interesse. Denn nur mit einem gelungenen Start in den Tag waren wir gegenüber *»den feurigen Pfeilen des Teufels«* gewappnet. Oder dachten Sie etwa zu einem perfekter Start in den Tag gehöre eine Tasse starker Kaffee oder noch besser ein ordentliches Frühstück? Von wegen! Später vielleicht. Zuallererst ist geistliche Nahrung vonnöten!

Nun muss man wissen, dass der Teufel den lieben langen Tag nichts anderes zu tun hatte, als in einer Tour *seine feurigen Pfeile auf uns abzufeuern (Epheser 6, 16).* Und gerade was diese *feurigen Pfeile* anging, hatte ich eine ziemlich konkrete Vorstellung davon, was diese Geschosse anrichten konnten. Schließlich hatten wir Kinder bei unseren Cowboy- und Indianerspielen oft genug mit Pfeil und Bogen geschossen und waren dabei auf eine satte Reichweite von ca. 30 bis 40 Meter gekommen. Ich war dann immer mächtig stolz, wenn ich in die Rolle des tapferen Indianers »Kleiner Bär« schlüpfen konnte und an der Seite meiner älteren Freunde, die als Winnetou und Old Shatterhand unterwegs waren, den »Schatz im Silbersee« und andere Abenteuer von Winnetou und seinen Apachen nachspielen durfte. Keine Frage, so erbärmlich meine Figur als kleiner Gotteskrieger auch war, ein brauchbarer Indianer wäre ich bestimmt geworden.

Voller Begeisterung hatten wir im Vorfeld unsere Bögen aus mehr oder weniger geeigneten Ästen gesägt und geschnitten, Kerben mit dem Taschenmesser in die Enden geritzt und sie mit einer Paket- oder Nylonschnur als Sehne gespannt. Als Pfeile dienten uns einigermaßen gerade Zweige, die wir gleich duzendfach zurechtschnitzten. Und gelegentlich banden wir uns aus irgendwelchen Utensilien ein Stirnband um den Kopf, das wir mit einer oder mehreren Federn, die wir im Wald aufgelesen hatten, schmückten. Und fertig war der »Kleine Bär«.

Warum ich das hier alles erzähle? Ganz einfach deshalb, weil ich dann so ganz anders sein durfte als der kleine »himmlische Chorknabe«, der ich ja kurz darauf wieder sein musste. Denn nur allzu häufig war ich gezwungen, meine Freunde »mitten im Kampf im Stich zu lassen« und nach Hause zu flitzen, weil ein anderer, ein angeblicher Freund, schon längst auf mich wartete. Einer, der absolut keinen Spaß verstand, wenn er mal nicht die erste Geige spielte. Richtig, der *Mann der Schmerzen*. In wenigen Minuten würde nämlich die Kinderstunde beginnen, und vorher musste ich für meine *weltlichen Abenteuer* noch ordentlich Buße bei ihm tun.

Mit einem abgelenkten Indianer, egal ob »Kleiner Bär« oder »Großer Bär«, konnte unser Meister nämlich nichts, aber auch rein gar nichts anfangen. Ganz im Gegenteil. Was er brauchte, war ein lammfrommer Jesusjunge mit reinem Herzen, der nichts weiter im Kopf hatte, als *»Jesus allein«*. Schließlich beteten wir ja auch nicht: *»Ich bin klein, mein Herz ist rein, soll niemand drin wohnen als Winnetou allein«*, sondern *»soll niemand drin wohnen als Jesus allein«*. Stimmte aber gar nicht! In meinem kleinen Herzen wohnte alles und jedes, nur nicht *»Jesus«*. Angefangen von Sigurd und Falk über Uwe Seeler und Gerd Müller bis hin zu der ein oder anderen halbnackten Akrobatin. Dazu gleich mehr.

Nur einmal hatten wir es im Eifer des Gefechtes wohl übertrieben. Aus irgendeinem Grund hatte ich plötzlich starkes Nasenbluten bekommen. Ob ich einen Schlag abgekriegt oder mich einfach nur gestoßen hatte, weiß der Teufel. Aber was ich niemals vergessen werde, war diese entsetzliche Todesangst, die mich von einer Sekunde auf die andere gepackt hatte. Und Angst vor dem Tod hieß für mich ganz konkret, dass ich mich bereits in wenigen Augenblicken in der Hölle wiederfinden konnte. So lag ich mit dem Kopf nach unten an der Böschung eines Waldrandes und flehte den Heiland um Gnade an. Ob laut oder leise, das weiß ich nicht mehr. Während sich dann ein oder zwei Kumpels um mich kummerten, war ein weiterer, nennen wir ihn Dieter, losgerannt, um meine Mutter aus der naheliegenden Näherei zu holen. Doch wer kam, war Dieters Vater, der mich mit seinem VW-Bulli abtransportierte.

Von da an weiß ich nur noch, dass der Heiland irgendwann während der Fahrt das Nasenbluten freundlicherweise zum Stoppen brachte, und mich Dieters Vater ruhigen Gewissens Zuhause absetzen konnte, wo auch meine Mutter zwischenzeitlich eingetroffen war. Kurzum, ich war noch einmal mit einem blauen Auge davongekommen und dem Teufel im letzten Moment von der Schüppe gesprungen. Aber ja! Der Herr Jesus hatte mich in den »feurigen Abgrund« blicken lassen, um dann noch einmal Gnade walten zu lassen. Und obwohl ich mich nicht mehr genau erinnern kann, bin ich mir sicher, dass ich mich am Ende des Tages dutzende Male beim Heiland bedankt haben werde. Mehr noch, ich werde ihm alles versprochen haben, was man als kleiner Junge überhaupt versprechen kann. Schließlich hatte man mir das von klein auf so beigebogen. Aber »*mich als sein Kind anzunehmen*«, wäre für ihn dann doch wieder zu viel des Gutes gewesen. Nicht wahr, Jesus?! So viel an dieser Stelle zu »Indianern und feurigen Pfeilen«. Zurück zum Thema.

So hoffte ich, den Heiland gnädig zu stimmen, wenn ich das morgendliche Gebet, mitunter auf Knien, bei ihm ablieferte und noch ein kurzes Bibelstudium draufpackte. Zu meiner Schande muss ich jedoch gestehen, dass ich es nur allzu oft vermasselte und schläfrig wie eine der *»fünf törichten Jungfrauen« (Matthäus 25, 1 – 13)* wieder einschlummerte. Der Geist war zwar willig, aber das Fleisch einfach zu schwach *(Markus 14, 38)*. Und als ob mir mein schwaches Fleisch nicht schon genug Kopfzerbrechen bereitet hätte, geriet ich hin und wieder in ein weiteres Dilemma. Und zwar immer dann, wenn die Vokabeln für die Englischarbeit oder die Formeln für die Matheklausur förmlich danach schrien, noch einmal überflogen zu werden.

Wie das ausging, kann man sich vielleicht denken. Der Heiland zog leider Gottes nur allzu oft den Kürzeren und musste sich mit einem gehetzten Blick auf einen Bibelvers des *Neukirchener Andachtskalenders* und einem auf die Schnelle runtergeleierten Alibigebet zufrieden geben. Bei allem Verständnis, der Busfahrer würde wohl kaum seinen Fahrplan über den Haufen werfen, nur weil ich auf den letzten Drücker noch Meldung bei unserem Meister machen musste. So diente diese morgendliche Pflichtübung dann auch mehr der Beruhigung meines schlechten Gewissens als der Erbauung für einen neuen mühseligen Tag. Zugegeben, ziemlich erbärmlich für einen »hellwachen« Menschenfänger. Um es mit den Worten der Prediger zu sagen, ich war lau und träge.

Und was ich morgens nicht auf die Reihe bekam, musste ich abends in einer Art Selbstzucht nachholen. Wenn man so will, Nachsitzen für den *Schmerzensmann*. Dummerweise war es aber nur allzu häufig so, dass sich mein schwaches Fleisch auch bis zum Abend noch nicht von meiner morgendlichen Schwäche erholt hatte. Und während ich morgens die Augen nicht auf bekam, um ein lupenreines Bibelstudium hinzulegen, fielen sie mir abends beim Lesen regelmäßig zu. Und wenn ich dann tags darauf mit der Bibel unter oder neben meinem Kopfkissen erwachte, dämmerte mir allmählich, dass ich es schon am Abend zuvor versemmelt hatte. Ehrlich gesagt, bei den Comic-Heften meiner Freunde wäre mir das nicht passiert. Und ohne dem Kapitel 21 vorgreifen zu wollen, so viel kann ich an dieser Stelle schon mal verraten, meine Wangen sollten beim Anschauen dieser Hefte vor Aufregung glühen, und Mama vor Wut kochen lassen.

Wohl unnötig zu erwähnen, dass *der Schmerzensmann* mit jedem Mal, wenn ich es vermasselte, trauriger wurde. Und das war ja das Schlimmste überhaupt, wenn der Herr Jesus mit großen Kulleraugen traurig auf mich herabblicken musste. So war die tägliche Telefonkonferenz mit ihm ebenso wenig wegzudenken, wie es der Besuch der Jugendstunden und Gottesdienste war. Anders gesagt, durch Gebet und Predigt mussten wir uns die kostbare *»geistliche Milch«*, also die Gehirnwäsche, holen, die wir zur Stärkung unseres Glaubens so dringend benötigten. Drei Dinge brauchte »der Bruder«. Aber nicht etwa wie in dem Werbeklassiker der 60er Jahre suggeriert: Feuer, Pfeife, Stanwell, sondern: *Milch, Gehorsamkeit und blinden Glauben*. Und ja, gerade der *blinde Glaube* zählt zu den Tugenden eines »waschechten Christen«.

Muss man dumm sein, um »blind« zu glauben? Natürlich nicht, aber es hilft! So waren in der Nachfolge Jesu zweifelsohne all jene Geschwister im Vorteil, die schon von Haus aus nicht besonders helle waren. Doch dank frühkindlicher Prägung und eingebildeter Erweckungserlebnisse machte der *blinde Glaube* auch vor akademischen Graden nicht halt – quasi eine IQ- und bildungsstandunabhängige Verblendung. Ohnehin verteufelten die

Prediger unseren Verstand als Lügner, den wir gefälligst abzuschalten hatten. Aber ehrlich gesagt, bei den meisten war da nicht viel abzuschalten. Sagen wir mal so, dem »lieben« Gott hatte es gefallen, unsere kleine Gemeinde mit Einfältigen überproportional zu segnen. Das traf sich natürlich wiederum gut, denn am Ende des Tages würde er nur *die Einfältigen erretten, während er seine Gnade den Klugen und Weisen verborgen hatte« (Matthäus 11, 25).*

Ein unerschütterlicher Glaube, das war es, worauf uns die Prediger unablässig einschworen. Und gerade dann, wenn uns der Wind in Form von *Glaubenszweifeln* ins Gesicht blies, schmetterten wir mit immer neuen Lobpreisliedern dagegen an. Dann galt es den *»guten Kampf des Glaubens noch verbissener zu kämpfen«* und noch energischer dem *»himmlischen Kleinod nachzujagen« (1. Timotheus 6, 12 u. Philipper 3, 13 – 14).*

»Glaubenszweifel«, »Kleinod«, »guter Kampf des Glaubens« alles Begriffe, die mir richtig auf den Sack gingen. Meinetwegen, sollten die Prediger jagen und kämpfen, soviel und mit wem immer sie wollten, aber warum zum Henker konnten sie mich nicht einfach in Ruhe lassen. Ich hatte weder Bock, mich nach merkwürdigen »Kleinoden auszustrecken«, noch in irgendwelchen »Schranken mit einem Kranz auf'm Kopf rumzuflitzen« *(1. Korinther 9, 24 – 25). »Warum zum Teufel verstand mich denn keiner«? »Warum durfte ich nicht einfach nur der kleine Junge sein, der ich war«?* waren die Gedanken, die mich umtrieben.

Im Gemeindealltag war es dann so, dass unser bisweilen wankelmütiger Glaube mit jedem weiteren Bruder, der das gleiche auch glaubte, gestärkt wurde. Man glaubte, weil der andere auch glaubte. Wenn es sich dann noch um einen Bruder handelte, der »halbwegs was auf dem Kasten hatte« und/oder beruflich erfolgreich war, fühlten wir uns schlichtweg in einen *heilsgewisseren Zustand* versetzt. Na und ob! Wenn Dr. M. und Oberstaatsanwalt D. aus Bielefeld auch an unseren Meister, die Jungfrauengeburt und das erst 6000-jährige Alter unseres Planeten glaubten, konnte das ja so falsch nicht sein. Oder?! Dass das natürlich ein ganz schön *armseliger Glaube* war, der vom Glauben und Tun der anderen abhing, wäre uns niemals in den Sinn gekommen.

Und da unsere Truppe –wie gesagt- vom Bildungsniveau doch eher unterdurchschnittlich aufgestellt war, erfüllte jeder angehende Akademiker unsere kleine Herde mit Stolz und Zuversicht. Der Herr Jesus hatte sich dann auf wunderbare Weise zu dem beruflichen Erfolg eines Bruders und damit auch zu unserer Anstalt bekannt. Was die Prediger dann auch für unsere Missionszwecke geradezu provokant ausschlachteten. Verständlich also, dass Matthias auf einer Zeltevangelisation damit prahlte, im Abitur dank der Hilfe von »Superjesus« eine »glatte Eins« hingelegt zu haben. In unseren Augen ein Zauberstück des Heilands, in Wahrheit eine Selbstbeweihräucherung kaschiert unter dem Deckmantel, diesen Ruhm ja nicht für sich, sondern für unseren Meister einheimsen zu wollen.

Und was das Gemeindeleben als solches anging, war es so, dass wir als Gemeinde den *Leib Christi* bildeten und der Herr Jesus das *Haupt unserer Gemeinde* verkörperte. So war jeder Einzelne von uns ein nicht *ersetzbares Glied dieses Leibes (1. Korinther 12, 12 ff)*. Und damit dieser »Astralkörper« auch existieren konnte, hatte jeder von uns eine Aufgabe. So jedenfalls die Theorie. Gleichwohl hatte man mich, klein wie ich war, bei der Aufgabenverteilung wohl übersehen. Was mich ehrlich gesagt nicht weiter störte. Ganz im Gegenteil. Das stundenlange Stillsitzen und die stumpfsinnigen Gesänge zu ertragen, war für mich schon Aufgabe genug und mehr als auf die berühmte Kuhhaut ging. Ich half zwar ab und an meinem Vater bei der Betreuung des Büchertisches, was er als seine Aufgabe ansah, das aber auch nur deshalb, um den Predigern aus dem Weg zu gehen.

Auf der anderen Seite würde jedes »Glied«, das die Versammlungen schwänzte, aus welchem Grund auch immer, von der *geistlichen Versorgung* abgeschnitten und verhungern wie ein Baby ohne Nahrung *(Predigtmitschnitt auf Audiodatei): »Der sich von der Gemeinde trennt: Du wirst blau, du wirst schwarz, und du stirbst, weil das Leben in der Gemeinde ist. So, du bist eine Leber. Und du bist von Gott in die Gemeinde gestellt, um als Leber nicht dir selbst zu dienen, sondern um dem Leib zu dienen. Hast du das verstanden? Das bedeutet, dass du in der Gemeinde nicht ersetzt werden kannst. Du musst in der Gemeinde sein. Ohne dich ist dieser Leib nicht vollkommen ...«.* Na dann ... ! Jetzt mag sich vielleicht der ein oder andere an den bekannten Sketch des Komikers Otto Walkers: »*Leber an Großhirn, ich krieg nichts mehr zu trinken ...«,* erinnert fühlen, für uns war die Sache todernst.

Nun ja, wer wollte schon ohne Arme oder Beine leben? Wer war nicht mächtig stolz, von Jesus gebraucht zu werden, gar unersetzlich zu sein? Und wer wollte sich schon gegen Gott stellen und die Gemeinde verlassen«? Eben!

Gesegneter konnte man doch gar nicht sein! Jawohl, lieber Werner T., der du unserer Gemeinschaft einfach den Rücken gekehrt hast: *»Du wirst ernten, was du gesät hast. Irre dich nicht, Gott lässt sich nicht spotten« (Galater 6, 7). Du wirst schwarz und stirbst!«* Stimmt doch »liebe« Prediger, oder?!

Man kann es gar nicht genug betonen, unsere absolute Loyalität zur Gemeinde führte zwangsläufig in die gesellschaftliche Isolation, zur Abkapselung von der Außenwelt. Gesellschaftliche und soziale Kontakte, Dorf- und Vereinsleben etc. waren weitestgehend verpönt und unser Ding nicht. Kein Wunder also, dass wir in der Regel nur über Arbeitsplatz und Schule mit der Außenwelt in Berührung kamen. Was blieb war eine Kommunikation hinter den Mauern unserer Gemeinschaft. Und mit der Auszeichnung unsers Meisters: *»Sie (wir) sind nicht von der Welt, gleich wie auch ich (Jesus) nicht von der Welt bin … « (Johannes 17, 14 – 16)* hielten wir uns für was Besseres und glaubten, Gott in der Tasche zu haben. Wir wussten, was Gott wollte. Genauso haben wir uns dann auch gebärdet, vermeintlich bevollmächtigt durch zahllose Bibelzitate: *»Ist Gott für uns, wer mag wider uns sein« (Römer 8, 31); »Wer nicht für mich ist, der ist wider mich« (Matthäus 12, 30).*

Die Kehrseite der Medaille war, dass wir uns niemals angstfrei mit den Meinungen anderer auseinandersetzen konnten. All das, was unserem Schwarz-Weiß-Denken nicht zupass kam oder gar gefährlich werden konnte, und das war wahrlich eine Menge, galt es mit allen Mitteln zu bekämpfen. Dabei konnten wir uns fröhlich pfeifend auf die Bibel berufen: *»Wenn jemand den Herrn Jesus nicht liebhat, der sei verflucht« (1. Korinther 16, 22). »Sie (die Ungläubigen) sind wie die unvernünftigen Tiere, die von Natur nur dazu da sind, gefangen und geschlachtet zu werden, … und haben ein Herz durchtrieben mit Geiz, verfluchte Leute« (2. Petrus 2, 12 – 14).* Richtig so! Ihr verfluchten Ungläubigen! Ihr gehört gefangen und geschlachtet.

Und in dem gleichen Maße, wie die Prediger gegen die *Weltmenschen* hetzten, fühlten wir uns im eigenen Glauben gestärkt und ermuntert. Toleranz gegenüber Andersdenkenden war unsere Sache nicht. Wir hatten eine *»Frohe Botschaft«* für all diejenigen, die sich *»für Jesus entschieden«*, für alle anderen *»einen Platz in der Hölle«*. Wobei sich die Prediger regelrecht daran aufgeilen konnten, dass wir den *»Nicht-Bekehrungswilligen ein Geruch des Todes zum Tode geworden waren«* (2. Korinther 2, 14 – 16). Genau, sie würden in der Hölle braten!

Das alles verpackten wir natürlich raffinierter. Oder dachten Sie etwa, wir wären so blöd gewesen, gleich mit der Tür ins Haus zu fallen? Eben! Wir waren die nettesten Nachbarn, Arbeitskollegen und Schulkameraden, die man sich überhaupt vorstellen konnte. Genauso, wie es das Sprichwort sagt: »Mit Speck fängt man Mäuse«. Doch so sehr wir es auch abstritten, *weltliche* Kontakte dienten in Wahrheit nur einem Zweck: »Bekannte, Kollegen und Schulkameraden von den Vorzügen eines Daseins als gläubiger Christ zu überzeugen, und sie in die Gemeinde zu ziehen« *(Predigtmitschnitt auf Audiodatei):* »*Wir werden einmal auf den goldenen Straßen Jerusalems laufen. Wir wollen doch anfassen und die Leute mitnehmen. Sucht die Ungläubigen, fesselt sie, schleppt sie ins Auto und bringt sie hierhin. Aber wenn ihr gar keine Leute einladet, schlimm, schlimm …«.* Richtig gehört, liebe *Weltmenschen!* Auch wenn wir euch mitunter richtig auf den Sack gingen, wir waren dazu verdammt, Reklame für unseren Meister zu machen *(Markus 16, 15).*

Kapitel 14:
»Salto Mortale« - die halbnackte Artistin

Nun, während wir uns einerseits für Jesus abrackerten und täglich »*unser Kreuz auf uns nahmen*« *(Lukas 9, 23)*, suchten wir anderseits in unseren Gebetsorgien Halt und Trost bei ihm. Dazu muss man wissen, dass öffentliche und frei formulierte Gebete neben Predigt und Gesang die Eckpfeiler unserer Zusammenkünfte waren. Genau genommen ruhte gerade auf diesem »*Eins werden vor dem Herrn*« die Verheißung unseres Meisters: »*Wo zwei unter euch eins werden, warum es ist, dass sie bitten wollen, das soll ihnen widerfahren, … denn wo zwei oder drei versammelt sind in meinem Namen, da bin ich mitten unter ihnen*« *(Matthäus 18, 19 – 20)*. Wow, unser Meister mitten unter uns?! Wo denn? Wenngleich ich mich nicht mehr genau erinnern kann, werde ich in meinem kindlichen Glauben sicherlich hin und wieder durch den Raum gespäht haben, ob da irgendwo ein Typ im weißen Gewand steckte oder womöglich über uns schwebte. Wohl nicht, denn ein schwebender Meister unter der Decke wäre mir bestimmt im Gedächtnis haften geblieben.

Ein weiteres leeres Versprechen, das uns dazu verleitet hatte, Millionen und Abermillionen Gebete unnütz in den Äther zu jagen, war es allemal. Sinnloses Geplärr, das kaum, dass wir es runtergeleiert hatten, bereits wieder an der Zimmerdecke verpufft war. Nur …, entgegen Jesu Gebot, »*dass wir nicht viel plappern sollten*« *(Matthäus 6, 7)*, gefielen wir uns genau darin – in einem schier endlosen Geschwafel, einer Aneinanderreihung immer gleicher, blutleerer Floskeln und blumiger Worthülsen. Dabei ließen wir dann auch keine Gelegenheit aus, um unseren Erwähltheitsdünkel auszuposaunen: »*Danke Herr Jesus, dass du gerade mich aus der Masse der Menschen herausgerufen hast …*«. Überhaupt protzten die Prediger damit, dass wir den Herrn Jesus mit »*Bruder*« anquatschen durften *(Matthäus 12, 50)* und »*im Jenseits ihm gleich sein würden, im Rang sogar noch vor den alttestamentlichen Propheten und Johannes, dem Täufer*« *(Matthäus 11, 11)*. Potztausend! Das war mal eine Ansage. Keiner konnte uns das Wasser reichen. Alle, wie sie da waren, nicht.

Und während unser Meister die Kirchenchristen mit dem »*Vater unser*« abgespeist hatte *(Matthäus 6, 9 – 13)*, durften wir ihm sozusagen »ein Kotelett an die Backe labern«, mit Worten, die uns der Heilige Geist eingab: »*Denn wir wissen nicht, was wir beten sollen, wie sich's gebührt, sondern der Geist selbst vertritt uns aufs Beste mit unaussprechlichem Seufzen*« *(Römer 8, 26)*. Wie recht die Bibel doch hatte, denn ich wusste wirklich nicht, was und wie ich »richtig« beten sollte, wenn man mal von dem bekannten Tischgebet: »*Komm Herr Jesus, sei unser Gast …*« absieht. So kam diese biblische Verheißung für mich wie gerufen.

Damit die ganze Sache dann auch hinhaute, mussten wir lediglich unseren Mund weit öffnen. Schließlich hatte Gott verheißen, dass er ihn vollstopfen würde: »*Tue deinen Mund weit auf, lass mich ihn füllen*« *(Psalm 81, 11)*. Aber sicher! Der Dreifaltige würde für uns in die Bresche springen und uns mit seinem Seufzen und Geplapper aushelfen. Eigentlich eine praktische Angelegenheit. Blöderweise war es nur so, dass bei mir mal wieder der Wurm drinsteckte.

Und jetzt kommt's. So verrückt sich das vielleicht auch anhören mag, ich nahm Gott beim Wort und riss während etlicher Gebetsstunden meinen Mund sperrangelweit auf. Und während die anderen mit gesenktem Haupt und geschlossenen Augen ihre Gebetsformeln runterratterten, starrte ich wie ein Blödmann vor mich hin und wartete darauf, dass es endlich losging. Wie das ausging, kann man sich wohl denken. Es tat sich nichts. Ums Verrecken nicht! Kein Seufzen, kein Plappern, nichts! Ich konnte mir fast den Kiefer ausrenken, Gott füllte meinen Mund einfach nicht. Nicht einmal eine lästige Fliege verirrte sich in meinen Rachen, geschweige denn ein seufzender Geist.

So stand ich einmal mehr wie der Ochs vor dem Berg und grübelte: »*Was machst du nur falsch*«? »*Warum füllt Gott deinen Mund nicht*«? »*Die anderen können doch auch so salbungsvoll beten*«. Wohl überflüssig zu erwähnen, dass mir dieser Ansatz irgendwann im Laufe der Zeit nicht weiter verfolgenswert zu sein erschien.

Ganz unabhängig davon war es mir schon von jeher ein Rätsel, weshalb sich Gott unseres Mundes bedienen musste, um sich selbst zu loben und zu preisen. Diese Bauchpinselei hätte er als dreieiniger Gott, als Vater, Sohn und Heiliger Geist, doch auch einfacher haben können. Die drei konnten sich doch gegenseitig »über den grünen Klee loben«. Warum zum Teufel dann noch wir? Jedenfalls konnte ich mit diesem »himmlischen Dreipersonenhaushalt«, egal ob *Dreieinigkeit, Dreifaltigkeit* oder was weiß ich, überhaupt nichts anfangen. Und während die Prediger keine Gelegenheit ausließen, ihr salbungsvolles Gesülze, lassen Sie es mich so ausdrücken, bühnenreif unters Volk zu bringen, wurde ich mit meinem bescheidenen Gestammel immer kleiner. Was blieb mir übrig? Ich machte aus der Not eine Tugend und schusterte mir aus dem Gelaber der anderen mein eigenes Gebet zusammen – ein Mischmach aus Fürbitte und Lobpreis. Nun ja, als wahrer Anbeter verfügte man zwangsläufig über ein mehr oder weniger großes Repertoire an Gebetsfloskeln, auf die man bei Bedarf zurückgreifen konnte.

Ob es denn nicht unsere freie Entscheidung war, bei unseren Zusammenkünften zu beten oder eben nicht? Schön wär's! Wenn wir dem *Schmerzensmann* nicht permanent huldigten, war das für die Prediger der besagte Wink mit dem Zaunpfahl, dass in unserer Beziehung zu Jesus irgendetwas faul war. Auf der anderen Seite lief man natürlich Gefahr, dass die Prediger unsere Gebete im Scheinwerferlicht des Dreifaltigen als faulen Budenzauber, also als nicht vom Heiligen Geist inspiriert, entlarven würden. Um keinen Preis auffallen, lautete daher mein Motto. Beten, wenn die anderen Brüder auch beteten, schweigen, wenn die anderen auch schwiegen. Und da einige Brüder anscheinend mit ähnlichen Problemen zu kämpfen hatten, kamen die Gebetsrunden oftmals nur schleppend in Gang, während sich gegen Ende die »Ereignisse« förmlich überschlugen.

Gerade jetzt, während ich dies niederschreibe, höre ich sie wieder, diese unheimlichen, monotonen Gesänge, die schrillen Stimmen der Schwestern, die die gespenstische Stille von einem Gebet zum anderen überbrückten und den Gebetsdruck nochmals verschärften: *»Es ist Heilung, Heilung, wunderbare Heilung in dem Blut, wunderbare Heilung in dem Blut des Heilands allein...«.* Fühle tausend Ängste in mir aufsteigen, spüre wie mir das Blut in den Kopf schießt, registriere meine pulsierenden Schläfen, nehme mein Gedankenwirrwarr wahr. *»Musst du jetzt loslegen, oder kannst du noch warten«? »Wird Erich, Gotthard, ... noch beten, oder nicht«? »Wann wird das Schlussgebet gesprochen«? »Du darfst auf keinen Fall der einzige sein, der aus der Reihe tanzt«,* so oder ähnlich ratterte es mir am laufenden Band durch den Kopf. Dabei konnte es sich kein Bruder auf Dauer erlauben, »auf den letzten Drücker« zu beten, weil dies den Anschein erweckte, dass sein Bedürfnis nach Zwiesprache mit dem Heiland dann doch nicht so groß war.

So steckte ich ein ums andere Mal in der Zwickmühle. Das sind Probleme, die man wohl nur als »echter Anbeter« hat.

Und wenn ich hier nur von Brüdern spreche, dann meine ich das auch so. »*Beten und singen*«, durften die Schwestern zwar auch, aber ansonsten hatten sie nichts zu melden. Warum? Ganz einfach. Weil Gott das so will: »*Lasset eure Weiber schweigen in der Gemeinde, … sie sollen untertan sein. Wollen sie etwas lernen, so lasset sie daheim ihre Männer fragen. Es steht den Weibern übel an, in der Gemeinde zu reden*« (*1. Korinther 14, 34 – 35*). Ah ja! So ist das nämlich, liebe »Weiber«! Schweigen sollt ihr, und untertan sein! Zugegeben, nicht gerade ein Paradebeispiel für die Gleichstellung von Mann und Frau. In unseren Augen machte die Sache jedoch Sinn. Schließlich war es seit der Schöpfung des Menschen nun mal kein Geheimnis, dass Frauen schon von Haus aus schneller verführbar waren. Ja was glauben Sie denn! Wer hatte sich denn von einer quatschenden, im Paradies hausenden Schlange verführen lassen *(1. Timotheus 2, 13 – 15)*? Adam doch wohl nicht!

Und ganz davon ab hatte Gott den Mann ja nicht aus der Frau gebastelt, sondern umgekehrt, die Frau aus einer Rippe des Mannes; sozusagen teil recycelt *(1. Mose 2, 21 – 22)*. Mit dem logischen Ergebnis, dass der Mann »das Haupt der Frau«, also der Chef ist *(1. Korinther 11, 2 u. 8 – 9)*. Okay, Ausnahmen bestätigen die Regel. So scherte sich meine Mutter im häuslichen Alltag einen Teufel um diese göttliche Rollenverteilung. Ihr Draht zum Heiland war dann doch zu heiß, als dass Papa ihr die Rolle als Haupt der Familie hätte streitig machen können, geschweige denn, dass sie »stille war«. Anders gesagt, sie hatte die Hosen an, ihr Meister das weiße Gewand. Nur Papa fand das Ganze wie gesagt- irgendwie »scheiße«.

Und dann war da noch diese verfluchte Sache mit dem Bibelkreis. Es war nämlich so, dass Matthias eines Tages von Jesus den unmissverständlichen Auftrag erhielt, mit uns Kindern und Jugendlichen eine weitere »Übungseinheit« in Form eines kleinen Hauskreises abzuhalten. Zumindest stellte er das so dar. »*Ach du Scheiße. Das hat mir gerade noch gefehlt*«, durfte ich natürlich nicht laut sagen. »*Jetzt auch noch die volle Jesus-Dröhnung unter der Woche. Wir hatten uns doch schon den Mund fusselig gelobt und gepriesen*«! Nun, was für die anderen eine Freudenbotschaft zu sein schien, zumindest jedoch eine Nachricht, die sie mehr oder weniger angestrengt jubeln ließ, war für mich nach Lage der Dinge eine Katastrophe.

Kurz und gut, von da an sollten sich jeweils am Mittwochabend, um 19.00 Uhr, Stuhlkreise mit etwa 10 bis 15 Geschwistern bilden, die nichts anderes zu tun hatten, als sich vor uralten Stühlen und angestaubten Sesseln auf die Knie fallen zu lassen und dem Heiland die Hucke vollzulabern. Und das über geschlagene zwei Stunden! Unsere »Heil«Anstalt ließ grüßen!

Und während meinen »Mitbetern« dieser zermürbende Gebetsmarathon nichts weiter auszumachen schien, schmerzten mir bereits nach kurzer Zeit die Knie derart, dass ich unruhig wurde und zu zappeln anfing. Na ja, ganz so dramatisch, dass ich mir die Knie blutig gescheuert hätte, war diese Schinderei nun auch wieder nicht. Jedenfalls nicht so schlimm, dass ich dem *Schmerzensmann* mit meinen Wehwehchen hätte kommen können. Schließlich hatte man mich ja nicht gekreuzigt, zumindest noch nicht, sondern nur zum Hinknien verdonnert.

Nichtsdestotrotz, ich fieberte dem »schmachtenden Aaaamen«, mit dem Matthias unserer endlosen Schwafelei freundlicherweise ein Ende setzen würde, regelrecht entgegen. *»Puh, was für eine elende Tortur. Endlich Feierabend«,* so oder ähnlich ging es mir dann ein ums andere Mal durch den Kopf. Und während sich die Geschwister überwältigt von ihren fantastischen Gebetsergüssen einmal mehr in den Armen lagen und die geröteten Augen rieben, wollte ich nur noch weg. Allerdings hatte das noch einen weiteren triftigen Grund.

Nun muss man wissen, dass gegen 21.00 Uhr im Fernsehen die Serie »Salto Mortale«, die Geschichte einer Artistenfamilie, ausgestrahlt wurde. Und wenn es gut für mich lief, würde ich in wenigen Augenblicken bei Tante Frieda vor der Glotze hängen. Kein Wunder also, dass ich mit meinen Gedanken und Fürbitten weniger bei besagtem Werner T. war, der schon vor Jahren vom Glauben abgefallen war, sondern vielmehr bei meinen Trapezkünstlern – in der stillen Hoffnung, noch die eine oder andere Akrobatin zu Gesicht zu bekommen. Und das, ehrlich gesagt, weniger wegen ihrer artistischen Darbietungen, sondern mehr, weil sie mitunter halbnackt, idealerweise ganz nackt durch die Umkleideräume rannten. Szenen, die mich zugegebenermaßen in ziemlich ungebührlicher Art und Weise fesselten. Zumindest so lange, bis mich meine Mutter von unten rief und meinem unkeuschen Treiben abrupt ein Ende setzte. Das war natürlich Mist!

Ich weiß, keine Glanzleistung für einen »stubenreinen« Nachfolger des Heilands. Aber eben nun mal packender, als auch nur eine Minute länger in die verklärten Antlitze der Schwestern glotzen zu müssen. Alles was recht ist, aber auf akrobatische »Meisterleistungen« von ihnen hätte ich lange warten können. Und offen gesagt, so viel Zeit hatte ich nicht. Ich war mit meiner Geduld langsam am Ende. So saß bzw. kniete ich im wahrsten Sinne des Wortes »auf heißen Kohlen«. Schließlich war es die Fleischeslust, die mich direkt ins Höllenfeuer zu bugsieren drohte: *»Die solches tun, werden das Reich Gottes nicht erben, … welche aber Christo angehören, die kreuzigen ihr Fleisch samt den Lüsten und Begierden« (Galater 5, 19 – 24).* Ach was? Wollte ich aber gar nicht, also das mit das kreuzigen und so! Wohl überflüssig zu erwähnen, dass ich beim Zubettgehen Buße darüber tun sollte. Was mich allerdings nicht davon abhielt, bereits kurze Zeit später der nächsten Folge entgegenzufiebern. Teufel noch eins! Mein Fleisch war aber auch so was von schwach!

Nun, je ungestümer mich diese *verführerische Welt* in den Bann zog, desto mehr widerte mich dieses Dauerjauchzen und Rühmen des Heilands an: *»Jesus, wir rühmen deinen herrlichen Namen«.* Was für ein Schwachsinn! Als ob es nicht Herrlicheres gab, als einen dämlichen Namen zu rühmen. Was hieß das überhaupt, »einen Namen rühmen«? Und weshalb? *»Jesus, Jesus, immer nur Jesus…«!* Ich konnte diesen verfluchten Namen einfach nicht mehr hören. Wie wär's zur Abwechslung mal mit Dieter oder Detlef gewesen? Und »einen Tod rühmen«, den ich nicht wollte und auch nicht in Auftrag gegeben hatte? Welch ein Irrsinn! Ich kapierte das einfach nicht. Fast unnötig zu sagen, dass ich derartig gotteslästerliche Gedanken im Keim ersticken und sofort Buße darüber tun musste. Nutzte aber nichts. Denn schon im nächsten Moment waren sie wieder da, meine »bösen Gedanken«. Es war einfach zum Verrücktwerden.

So wünschte ich mir insgeheim nichts sehnlicher, als ein Werner T. zu werden, vom Glauben abzufallen und die Welt genießen zu dürfen. Und wenn der abtrünnige Werner auch nur einen blassen Schimmer davon gehabt hätte, wie viele Fürbitten wir seinetwegen in all den Jahren völlig sinnlos in den Äther gejagt hatten, wie viele Stunden wir für ihn auf Knien herumgerutscht waren, wie oft wir, mehr oder weniger angestrengt, gejammert hatten: *»Herr Jesus mach, dass Werner T. zurückfindet, auf welchen Wegen auch immer«,* er hätte es sich vielleicht noch mal anders überlegt. Nein, er hätte alles stehen und liegen lassen, seine Beine unter die Arme genommen und wäre freiwillig zurückgekommen, um diesem Irrsinn endlich ein Ende zu setzen. Nun gut. Wie die Geschichte ausging, ist bekannt, *»der Herr Jesus machte nicht, und Werner T. fand nicht«!* Ums Verrecken nicht!

»Erhörung und Gnade, Fügung und Bewahrung«, das war der Wortschatz der Geschwister, wenn sich unser Meister für ihre Wünsche vor den Karren spannen ließ. Wie ungerecht war das denn, bitte schön! Mich schwieg er die ganzen Jahre nur an, für sie war er sich nicht zu schade, in die banalsten Geschehnisse des Alltags einzugreifen. Aber hallo! Das fing beim *»freundlichen Gruß des Nachbarn«* an und hörte mit dem *»über Nacht verschwundenen Schnupfen und den fleißigen Spenden für Gemeindezwecke«* auf. Nun war es bedauerlicherweise aber so, dass er bereits mit der Erhörung ihrer Lappalien alle Hände voll zu tun hatte, als dass er noch Kapazitäten zur Vermeidung globaler Katastrophen und menschlicher Tragödien zur Verfügung gehabt hätte. So musste er tatenlos dem qualvollen Hungertod von jährlich über 3 Mio! Kindern –alle 10 Sekunden stirbt ein Kind an Hunger!- zusehen *(Quelle: Wikipedia).* Eigentlich seltsam für einen allmächtigen und allgütigen Gott und Meister, oder etwa nicht?!

Und wenn es von den Predigern dann hieß, *»dass die Menschen sich ihr Elend selbst eingebrockt hätten, weil sie sich von Gott entfernt hätten«.* Oder: *»Was hat Gott damit zu tun? Schließlich hat er den Menschen ja die Freiheit gelassen, sich die Erde untertan zu machen«,* war dies letztlich nur ein weiterer Schlag ins Gesicht der unschuldigen Kinder. Sie hatten sich doch wahrlich nicht ausgesucht, in Afrika geboren zu werden, nur um dann ein paar Monate oder Jahre später elendig an Hunger oder Seuchen zu verrecken. *»Und wenn Gott nicht (all)mächtig genug war, um das furchtbare Leid zu beseitigen oder es vielleicht gar nicht wollte, weil er eben doch nicht allgütig war, welchen Grund sollten wir dann haben, ihn am laufenden Band zu loben und zu preisen«?* war doch die eigentliche Frage, die ich so oder ähnlich formuliert, mal irgendwo gelesen hatte.

So kam es mir schon als Kind komisch vor, weshalb Milliarden und Abermilliarden verzweifelter Gebete während der furchtbaren Kriege, Katastrophen etc. wirkungslos im Weltall verpufften, während ich dank Jesu Hilfe eine zwei oder drei anstatt einer vier oder fünf in meiner Englischarbeit mit nach Hause bringen durfte. Zumindest bildete ich mir das mitunter ein, also nicht die Zensur, sondern Jesu Hilfe. Doch bezeichnenderweise griff mir »Superjesus« immer nur dann unter die Arme, wenn ich richtig gebüffelt hatte und ohnehin das meiste wusste.

So berührte uns das Leid in der Welt nur insoweit, als es für die Missionierung der armen Geschöpfe nützlich sein konnte. Lassen Sie es mich so formulieren, »Brot für die Welt« gab es nur mit unserer *geistlichen Milch*. Soziale Einrichtungen und den ganzen irdischen Kram überließen wir dem Staat, den Amtskirchen und freien Trägern. Genau, die vergängliche Erde war nicht unsere Baustelle. Falls sich wider Erwarten dann doch der eine oder andere leise Zweifel Gehör verschaffte, hatten die Prediger noch einen Trumpf in der Hinterhand: *»Ist auch ein Unglück in der Stadt, dass der Herr nicht tue«? (Amos 3, 6); »Ich bin der Herr, der ich Frieden gebe und schaffe Unheil. Ich bin der Herr, der dies alles tut« (Jesaja 45, 6 – 7)*. Aha, so ist das also! Das Elend ist nicht nur gottgewollt, sondern von Gott selbst erschaffen. Und wer waren wir denn, dass wir uns in Gottes unergründliche Ratschlüsse hätten einmischen wollen?! *»Gottes Gedanken sind nicht eure Gedanken, und eure Wege sind nicht Gottes Wege« (Jesaja 55, 8)*, genauso hatte ich es von klein auf zu hören bekommen. Glaube konnte so einfach sein, jedenfalls wenn man seinen Verstand ausschaltete.

Und nicht zuletzt hatte ja auch unser Meister groß rumgetönt, *»dass kein Sperling zur Erde fiele, ohne den Willen des himmlischen Vaters, und Gott sogar die Haare auf unserem Kopf gezählt hätte« (Matthäus 10, 29 – 31)*. Alle Achtung! Wie mühsam war das denn bitte schön, also die Zählerei mit unseren Haaren und so?! Leider Gottes wieder nur so ein romantisches Versprechen, das in den Ohren der verhungernden Kinder wie blanker Hohn klingen musste. Und ebenso an der Nase herumgeführt, mussten sich Menschen fühlen, die unter Haarausfall litten. Jedenfalls hätte ich mir zweimal überlegt, jemanden mit Glatze mit den Worten trösten zu wollen, *»dass Gott die Haare auf seinem Kopf gezählt hätte«*.

Bei allem gebührenden Respekt für die mathematische »Meisterleistung«, es wäre nicht das erste Mal gewesen, dass Kindern eine derartige Hänselei zum Verhängnis geworden wäre. So hatte Gott als Strafe für einen derartigen Schabernack schon einmal *»zwei Bären mobilisiert, um 42! kleine Knaben, –womöglich noch im Kindergartenalter- zu zerreißen«*. Was für ein Pech! Das muss man sich mal vorstellen: Zwei ganze Schulklassen, oder gar ein ganzer Kindergarten?! Einfach aufgefressen! Und das nur deshalb, weil sie den Propheten Elia als »Kahlkopf« gehänselt hatten *(2. Könige 2, 23 – 25)*. Und so rührselig sich das bloße Lippenbekenntnis unseres Meisters auch anhörte, er hätte seine Energie lieber auf die Beseitigung von Hunger und Elend verwenden sollen, *»als Haare auf Menschenköpfen zu zählen und Sperlinge von Dächern zu werfen«.*

Kapitel 15:
Nur Pech beim Bibel-Lotto - Onkel Josef wird verhaftet

*I*ch musste nur feste genug glauben, dann würde sich der Herr Jesus meiner schon noch erbarmen«, das war wieder so ein leeres Versprechen der Prediger, dem ich seit frühesten Kindertagen auf den Leim gegangen war. Und so *»glaubte ich so feste«*, wie ich nur eben konnte. Da das unserem Meister aber offensichtlich vorne und hinten nicht reichte, flehte ich ihn fortwährend um einen noch *»festeren Glauben«* an. Nutzte aber nichts. Jeder noch so kümmerlichen Gestalt half er, seine »Sündenkarre aus dem Dreck zu ziehen«, bei mir blieb er stumm wie ein blöder Esel. An besseren Tagen klammerte ich mich an die Hoffnung, dass sein Schweigen so etwas wie eine Prüfung oder Läuterung für mich sei. Doch dieser Traum zerplatzte jeweils schneller, als er gekommen war. Durch das sogenannte *»Bibelstechen«* versuchte ich dann, seine Sprachlosigkeit in eine Antwort oder gar Verheißung für mich umzumünzen.

So schlug ich unzählige Male ziellos die Bibel auf und legte mit geschlossenen Augen den Zeigefinger meiner rechten oder linken Hand auf eine x-beliebige Textstelle, in der Hoffnung, der Heiland würde mir durch ein maßgeschneidertes Bibelwort ganz persönlich etwas mitteilen. Zumindest jedoch ein eindeutiges Zeichen geben, dass er mich noch nicht vollends abgeschrieben hatte. Wie dieses »Bibel-Lotto« ausging, kann man sich wohl denken. Die von mir getroffenen Texte waren in sich so widersprüchlich und verworren, dass sie mir mehr Kopfzerbrechen bereiteten, als dass sie mir aus der Klemme halfen. Meistens war es nämlich so, dass ich mir eher die Finger »krummgestochen« hatte, als dass ich eine halbwegs erbauliche, auf meine verzweifelte Situation zugeschnittene Textstelle erwischte.

Und während alle anderen den Bogen anscheinend raushatten und der Heiland Gewehr bei Fuß stand, wenn es um die Lösung ihrer Probleme und die Erfüllung ihrer Wünsche ging, blieb er bei mir unberechenbar und launisch. Hatte er mir gerade noch Hoffnung gemacht, *»dass er mir meine*

Sünden vergeben werde« (1. Johannes 1, 9), war kurz darauf seine Stimmung schon wieder gekippt, und *»er wollte mich totschlagen« (Offenbarung 2, 23).* Das gibt's doch nicht! Soweit ich denken konnte, hatte man mir eingebläut, Gott beim Wort zu nehmen, und das sollte jetzt das Ergebnis sein? Dass ich, genau wie meine Freunde, in einer richtigen Fußballmannschaft spielen und einfach Spaß am Leben haben sollte, »stach« ich leider nicht.

Und es würde mich nicht wundern, wenn ich eines Tages den Vers getroffen hätte: *»Und Judas ging hin und erhängte sich selbst« (Matthäus 27, 5),* und weil das alles andere als erquicklich war, im nächsten Anlauf die Aufforderung: *»Gehe hin und tue desgleichen« (Lukas 10, 37).* Was ich damit sagen will? Es war ein brandgefährliches Lotteriespiel, das wir da praktizierten!

So kann ich mich nur noch allzu gut daran erinnern, dass ich einmal die Vorhersage erhielt, als mächtiger Prediger auf der Kanzel zu stehen, dem die Massen andachtsvoll lauschten: *»Sage nicht ich bin zu jung, sondern du sollst gehen, wohin ich dich sende und predigen, was ich dich heiße« (Jeremia 1, 7).* Ach was?! Wenn das kein Fingerzeig Gottes war, was bitte schön denn dann?! Ein Moment, in dem ich glaubte, dem Heiland ganz nahe zu sein. Rückblickend betrachtet natürlich ein derber Patzer unseres Meisters, der ganz offensichtlich Erich und mich verwechselt hatte. Erich wird's recht gewesen sein. Zur Erinnerung, er steht noch heute als Prediger auf der Kanzel. Kann ja mal passieren, nicht wahr Jesus?!

Jedenfalls nahm ich die Verheißung damals für bare Münze, zumal ein Prediger, nennen wir ihn Onkel Josef, ins gleiche Horn gestoßen und mich bereits als Nachfolger unseres Jugendleiters Matthias propagiert hatte. Im Nachhinein frage ich mich, wie verzweifelt man als Kind eigentlich sein muss, um auf solch eine verrückte Idee zu kommen. Dass sich diese Prophezeiung noch als richtiger Schuss in den Ofen erweisen sollte, und ich –gleich nach dem Satan- zum größten Feindbild unserer Organisation werden sollte, ist im Rückblick schon irgendwie witzig. Dabei mag Onkel Josefs Fehlschuss vielleicht auch dem Umstand geschuldet gewesen sein, dass es sich bei ihm eben nicht um einen »Kollegen voll des Heiligen Geistes« handelte, sondern, wie sich noch herausstellen sollte, um einen flüchtigen Kriminellen.

So sei an dieser Stelle die Geschichte von Onkel Josef erzählt. Wir waren mal wieder auf Freizeit, als uns Onkel Heinz eines Tages anvertraute, dass Gott ihm einen »Gehilfen geschaffen hätte«. Genau, so ähnlich wie bei

Adam und Eva, nur eben ohne Frau. In dem Fall ein Mann mittleren Alters, mit dunklem Teint, schwarzen lockigen Haaren und vernarbtem Gesicht. Was zu diesem Zeitpunkt niemand ahnte, diese Besetzung sollte sich noch viele Monate später als größter Fehleinkauf in der noch jungen Geschichte unseres Vereins erweisen. Warum? Nun ja, Onkel Josef würde als polizeilich gesuchter Verbrecher verhaftet werden. Bis es jedoch so weit sein sollte, würde er in Onkel Heinz Wohnwagen Unterschlupf finden und zu seinem »Mädchen für alles« werden.

Er leitete die Kinderstunden, predigte ab und an in den Versammlungen, trieb Teufel aus und räumte Onkel Heinz den Müll hinterher. Also das ganz normale Tagesgeschäft eines Gehilfen eben. Vor allen Dingen aber zeichnete er sich dadurch aus, dass er stundenlang stillsitzen und beten konnte, wie es Onkel Heinz bei jeder Gelegenheit zum Besten gab. Wow! Allerdings, ein Kunststück, um das ich ihn wahrlich nicht beneidete.

Kurz und gut, innerhalb kürzester Zeit stieg er zu Onkel Heinz' Handlanger bei der Durchführung der Jugendfreizeiten und Zeltevangelisationen auf. Für Onkel Josef allemal ein rasanter Aufstieg. Schließlich war Onkel Heinz ein ziemlich hohes Tier innerhalb unserer Organisation. Wie Pat und Patachon zuckelten die beiden von Ort zu Ort, missionierten hier und dort, teilten Tisch und Bett und priesen und lobten Gott. Und das würden sie noch heute tun, wenn nicht eines Tages die Polizei vor der Tür gestanden und einen von ihnen verhaftet hätte – leider Gottes nicht Onkel Heinz.

Das war natürlich alles andere als lustig. Und was die verantwortlichen Brüder noch hinter vorgehaltener Hand tuschelten, hatten die Spatzen schon längst von den Dächern gepfiffen, Onkel Josef hatte mehr auf dem Kerbholz als nur den Diebstahl eines silbernen Löffels. Was allerdings genau? Darüber schwiegen sie sich aus. Jedenfalls würde er wohl für mehrere Jahre den komfortablen Wohnwagen gegen eine eher dürftige Gefängniszelle tauschen müssen. Sagen wir mal so, er würde sein »Stillsitzen und Beten« perfektionieren können.

Antworten mussten gefunden werden, denn weder Onkel Heinz noch der Heiland konnten einen Bock geschossen haben. Auf der anderen Seite ließ sich aber auch nicht schönreden, dass sich Onkel Heinz bei der Auswahl des geistlichen Kollegen auf dem »Transfermarkt für Prediger und Älteste« nicht gerade mit Ruhm bekleckert hatte. Okay, man steckte nicht drin, aber ein glückliches Händchen sah anders aus. »*Weshalb konnte Onkel Josef unter dem Radar des Heiligen Geistes abtauchen und Onkel Heinz derart hinters Licht führen? Gerade Onkel Heinz, der den Dreifaltigen sozusagen mit Löffeln gefressen hatte*«?! war die Frage, die unausgesprochen im Raum stand. Und was lag da näher als die Anwendung der Salami-Taktik. Immer nur das zugeben, was ohnehin nicht zu leugnen war. Ansonsten wurde vertuscht, was zu vertuschen war und aus dem Rest der Geschichte das Beste gemacht, was daraus zu machen war – eine eindringliche Warnung an uns. Denn wenn der Satan und sein Pack es schon fertigbrachten, unseren Oberhirten derart hinters Licht zu führen, um wie viel mehr waren wir Schäfchen gefährdet?!

Mehr noch, zu allererst hatte der Herr Jesus uns einen Denkzettel verpassen wollen. Wieso das denn? Ganz einfach! Es war unsere verdammte Pflicht und Schuldigkeit stets und ständig für Onkel Heinz' Missionsarbeit zu beten: »*Dass Gott ihn segnen und stärken möge*«; »*Dass Jesus durch ihn wirken möge, damit sich ganz viele Menschen bekehrten*«; »*Dass der Heilige Geist aus ihm sprechen möge, um die Ungläubigen zu überführen*«. Und so weiter, und so fort. Eben halt das ganze »Segens- und Stärkungsgedöns«. Und wenn wir nachlässig waren, also lau und träge, verspürte er zu wenig »*Kraft von oben*«. Na und ob!

Dabei hätte ich ihm locker etwas von dieser magischen »*Kraft von oben*« abgeben können. Nicht umsonst flitzte ich doch, wann immer sich die Gelegenheit bot, »nach oben zu Tante Frieda vor die Glotze« und ließ mich vom Anblick besagter halbnackter Frauen fesseln. Meine »*Kraft von oben*«! Zugegeben, Teufelswerk! Für Onkel Heinz allemal ungeeignet. Er hätte alles kurz und klein geschlagen. Zumindest in unserer Gegenwart.

Wohl überflüssig zu erwähnen, dass uns die eigentlich auf der Hand liegenden Fragen niemals in den Sinn kamen: »*Wie verhielt es sich überhaupt mit der Glaubwürdigkeit unserer vermeintlich vom Heiligen Geist inspirierten Gebete*«? »*War der Dreifaltige vielleicht gar kein Geist, sondern nur ein riesiger Bär, den man uns aufgebunden hatte*«? »*Und was war dann unser ganzes heilige Getue noch wert*«? Oha! Gotteslästerliche Gedanken. Nichtsdestotrotz, mich hatte Onkel Josefs Verhaftung kalt erwischt. War er doch einer der ganz wenigen Brüder, vor denen ich keine Angst hatte. Im Gegenteil. Ich mochte ihn sogar. Vermutlich deshalb, weil er vom Dreifaltigen gänzlich unbeleckt war. Jedenfalls durfte ich es als göttliche Fügung betrachten, dass ich in ihm jemanden gefunden hatte, dem ich meine massiven Schlafprobleme anvertrauen konnte. Da war ich vielleicht 9 oder 10 Jahre alt. Und Überraschung! Seine empfohlene Einschlafhilfe, das Rezitieren des *Psalms 4, 9 »Ich liege und schlafe ganz in Frieden ...«*, half tatsächlich bzw. der Glaube daran. Wer weiß, vielleicht vermochten ihn diese sechs Worte ja auch im Gefängnis zu trösten? Ich sollte noch oft an ihn denken.

Kapitel 16:
Meine Quälerei mit dem Kreuz

Und wer von uns glaubte, dass es ausschließlich der Satan war, der uns auf der Pilgerreise ins *»himmlische Jerusalem«* Steine in den Weg legte, musste sich schnell eines Bessern belehren lassen. Denn ärgerlicherweise war es so, dass auch der »liebe« Gott den einen oder anderen Mühlstein für uns »in petto« hatte. Es kam also knüppeldick. Allerdings hatte er freundlicherweise versprochen, uns beim Schleppen unter die Arme zu greifen: *»Gott legt uns eine Last auf; aber er hilft uns auch. Ja, Gott wird den Kopf seiner Feinde zerschmettern, den Haarschädel derer, die da fortfahren in ihrer Sünde, ... dass dein Fuß in der Feinde Blut gefärbt werde und deine Hunde es lecken« (Psalm 68, 20 – 24).* Au weia! Was hatte das denn jetzt schon wieder zu bedeuten?

Ganz unabhängig davon, dass auch diese Verheißung keinen Pfifferling wert war, wäre es mir tausendmal lieber gewesen, wenn Gott uns mit seinen Lasten und Mühlsteinen völlig verschont hätte. Und bei allem Gespött meiner Schulkameraden, so böse, dass ich mir das *»Zertrümmern ihrer Köpfe«* gewünscht hätte, waren sie nun auch wieder nicht. Gern geschehen, liebe Mitschüler, mein Mitgefühl für eure ungläubigen Schädel!

Aber so war er nun mal, der »liebe« Gott. Wir konnten uns ihn ja schließlich nicht malen. Und das war wieder so eine Sache, die mir einfach nicht in den Kopf ging: *»Warum zum Teufel durften wir uns ›kein Bildnis von Gott machen‹ (Erstes Gebot, 2. Mose 20, 4), also ihn mit Buntstiften oder mit Wasserfarben und Pinsel malen«?* Sicherlich werde ich Mama oder Papa auch danach gefragt haben, ohne jedoch eine mir auch nur halbwegs einleuchtende Erklärung erhalten zu haben. Vermutlich hatte der »liebe« Gott buchstäblich eine Heidenangst davor, dass ihn das eine oder andere Bild gar nicht mal so heilig aussehen ließe. Okay, da war natürlich was dran. Denn bei meinen lausigen Zeichenkünsten hätte es zweifelsohne einer Menge Fantasie bedurft, um den Schöpfer des Himmels und Erden erkennen zu können. Andererseits musste der »liebe« Gott aber auch wissen, dass ich mir richtig Mühe gegeben hätte. Interessierte ihn aber anscheinend nicht. Zurück zu unserem Thema.

Nun, was das glorreiche Ende unserer irdischen Pilgerreise anbetraf, empfand ich es schon von jeher als eine himmelschreiende Ungerechtigkeit, dass der grausamste Mörder –als Beispiel führten die Prediger den millionenfachen Judenmörder Adolf Eichmann an-, fröhlich pfeifend »ins Paradies abdampfen durfte«, wenn er denn nur in der letzten Minute seines Lebens Jesus als seinen Erlöser angenommen hätte. Dagegen würde der größte Wohltäter –als Beispiel musste hier der Urwaldarzt und Philosoph Albert Schweitzer herhalten-, ewige Qual im Feuerpfuhl erleiden, wenn er Jesu Angebot in den Wind geschlagen hatte. So entschied die letzte Minute im Leben eines Menschen über sein Seelenheil – Hölle oder Paradies. Richtig! Die sogenannte *Schächer-Gnade*. Vorausgesetzt, man stand überhaupt drin, im besagten *Buch des Lebens*. Was natürlich schon in sich ein Widerspruch war! Und da wir bereits im nächsten Augenblick tot umfallen konnten oder was noch wahrscheinlicher war, der Heiland einschwebte, kam ein Zögern und Zaudern einem Ritt auf der Rasierklinge gleich.

Ohnehin würden wir eine Milchmädchenrechnung aufmachen, wenn wir darauf bauten, dass ein einfaches »nur an Gott glauben« für das ewige Seelenheil ausreichen würde, denn »*der Teufel und seine Höllenbrut glaubten auch und zitterten« (Jakobus 2, 19)*. Stimmt doch lieber Teufel, oder?! Keine Frage, »*diese Furcht und dieses Zittern*« waren es, was Gott offenkundig so antörnte, was er von uns sehen wollte: »*Schaffet, dass ihr selig werdet, mit Furcht und Zittern*« (Philipper 2, 12). Und während er uns auf der einen Seite zwar hoch und heilig versprochen hatte, »*es den Aufrichtigen und Demütigen gelingen zu lassen*« (Sprüche 2, 7 u. 1. Petrus 5, 5), hatte er auf der anderen Seite dieses Versprechen gleich wieder gebrochen, indem er klargestellt hatte, dass er uns nur dann erretten würde, wenn es ihm in den Kram passte. So würde er jeden Menschen nur zwei- oder dreimal während seines Lebens rufen. Und auch nur dann hatten wir die Chance, von ihm angenommen zu werden: »*Siehe, das alles tut Gott zwei- oder dreimal mit einem jeden …*« *(Hiob 33, 30)*.

Wann diese Gunst der Stunde für uns jedoch schlug, dass wusste nur der »liebe« Gott. Nun gut, er wollte auch seinen Spaß an dem von ihm so mühsam ausgekasperten Erlösungsspektakel haben. Und da uns die Prediger beigebogen hatten, dass es nur ein »ganz leises Rufen« war, was Gott da von sich geben würde, grübelte ich mit wachsender Verzweiflung, ob ich den Ruf vielleicht überhört hatte, und der Zug für mich bereits abgefahren war. Wie jetzt? Gott würde doch wohl jeden Menschen erretten, der sich aufrichtig um seine Gnade bemüht? Von wegen! Gar nichts würde er! Ganz im Gegenteil. All unser Zappeln und Strampeln um seine Gnade würde vergeblich sein, wenn er uns aus einer Laune heraus selbst »*verstockt*« hatte.

So errettete er, wen er wollte und verdammte, wen er wollte: »*So liegt es nun nicht an jemandes Wollen oder Laufen, sondern an Gottes Erbarmen, … so erbarmt er sich nun, wessen er will und verstockt, wen er will*« (Römer 9, 16 u. 18); »*Denn Gott ist's, der in euch wirkt beides, das Wollen und das Vollbringen, nach seinem Wohlgefallen*« (Philipper 2, 13). Ende aus, Nikolaus! Wie ungerecht ist das denn, bitte schön! Und ja, ganz offensichtlich hatte Gott seinen Wohlgefallen daran gefunden, dass ich zwar wollte, er aber nicht. Schönen Dank auch, du sadistischer Gott!

Und als ob diese Seelenqualen noch nicht ausgereicht hätten, lebte ich tagein, tagaus in der Furcht, die »*Sünde wider den Heiligen Geist*« begangen zu haben. Dazu muss man wissen, dass der Dreifaltige in unserer Gemeinde ziemlich »heilig« war, also noch heiliger, als es sein Name ohnehin schon vermuten lässt. So hatten uns die Prediger eingebläut, dass die sogenannte »*Sünde wider den Heiligen Geist weder in dieser noch in der zukünftigen Welt vergeben wird*« (Markus 3, 28 – 29). Ah ja! Gut zu wissen! Nur blöd, dass sie niemals damit rausrückten, was es mit dieser –wortwörtlich- verfluchten Sünde überhaupt auf sich hatte! So wusste ich auch nie, ob und ggfls. welche meiner Worte, Handlungen oder sogar meiner Gedanken mir unser Meister als »*Sünde wider den Heiligen Geist*« ankreiden würde. Wohl ganz im Sinne der Prediger.

Und weil Gott meiner elenden Plackerei um mein Seelenheil einfach nur tatenlos zusah, wurde ich den schrecklichen Verdacht nicht los, dass ich gar nicht zu seinen Lieblingen gehörte, die er bereits »*vor Erschaffung der Erde für den Himmel auserwählt hatte*«: »*Jeder, dessen Name nicht geschrieben ist im Buch des Lebens des geschlachteten Lammes von Grundlegung der Welt an …* » (Offenbarung 13, 8); »*Wie er uns denn erwählt hat, … ehe der Welt Grund gelegt war…* « (Epheser 1, 4). Ja was glauben Sie denn! Gott hat das Ewigkeitsschicksal eines Menschen unabänderlich vorherbestimmt. Kein Wunder also, dass ich mir in meiner kindlichen Fantasie wieder und wieder dieses gewaltige Buch, das »*Buch des Lebens*«, ausmalte und grübelte, »*ob da wohl* ein *Bernd Vogt, ein kleiner Knirps aus Rödinghausen, drin steht«?* Wenn nicht, würde mir nichts und niemand helfen können. Weder Mama noch Papa, und auch der Herr Jesus nicht, selbst wenn er gewollt hätte. Ein Druck, dem ich nicht gewachsen war.

Und dann war da noch diese verflixte Sache mit dem Abendmahl. Nun ja, wer von uns geglaubt hatte, Gott würde wenigstens dann gnädig auf uns herabschauen, wenn wir das *»Heilige Abendmahl«* zum Gedächtnis seines Sohnes feierten, der war schief gewickelt. Es war nämlich so, dass wir bei einer »unsachgemäßen Einnahme« Gefahr liefen, an Leib und Leben Schaden zu nehmen. Kurz gesagt, in Brot und Wein schlummerten tickende Zeitbomben. Wie jetzt? Zeitbomben? Aber ja doch! Doch der Reihe nach. Einmal im Monat, jeweils Dienstagabends, hielten wir unsere Abendmahlsfeier ab. Und wie beim Abendmahl nicht wirklich überraschend, war es gängige Praxis, dass wir das *Fleisch und Blut unseres Erlösers* zu seinem Gedächtnis verzehrten. Dabei widerte mich von jeher die Vorstellung an, wie ein Kannibale *Menschenfleisch und –blut, Meisterblut hin oder her,* verspeisen zu müssen, auch wenn es irgendwie nur Wein und Brot sein sollten. Man wusste es nicht so genau.

Das war allerdings noch mein kleinstes Problem. Der Knackpunkt lag ganz woanders. Denn wenn wir das Abendmahl »unwürdig« verputzten, würden wir uns selbst *»zum Gericht essen und trinken«: »Denn welcher unwürdig isst und trinkt, der isst und trinkt sich selber zum Gericht, ... darum sind auch viele Schwache und Kranke unter euch, und ein gut Teil ist schon entschlafen« (1. Korinther 11, 29 – 30).* Im Klartext, wir würden krank oder gar sterben. Und »unwürdig« waren zweifelsohne all diejenigen, die nicht *wiedergeboren* waren. Also ich! So steckte ich einmal mehr im altbekannten Schlamassel. Einerseits würde ich bei einer Teilnahme buchstäblich Kopf und Kragen riskieren, andererseits konnte ich mich bei diesem Liebesmahl nicht einfach davonstehlen, ohne mich verdächtig zu machen. Mit anderen Worten, das ganze Brimborium mit Kelch und Hostie entwickelte sich für mich zu einer Zitterpartie. Mein Gott hatte ich einen Bammel vor diesem verfluchten Abendmahl!

Kurz und gut. Am Ende des Tages hatte ich es Papa zu verdanken, dass ich mich bis zu meinem Ausstieg erfolgreich um diesen göttlichen Gaumenschmaus herumdrücken konnte. So konnte ich wirklich von Glück sagen, dass mir Papa mit den Worten: »*Bernd, du musst noch nicht am Abendmahl teilnehmen*« quasi einen Freibrief ausstellte. Offensichtlich hatte er mir meine Seelenqualen an der Nasenspitze angesehen. Er wollte nicht, dass ich sehenden Auges ins Verderben schlidderte und mich der Krankheits- und Todesvirus erwischte. Vermutlich aber nur deshalb, weil er in dem gleichen Dilemma steckte, und ihm der himmlische Leckerbissen ebenfalls quer runterging. Wie auch immer. An mir war der Kelch jedenfalls im wahrsten Sinne des Wortes noch einmal vorübergegangen. Ich weiß, das hört sich völlig irre an, nicht für »blutrünstige« Christen.

Und wenn Gott schon die Abschlachtung seines einzigen Sohnes für mich angezettelt hatte, dann konnte er natürlich auch auf eine Gegenleistung von mir pochen. Dass dieser Preis dann in der Hingabe meines Lebens und damit in dem Verzicht auf all das, was ich gewollt und mir Spaß gemacht hätte, bestand, war nicht hinterfragbar. Dabei wollte ich kleiner Steppke doch gar nicht, dass jemand für mich sterben musste und schon gar nicht der Sohn Gottes. Der Herr Jesus hatte mir seinen Tod ungefragt untergejubelt. Und so sehr ich es mir auch wünschte, ich konnte mit dem ganzen Remmidemmi um seine Kreuzigung nichts, aber auch rein gar nichts anfangen. Mehr noch, alles in mir rebellierte gegen diesen mir aufgehalsten Glauben.

So fragte ich mich im Stillen, »*was ich kleiner Knirps denn verbrochen hatte, dass es dieses grausamen Szenarios bedurfte? Und wieso konnte Gott sich nicht anders mit mir versöhnen, als seinen Sohn umzubringen? Und was war eigentlich das Besondere an seinem Kreuzestod? Unzählige unschuldige Menschen hatten doch genauso oder noch viel qualvoller als er sterben müssen. Damals wurden doch zehntausende Menschen so oder ähnlich hingerichtet*«, hatte ich im Schulunterricht gelernt. »*Und im Gegensatz zu unserem Meister war es ihnen nicht vergönnt, nach drei Tagen kreuzfidel aus der Erde zu krabbeln. Und wenn Gott Sünden vergeben wollte, warum machte er es dann nicht einfach? Das passte doch alles hinten und vorne nicht zusammen*«! Da aber alle anderen anscheinend nicht von derart gotteslästerlichen Gedanken gequält wurden, war ich mal wieder der einzige, der etwas nicht kapierte.

Ich sollte noch erwähnen, dass ich insgeheim die älteren Geschwister beneidete. Warum? Nun, sie »gingen« größtenteils erst seit ihren späteren Lebensjahren »*mit dem Herrn*« und hatten noch die *Freuden dieser Welt* genießen dürfen. Doch nicht nur das. Sie wurden auch noch für ihr lasterhaftes

Leben belohnt, indem sie den Heiland ganz doll liebhaben konnten. Denn je mehr man auf dem Kerbholz hatte, desto mehr konnte einem der Herr Jesus vergeben. Und wem viel vergeben wurde, der würde mehr Dankbarkeit und Liebe zeigen. Und das wussten wir deshalb so genau, weil unser Meister das so und nicht anders von seiner »Lieblingssünderin Maria« herumerzählt hatte: »Ihr sind viele Sünden vergeben, denn sie hat viel geliebt; welchem aber wenig vergeben wird, der liebt wenig« (Lukas 7, 45 – 47). Verständlich also, dass ein imposantes Sündenregister für die älteren und reiferen Brüder dann auch Motivation genug war, sich gegenseitig im Sündenausbekennen zu überbieten – mit dem Ziel, als größte Sünder vor dem Herrn, selbst die Größten zu sein. Richtig! Keiner wollte gegenüber dem anderen, ich sag' mal so, sündenmäßig abschmieren.

So machte Prediger Stellmacher aus seinem Herzen keine Mördergrube und brüstete sich eines Tages in aller Öffentlichkeit damit, dass er in seinem alten Leben Unzucht mit Tieren getrieben hätte. Über Details, ob es sich bei seinen Partnerinnen um kuschelige Esel oder attraktive Ziegen oder gar einen flotten Dreier gehandelt hatte, schwieg er sich freundlicherweise aus. Nur …, so viel ließ er durchklingen, er war spitz wie Nachbars Lumpi. Womöglich hatte er die Bekanntschaft mit einer sprechenden Eselin gemacht, die ihn zu einem Schäferstündchen verführt hatte. Wieso eine „sprechende Eselin"? Nun ja, schließlich berichtet die Bibel von einer überaus intelligenten Eselin, die mit ihrem Reiter, namens Bileam, -einem Vorgänger von Dr. Doolittle- um die Wette diskutiert (4. Mose 22, 28 - 30). Zugegeben, im Fall des Kollegen Stellmacher eher unwahrscheinlich. Bekanntlich ist der Vorrat an sprechenden Tieren in unseren Breiten doch sehr begrenzt.

Soweit ich mich erinnern kann, war er selbst ein ziemlich hohes Tier bei einer Versicherung, war verheiratet und hatte drei Kinder. Kann man als Ehefrau auf einen Esel oder eine Ziege eifersüchtig sein? Hmm …? Schwester Martha, du musst es doch wissen!

Wie Martha, so hieß seine überaus attraktive, schwarzhaarige Frau, bei der ganzen Prahlerei zumute war, weiß ich nicht. Sie schlug sich jedenfalls wacker und verzog keine Miene. Die Geschwister zeigten sich jedenfalls schwer beeindruckt von seinen »tierischen Glanznummern«. Mit seinem atemberaubenden Bekenntnis hatte er sich in jedem Fall einen Platz im oberen Drittel auf der »göttlichen Sünden- und Gnadenskala« gesichert.

Der Spitzenplatz auf der ansonsten nach oben offenen »Sündenskala« war natürlich für Totschläger und Mörder reserviert. Doch mit einem derartigen Vorrecht konnte erstaunlicherweise kein Bruder aufwarten. Schön blöd für uns Kinder, das Ganze! Weshalb? Ganz einfach! Die Erwachsenen waren uns schon aufgrund ihres Alters rein sündenmäßig um Längen voraus. Und nun mussten wir auch noch dabei zusehen, dass sie unseren Meister inbrünstiger lieben konnten als wir. Und ja, das stimmte auch. Genau genommen, hasste ich Jesus sogar.

Wohl nachvollziehbar, dass mich insgeheim schon längst dieses komische Gefühl beschlichen hatte, dass hier irgendetwas nicht mit rechten Dingen zuging. Mit den Worten eines Erwachsenen würde ich meine gotteslästerlichen Gedanken wohl so formulieren –ähnlich formuliert, findet man einiges davon in der kritischen Bibelliteratur-: Wenn Gott allwissend ist, dann musste er doch auch wissen, dass die von ihm erschaffenen Menschen sündigen würden. Und wenn er keine sündigen Menschen gewollt hätte, wäre es ihm doch ein Leichtes gewesen, dies im Rahmen seiner Allmächtigkeit zu ändern und eine andere Theaterinszenierung zu wählen. Das hätte dann auch den Vorteil gehabt, dass es keiner Sintflut bedurft hätte, um seinen missratenen 1. Entwurf der Menschheit samt Tieren mit Ausnahme des Freizeitkapitäns Noah, der als Schiffsbauer seiner Arbeit nachging, zu ersäufen.

Daher musste auch die Erbsünde, also der Sündenfall von Adam und Eva, für Gott schon vor Erschaffung der Welt eine abgekartete Sache gewesen sein. Warum? Nun ja, ich sag' mal so, wenn sich Eva an das im Garten Eden aufgestellte Schild *»Äpfel pflücken verboten«!* gehalten oder Adam nicht in »Evas sauren Apfel« gebissen hätte, wäre die ganze Sache ja schrecklich schiefgelaufen. Und ganz davon ab, habe ich mich schon als kleiner Knirps gefragt, *»was denn so schlimm daran sein sollte, dass Eva ›Gut und Böse‹ unterscheiden wollte«?* (1. Mose 3, 1 ff). Das verlangte man mir doch schon als Kind ab.

So war meine heimliche Wut auf Eva, die ich allen Ernstes wegen ihres Sündenfalls für meinen elenden Zustand mitverantwortlich machte, schlichtweg fehl am Platze. Na ja, hätte Eva der quasselnden Schlange die kalte Schulter gezeigt, gäbe es keine Erbsünde, und ich hätte nicht in meinem Sündenschlamassel gesteckt. Das war als Kind überhaupt keine Frage für mich. Und da Gott in seiner Allwissenheit all dies wusste, musste er die Kreuzigung seines Sohnes von Ewigkeit her in seiner himmlischen Bastelwerkstatt genauso ausgeklüngelt haben. Somit war die Erlösungstat am Kreuz ebenso wenig eine freie Willensentscheidung von Jesus, wie es der Verrat von Judas war. Zwei Hauptakteure, deren Rollen im »himmlischen Heilszirkus« exakt so konzipiert worden waren.

Aber ja, wenn Judas unseren Meister nicht verpfiffen hätte *(Markus 14, 10 u. Markus 14, 43 – 47)*, wäre Jesus nicht gekreuzigt worden und der ganze Heilsplan Gottes wäre den Bach runtergegangen. Das wäre natürlich Mist gewesen. Folglich musste Gott, als die Erde noch in den Kinderschuhen steckte, Judas bereits als Sündenbock auserkoren und damit auch für die ewige Verdammnis vorherbestimmt haben. Und deshalb war auch mein Mitleid mit Judas, der sich –wie beschrieben- erhängt hatte oder schlichtweg »entzwei geborsten« war *(Apostelgeschichte 1, 18)*, mehr als berechtigt. Er konnte ja gar nicht anders handeln, als unseren Meister zu verpfeifen. Und anstatt ihn verächtlich als Verräter zu verdammen, standen wir in Wahrheit ganz tief bei ihm in der Kreide. Ihm gebührte doch der Löwenanteil an unserer Erlösung.

Und im Gegensatz zu unserem Meister, war es ihm nicht vergönnt, sich nach dreitägigem Aufenthalt in der Grabeshöhle einfach den Staub von den Schultern zu klopfen und putzmunter auferstehen zu können. Und anstatt, wie Jesus, nur kurze Zeit später ins Paradies abzudüsen, führte ihn sein Ticket ein paar Etagen tiefer, direkt in Gottes feurigen Schwitzraum. So wurde Judas' Lospech, dass Gott gerade ihm die Rolle des Prügelknaben zugedacht hatte, zu unserem größten Glück, zu unserer Errettung. Wenn man so will: Ein Kreuz, ein Strick, ein Happy End. Zumindest für uns und unseren Meister. Unterm Strich, ein gigantischer Betrug, den die Bibelschreiber da auf ihrem Mist hatten wachsen lassen.

Wohl unnötig anzumerken, dass kritische Gedanken und blöde Fragen genau das waren, was wir uns am wenigsten erlauben durften. Denn über allen Glaubenssätzen schwebte die geniale Drohung: »*Der Zweifler hat kein Anrecht am Reich Gottes*«. So verging dann auch keine Versammlung, in der wir nicht dem *Schmerzensmann* bis zum Gehtnichtmehr Lob und Dank für seinen Kreuzestod darbrachten. Doch so marktschreierisch wir unsere innige Liebe zu ihm auch rausposaunten, letzten Endes war unser ganzes scheinheiliges Getue nichts anderes als ein vergifteter Deal: Wir übergaben

Jesus unser Leben, dafür verzichtete er im Gegenzug auf *ewige Höllenqualen* für uns. Und so war es nicht *»die Liebe zu Jesus, die uns antrieb«*, wie wir gefragt oder ungefragt mit großem Trara verkündeten, sondern die nackte Angst ums eigene Fell.

Wie die Motten das Licht, so umschwärmten wir das Kreuz. Denn ohne Blut gab es keine Erlösung. Und ohne Erlösung konnten wir uns das Paradies »von der Backe putzen«. So einfach war das. Und wenn der Heiland nicht schon längst am Kreuz gehangen hätte, ich bin mir sicher, wir hätten ihn drangenagelt. Und er hätte uns noch so herzzerreißend und dornenreich anbetteln können, wir hätten ihm niemals erlaubt, runterzusteigen. Ja was glauben Sie denn! Dieses *»Herrliche Golgatha«*, der Ort, an dem er am Kreuzesstamm für uns verblutet war, ließen wir uns von nichts und niemandem mehr kaputtmachen. Auch von unserem Meister selbst nicht. Und deshalb war ein Gottesdienst ohne die Verherrlichung seines Blutvergießens wie eine Suppe ohne Salz. Immer und überall nur Blut, Blut, Blut. Tod, Sühne und Erlösung. Kein Wunder also, dass dieser wahnsinnige Blutkult auch nach meinem Ausstieg unverarbeitet in meiner Seele weiter rumoren sollte.

Kapitel 17:
Plitsch, Platsch - Klatschnass im weißen Gewand

Und dann war da noch die leidige Sache mit der Taufe. Fast unnötig zu erwähnen, dass zur kompromisslosen Nachfolge Jesu auch eine Taufe gehörte. Schließlich hatte unser Meister die Fahrkarte für das *Paradies* an eine Taufe geknüpft: *»Wer da glaubet und getauft wird, der wird selig werden …« (Markus 16, 16).* Nun muss man wissen, dass die Taufe bei uns so vollzogen wurde, wie die Prediger sich das zu Zeiten Jesu und Johannes, des Täufers, vorstellten *(Matthäus 3, 1 – 17).* Ja genau, mit einem vollständigen Untertauchen im Wasser, nur eben ohne Jordan. Und erst mit diesem *»waschechten Abtauchen«* würden wir unsere unwiderrufliche Hingabe an unseren Meister besiegeln und zu einem vollwertigen Mitglied der Gemeinde aufsteigen. So jedenfalls die Theorie. Insofern machten sich die Prediger auch über die Säuglingstaufe lustig. Kein Hahn krähte danach. Bestenfalls fauler Budenzauber.

Und während heutzutage immer und überall getauft wird, wenn denn nur ein halbwegs brauchbares Becken oder Gewässer in der Nähe ist, war das früher verzwickter. So veranstaltete unsere Organisation nur einmal jährlich eine »Taufparty«, und zwar in Form einer Massentaufe in Solingen-Ohligs. Und welcher Anlass wäre unserem Untertauchen würdiger gewesen als Pfingsten, wenn der Dreifaltige dank seiner Ausgießung ohnehin angebraust kam und die Puppen tanzen ließ. So lief für mich alles, ob ich es wollte oder nicht, auf diese überregionale Großveranstaltung hinaus – meine Ganzkörpertaufe anlässlich einer mehrtägigen Pfingstfreizeit in Solingen. Gemeinsam mit vielen anderen Täuflingen, lauter jungen Leuten aus ganz Deutschland.

Noch heute habe ich allzu lebhaft vor Augen, wie elend mir als damals 12- oder 13-Jähriger auf der Fahrt nach Solingen zumute war. Onkel Heinrich hatte freundlicherweise sein Auto für diese »heilige Wallfahrt« zur Verfügung gestellt. Dabei hatte er bereits Wochen zuvor »einen freien Platz« in seinem blauen Peugeot wie Sauerbier angeboten. Wenn das keine Fügung

Gottes war, was bitte schön dann?! Zweifelsohne, eine persönliche Einladung unseres Meisters, die ich nie und nimmer ausschlagen konnte, wenn ich nicht in die Schusslinie meiner Eltern und der Prediger geraten wollte. Was hätte ich als Entschuldigung auch vorbringen sollen: *»Ich muss noch Schularbeiten machen«* oder womöglich *»Ich kann nicht schwimmen«*? Eben! Was ich damit sagen will, ich hätte schon tot umfallen müssen, damit man mir das als Ausrede hätte durchgehen lassen.

Dem Ereignis angemessen wurde ich von meiner Mutter buchstäblich wie ein »Pfingstochse« rausgeputzt, um dann auf die Rückbank des kleinen Peugeot verfrachtet und abtransportiert zu werden. Mit einem riesigen Kloß im Hals, an dem ich zu ersticken drohte. Und wer von uns Täuflingen gehofft hatte, dass die ganze Aktion ohne großes Tamtam, so zwischen Tür und Angel, besiegelt werden könnte, der hatte die Rechnung ohne den Wirt bzw. den Täufer gemacht. Denn »versenkt« wurde nur, wer als *wiedergeborener Christ* vor der versammelten Mannschaft das feierliche Gelöbnis abgelegt hatte, mit Jesus sein Leben lang durch dick und dünn zu gehen.

Doch bevor es soweit war, würden wir zunächst zwei Tage lang von morgens bis abends einem wahren Trommelfeuer von lebensvernichtenden Glaubenssätzen ausgesetzt sein. Die lebenslange Treue zum Heiland musste festgezurrt und ungewünschte Verhaltensweisen angeprangert und gegeißelt werden *(Predigtmitschnitt auf Audiodatei):* »*Dann kommen sie und sagen: Bruder bete mit mir. Nein, nein! Wir schimpfen mit dir, dass du faul und träge bist. Nimmst dein Geld für dich. Nimmst deine Zeit für dich. Liebst dein eigenes Leben. Da wird sich nie was ändern. Fragst nicht nach dem Willen Gottes. Nein, nein, so nicht! Dann kannst du noch hundert Pfingsten hierher kommen … «.* Richtig so! Wir wussten doch ohnehin nichts mit unserer Zeit, unserem Geld, unserem Leben anzufangen! Warum nicht gleich alles unserer »Heil«Anstalt opfern?! Gern geschehen, »liebe« Prediger!!

Und dann sollte die Sache Gestalt bzw. ich mein weißes Gewand annehmen. Während eines Gottesdienstes, ob es am Pfingstsonntag oder –montag war, weiß ich nicht mehr, wurde ich zu einem von vielen Akteuren in einem gespenstischen, unwirklichen Schauspiel. Denn ehe ich mich versah, fand ich mich mitten auf der Bühne eines mir gigantisch anmutenden Saales vor einer Kulisse von gefühlt 1000 Menschen wieder. Lauter »geisterfüllte« Christen, zusammengeschweißt durch jubilierende Gesänge und unheimliche Choräle. Man kann es auch anders ausdrücken: Ein durchgeknallter Haufen voller getünchter Masken.

Und noch allzu lebhaft habe ich vor meinem geistigen Auge, wie ich dort vorne stand – mutterseelenallein und zitternd vor Angst. Spüre, wie es mir die Kehle zuschnürte, und ich am liebsten im Erdboden versunken wäre. Und während mich unzählige Augenpaare erwartungsvoll anstarrten und nach meinem Zeugnis gierten, nahm ich wie in Trance wahr, dass ich plötzlich ein Mikrofon in meinen kleinen Händen hielt.

Und dann hörte ich wie aus weiter Ferne einen kleinen Jungen mehr flüstern als sprechen. Vernahm, wie er mit zittriger Stimme das geforderte Zeugnis seines Glaubens ablieferte: »*Das Gelöbnis, dem Herrn Jesus für den Rest seines Lebens folgen zu wollen. Die Versicherung, dass der Heiland ihn angenommen hätte, und er ein fröhliches, wiedergeborenes Gotteskind sei*«. All das war an den Haaren herbeigezogen. Nicht ein Wort stimmte. Er hätte genauso gut schwören können, Kapitän Kirk ein Leben lang im Raumschiff Enterprise zu begleiten. Was zweifelsohne eine ähnlich gut untermauerte Entscheidung für ein Kind seines Alters gewesen wäre. Aber was hätte er in seiner Verzweiflung denn machen sollen? Schließlich hing die Annahme seiner Eltern, letztlich sein Überleben, von dieser verfluchten Taufe ab.

Wie unter einem sich ganz allmählich lüftenden Schleier registrierte ich dann, dass dieser kleine Kerl, der da vorne mit schlotternden Knien stand, ja ich selbst war. Dabei konnte ich noch von Glück sagen, dass mir keiner der verantwortlichen Brüder auf die Schliche gekommen war, so dass sie mir ihren Segen für mein »Bad in der Menge« gaben – wortwörtlich. Mir nichts, dir nichts führte mich ein Helfer in Richtung eines imposanten, blau gefliesten Wasserbassins, wo ich mich ausziehen musste. Relativ humorlos stülpte er mir dann einen weißen Umhang über und reihte mich in die Schlange der wartenden Täuflinge ein. Es waren wohl mehr als 30 auf einen Streich, die danach lechzten –zumindest glaubte ich das-, im wahrsten Sinne des Wortes als »waschechte Christen aus der Taufe gehoben zu werden«.

So kauerte ich dort barfuß –wenigstes Jesuslatschen hätte man uns ja geben können-, vor Angst wie gelähmt, und musste mitansehen, wie der Täufer einen nach dem anderen auf Tauchstation brachte. Und es würde mich nicht wundern, wenn ich für einen Moment geglaubt hätte, dass es der Herr Jesus höchstpersönlich sei, der da am Werke war. Zu sehr erinnerte mich der Kollege, ein Mann um die vierzig, mit seiner todernsten Miene, seinen pechschwarzen Haaren und seinem weißem Gewand an unseren Meister. Einzig, der schwarze Bart fehlte. Dabei erledigte er seinen Job mit einer Geschwindigkeit und Präzision, dass wohl selbst *»Johannes, der Täufer«*, hellauf begeistert gewesen wäre.

Und holterdiepolter hatte dieser Wahnsinnige auch mich geschnappt, meine Arme vor der Brust verschränkt, mir ein Bein gestellt und mich rücklings unter Wasser gedrückt. Plitsch! Platsch! – Klitschnass! Vom Regen in die Taufe! Unter den jauchzenden Gesängen des »Publikums« tauchte ich auf und schnappte nach Luft. Heilfroh, dass ich lebte. Nun ja, für einen Moment ließ mich der Kollege nämlich glauben, er wolle mich ersäufen – so lange drückte er mich unter Wasser. Das ganze Treiben hatte etwas von einem schlechten Film, aus dem ich jeden Moment zu erwachen hoffte.

Und während ich einen Augenblick lang einfach nur erleichtert war, dieses Ritual unbeschadet überstanden zu haben, sollte sich bereits im nächsten Moment wieder diese bleierne Schwere, das altbekannte Gefühl der Verzweiflung und Hoffnungslosigkeit, auf meine Kinderseele legen. Und ja, noch heute spüre ich das weiße, pitschnasse Gewand an meinem nackten Körper kleben, sehe die schaulustige Menschenmenge in dem gerammelt vollen Saal, höre die gruseligen apokalyptischen Gesänge, nehme wahr, wie alles in mir rebellierte und zum Himmel schrie: *»Bitte, bitte hol mich hier einer raus. Bitte, bitte lieber Gott, erlöse mich von den Bösen, diesen Wahnsinnigen«.* Und dieser Hilfeschrei war mehr als berechtigt, denn solange noch ungetaufte Seelen frei herumliefen, würden diese blinden Eiferer niemals Ruhe geben.

Kapitel 18:
Warum ich mich mit dem kleinen Isaak identifizierte

Je fanatischer uns die Prediger die *»Frohe Botschaft«* entgegenschnaubten, desto überzeugter waren wir, dass es unser Meister höchstpersönlich sei, der da gerade zu uns sprach. Aber natürlich! Wer auch sonst sollte dahinterstecken, wenn sich ihre Stimmen plötzlich überschlugen, sie wild mit den Armen zu rudern begannen und wie Berserker aufs Rednerpult eintrommelten?! Kein Frage, der Dreifaltige hatte sich dann ihrer bemächtigt und sie »als göttliche Sprachrohre« benutzt. Genauso hatte es unser Meister schließlich kundgetan: *»Wer euch hört, der hört mich« (Lukas 10, 16);* *»Was ihr auf Erden binden werdet, soll auch im Himmel gebunden sein ...« (Matthäus 18, 18).* Und damit es auch der letzte kapierte, erklärten die Prediger ihren geistigen Bullshit zu göttlichen Botschaften *(Predigtmitschnitt auf Audiodatei): »Die Predigt hat mir der Herr aufgegeben, nicht von mir ausgearbeitet«;* *»Heute morgen hat Gott zu uns gesprochen durch unseren Bruder Karl-Otto«.* Und, und, und. Man glaubt es nicht! Wir schon!

Was konnten wir von Glück sagen, dass die Prediger sich stets und ständig als Gottes Dolmetscher zur Verfügung stellten, und wir nur noch die Hacken zusammenschlagen mussten. Und nicht zuletzt hatte ja auch der Apostel Paulus befohlen: *»Gehorchet euren Führern und seid unterwürfig«* *(Hebräer 13, 17).* Verständlich also, dass »der Zweifler« glaubensmäßig schon längst aus dem letzten Loch pfiff. Ja was denn sonst!?

Wenn wir eine Sache hinterfragten oder gar rumstänkerten und nicht auf Gedeih und Verderb hinter den Predigern standen, würden wir unsere Hand gegen unseren Meister selbst erheben *(Predigtmitschnitt auf Audiodatei): »Darum ist es wichtig, dass du hinter der Gemeindeleitung stehst mit Haut und Haar. Wenn du von vornherein Kritik hast auf die Gemeindeleitung, können wir dich nicht gebrauchen. Wenn du deine Hand hebst gegen die Gemeinde, hebst du deine Hand gegen Jesus selbst. Du kannst nicht schlecht über die Gemeinde sprechen, ohne dass du schlecht über Jesus sprichst. Denn er ist derjenige, der die Gemeinde gegründet hat. Es ist das allerdümmste, was du tun kannst«.* Nein, sowas aber auch! Welch eine gigantische Verdummdeubelei! Aber so funktioniert blinder Gehorsam!

Als positives Beispiel dieses Kadavergehorsams priesen die Prediger »Vater Abraham«. Nun, für die nicht so in der Bibel bewanderten LeserInnen sei an dieser Stelle klargestellt, dass es sich zweifelsfrei nicht um den niederländischen Sänger »Vader Abraham«, bekannt durch das »Lied der Schlümpfe«, handelte, sondern um eine zentrale Figur der Bibel, um den Stammvater des jüdischen Volkes. Und in den höchsten Tönen lobten die Prediger ihn deshalb, weil er auf Gottes Befehl hin bereit war, seinen einzigen Sohn Isaak abzuschlachten: *»Und als sie kamen an die Stätte, die ihm Gott gesagt hatte, baute Abraham daselbst einen Altar und legte das Holz darauf und band seinen Sohn Isaak, legte ihn auf den Altar oben auf das Holz und reckte seine Hand aus und fasste das Messer, dass er seinen Sohn schlachtete. Da rief ihm der Engel des Herrn vom Himmel und sprach: Lege deine Hand nicht an den Knaben und tue ihm nichts; denn nun weiß ich, dass du Gott fürchtest« (1. Mose 22, 6 – 12).* Also nicht wirklich nett, was Abraham da im Schilde führte. Vor allen Dingen nicht für Isaak.

Und leider Gottes wimmelte es in der Bibel nur so von Texten, anhand derer die Prediger von uns verlangten, in Sachen Glaubensgehorsam in Abrahams Fußstapfen zu treten: *»Durch den Glauben opferte Abraham den Isaak« (Hebräer 11, 17); »Abraham hat Gott geglaubt und das ist ihm zur Gerechtigkeit gerechnet, und er ward ein Freund Gottes geheißen« (Jakobus 2, 21 – 23).* Und auch ihre Beschwichtigungsversuche *»Gott habe Abraham ja nur prüfen wollen«* –schließlich hatte er in Gestalt eines Engels noch rechtzeitig die Reißleine gezogen-, machte mir die Geschichte nicht wirklich sympathischer. Ich verstand die Welt nicht mehr und schon gar nicht diesen sadistischen Gott.

So spürte ich schon als kleiner Junge ganz genau, dass mit diesem Gott irgendwas, sagen wir es mal so, nicht ganz in Ordnung war. Heute würde ich das wohl so formulieren: *»Abraham und Isaak hatten in Wahrheit doch einfach nur einen Riesendusel, dass besagter Engel die Hausschlachtung im letzten Moment verhinderte. Zumal Gott bei der Opferung seines Sohnes einige Jahrhunderte später unbedingt sein Blut sehen wollte. Und ganz davon ab, Gott war doch allwissend und musste daher den Ausgang seines grausamen Experiments* kennen. *So doof konnte doch kein allwissender Gott sein«.* Stimmt doch »lieber« Gott, oder etwa nicht?!

Und jedes Mal, so oft ich die Geschichte auch hörte, fragte ich mich, was eigentlich mit dem kleinen Isaak war? Nicht eine Silbe war er den Predigern wert. Das einzige, was für sie zählte, war der überwältigende Treuebeweis seines bekloppten Vaters. Und in dem gleichen Maße, wie sie Abraham über den grünen Klee lobten, galt mein heimliches Mitgefühl dem kleinen Jungen, mit dem ich mich vom ersten Augenblick an identifiziert hatte. Dabei sprengte es meine Vorstellungskraft, welch eine furchtbare Panik ihn erfasst haben musste, als sein Vater ihn unvermittelt packte, ihn fesselte und zur Schlachtung vorbereitete.

»Hatte der kleine Isaak vielleicht noch versucht, sich zu wehren, oder war er einfach nur starr vor Entsetzen«? *»Hatte er geschrien und seinen Papa um Gnade angewinselt, als dieser das Messer zückte, oder hatte er sich willig in sein Schicksal gefügt«?* *»Machte er sich nach dem glücklichen Ausgang mit seinem Vater fröhlich pfeifend auf den Rückweg, oder war er einfach nur schwer traumatisiert«?* waren die Fragen, die mich umtrieben. Vermutlich wird es ja auch für ihn das erste Mal gewesen sein, dass er gefesselt mit Brennholz unterm Hintern schlachtfertig auf einem Altar lag.

Und schon längst hatte mich dieses beklemmende Gefühl beschlichen, dass Gott aus einer Laune heraus meinen Eltern eines Tages einen ähnlichen Befehl erteilen könnte. *»Vielleicht führte Papa gar schon was im Schilde, an schrecklichen Dingen, von denen er mir nichts sagen konnte«,* ging es mir bisweilen durch den Kopf. So mochte ich mir auch nicht ausmalen, wie er reagieren würde, wenn Gott ihn in eine derartige Zwickmühle brächte. Meine Hand hätte ich jedenfalls für ihn nicht ins Feuer legen können, und für meine Mutter schon mal gar nicht. Keine Frage, sie hätte eingewilligt – wenn auch schweren Herzens.

Und sicherlich werde ich mich auch gefragt haben, *»ob Isaaks Freunde ihn nachmittags oder tags darauf zum Spielen abholen wollten«?* Hatte seine Mutter, Sarah, ihnen dann vielleicht gesagt: *»Das ist jetzt aber schade, sein Vater schlachtet ihn gerade! Gestern hätte es ihm besser gepasst«?* Und überhaupt, was war eigentlich mit Sarah? War sie mit der Opferung ihres kleinen Sohnes einverstanden? Vermutlich ja, Frauen hatten ja ohnehin nichts zu melden. Wahrscheinlich wird sie den beiden auch noch ein paar Brote als Marschverpflegung für die anstrengende dreitägige Brandopfer-Reise mitgegeben haben. Schließlich musste Isaak sein Brennholz ja auch noch selbst schleppen *(1. Mose 22, 6)*. Richtig romantisch war das alles jedenfalls nicht.

Wohl überflüssig zu erwähnen, dass diese Geschichte in unsere heutige Gesellschaft übertragen, erfreulicherweise ein anderes Ende genommen hätte. Zumindest für Abraham, den man zweifelsohne in die geschlossene Psychiatrie eingewiesen hätte, und zwar für immer. Und anstatt Bewunderung für seinen Glaubensgehorsam, wären ihm tiefe Abscheu und Verachtung sicher gewesen. Und heutzutage noch zerbrechliche Kinderseelen mit derartigen Horrorgeschichten zu traktieren, womöglich noch mit bunten Bildern aus der Kinderbibel, müsste schlichtweg verboten werden.

Weniger Glück als der kleine Isaak hatte dann einige Jahrhunderte später die einzige Tochter eines Heerführers gegen die Ammoniter. Das arme Kind war seinem Vater, namens Jephta, *»mit Pauken und Reigen«* fröhlich entgegengelaufen, als dieser siegreich von einer Schlacht heimkehrte. Nur blöd, dass Jephta, noch ganz im Siegestaumel, Gott versprochen hatte, dass er das, was ihm daheim als erstes über den Weg laufen würde, dem »lieben« Gott als Brandopfer spendieren würde. Was für ein Pech! Aber versprochen ist versprochen! Der Vollständigkeit halber sei erwähnt, dass er der Kleinen in einer Art Gönnerlaune noch gestattete, zwei Monate lang ihre Jungfernschaft zu betrauern, bevor er sie dann auf dem Brandopferaltar anzündete *(Richter 11, 29 – 40)*.

Was ich damit sagen will? Diesmal griff Gott nicht ein. Offensichtlich war ihm der Geruch von brennendem Menschenfleisch dann doch *»zu lieblich in seiner Nase«*. Denn diese Brandopfer waren es, die er zur Besänftigung seines heiligen Zorns so dringend benötigte und *»ihm zu einem lieblichen Geruch geworden waren«*. So ist es jedenfalls in schier endlosen Litaneien in der Bibel nachzulesen *(1. Mose 8, 20 – 21 u. 3. Mose 1 ff u.v.m)*. Kein Wunder also, dass auch die Prediger im wahrsten Sinne des Wortes »den Braten schon längst gerochen hatten«. Was das heißt? Nun …, *(Predigtmitschnitt auf Audiodatei):* »*Ich frage uns, wo sind wir auf dem Opferaltar des Herrn, als Ganzopfer, als Brandopfer«?* Ja genau, Gott wollte, dass wir ihm *»unser Leben opferten«!* Ich weiß, das hört sich völlig irre an, für »brennende« Nachfolger ganz und gar nicht!

Kapitel 19:
Ein Polizeieinsatz zur Bändigung des Heiligen Geistes?

Und da mein Leben von klein auf zu einem verzweifelten Täuschungsmanöver verkam, wurde der Heilige Geist sozusagen zu meinem »natürlichen Feind«. Weshalb? Na ja, in seinem Scheinwerferlicht lief ich Gefahr, dass meine ganze Schauspielerei jederzeit auffliegen konnte. Dazu muss man wissen, dass die Prediger stets und ständig für die Ausrüstung mit den sogenannten »Geistesgaben« beteten, die eine Enttarnung von Sündern immer und überall ermöglichten *(Predigtmitschnitt auf Audiodatei): »Wir brauchen Geistesgaben in unserer Gemeinde. Wir brauchen sie in der Fülle, damit der Sünder, wenn er hineinkommt, überführt wird. Dass er spürt, Gott ist gegenwärtig. Wir brauchen diese übernatürlichen Kräfte«.* Aller Schwedel! Also eine Art Software, die Heuchlern und Sündern sofort die Maske vom Gesicht riss, sobald sie unsere Anstalt betraten. Wie abgefahren ist das denn, bitte schön?! Für mich nach Lage der Dinge, natürlich richtiger Mist!

Und dummerweise war es auch noch so, dass der Dreifaltige bei uns, sagen wir mal so, ein gern gesehener Gast war und in nahezu jeder Versammlung angetanzt kam, um das zu machen, was er am besten konnte. Richtig, *»sich ausgießen«*! Und zwar genauso, wie wir es aus der Bibel als Pfingsten kannten – die »Ausgießung des Heiligen Geistes«, nur eben ohne Feuer: *»Und es entstand plötzlich vom Himmel her ein Brausen, und es erschienen Zungen, die sich zerteilten wie von Feuer und setzten sich auf einen jeglichen unter ihnen. Und sie wurden alle vom Heiligen Geist erfüllt und fingen an in anderen Zungen zu reden ...«* (Apostelgeschichte 2, 1 – 4). Das war natürlich 'ne tolle Auszeichnung für unsere kleine Herde, zumal der Dreifaltige doch in aller Herren Länder zu brausen hatte. Und ja, mich hätte es nicht gewundert, wenn eines Tages ein Hinweisschild vor unser »Heil«Anstalt gestanden hätte, mit der Aufschrift: *»Ausgießung des Heiligen Geistes: Mittwochs und Sonntags (nicht vor 10 Uhr) und nach Vereinbarung«.* Oder so ähnlich. Meinetwegen, sollte er, der Dreifaltige, wenn er Spaß dran hatte. Hauptsache, er ließ mich in Ruhe mit seinen Aufgüssen. Was natürlich wiederum kein gutes Zeichen für meine Beziehung zu unserem Meister war.

So war es dann auch nicht weiter verwunderlich, dass wir eines Sonntagabends glaubten, sein *Brausen* besonders heftig zu spüren. Da war ich 12, vielleicht auch 13 Jahre alt. Nun, zum Ende der Gebetsstunde hatte sich die Stimmung derart hochgeschaukelt, dass es wirklich alle Brüder –denn die meisten waren ja Brüder- von den Stühlen gerissen hatte. Während einige mit erhobenen Armen taumelten und in *»fremden Zungen sprachen«*, heulten andere Rotz und Wasser, oder lagen wimmernd vor ihren Stühlen und flehten den Heiland mit nicht enden wollenden Gebetslitaneien um Vergebung vermeintlicher Sünden an. Und wie man es von einer »heiligen Geisterstunde« erwarten durfte, war das Licht im Raum abgedunkelt, so dass der ganze Spuk noch gespenstischer wirkte. Dem Dreifaltigen wird's recht gewesen sein. Ihm war es nämlich vorbehalten, im gottgefälligen Schummerlicht unsichtbar durch den Raum zu sausen und zu brausen. Wohl unnötig zu erwähnen, dass ich mal wieder der einzige war, an dem er einfach vorbeigebraust war.

Und obwohl mich vom ersten Augenblick an eine schreckliche Angst gepackt hatte, durfte ich mich nicht verdächtig machen. So passte ich mich der allgemeinen Gemengelage an. Ich kniete vor meinem Stuhl, nuschelte mir irgendwelche Gebetsformeln in den Bart und gab mir alle Mühe, ein verheultes Gesicht vorzutäuschen. Dabei hatte ich während dieses zermürbenden Gebetsmarathons, der sich über geschlagene sechs!! Stunden ziehen sollte, nur einen Gedanken im Kopf: *»Wie kommst du halbwegs heile aus diesem Horror raus, ohne dich verdächtig zu machen«?* Alle paar Sekunden schielte ich zur Tür und spielte mit dem Gedanken, mich klammheimlich aus dem Staub zu machen. Doch die Befürchtung, dass mich Matthias in der nächsten Jugendstunde dann erst recht in die Mangel nehmen würde, war einfach übermächtig. *»Du wirst ihm niemals erklären* können, *weshalb du einfach Hals über Kopf abgehauen bist«,* grübelte ich mit wachsender Verzweiflung.

Schließlich war dieser »himmlische Klamauk« genau das, was die Prediger sehen wollten, was sie geradezu elektrisierte *(Predigtmitschnitt auf Audiodatei): »Dass hier heute Abend Menschen taumeln vom Heiligen Geist. Dass die Leute, wenn sie euch draußen sehen, sagen: Mensch, die sind betrunken«.*

So biss ich die Zähne zusammen, bis der Heilige Geist dann weit nach Mitternacht ein Einsehen hatte und seinem Spuk freundlicherweise ein Ende setzte. *»Raus aus dieser Hölle! Nichts wie weg hier«,* dachte ich nur noch. Ich rannte die wenigen Meter bis nach Hause, wo ich nur kurze Zeit später völlig verstört ankam. Doch weder mein furchtbarer Zustand noch meine späte Heimkehr –immerhin musste ich ja tags darauf zur Schule-, schien meine Eltern in irgendeiner Weise zu beunruhigen. Ganz im Gegenteil. In ihren Augen konnte ich nirgends besser aufgehoben sein als *»in Jesu Armen«.* Doch das, was sie für *»die Arme Jesu«* hielten, waren für mich nicht mehr und nicht weniger als *»die Krallen des Teufels«.*

Allerdings sollte ich an diesem Abend nicht der einzige sein, dem besagtes *Brausen* nicht ganz geheuer war. Nun ja, unser ungläubiger Nachbar, Onkel Sefing, hatte hinter dem nächtlichen Gebrüll eine Schlägerei vermutet und war drauf und dran gewesen, die Polizei zu rufen. So hatte es sich jedenfalls tags darauf wie ein Lauffeuer verbreitet. Wie ihm doch der Blick für die geistlichen Dinge fehlte! Was wir ihm, als *Weltmensch,* natürlich nicht krummnehmen konnten. Woher sollte er auch wissen, dass der Dreifaltige, einmal in Fahrt gekommen, ganze Gottesdienste komplett durcheinanderwürfeln, quasi »ein Hansdampf in allen Gassen« sein konnte?! Ein nächtlicher Polizeieinsatz zur Bändigung des Heiligen Geistes? Das wär's doch gewesen! Die anderen fanden das lustig, ich nicht so.

Ein weiteres heftiges *Brausen* lag nur kurze Zeit später während einer Freizeit in Bielefeld in der Luft. Nun, eines Abends hatten wir uns auf dem Vorplatz der Jugendherberge zum gemeinsamen Lobpreis vor einem Osterfeuer versammelt, das ein Bruder nach Einbruch der Dunkelheit entzündet hatte. Endlich mal raus aus dem »heiligen Mief« des Versammlungsraumes. Das fand ich schon mal gut. Was dann passierte, allerdings weniger. Wir bekamen die volle Dröhnung des Dreifaltigen. Denn dort draußen, begünstigt durch den freien Himmel und inspiriert durch das Feuer, tobte der Heilige Geist derart heftig, dass ein Kollege, nennen wir ihn Heino, wie von der Tarantel gestochen, aufsprang, dann in sich zusammensackte und wie ein Schlosshund zu heulen anfing. Warum? Ganz einfach, der Dreifaltige hatte ihn gepackt und zur Rede gestellt.

So stand oder lag er, ich weiß es nicht mehr, mit zitterndem Körper und vor Erregung bebender Stimme vor uns und beichtete uns ungefragt seine

Sünden. Was er auf dem Kerbholz hatte? Eine Affäre oder Bordellbesuche, wie sein Kollaps vermuten ließ? Denkste! Die Wurzel des Übels steckte viel tiefer. Es ging um sein heimliches wöchentliches Lottospiel, das er bis dahin selbst seiner Frau verschwiegen hatte. Oha! Das war natürlich kein Pappenstiel! Nun muss man wissen, dass für gläubige Christen das Glücksspiel vom Teufel und daher verboten ist. So war Heino nichts anderes übrig geblieben, als die Karten offen auf den Tisch zu legen, im Vertrauen auf die Gnade unseres Meisters. Das hat dann ja auch prima geklappt, oder Heino?!

Natürlich waren auch wir von diesem Kabinettstückchen des Dreifaltigen schwer beeindruckt. Von diesem Geist, der genau wie der Wind *»bläst, wo er will, und du hörst sein Sausen wohl, aber du weißt nicht woher er kommt, und wohin er fährt« (Johannes 3, 8).* So war er an diesem Abend freundlicherweise auch bei uns am Osterfeuer vorbeigefahren und hatte Heino den Marsch geblasen. Und wenn sich einer mit Feuer auskannte, dann der Dreifaltige: *»Und es erschienen ihnen Zungen wie von Feuer, die sich verteilten. Auf jeden von ihnen ließ sich eine nieder ...«* (bekannt als das Pfingstwunder aus Apostelgeschichte 2, 3); *»Er wird euch taufen mit dem Heiligen Geist und mit Feuer«* (Matthäus 3, 11). Ach was? Nur ..., wenn ich kleiner Knirps eins nicht brauchte, dann war es eine »Feuertaufe«. Dafür steckte mir die »Wassertaufe« einfach noch zu sehr in den Knochen!

Erwartungsgemäß hatte Heinos Neuanfang dann auch Signalwirkung für uns. Wir bekannten reumütig unsere Sünden, begleitet von den üblichen Bekräftigungsformeln von *»Halleluja«* bis *»Dank sei dir Herr«*, die sich einige in den Bart grummelten, andere wiederum aus vollem Rohr raustrompeteten. Manche Kollegen wiederum taumelten und zitterten sich in Ekstase, mehr oder weniger im Rhythmus unserer stumpfsinnigen apokalyptischen Gesänge. »Tanzende Derwische« vor einem Feuer, so mag es auf Außenstehende gewirkt haben. Wohl überflüssig zu erwähnen, dass der Dreifaltige an mir kleinem Kerl mal wieder vorbei gebraust war. Und während sich die meisten Geschwister vor lauter Entzücken gar nicht wieder einkriegten, hatte mir dieses schaurige Spektakel einmal mehr alle Energie aus meinem Körper gesogen. Und irgendwie war ich froh, dass dieser Spuk im Freien stattfand, so dass ich wenigstens das Gefühl hatte, jederzeit wegrennen zu können. Nicht ahnend, dass mich bereits am nächsten Tag ein weitaus bedrückenderes Erlebnis erwartete: Meine Teufelsaustreibung.

Ich sollte noch erwähnen, dass in unseren Augen Heinos Gewissensqualen natürlich mehr als berechtigt waren. Schließlich lautete einer unserer in Stein gemeißelten Glaubenssätze: *»Wen der Sohn (Jesus) freimacht, der ist recht frei«* *(Johannes 8, 36).* So war in unserer Gemeinde kein Platz für Glücksspieler oder anderweitig Belastete, wie Alkoholiker und Raucher, Drogensüchtige und Homosexuelle. Oder dachten Sie etwa, dass unsere kleine Herde nicht vor diesen unbußfertigen Sündern geschützt werden musste? Doch wohl nicht?! Nicht umsonst sagte die Bibel doch klipp und klar: *»Entfernt den bösen Menschen aus eurer Mitte«* *(1. Korinther 5, 13).* Ja was denn sonst!? Weshalb unser Meister allerdings meinen Papa nicht von seiner »Belastung«, den auf mich so verstörend wirkenden Kontrollzwang, freimachte, sollte mir immer ein Rätsel bleiben.

Gleichwohl würden wir dem Dreifaltigen Unrecht tun, wenn wir seine Wohltaten auf gelegentliches *Sausen und Brausen* reduzierten. So hatte er noch einige Präsente, genauer gesagt sieben *göttliche Gaben,* für uns auf Lager. Ach was? Sieben Geschenke? Einfach so? Ohne dass Weihnachten war, oder man Geburtstag hatte? Jetzt bin ich aber baff! Ja genau, wir mussten uns »nur« für die Gemeinde voll reinhängen *(1. Korinther 14,1),* dann würde der Dreifaltige nämlich tief in die Trickkiste greifen und uns mit einem oder mehreren »Freundschaftsbeweisen« beglücken *(1. Korinther 12, 8 – 10).*

Und jetzt kommt's. Der eine sollte *»in Zungen reden«,* und der andere dieses *»Kauderwelsch auslegen«* können, der eine sollte *»weissagen«,* und der andere die Gabe der *»Geisterunterscheidung«* besitzen, der eine sollte die Gabe der *»Wunderwirkung«* haben, während der andere über die Gabe der *»Heilung«* oder der *»Erkenntnis«* verfügen sollte. Ah ja! Gut zu wissen! Aber welches Talent wir aus der »himmlischen Wundertüte« auspacken durften, blieb letztlich dem göttlichen Überraschungseffekt vorbehalten.

Okay, das große Los, »das Spielen in einer richtigen Fußballmannschaft«, war blöderweise nicht in der göttlichen Tombola! Von daher interessierten mich diese verflixten Gaben auch nicht die Bohne. Meinetwegen konnten die anderen so vielen Geistern und Gaben hinterherhecheln wie sie wollten, aber mich sollten sie gefälligst in Ruhe lassen, mit ihren Plagegeistern, Flaschengeistern und was weiß ich für Geistern. Ich wollte mit meinen Kumpels

Fußballspielen und nicht irgendwelche »*Geister unterscheiden*« oder noch schlimmer »*mit fremden Zungen reden*«. (M)eine Zunge reichte mir voll und ganz. Und auch meine Freunde hatte ich bis dahin noch ganz gut ohne Mithilfe von Gaben und Geistern unterscheiden können. Zugegeben, ein Wunder, das hätte ich weiß Gott gerne bewirkt: Die verfluchten Prediger samt unserer Anstalt hätte ich zur Hölle gejagt – wortwörtlich!

Und ganz davon ab, flößte mir diese dreifaltige Bescherung richtig Angst ein. So konnte ich von Glück sagen, dass ich wohl noch zu klein war, als dass mir der Heilige Geist eine seiner »Gunstbeweise« hätte andrehen können. Nun ja, mir stockte bereits der Atem, wenn inmitten der Versammlungen urplötzlich ein Kollege diese beängstigenden, unverständlichen Laute von sich gab, was die anderen dann als »*Zungenreden*« bezeichneten. Und irgendwie wurde ich das Gefühl nicht los, dass auch Mama und Papa diesem unheimlichen Gebrabbel nichts abgewinnen konnten. Jedenfalls habe ich sie nie derart wirres Zeug quatschen hören.

Für die Prediger dagegen kamen die »siebenfaltigen Gaben«, insbesondere besagtes *Zungenreden,* wie gerufen. Schließlich handelte es sich dabei um eine Art Geheimwaffe im Kampf gegen die Ungläubigen. Aber natürlich! Bildlich muss man sich das etwa wie bei James Bond vorstellen, der im Kampf gegen »den Beißer« und wie die Bösewichte alle hießen, auch immer die spektakulärsten Geheimwaffen in der Hinterhand hatte *(Predigtmitschnitt auf Audiodatei)*: »*Also die Zungensprache ist auf der einen Seite die geheime Sprache Gottes. Die verstehst du nicht, aber ein anderer auch nicht, und auch kein Teufel. Halleluja, da kann der nicht mitmischen. Es ist, als ob Gott ihm (dem Ungläubigen) ein Zeichen gibt, mit der Glocke schellt und sagt: Wach jetzt auf, jetzt kommt was Besonderes für dich …*«; »*Ich benutze die Gabe der Zunge auch oft als ein Kampfinstrument, … und die Frau fiel, wie von der Tarantel gestochen um, knallte zu Boden …*«. »*Übrigens hat Gott dieses Zeichen (Zungenreden) immer dann gegeben, wenn das Gericht nahe vor der Tür stand*«. Wow! Ne richtige Glocke? Ein Kampfinstrument? Die Bösen knallen zu Boden? Einfach so? Voll krass, oder?!

Aber ja, eine Allzweckwaffe mit Fähigkeiten, in Kenntnis dessen wohl selbst unserem Meister die Spucke weggeblieben wäre. Und das Ergreifendste an dem Zirkus war ja, dass der Teufel die ganze Zeit nur Bahnhof verstand! So war der Heilige Geist immer für eine Überraschung gut. Wobei man allerdings nie wusste, welche Kunststücke er sich spontan aus »*dem Kreuz leierte*«. Verständlich also, dass die Geschwister in den Versammlungen gespannt wie ein Flitzebogen waren und seinen Zauberstücken voller Erwartung entgegenfieberten *(Predigtmitschnitt auf Audiodatei): »Wir sitzen in Erwartung. Der Heilige Geist in unserer Mitte. Was wird geschehen? Da, wo der Geist Gottes ist, da geschehen Zeichen und Wunder. Was wird Jesus heute Abend in unserer Versammlung tun? Erwartung, Glauben. Die Grundlage ist gegeben …*«. Ich weiß, dass hört sich alles völlig bescheuert an, nicht für »*brausende*« Nachfolger.

Und während die anderen von diesem dreifaltigen Spuk den Hals gar nicht voll genug bekommen konnten, durchflutete meinen kleinen Körper in nahezu jedem Gottesdienst eine schreckliche innere Unruhe. Dabei waren es immer die gleichen Fragen, die meine Nerven regelmäßig blank liegen ließen: »*Wird der Heilige Geist dich jetzt auffliegen lassen*«? »*Wird er dich in Gegenwart der Geschwister bloßstellen*«? »*Hat der Prediger dich jetzt gemeint*«? Dieses grauenhafte Gedankenkarussell war einfach nicht zum Aushalten. Es würde nie aufhören.

»Was sollte ich nur machen? Ich konnte doch nicht nach jedem Gottesdienst Uwe oder einem anderen Bruder meine Seelenqualen beichten. Die würden doch recht bald Verdacht schöpfen, dass für mich der Gnadenzug bereits abgefahren war. Mit ›so einem‹ wollte doch keiner mehr etwas zu tun haben«, so oder ähnlich geisterte es mir dann im Sekundentakt durch den Kopf. Nicht umsonst hatten die Prediger doch die Parole ausgegeben, sich an »solchen Menschen« die Finger nicht mehr schmutzig zu machen *(Predigtmitschnitt auf Audiodatei): »Wenn während des Gespräches offenbar wird, dass die Gnade für den nicht mehr da ist, dann lass dir auch das vom Geiste Gottes zeigen …*«. Keine Frage, man würde mich fallen lassen wie eine heiße Kartoffel.

Nun, erst viele Jahre nach meinem Ausstieg begann es mir allmählich zu dämmern, dass es eben nicht der Dreifaltige war, der die Geschwister emotional so durchgeschüttelt hatte, sondern sie lediglich von körpereigenen, drogenähnlich wirkenden Endorphinen durchflutet wurden. Anders gesagt, sie hatten einen guten »Heiligen-Geist-Trip«. Genauso wenig wie es sich beim *Zungenreden* um eine »göttlichen Sprache« handelt, sondern lediglich um ein wirres Kauderwelsch, das der Praktizierende jederzeit per Knopfdruck an- und abschalten kann. Alles, wie ich in Fachblättern recherchiert hatte, hirnphysiologische Vorgänge, die ihre Wurzeln in vielen, jahrtausend-alten Kultur- und Religionskreisen haben. Für ähnlich rauschhafte Effekte auf *weltlichen* Veranstaltungen wie Rock- und Popkonzerten, bei denen die Groupies gleich reihenweise in Ekstase und Ohnmacht fielen, musste da-gegen der Satan herhalten. Und so war es immer: Den Heiligen Geist für uns, den Teufel für die anderen.

Kapitel 20:
Ich, der kleine Ritter, »wie im Wald, so in der Anstalt«

Und immer dann, wenn wir drauf und dran waren, uns aus dem Dunstkreis des Heiligen Geistes zu entfernen, witterte der Teufel Morgenluft. Dann versuchte er nach Leibeskräften über die *weltlichen Gelüste*, einen Fuß bei uns in die Tür zu bekommen. Und ehe wir uns versahen, würden er und seine Plagegeister Besitz von uns ergreifen, und zwar mit Haut und Haaren. Dazu muss man wissen, dass *wir Auserwählten* nicht mit »*Fleisch und Blut*« zu kämpfen hatten, sondern wir uns wie die Kesselflicker mit dem Lumpenpack des Teufels rumprügeln mussten *(Epheser 6, 12)*.

Damit wir jedoch nicht von vorneherein auf verlorenem Posten standen, kamen wir nicht umhin, die *Waffenrüstung Gottes* anzulegen. Wie jetzt? Sind wir wieder bei den Rittern im Mittelalter, dass das Tragen von Schwertern in Mode kommt? Natürlich nicht! Aber dachten Sie etwa, dass wir unbewaffnet gegen den Teufel in den Krieg ziehen konnten? Doch wohl nicht! Nur gepanzert, mit der Bibel als *Schwert des Geistes* in der Hand, konnten wir den »*guten Kampf des Glaubens erfolgreich kämpfen (1. Timotheus 6, 12) und die feurigen Pfeile des Teufels auslöschen*«. So und nicht anders steht das nämlich in der Bibel: »*Denn wir haben nicht mit Fleisch und Blut zu kämpfen, sondern mit Fürsten und Gewaltigen, nämlich mit den Herren der Welt, die in der Finsternis dieser Welt herrschen, mit den bösen Geistern unter dem Himmel. Deshalb ergreift die ganze Waffenrüstung Gottes, … vor allem aber ergreift den Schild des Glaubens, mit dem ihr alle feurigen Pfeile des Bösen auslöschen könnt. Und nehmt den Helm des Heils und das Schwert des Geistes, welches ist das Wort Gottes*« *(Epheser 6, 11 – 17)*. Zu Befehl, Jesus! So wird's gemacht! Helm auf! Schwert nehmen! Und kämpfen!

Und da ich mit meinen Kumpels nur allzu oft die Abenteuer meiner *weltlichen* Helden mit selbst zusammengezimmerten Holzschwertern nachspielte, musste mir niemand mehr groß erklären, wie unverzichtbar für echte Ritter eine gute Waffenrüstung war. Mit Schwert und Dolch seitlich hinter unsere

Gürtel geklemmt, waren wir dann ein ums andere Mal als Sigurd oder Falk, Ivanhoe oder König Löwenherz zum »Kampf« in die umliegenden Wälder gezogen. Kein Wunder also, dass ich im Eifer des Gefechtes mitunter mehr Kampfspuren, also Schrammen und blaue Flecken, davontrug, als mir lieb war. Und das, obwohl wir noch nicht einmal richtig Ernst machten. Wie Recht die Prediger doch hatten, mit ihrer »Helmpflicht« und dem ganzen Rüstungsgedöns!

So oder so, im Wald oder im Gottesdienst, als Sigurd oder Jungchrist, ich war ein kleiner Ritter, nur ohne Pferd und Rüstung. Zugegeben, in der Gemeinde mehr ein Don Quijote, der verzweifelt gegen Windmühlen kämpfte. Und ja, der Kontrast meines Gemütszustandes konnte größer nicht sein. Denn während ich mich im Wald voller Begeisterung bis zur Erschöpfung austobte, nahm mir in den Versammlungen die Waffenrüstung des Schmerzensmannes schon beim Stillsitzen die Luft zum Atmen. Und während die kleinen Blessuren, die die Holzschwerter an meinem Körper hinterließen, im Nu abgeheilt waren, sollten mich die mörderischen Hiebe, mit denen die Prediger meine Kinderseele verwüsteten, ein Leben lang quälen.

Dabei war es ja wahrlich kein Geheimnis, dass wir gerade in »*diesen letzten Tagen*« unter dem Dauerbeschuss des Teufels standen: *(Predigtmitschnitt auf Audiodatei): »Wir leben in einem permanenten Kriegszustand mit Satan. Das heißt: Kampf bis aufs Messer. Ohne Ausrüstung ist einfach kein Krieg gegen Satan zu gewinnen. Wir stehen in den letzten Tagen. Und sie (die Welt) rechnet nicht mit den Gaben des Heiligen Geistes. Und wir brauchen diese Gaben gerade in der Konfrontation mit den Mächten der Finsternis …«.* Alter Schwede! Was konnten wir von Glück sagen, dass die Prediger in diesem heiligen Krieg einen klaren Kopf behielten. Danke, »liebe« Prediger, dafür! Was hätte der Teufel nicht alles mit uns angestellt, wenn wir nicht bis an die Zähne bewaffnet gewesen wären?!

Und ganz davon ab »*war ja auch unser Meister nicht gekommen, um Frieden zu bringen, sondern das Schwert*«: »*Ich bin nicht gekommen, Frieden zu senden, sondern das Schwert. Denn ich bin gekommen, den Menschen zu erregen gegen seinen Vater, und die Tochter gegen ihre Mutter, und die Schwiegertochter gegen ihre Schwiegermutter …«* (Matthäus 10, 34 – 35). Ja was dachten Sie denn! Sicherlich gut gemeint von Jesus, also das mit dem Schwert, aber wenn ich eins nicht brauchte, dann war es ein Schwert. Denn Schwerter hatte ich wahrlich zur Genüge. Deshalb musste unser Meister nun wirklich nicht vorbeikommen. Nun ja, der Vater eines Freundes besaß einen Tischlereibetrieb, wo geeignete Holzstücke wie Sand am Meer rumlagen. So konnten wir uns immer im Handumdrehen unsere Schwerter und Dolche mit Säge, Hammer und Nägeln zusammenzimmern. Und das, gleich dutzendfach, weil sie im Kampf doch schneller zerbrachen, als wir gucken konnten.

Und ja, es war überhaupt keine Frage, dass wir jegliche Familienbande zerschlagen mussten, wenn sie uns an der *»bedingungslosen Nachfolge Jesu«* hinderten. Eine Forderung unseres Meisters, die mich als Familienvater noch eiskalt erwischen sollte. Doch ich möchte dem Kapitel 29 nicht vorgreifen. Einzig den eindeutigen Befehl des Heilands, *»unsere Klamotten gegen ein Schwert einzutauschen« (Lukas 22, 36)*, gaben die Prediger nicht als Parole aus. Warum wohl? Ich sag' mal so, nicht einmal Matthias wäre wohl so irre gewesen, mit einem gezückten Schwert wild fuchtelnd durchs Dorf zu rennen, dazu noch nackt, während die Nachbarn mit offenen Mündern am Fenster gestanden hätten. Hmm …? Bei allem Respekt, sicher bin ich mir nicht. Schließlich waren auch die 12 Jünger des Heilands schwerbewaffnet *(Lukas 22, 49 – 50 u. Lukas 22, 38)*, als sie mit unserem Meister durch das Heilige Land tourten. Nun gut.

Jedenfalls war es so, dass die besagten *feurigen Pfeile des Teufels* mitunter auf ganz banale Dinge des täglichen Lebens abzielten. Auf *Abgötter*, die der Satan bereits heimlich, still und leise in unseren Alltag geschmuggelt hatte. Bei den Erwachsenen konnte das zum Beispiel die Liebe zum Geld oder Haus, zum Auto oder Hobby, und bei uns Kindern, die Liebe zu einem Kuscheltier oder Spielzeug sein. All das, an dem unser Herz hing, was uns lieber und wichtiger war als unser Meister, hatten wir gefälligst im hohen Bogen über Bord zu werfen. Und obwohl ich mich nicht mehr genau erinnern kann, würde es mich schon sehr wundern, wenn nicht eines Tages auch mein Teddy buchstäblich »dran glauben musste«, wenn auch schweren Herzens. Im Grunde genommen aber nicht wirklich überraschend, denn ich nahm ja schon unseren Meister mit ins Bett. Und zu dritt, Teddy, Meister und ich, wäre verdammt eng geworden in meinem kleinen Bett.

Genauso hatte der Heiland das auch zum Ausdruck gebracht. Also nicht das mit dem Teddy speziell, sondern mit Abgöttern im Allgemeinen: *»So kann auch keiner von euch mein Jünger sein, der nicht allem entsagt, was er* besitzt« *(Lukas 14, 33).* Punkt aus! Dass die Prediger das dann aber auch nicht machten, Schwamm drüber. Gleichwohl waren derartige Bibelverse für sie ein gefundenes Fressen, um uns im wahrsten Sinne des Wortes die Hölle heiß zu machen *(Predigtmitschnitt auf Audiodatei): »Oh, was werden wir jammern in der Ewigkeit, wenn wir auf den Schatz verzichtet haben. Wenn wir an irgendetwas festgehalten haben. Verkaufe alles. Es mag deine Liebe zum Geld sein, vielleicht deine Liebe zur Musik sein in der Welt. Was immer? Jesus sagt zu dem reichen Jüngling: Verkaufe alles, was du hast. Warum? Weil er sah, sein Herz hing dran! Wo hängt dein Herz dran am heutigen Abend«?* Und genau da lag bei mir der Hase im Pfeffer. Der Traum, in einer richtigen Fußballmannschaft zu spielen, war zu meinem Abgott geworden. Und das machte nicht nur den *Mann der Schmerzen* ganz traurig, sondern Mama und Papa gleich mit.

Und obwohl mich meine Eltern stets und ständig vor den Gefahren des Vereinsfußballs warnten, rückten sie lange Zeit nicht damit raus, was denn so verwerflich an meinem Herzenswunsch war. Dass es dann allerdings ein Glas Sprudel sein sollte, von dem die *weltliche Gefahr* ausging, kam für mich dann doch ziemlich überraschend. So wusste Papa noch aus seiner aktiven Zeit als Spieler –bevor er zum Glauben kam- zu berichten, dass man sich nach dem Spiel noch gerne auf ein Getränk mit seinen Mannschafts-kameraden zusammensetzte. Und das unglücklicherweise gerade dort, wo der *Fürst dieser Welt,* also der Teufel, sprichwörtlich die Lufthoheit über die Stammtische hatte – in der Kneipe.

Schließlich war es doch allgemein bekannt, dass im Wirtshaus die Trun-kenbolde rumlungerten, die früher oder später die Zeche für ihren lieder-lichen Lebenswandel zahlen mussten *(1. Korinther 6, 9 – 10).* Fürs mensch-liche Auge unsichtbar kauerte der Teufel bereits an oder unter ihren Tischen und lachte sich ins Fäustchen. Über kurz oder lang würde er sie kriegen, und zwar alle, wie sie da waren. Und das wusste ich deshalb so genau, weil ich das seit meiner frühesten Jugend genauso und nicht anders zu hören be-kommen hatte. Und ja, dieser heimtückische Hinterhalt würde mich dem Satan direkt ans Messer liefern. Oha! Das war natürlich Mist!

Auch wenn mir diese »armen Teufel«, also die Saufbrüder, richtig leidtaten, machte ich, wo immer es ging, einen großen Bogen um sie. Und wenn ich mir dann sonntags hin und wieder ein Eis kaufen durfte, erfasste mich schon beim Betreten unserer kleinen Dorfkneipe ein mulmiges Gefühl. Die grauen Rauchschwaden, die zur Decke aufstiegen, der eklige Gestank nach Schnaps und Bier, das laute Gelächter der Zecher, die dämonischen Skatkarten auf dem Tisch, das Klackern der Würfel im Knobelbecher und das Scheppern beim Auswurf, all das veranlasste meinen inneren Richter den Alarmknopf »Gefahr im Verzug« zu drücken. Eiligst kramte ich dann meine 40 oder 50 Pfennig für den »Happen« oder das »Domino« (Eissorten von Langnese) aus meinem kleinen, braunen Portemonnaie, schnappte die »Beute« und verließ fluchtartig den verruchten Ort.

Doch all meine hoch und heiligen Beteuerungen auf das Glas Sprudel zu verzichten, ließen meine Eltern völlig kalt. Für sie stand zweifelsfrei fest, dass ich durch die ungläubigen Mannschaftskameraden unter *weltlichen Einfluss* geraten und damit unter die Räder kommen würde. Ganz abgesehen davon, dass ich Gefahr lief, die eine oder andere Kinderstunde zu versäumen. Und das wollten wir dem *Schmerzensmann* doch wohl nicht zumuten. Nicht wahr, »liebe« Eltern?!

Mich dagegen ließ die Sehnsucht nach der »*Lust und Freude dieser Welt*« einfach nicht mehr los, auch wenn ich besagtes Bild vom »*schmalen und breiten Weg*« nur allzu erschreckend vor Augen hatte. Und wenn dann sonntagnachmittags die frenetischen Jubel- und Torschreie vom Fußballplatz, direkt nebenan, in unserem kleinen Schulsaal rüberschwappten, träumte ich davon, Hals über Kopf nach draußen zu stürmen, mir ein Trikot zu schnappen und einfach mitzubolzen, oder wenigstens bei der Herrenmannschaft zugucken zu dürfen. Und während sich die Spieler jubelnd in den Armen lagen, drohte ich –keine 100 Meter entfernt-, in der angstgeschwängerten Atmosphäre unseres kleinen Klassenzimmers zu ersticken. Sie durften dribbeln, schießen und jubeln, während ich stillsitzen, lobpreisen und gruselige Fratzen anglotzen musste.

Dabei vermag ich nicht einmal ansatzweise in Worte zu fassen, wie sehr ich sie um ihr Leben beneidete. Da nutzte es mir auch überhaupt nichts, »*dass die Vergnügungen dieser Welt vergänglich, nur Schall und Rauch waren und immer einen bitteren Nachgeschmack hinterlassen würden*«, wie es uns die Prediger eingeschärft hatten. Auch ihr dämliches Gequatsche, »*dass die Fußballer lediglich um den vergänglichen irdischen Siegerkranz kämpften, wir aber um die unvergängliche, himmlische Krone*« (1. Korinther 9, 24 – 27), klang in meinen Ohren wie der blanke Hohn. Wenn ich doch nur schon groß und stark gewesen wäre, ich hätte ihnen ihren beschissenen Siegerkranz samt Krone sonst wo hingeschoben.

Ich sollte noch erwähnen, dass mein Vater in seiner Jugend bei Grün Weiß Schwenningdorf gespielt und mir andauernd davon vorgeschwärmt hatte. Voller Stolz schwelgte er dann in Kindheitserinnerungen und erzählte mir geradezu aufgedreht, dass die örtliche Presse sogar über ihn berichtet hätte, mit der Schlagzeile: *»Der kleinste Mann auf dem Platz war der beste«.* Das war einer dieser vielen Momente, in denen ihm jegliches Gespür dafür abhandengekommen war, wie das bei mir ankommen musste. Dabei hatte er doch tagtäglich vor Augen, wie mich die Gier nach Fußball regelrecht verzehrte. Und sein »Trost«, dass »er wegen eines Herzfehlers seine Fußballkarriere ja auch an den Nagel hängen musste«, setzte dem Ganzen noch die Krone auf.

Und da ich richtig gut spielen konnte, war es nicht weiter verwunderlich, dass mir meine Kumpels unablässig im Nacken saßen, mich nun endlich im Verein anzumelden. Und obwohl es mich innerlich fast zerriss, ich durfte meinen Eltern und dem *Schmerzensmann* nicht in den Rücken fallen. So druckste ich rum und flunkerte, mitunter mit Tränen in den Augen, »dass ich dazu keine Lust hätte«. Da sie aber genau spürten, dass hier irgendetwas faul war, ließen sie einfach nicht locker, und versuchten mich immer wieder aufs Neue zu ködern. Es war der Versuch »einen toten Gaul«, in dem Fall einen kleinen Kerl, buchstäblich zum Leben zu erwecken.

So hatte ich lange Zeit einfach die Augen davor verschlossen, dass ich den Heiland niemals auf den Fußballplatz würde mitnehmen können. Auch wenn sich das jetzt vielleicht überspitzt anhören mag, aber die nachfolgenden Sätze treffen den Kern meiner damaligen Zwiegespräche: *»Der Herr Jesus im grünweißen Trikot über den Rasen flitzend, wo er doch in der Wüste nur Sand gewohnt war, dribbelnd und Toooor schreiend? Undenkbar! Und während es für ihn bis dahin an der Tagesordnung war, seine 12 kleingläubigen Gefolgsmänner (Matthäus 8, 26) rumzukommandieren, würde er es hier mit 11 oder 12 selbstbewussten Kameraden zu tun bekommen, die ihm schon mal wegen einer ausgelassenen Torchance den Marsch bliesen. Und anstatt mit dem Teufel in der Wüste abzuhängen und groß rum zu palavern (Matthäus 14, 1 – 11), würde ihm der Trainer schon Beine richtig machen«.*

»Allein der Blick in die Umkleidekabine wäre schon gewöhnungsbedürftig ge-

wesen: *11 oder 12 Paar Straßenschuhe, T-Shirts und Pullover, Jacken und Hosen wild durcheinandergewürfelt, auf und vor den Bänken verteilt, im Kontrast zu einem akkurat aufgehängten weißen Umhang, Wanderstab oder Schwert am Haken –je nach Stimmung- und Jesuslatschen vor der Holzbank. Der Herr Jesus nackig unter der Dusche, während er doch sonst nur in Flüssen und Seen badete, wenn er sich nicht gerade die Beine auf ihnen vertrat«.* Nein, das alles konnte ich mir beim besten Willen nicht vorstellen. Gotteslästerung. Meine Eltern und die Prediger hatten Recht. Aber aller Einsicht zum Trotz bedurfte es dieses eine und einzige Mal in meiner Kindheit eines regelrechten Verbotes. Alles andere regelte mein *innerer Richter: »Was wird der Herr Jesus dazu sagen«?* viel erbarmungsloser und effektiver, als es elterliche Verbote hätten jemals bewirken können.

Kein Wunder also, dass ich mich schon bald nicht einmal mehr traute, während eines Fußballspiels auch nur mit dem Fahrrad am Sportplatz vorbeizufahren, geschweige denn dem *weltlichen Treiben* zuzuschauen. Fast unnötig zu sagen, dass die Erfüllung meines abgöttischen Fußballwunsches auch auf Mama und Papa kein gutes Licht geworfen hätte. Ihr geschmeidiger Jesusjunge nicht in den Fußstapfen Jesu, das war in der Gemeinde nur schwer vermittelbar. Aber ja! Was war wohl auf lange Sicht besser, ein totes Kind, das sie beim Herrn Jesus im Himmel wussten oder ein fröhliches Kind, das bereits mit einem Bein in der Hölle kickte? Eben!

Und natürlich war ich mir darüber im Klaren, dass der Teufel meine Leidenschaft für den Fußball schon längst als meine Achillesferse ausfindig gemacht hatte. Schließlich hatte er den Menschen seit seiner Erschaffung, also 6000 Jahre lang, studiert und war mit jeder unserer Schwächen bestens vertraut. So ließ der »Leibhaftige« auch nichts unversucht, um mich genau dort zu attackieren. *»Bernd, oben im Fernsehen läuft ein Fußballspiel, Deutschland, willst du nicht gucken«?* Mit dieser scheinbar unverfänglichen Frage hatte mich der Satan eines Tages verführen wollen. Ja was glauben Sie denn! Der Teufel hatte nämlich Tante Friedas Gestalt angenommen. Wohl überflüssig zu erwähnen, dass Tante Frieda keinen blassen Schimmer von der ganzen Sache hatte. Woher sollte sie auch wissen, dass sie sich mit dieser einfachen Frage schlicht und ergreifend zum Handlanger des Satans gemacht hatte?!

Und wie es der Teufel so wollte, konnte sie für ihre gutgemeinte Einladung keinen ungünstigeren Zeitpunkt erwischen als einen Samstagnachmittag, an dem mich Mama –wie üblich- im elterlichen Schlafzimmer für die Kinderstunde rausputzte. Unabhängig davon, dass meine Mutter mir niemals erlaubt hätte, auch nur eine Kinderstunde zu schwänzen, musste ich einfach den »starken Mann markieren« und dem Satan die Stirn bieten. Bekanntlich war »*Jesus ja der Stärkere, dann musste der Satan, in dem Fall Tante Frieda, weichen« (Jakobus 4, 7)*. Und obwohl ich am liebsten alles stehen und liegen gelassen hätte und nach oben gestürmt wäre, ließ ich Tante Frieda mit einem abfälligen: »*Na und*« abblitzen. Noch heute schäme ich mich für diese brüske Abfuhr.

Aber was hätte ich denn machen sollen? Letzten Endes war es doch genau diese Reaktion, die Mama so selig, geradezu euphorisch stimmte. So klingt mir noch immer ihre triumphierende Stimme in den Ohren: »*Der hast du es aber gegeben, Bernd! Jesus ist der Sieger, da muss der Teufel weichen*«. Gern geschehen, Mama! Ich hatte dem Satan widerstanden und sie stolz und glücklich gemacht. Dabei spürte ich eine Zuwendung und Wärme, wie ich sie danach niemals wieder habe genießen dürfen. Ich hatte einen Pyrrhussieg –*Ausspruch des Königs Pyrrhus nach einer äußerst verlustreichen Schlacht: »Noch so ein Sieg, und wir sind verloren«*- errungen. Denn bereits im nächsten Moment sollte sich wieder diese erbarmungslose, bleierne Schwere auf meine Kinderseele legen. Die Stäbe meines Jesuskäfigs fühlten sich kälter und härter an als jemals zuvor.

Als mir dann als 16-Jähriger der Ausstieg aus der Gemeinde gelang, und ich mich im Fußballverein anmeldete, befürchtete ich zunächst, dass mir der Heiland vielleicht doch noch einen Strich durch die Rechnung machen würde. Schließlich wäre es für ihn wahrlich kein Hexenwerk gewesen, mir durch eine aufgehalste Krankheit das benötigte ärztliche Gesundheitszeugnis zu verweigern. Doch offensichtlich wollte er mir erst einmal freie Hand lassen. Das Groteske an der ganzen Sache sollte dann allerdings die Reaktion meines Vaters werden. Nun ja, schon bald machte er aus seiner Enttäuschung keinen Hehl, dass ich ganz offensichtlich über die Karriere eines Kreisligaspielers nicht hinauskam.

So war ich wie vor den Kopf gestoßen, als er mich eines Tages mit den Worten überraschte: »*Ich habe immer geglaubt, wenn du schon im Verein spielst, dass du dann auch groß rauskommst*«. Und mit »*groß rauskommen*«, meinte er zweifelsohne die 1. oder 2. Liga. Dabei schwang in jedem dieser Worte seine Enttäuschung darüber mit. *»Wie bitte, Papa? Habe ich richtig gehört«?* Mein Vater hatte all die Jahre in dem Glauben gelebt, seinem Heiland »einen großen Spieler« geopfert zu haben. Wie scheiße war das denn! Und nun musste er relativ ernüchtert feststellen, dass dieses Opfer dann doch wohl nicht so groß war, wie er immer geglaubt hatte. Dass ich es mit meinem Talent allenfalls bis in die Landesliga geschafft hätte, stand dabei auf einem anderen Blatt. Tut mir leid Papa, dass das mit der Karriere nicht geklappt hat! Weder in der Gemeinde, noch beim Fußball! Gottes Wege sind einfach unergründlich, nicht wahr«!? Hast Du selbst gesagt!

Und obwohl ich intuitiv spürte, dass er sich nur zu gerne einmal ein Spiel von mir angeschaut hätte, verwehrte ihm sein Meister diesen Wunsch. Er hatte ihn zu Desinteresse und Stillschweigen verdonnert. Aber natürlich! Allein durch Fragen hätte er ja schon andeutet, dass er mein *weltliches Treiben* guthieße.

Kapitel 21:
Die katholische Kirche - große Hure Babylons? - Meine Teufelsaustreibung

Während Jesus *»der alleinige Sieger«* in unseren Versammlungsräumen war –so nannten wir das in unserer Kultsprache-, stieß sich der Teufel derweil auf seiner Spielwiese, der Welt, die Hörner ab. Wer jedoch glaubte, der Satan würde uns wenigstens während der Gottesdienste in Ruhe lassen, der kannte seine *List und Tücke* nicht. So hatte uns der Heiland zwar einerseits sein dickes Ehrenwort darauf gegeben *»dass er mitten unter uns weilte«* (Matthäus 18, 20), doch andererseits *»ging der Teufel umher wie ein brüllender Löwe und suchte, wen er verschlingen konnte«* (1. Petrus 5, 8). Aber ja! Oder dachten Sie etwa, der Teufel würde bis Armageddon die Hände in den Schoß legen? Sicher nicht!

Der Satan arbeitete in der *verbleibenden Endzeit* mit Hochdruck daran, möglichst viele Menschen zu verführen und mit ihm ins Verderben zu stürzen, in dem Fall in seinen *»hauseigenen Feuersee«* (Offenbarung 20, 10 – 15). Und da er die Menschen seit Adam und Eva ausspioniert hatte, wusste er genau, wie er uns reinlegen konnte. Selbst auf die Kirchentage der beiden großen Volkskirchen hatte er sich, ausgefuchst wie er war, längst eingeschlichen *(Predigtmitschnitt auf Audiodatei): »Du brauchst dir nur mal die Kirchentage angucken hier bei uns. Da weißt du, was der Teufel fertigbringt. Unter was für religiösen Fittichen, der sich in höchste religiöse Kreise einschleicht und macht die Menschen blind ... «.* Ah ja! Gut zu wissen, »liebe« Prediger.

Fast unnötig zu erwähnen, dass in ihren Augen die okkulten Bräuche und Irrlehren der katholischen Kirche zum Himmel stanken. Und was die *»Beterei zu Maria«* dabei anging, war diese allemal ausreichend, um unter einen dämonischen Bann zu geraten *(Predigtmitschnitt auf Audiodatei): »Auch die Beterei zu Maria führt zu Knechtschaft, zu satanischen Bindungen und führt zu Abhängigkeit. Die katholische Kirche ist voll von okkulten und spiritistischen Gebräuchen ...«.* Nicht nur das, so ganz nebenbei verunglimpften sie die katholische Kirche als *»große Hure Babylons«.* Nun muss man wissen, dass die Bibel recht anschaulich über eine lüsterne Frau berichtet, die auf einem knallroten Tier durch die Gegend reitet, gerne an Gewässern. Es gibt was Schlimmeres, oder?! Von wegen!

Blöderweise unternimmt die Lady ihre Ausritte nämlich stets zum Nachteil der »echten Christen«. Genauer gesagt, die junge Dame hat die Christen gefressen – wortwörtlich. Verstehe! Sie war sogar besoffen von deren Blut: »*Und ich sah ein Weib sitzen auf einem scharlachfarbigen Tier, … die große Hure Babylon, die Mutter der Hurerei und aller Gräuel auf Erden. Und ich sah das Weib trunken von dem Blut der Heiligen und von dem Blute der Zeugen Jesu ….*« *(Offenbarung 17)*. Oha! Ich will mal so sagen, man kann über die katholische Kirche denken was man will, aber in ihr dieses durchtriebene, blutrünstige Luder, das im knallroten »Gummiboot« übers Wasser brettert oder so ähnlich, zu erkennen, auf die Idee muss man erst mal kommen.

Klar, mit dem Keuschheitsgelübde haben die Katholiken ihre liebe Mühe und Not, aber sie deshalb gleich als »große Hure« zu beschimpfen, das ist schon eine Sache für sich. Dabei waren damals die zahlreichen Missbrauchs-Skandale, die seit geraumer Zeit die katholische, aber auch die evangelische Kirche in ihren Grundfesten erschüttern, noch nicht einmal an die Öffentlichkeit gedrungen.

Jedenfalls war es so, dass der »Leibhaftige« seine Fallstricke so hinterhältig auslegen konnte, wie und wo immer er wollte, wenn wir »*im Herrn blieben*«, würde er unverrichteter Dinge von dannen ziehen müssen. »*Widerstehet dem Teufel, so flieht er von euch*« *(Jakobus 4, 7)*, hatten uns die Prediger als Erfolgsrezept mit auf den Weg gegeben. Hörte sich in der Theorie prima an, taugte in der Praxis hinten und vorne nicht. Allein wenn es darum ging, dem Teufel auf die Schliche zu kommen, legte ich eine Bruchlandung nach der anderen hin. Beispielsweise hatte ich es lange Zeit nicht für möglich gehalten, dass ich durch das Schmökern in Comic-Heften unter einen *dämonischen Bann* geraten würde. Das glauben Sie jetzt nicht? Na und ob!

Nun, es war ein Tag in den Osterferien, ich mag 10 vielleicht auch 11 Jahre alt gewesen sein, als Erich und ich gleich einen ganzen Stapel Abenteuerhefte von unseren *weltlichen* Freunden ausgeliehen und förmlich in uns aufgesogen hatten. Mit glühenden Wangen und roten Ohren hatten wir an diesem Morgen Seite für Seite, Heft für Heft geradezu verschlungen und waren für ein paar Stunden in die faszinierende Welt meiner Ritter und Helden abgetaucht. Einfach der beklemmenden Wirklichkeit unseres Zuhauses entflohen. Umso schockierender war dann das Erwachen. »*Richtig besessen seht ihr aus*«, hörten wir Mama urplötzlich von der Türschwelle keifen. Der Anblick, der sich ihr bot, ihre beiden Kinder versunken in Schundlektüre, war mehr, als sie an diesem Morgen verkraften konnte. Dass auch unser Meister schon seit Stunden die Hände schockiert vors Gesicht hielt, wir hatten es einfach nicht bemerkt.

Richtig, die Abenteuer von Akim und Tibor, Sigurd und Falk hatten uns derart in den Bann gezogen, dass wir alles um uns herum vergessen und Mamas Rückkehr von ihrer Arbeitsstelle nicht bemerkt hatten. Was soll ich sagen? Keinen Mucks gaben wir von uns. Wie arme Tröpfe standen wir vor ihr, beschämt und schuldbewusst. Und ohne dass sie auch nur noch ein Wort darüber hätte verlieren müssen, rafften wir Hals über Kopf die Hefte zusammen und brachten sie in Windeseile unseren Freunden zurück. Der Teufelskram musste schleunigst aus dem Haus gekarrt werden. Und da ich mich an diesem Morgen regelrecht in einen fiebrigen Rausch katapultiert hatte, glaubte ich allen Ernstes an die dämonische Wirkung dieser Hefte. Wohl unnötig zu erwähnen, dass von da an bei mir immer die Angst mitschwang, ich könnte durch den Kontakt mit *weltlicher* Lektüre unter einen dämonischen Fluch geraten. An diesem Abend sollte ich besonders eifrig Buße darüber tun.

Ohnehin schwante Papa, was meinen Seelenzustand anging, mitunter nichts Gutes. Schließlich hatten ihm die Prediger weisgemacht, dass in unserem Haus nicht alles mit rechten Dingen zugegangen war. Genauer gesagt, auf unserem Haus lastete ein dämonischer Bann. Und die Schuldigen für diese Vermaledeiung hatte er in Gestalt unserer Vorfahren auch schon längst ausfindig gemacht. Unseligerweise war es wohl so, dass unsere Vorfahren durch die Beschäftigung mit dem »*6. und 7. Buch Mose*« einen Fluch über sich und damit auch über unser Haus gebracht hatten. Was das heißt? Nun, das hätte ich als Kind auch gerne gewusst. Doch mein Vater schwieg sich beharrlich aus. Sowohl darüber, was unsere Vorfahren ausgefressen hatten, als auch darüber, was es mit diesen im wahrsten Sinne des Wortes »verhexten Büchern« überhaupt auf sich hatte. So, als ob allein das Aussprechen gewisser Wörter schon im nächsten Augenblick ein schreckliches Unheil über uns bringen könnte. Und in Anbetracht seines angsterfüllten Gesichtsausdruckes wollte ich es ehrlich gesagt auch gar nicht so genau wissen.

Und wenn ich bis dahin noch geglaubt hatte, dass es mir doch völlig schnuppe sein konnte, was meine Uropas und –omas für einen Blödsinn angestellt hatten, musste ich mich schnell eines Besseren belehren lassen. Denn beim »lieben« Gott ist es nun mal nicht so, dass jeder Mensch ausschließlich für seine eigenen Verfehlungen geradestehen muss, sondern bei ihm gilt das Prinzip der Sippenhaftung. So hatte er –im Nachsatz des 2. Gebotes- geschworen, »*sich für begangene Missetaten noch an den Kindern und Kindeskindern bis ins dritte und vierte Glied zu rächen*«: »*Denn ich, der Herr, dein Gott, bin ein eifernder Gott, der da heimsucht der Väter Missetat an den Kindern bis in das dritte und vierte Glied*« (2. Mose 20, 5). Wie jetzt? Meine Vorfahren hatten Mist gebaut, und ich kriegte das nun zum Ausbaden?! Sich an unschuldigen Kindern zu rächen? Bis in die vierte Generation? Wie abartig ist das denn?! Da muss einem doch der Lobpreis: »*Großer Gott wir loben dich, Herr wir preisen deine Güte …*«, im Halse stecken bleiben! Oder etwa nicht?!

»*Was zum Henker kannst du dafür, dass deine Urgroßeltern, die du nie kennengelernt hast, vor 50 oder 100 Jahren ›gefährliche Bücher‹ gelesen oder was weiß ich angestellt hatten*«? »*Was ist das nur für ein grausamer Gott, der dich dafür ausrotten will*«? so oder ähnlich geisterte es mir im Kopf herum. Meinetwegen, sollte sich der »liebe« Gott doch so viel rächen wie er wollte, wenn er Spaß dran hatte. Aber dann doch bitte schön an den Menschen, die was ausgefressen hatten, und nicht bei deren Kindern und Enkeln! Wahrlich kein »sanftmütiger Herr«!

Nun, erst viele Jahre nach meinem Ausstieg fand ich heraus, dass es sich bei diesen geheimnisumwitterten Büchern um okkulte Schriften handelte, die sich mit volkstümlicher Zauberei und Wahrsagerei befassten, also Magie à la Harry Potter, nur ohne Zauberstab. Für gläubige Christen allemal eine brandgefährliche Lektüre. Denn Gott hatte für Menschen, »*die solches taten*«, nur eine Verheißung, »*er würde sie ausrotten*«: »*Wenn eine Seele sich zu den Wahrsagern und Zeichendeutern wenden wird, so will ich mein Antlitz wider dieselbe Seele setzen und will sie aus ihrem Volk ausrotten*« (3. Mose 20, 6). Und Papa muss mir wohl mein blankes Entsetzen angesehen haben, denn anders konnte ich mir sein Bemühen um Schadensbegrenzung nicht erklären. So spekulierte er mehr, als dass er selbst daran geglaubt hätte: »*Bernd, dieser Fluch ist durch Mamas und Papas Bekehrung von euch genommen*«. Es hörte sich an wie ein Pfeifen im Walde. Zumal eine »*dämonische Belastung*« sowohl bei uns Zuhause, als auch in der Gemeinde immer Thema war. Die Büchse der Pandora war geöffnet, und die unheilvollen Flüche waren in der Welt.

Und da die Prediger »*genau spürten, wenn während der Gottesdienste noch dämonische Mächte im Raum rumgeisterten*«, wie sie es ein ums andere Mal beklagten, schien es nur eine Frage der Zeit zu sein, bis ich mit meiner *okkulten Belastung* auffliegen würde. Und blöderweise war es auch noch so, dass diese *bösen Geister* das Wirken des Dreifaltigen blockierten und damit die Errettung von Menschen und die Genesung von Kranken verhinderten. Denn genau das war es, was die Prediger in den Gottesdiensten sehen wollten – Zeichen und Wunder *(Predigtmitschnitt auf Audiodatei)*: »*Wenn Menschen bei uns gewesen sind, dann sollen sie gesund sein. Und wenn sie vom Teufel überwältigt sind, dann sollen sie frei sein. Zeichen und Wunder, das evangelisiert so viel besser als die mangelhafte Predigt von irgend so einem Prediger …* «. Ah ja, verstehe!

Nun kann man sich wohl denken, dass ich mich permanent schuldig fühlte, wenn unser Meister nicht zu Potte kam. »*Du bist schuld, dass sich hier und heute niemand bekehrt. Wegen deiner Besessenheit müssen Menschen in der Hölle schmoren. Nur deinetwegen wird niemand geheilt. Über kurz oder lang werden sie dich enttarnen und dir die Schuld für die Ladehemmung des Heiligen Geistes in die Schuhe schieben*«, zermarterte ich mir dann das Hirn. Ich weiß, das hört sich völlig bescheuert an, nicht wenn man das glaubt. Woher sollte ich als Kind auch wissen, dass die Prediger schlichtweg mit ihrem Latein am Ende waren und dummdreist einen Sündenbock bzw. einen *bösen Geist* für ihr vermeintliches Versagen gesucht hatten?!

Und was die »*Gebundenheit oder Besessenheit eines Menschen*« anging, verhielt es sich so, dass man einerseits unverschuldet, also einfach mal so durch Geburt, andererseits aber auch durch aktives Tun in die Hände des Satans geraten konnte *(Predigtmitschnitt auf Audiodatei)*: »*Es gibt viele Eltern, die ungläubig sind, kriegen Kinder, und diese okkulten Bindungen werden bis zu vier Geschlechtern übertragen. Und das Kind wird schon okkult gebunden geboren. Was tut der Mensch, wenn er in Okkultismus geht? Gott ist nicht derjenige, der lange um dich wirbt in Liebe, sondern er ist dein Feind. Und er sagt: Ich werde mein Angesicht gegen dich kehren, und ich werde dich ausrotten«. »Auch ein einfaches Tragen von einem Tierkreis(zeichen) gibt dem Teufel Anrecht auf dich. Wenn du so ein Ding hast, und wenn es aus purem Gold ist, schmeiß das Ding weg. Du kommst damit unter einen Bann sag ich dir, ob du es wahr haben willst, oder nicht«.* Ach du grüne Neune!

Wie jetzt? Bereits das Tragen einer Halskette mit einem Tierkreiszeichen, »der kleine silberne Skorpion etc.«, reicht aus, um den Teufel buchstäblich an der Backe bzw. am Hals zu haben? Aber ja! Mit diesen silbernen und goldenen Kettchen machten die Schwestern dem Satan sozusagen »schöne Augen«, die sie augenblicklich unter einen dämonischen Bann katapultierten. So möchte ich nicht wissen, wie viele Mädchen nach ihrer Bekehrung ihre Schmuckstücke im hohen Bogen in den Müll geworfen haben. Stimmt doch liebe Schwestern, oder etwa nicht?!

Was konnten wir von Glück sagen, dass die Prediger sich so gut mit den Tricks und Kniffen des Satans auskannten! So gut, dass Paul sich genötigt sah, mitunter ganze Gottesdienste, also satte zwei Stunden, nur über »den Teufel« zu predigen. Also nicht über sich selbst, wie man meinen könnte, sondern über den Teufel aus der Bibel *(Predigtmitschnitt auf Audiodatei): »Ich predigte über Satan, ja über Satan. Ein Fußballtrainer, der schaut sich seine gegnerische Mannschaft an, um zu wissen, was er tut ...«.* Völlig irre der Kollege, oder? Nicht für uns!

»Horoskop lesen« und »Skat spielen«, »Pendeln« und »Wahrsagen« etc., alles Dinge, durch die man dem Teufel entsprechende Zeichen gab, und zwar unabhängig davon, ob man dies bewusst tat, oder nicht. Unwissenheit schützte auch hier vor Strafe nicht *(Predigtmitschnitt auf Audiodatei): »Wenn du das Horoskop liest, sagt er dir (der Teufel) den teuflischen Plan für dein Leben. Und der Plan des Teufels ist, dich kaputtzumachen«.* Ach, du Schreck! Ich sag' mal so, wenn wir ihm den kleinen Finger hinhielten, schnappte er die ganze Hand. So war er nun mal, der Teufel. Und weil die Skatkarten in Verdacht standen, bei den Spielern zu einer *okkulten Bindung* zu führen, spielten wir anstatt »Mau Mau« eben »Mensch ärgere Dich nicht« oder »Autoquartett«, und anstatt »Siebzehn und vier« eben »Elfer raus« oder »Monopoly«. Zwar nicht ganz so spannend, dafür aber ohne Risiko.

Als ich Papa bei Gelegenheit einmal fragte, was diese Karten denn im wahrsten Sinne des Wortes so »kreuzgefährlich« machte, bekam ich nur schwammige Ausflüchte zu hören. »*Irgendwie okkult halt*«, war das, was bei mir hängenblieb. Für mich allemal brenzlig genug, um einen großen Bogen um meine Freunde zu machen, wenn sie geradezu fahrlässig mit ihren Skatkarten hantierten. Ganz davon ab musste ich im Alltag höllisch aufpassen, dass mir niemals ein »*Ich schwöre*« über die Lippen kam. Weshalb? Ganz einfach. Weil Jesus das so will *(Matthäus 5, 34)!* Weiß der Teufel warum? Und noch riskanter wurde es, wenn uns gedankenlos ein »*Toi, Toi, Toi*« rausrutschte, oder wir leichtsinnigerweise »auf Holz klopften«, denn damit würden wir den »Leibhaftigen« direkt anrufen. »*Hier komm Teufel, einen Teil von mir kannst du schon haben*«, wie es ein Prediger auf den Punkt gebracht hatte. Puh …!

Kurzum, all diese Spiele und Bräuche hatten eins gemeinsam. Allesamt waren sie dämonischen Ursprungs. So lag es in der Natur der Sache bzw. des Teufels und seiner Quälgeister, dass ein Großteil unserer Gebete ihrer Austreibung galt. Schließlich war der Teufel »*ein Mörder von Anfang an*« *(Johannes 8, 44), (Predigtmitschnitt auf Audiodatei):* »*Kartenlesen, du bist horoskophörig geworden. Du läufst mit Tierzeichen rum und richtest dein Leben danach. Es gibt nur eins, was du tun kannst, wenn du hier rauskommen willst, und wenn du nicht sterben möchtest: Dann werden wir in Jesu Namen den Teufel und seine Dämonen aus dir hinausschicken*«. Und letztes Endes war es ja auch Jesus höchstpersönlich, der diese Parole ausgegeben hatte: »*In meinem Namen werden sie Teufel austreiben, mit neuen Zungen reden, Schlangen vertreiben, und so sie etwas Tödliches trinken, wird's ihnen nicht schaden …*« *(Markus 16, 17 – 18).* Alles klar, Jesus. So wird's gemacht! Mit Zungen reden! Schlangen verjagen! Teufel austreiben! Okay, Schlangen eher weniger, Teufel umso mehr!

Keine Frage, diese Vollmacht unseres Meisters war das Beste, was den Predigern in ihrer unbändigen Wut auf den Teufel und seinen üblen Gesellen passieren konnte. Zum einen hatten sie damit den Freibrief in der Tasche, ihren Austreibungswahn bis zum Erbrechen auszuleben, zum anderen verhalf ihnen diese »*Lizenz zum Exorzieren und zur Schlangenjagd*« zu Macht und Einfluss in der Gemeinde. Aber sicher! Wie armselig wäre ihr Predigerdasein verlaufen – ohne Teufel und der ganzen Schlangenbrut! Ich will es mal so sagen, sie hätten unsere Anstalt dicht machen können *(Predigtmitschnitt auf Audiodatei):* »*Ich bin hier doch nicht für 'nen Schein-*

kampf. Ich will auch ein bisschen geistlich boxen, und es ist gar kein Teufel, den ich zum Schlagen habe. Da kann ich meine Zeit doch viel besser gebrauchen«. Wohl überflüssig zu erwähnen, dass der Unterschied zwischen Predigern und bösen Geistern fließend war. Der Vollständigkeit halber sei noch angemerkt, dass im Fachjargon bevorzugt von »*Befreiungsdiensten*« gesprochen wurde. Dahinter steckte natürlich das Bestreben, »*Dämonenaustreibungen*« ihre abschreckende Wirkung zu nehmen, sie quasi salonfähig zu machen.

Nun, bevor ich zu meiner eigenen Teufelsaustreibung komme, sei an dieser Stelle noch ein mich zutiefst schockierendes Erlebnis erzählt. Wir waren mal wieder auf Freizeit, als während eines Zeltgottesdienstes urplötzlich ein Mann, er mag zwischen 40 und 50 Jahre alt gewesen sein, inmitten der Stuhlreihen wildzuckend am Boden lag. Speichel oder Schaum floss aus seinem weit geöffneten Mund. Schlagartig überkam mich eine Mischung aus Angst und Ekel. Verständlich, denn etwas derartig Gruseliges hatte ich bis dahin glücklicherweise noch nicht mit ansehen müssen. Die Versammlung wurde auf der Stelle unterbrochen, die Stuhlreihen geräumt und der vermeintlich Besessene von einigen älteren, »Im Glauben gefestigten Brüdern« umzingelt. Den Mann rüttelte und schüttelte es nun immer heftiger. Ganz offensichtlich spürte der Satan, dass es ihm an den Kragen ging. Oder dachten Sie etwa, dass nicht der Teufel hinter seinem Anfall steckte? Aber natürlich tat er das!

Während die Brüder dann die »klassischen Erste-Hilfe-Maßnahmen« einleiteten, beobachteten wir anderen das verstörende Treiben aus sicherer Entfernung und hielten ihnen mit Lobpreisgesängen den Rücken frei. Und obwohl sie sich bemühten, den Ort des Geschehens, so gut es eben ging, abzuschirmen, bekam ich mit, wie ihn einige an Armen und Beinen festhielten und ihm die altbewährten Austreibungsformeln ins Gesicht brüllten. Doch außer weiteren Zuckungen und noch mehr Schaum vor dem Mund, schaltete der Dämon augenscheinlich auf stur. Zumindest habe ich nichts mitbekommen, was darauf schließen ließe, dass er klein beigeben wollte. Das war natürlich Mist. Aber dem Teufel sei Dank dauerte der Anfall –wie von epileptischen Erkrankungen bekannt- nicht allzu lange. Fast überflüssig zu erwähnen, dass der Mann nach einer Weile wieder auf den Beinen war und völlig gesund wirkte.

Gleichwohl sollte Paul noch Jahre und Jahrzehnte diese Zirkusnummer großspurig als sein Meisterstück zum Besten geben *(Predigtmitschnitt auf Audiodatei):* »*Ich weiß noch, ich stand vor einem Mann, der besessen war. Und ich gebot dieser finsteren Macht zu weichen. Dann schleuderte es diesen Mann zu Boden, und Schaum war vor seinem Mund. Und dann schrien aus ihm heraus nicht einer, sondern mehrere Dämonen gleichzeitig und lachten mich aus und schrien: ›Wir gehen nicht heraus. Wir haben ihn gebunden mit eisernen Ketten‹. Und wir wussten nicht, was wir tun sollten. Ich war völlig verzweifelt. Und wenn wir beteten, dann lachte er: ›Du hast kein Recht über mich, ich hab ihn gebunden‹. Aber im Augenblick der Verzweiflung fing ich an ›in Zungen‹ zu beten. Plötzlich fingen dieselben Dämonen an zu winseln und zu schreien: ›Hör auf, wir können das nicht ertragen‹, und tobten und schüttelten diesen Mann. Warum denn? Im Geiste spreche ich Geheimnisse aus, die ich nicht weiß, aber Gottes Geist weiß sie, kennt den Hintergrund diesen Dämons und greift den Dämon an der wunden Stelle an, wo ich ihn nie angreifen könnte*«. Au-weia! Eiserne Ketten! Winselnde Dämonen! Wahnsinnige Prediger! Und ja, man könnte meinen, das alles würde sich in einem mittelalterlichen Verlies abspielen. Tut es aber nicht. Wir sind mittendrin in einem stinknormalen Gottesdienst! Man glaubt es nicht!

Manchmal konnten sie einem richtig leidtun, diese Dämonen. Denn wer in Gottes Namen hätte bei diesem Frontalangriff noch in der Haut des Teufels und seiner Sippe stecken mögen?! So blieb dem Teufel nichts anderes übrig, als seine sieben Sachen, in dem Fall seine sieben Geister *(Lukas 11, 24 – 26),* zu packen und sich so schnell wie möglich vom Acker zu machen, bevor Paul die gesamte Belegschaft rausprügelte.

Eine typische Win-Win-Situation hatte sich eingestellt. Die Brüder hatten das Duell locker für sich entschieden, der Teufel und sein Pack hatten das Weite gesucht, der Mann hatte es überlebt, und »das Publikum« war begeistert vom Kunststück in der Manege. Leider Gottes wohl nur bis zum nächsten Anfall. Aber bis dahin waren wir mit unserem Missionszelt ja schon längst über alle Berge. Ich sollte noch erwähnen, dass sich unsere stupiden Lobpreisgesänge an diesem Tag viel lieblicher und heilsgewisser anhörten.

Doch nun zu der unseligen Osterfreizeit in Bielefeld, als ich selbst Opfer einer Teufelsaustreibung wurde. Ich war damals nicht älter als 12 Jahre, als ich besagtem Uwe im Anschluss an den Abendgottesdient meine *fehlende Heilsgewissheit* und meine Seelenqualen beichtete. Weshalb gerade Uwe?

Na ja, er war der einzige, von dem ich glaubte, dass er mich nicht gleich in Grund und Boden verdammen würde. Onkel Josef kam ja unglücklicherweise nicht mehr in Frage, weil er bereits seit geraumer Zeit im Gefängnis saß und dort auch noch lange Zeit bleiben würde. So war es bereits kurz vor Mitternacht, als mich Uwe aufforderte, ihm zu seinem abseits im Waldgelände geparkten Auto zu folgen. Bis heute habe ich nicht die leiseste Ahnung, weshalb er mich nicht der Einfachheit halber in einen Nebenraum der Jugendherberge schleuste. Möglicherweise wollte er sich nicht vor den anderen blamieren, wenn die Sache schiefging. Wie auch immer.

Da gingen wir nun, wir zwei. Mitten in der Nacht. Durch den stockdunklen Wald. Er schritt wortlos voraus, ich ihm wie ein begossener Pudel hinterher. Als wir dann nach einer gefühlten Ewigkeit sein Auto, einen bereits in die Jahre gekommenen, braunen Simca, erreichten, folgte die nächste Überraschung. Ich sollte auf dem Fahrersitz Platz nehmen. *»Warum das denn jetzt«?* schoss es mir spontan in den Kopf. Seine Antwort sollte nicht lange auf sich warten lassen. Denn für das nachfolgende unheilige Treiben war für ihn der Beifahrersitz aufgrund der größeren Bewegungsfreiheit allemal besser geeignet.

So setzte ich mich hinters Lenkrad, während er auf dem Beifahrersitz Platz nahm. Und schon ging es ans Eingemachte. Er forderte mich auf, die Augen zu schließen und zu beten. Das tat ich dann auch, genauso wie er den Herrn Jesus anflehte, mich als sein Kind anzunehmen. Tat er aber nicht, der Heiland. Ums Verrecken nicht! Blöd für Uwe, vor allen Dingen aber für mich!

Und während wir dann mit gesenktem Kopf so vor uns hin beteten, ich leise, er laut, spürte ich plötzlich seine gespreizte rechte oder linke Hand auf meiner Schädeldecke. Spontan dachte ich, *»jetzt will er dich segnen«.* Von wegen! Segnen?! Er presste und drehte seine Hand im Wechsel hin und her, vor und zurück, als ob es darum ginge, den letzten Tropfen einer Zitrone aus mir herauszuquetschen. Schlagartig wurde mir klar, dass es hier um etwas anderes ging, als mir lediglich den Segen unseres Meisters mit auf den Weg zu geben. Ich sollte recht behalten, denn schon im nächsten Augenblick schrie er mich an: *»Satan, im Namen Jesu befehle ich dir, fahre aus, aus diesem Menschen! Du hast kein Anrecht an diesem Menschen, Jesus ist der Sieger«.* Verdammter Mist! Was hatte das denn jetzt schon wieder zu bedeuten?

Und da er hinter der Anrede »Satan« einmal tief durchschnaufte, zuckte ich erschrocken zusammen, denn ich hieß doch »Bernd« und nicht »Satan«. Zumindest hatte ich bis dahin immer auf diesen Namen gehört, und mich bislang auch noch keiner mit »Satan« angesprochen. Ein Wunder für sich. Doch bereits im nächsten Moment stieg ich dahinter, dass er mit seinem Gebrüll lediglich den Teufel in mir rumkommandiert hatte. Machte die Sache als solche aber nicht wirklich besser. »*Uwe glaubt tatsächlich, dass du besessen bist*«! »*Wie scheiße ist das denn*«?! »*Ist der Teufel jetzt raus*«? »*Wann nimmt er endlich seine verknöcherten Finger von deinem Kopf*«? »*Wird er den anderen von diesem Geschehen berichten*«? »*Musst du morgen Zeugnis vor der versammelten Mannschaft ablegen*«? so oder ähnlich schwirrte es mir im Kopf herum. Ich war völlig verstört.

Als er dann endlich von mir abließ und mich ebenso erschöpft wie erwartungsfroh mit seinen großen Kulleraugen anguckte, traute ich mich einfach nicht, ihm direkt ins Gesicht zu sagen, dass ich rein gar nichts spürte. Weder, ob der Teufel drin war, oder draußen?! Ob der Heiland nun in mir wohnte, oder nicht?! Ich spürte nichts, einfach nichts! Nur eine schreckliche innere Leere! Und da ich anscheinend alles andere als einen glücklichen Eindruck auf Uwe machte, sagte er schlicht und ergreifend: »*Egal wie du dich fühlst, du musst einfach nur glauben, dass Jesus jetzt in dir wohnt*«. Damit war seine Mission beendet. Ah ja! So ist das also! Danke Uwe, für den hilfreichen Tipp! Dass ich da aber auch nicht von alleine drauf gekommen bin!

So war es bereits weit nach Mitternacht, als wir in die Jugendherberge zurückkehrten. Die anderen schliefen bereits. Uwe hatte sich auf dem Rückweg in Schweigen gehüllt, während ich ununterbrochen in mich reingehorcht hatte, ob ich nun endlich diese verfluchte *Heilsgewissheit* spürte. Mit dieser Ungewissheit war ich dann auch ins Bett gegangen, in der Hoffnung, dass ich am nächsten Morgen Vollzug melden könnte, also »*dass ich nun endlich wiedergeboren sei*«. Pustekuchen! Als ich erwachte, fühlte ich mich elender als jemals zuvor. Über Nacht hatte sich die altbekannte bleierne Schwere auf meine Kinderseele gelegt.

Keine Frage, Uwe hatte sich mit all seinen Austreibungsformeln beim Teufel die Zähne ausgebissen. Aber das konnte ich weder ihm, geschweige denn dem Heiland ankreiden. Das hatte ich mir mit meiner Verworfenheit schon selber eingebrockt. Nicht wahr, Uwe?! So machte ich mir obendrein noch ein schlechtes Gewissen, weil bei dem ganzen Zinnober nichts, aber auch rein gar nichts rumgekommen war. Uwe ließ ich natürlich in dem Glauben, er habe den Kampf *»Mann gegen Teufel«* glasklar für sich entschieden. Seinem beseelten Gesichtsausdruck konnte ich entnehmen, dass er mir das auch nur zu gerne abnahm. Was hätte ich sonst auch machen sollen? Etwa in aller Öffentlichkeit rausposaunen: *»He Leute, guckt mich an. So sieht einer aus, der besessen ist! Jemand, bei dem auch die beste Teufelsaustreibung nicht mehr hilft. Einer, von dem Jesus einfach nichts wissen will«?* Ich war zwar klein, aber nicht blöd.

Natürlich war ich völlig verzweifelt. Ich konnte einfach nicht begreifen, weshalb Jesus dem Teufel in mir nicht einfach den Garaus machte. Schließlich waren es doch gerade diese Dämonen, die er auf den Tod nicht ausstehen konnte, ja regelrecht gefressen hatte. Nicht umsonst hatte er doch den Fimmel, *böse Geister* vom Hof zu jagen, wann und wo immer ihm einer von ihnen über den Weg lief. Das wusste ich zum einen aus den Erzählungen der Prediger, zum anderen hatte ich das zigmal in der Bibel genauso lesen müssen. Sagen wir mal so, »ziemlich beste Freunde« würden sie wohl nicht mehr werden, der Herr Jesus und die Dämonen.

Besonders schaurig fand ich dann auch die Geschichte von einem besessenen Radaubruder, der in Grabeshöhlen außerhalb seines Dorfes hauste *(Markus 5, 1 – 20)*. Er randalierte Tag und Nacht und war von nichts und niemanden zu bändigen. Und wenn man ihn in Ketten legte, hatte er diese im Handumdrehen gesprengt. Also ein Typ wie das grüne Aggressionsmonster Hulk, nur eben zu Zeiten Jesu. Und hinter seinem Krawall steckte, wie sollte es anders sein, gleich ein ganzer Stall voll besagter Dämonen. Genauer gesagt, eine Legion. Das waren immerhin mehrere tausend Plagegeister. Oha!

Und während er da so wild herumschrie und wie blöd mit Steinen um sich warf, kam eines Tages, wie es der Zufall wollte, unser Meister mit einem Boot angepaddelt. Er machte mit seinen 12 kleingläubigen Jungs *(Matthäus 8, 23 – 26)* gerade einen Betriebsausflug, war also nicht alleine, denn sonst hätte er den See sicherlich zu Fuß überquert, wie er es mitunter auf seinen Dienstreisen zu tun pflegte *(Matthäus 14, 24 – 27)*. Wenig überraschend fühlte er sich sogleich von der Horde Dämonen provoziert und trieb sie im Handumdrehen aus dem Wüterich aus. Ich sollte vielleicht noch erwähnen, dass es nach dem Matthäusevangelium gleich zwei Besessene waren, grimmig obendrein *(Matthäus 8, 26 – 34)*.

Und während die Prediger unseren Meister einmal mehr für dieses Kunststück priesen und sich mit Hulk freuten, beeindruckte mich diese Geschichte überhaupt nicht. Das lag vor allen Dingen daran, weil sein Zaubertrick zulasten einer ganzen Schweineherde mit sage und schreibe 2000 Tieren ging. Er hatte die »Saubande«, also die Dämonen, nämlich nicht nur einfach in die Wüste gejagt, sondern ihnen die offizielle Erlaubnis erteilt, in diese unschuldigen Tiere zu fahren. Kein Wunder also, dass die armen Schweine komplett durchdrehten und sich allesamt einen steilen Abhang hinunterstürzten, wo sie im Meer elendig ersoffen. *»Arme Schweine! Sie hatten doch nichts verbrochen! Was musste das für ein markerschütterndes Quieken der 2000 Säue und Ferkel gewesen sein«?* ging es mir durch den Kopf, so oft ich die Geschichte auch hörte oder las. Verständlich also, dass ich mich klammheimlich schon längst auf die Seite der armen Tiere geschlagen hatte.

Und da wir zuhause selbst ein Hausschwein hielten, dem ich eigens den Namen »Fickel« gegeben hatte, machte mir die Geschichte zwangsläufig noch mehr zu schaffen. So wusste ich aus den Erzählungen meiner Mutter, dass ich bereits als Dreijähriger in unserem Schwein einen Gesprächspartner gefunden hatte. Beispielsweise hatte ich einmal unser Schwein über den Kuraufenthalt meines Vaters mit den Worten informiert: *»Fickel, der Willi füttert dich heute nicht, der ist zur Kur«.* Letztlich sollte das Schwein ja auch Bescheid wissen, dass mein Vater den Schweinetrog in den nächsten Wochen nicht füllen würde. Mehr als blöd geglotzt und mich dumm angegrunzt haben, wird es sicherlich nicht, aber das war allemal mehr, als ich in all den Jahren vom Heiland zu hören bekam.

Eines Tages wurde unsere innige Verbindung jäh beendet. Mit vereinten Kräften hatte man Fickel die Kellertreppe runtergeschafft, wo es dann im Keller von einem brutalen Hausschlachter –jedenfalls sah ich das mit meinen Kinderaugen so- getötet wurde. Und noch heute klingt mir sein jämmerliches Quieken in den Ohren. Genauso wie mir der widerliche Geruch der abgebrannten Borsten und der grässliche Anblick, wie es zu beiden Teilen zerlegt, tagelang am Haken im Keller hing, nicht aus Kopf und Nase ging, bis dann endlich der Fleischbeschauer kam und es zum Verzehr freigab. Und zu meinem Bedauern stand Fickel auch am dritten Tage nicht wieder auf, wie es unser Meister ja fertiggebracht hatte.

»Wie konnte der Heiland nur so grausam sein und 2000 Tiere elendig ersaufen

lassen«? Ich kapierte das einfach nicht! *»Und was war eigentlich mit den bösen Geistern passiert«?* Heute würde ich ergänzen: *»Haben die Dämonen vielleicht den Absprung Schulter an Schulter überlebt, was für Geister ja naheliegend wäre«? »Hätte Jesus die Kuh bzw. die Schweine, auch unter dem Gesichtspunkt des Tierschutzes, nicht anders vom Eis kriegen können«? »Und wer hat eigentlich die Schweinezüchter entschädigt, deren Existenz und die ihrer Familien an den Schweinen hing. Sie traf doch keine Schuld an dem Geister-Schlamassel«?* Wen wundert's, dass die Leute unseren Meister kurz darauf aufforderten, sich aus ihrer Gegend »zu verpissen« *(Markus 5, 17).* Nun gut!

Und wenn ich heute mit zynischem Unterton über meine eigene Teufelsaustreibung schreiben kann, dann ist dies letztlich das Ergebnis einer jahrzehntelangen Verarbeitung eines Kindesmissbrauchs, den ich bis dahin aus Scham- und Schuldgefühlen immer verdrängt und verschwiegen hatte. Wenig überraschend, wenn man sich nur mal einen Moment vor Augen führt, was in einem Kind vorgehen muss, dem eingetrichtert wird, der *leibhaftige Teufel* wohne in ihm?! Schwer erträglich, oder?! Und ja, weshalb läuft es Eltern nicht heiß und kalt den Rücken runter bei dem Gedanken: Ihr 12-jähriges Kind nachts allein im Auto eines jungen Mannes? Mitten im Wald! Da fehlen einem doch die Worte! Oder? Nicht, wenn man genügend Gottvertrauen hat!

Kapitel 22:
Fleischeslust und Hurerei -
Mit Beate auf der Liegewiese im Freibad

Und dann war da noch das Riesenthema: »*Fleischeslust*«. Nun ja, die Prediger schlugen stets und ständig Alarm, dass die Herrschaft des Teufels über diese Welt nirgends deutlicher zu Tage trat als auf dem Gebiet der Sexualität. Ja wo denn sonst!? Nur allzu deutlich war doch an dem Verfall moralischer Werte –freizügige Sexualität, wilde Ehen, Homosexualität, Untergang der Familie etc.- die Handschrift des Satans abzulesen. Krankheiten wie Aids deklarierten die Prediger zur Strafe Gottes. Empfängnisverhütende Mittel, wie die Pille, waren verpönt. Allein das Wort »Sex« in den Mund zu nehmen, bugsierte uns postwendend in die Schmuddelecke. Und gegen Abtreibungen wetterten die Prediger und beschworen das Gericht Gottes herauf *(Predigtmitschnitt auf Audiodatei): »Damals haben sie den Götzen die Kinder vorgeworfen und verbrannt, weil sie von den Götzen Wohlstand und Sieg erwarteten. Heute werden sie schon vorgeworfen, wenn sie noch im Mutterleibe sind. Die werden dann einfach abgetrieben, weil das Kind ja im Wege sein könnte, um noch mehr Luxus zu haben. Es ist derselbe Moloch, dem sie dienen, und deshalb kommt auch dasselbe Gericht Gottes über die Menschen, damals wie heute«.* Oha! Aber wer zum Teufel war »Onkel Moloch«? Ein Gott? Hmm ....? Keine Ahnung! Vermutlich ein Kollege, von dem wenig Gutes zu erwarten war. Egal!

Nun muss man wissen, dass es der Teufel in Gestalt eines bösen Mannes, namens Oswald Kolle, schon längst geschafft hatte, die Menschen mit Schmutz und Schund zu verführen. Dass dieser Onkel gar nicht so böse war, und sich noch als »Aufklärer der Nation« einen Namen machte, sollte ich erst nach meinem Ausstieg spitzkriegen. Kurzum, es herrschten Zustände wie zu Zeiten Sodom und Gomorrhas *(Predigtmitschnitt auf Audiodatei): »Das Fernsehen sendet Schmutz, und unsere Kinder hören satanische Rockmusik. Es ist heute sogar einfacher, ein Pornomagazin zu kaufen als eine Bibel.*

Es herrschen Zustände wie zu Zeiten Sodom und Gomorrhas, und keiner tut etwas dagegen«. Ah ja! Gut zu wissen, »liebe« Prediger.

Nur, ich verstand von diesem ganzen verdorbenen Kram nur Bahnhof. Für mich war alles, was in irgendeiner Weise mit dem menschlichen Körper und der Sexualität zu tun hatte, die Prediger sprachen von *»Fleischeslust und Wollust«,* ein Buch mit sieben Siegeln. Okay, dass mein kleiner Körper der *»fleischliche Sitz der Sünde«* sein sollte, hatte man mir lange genug eingetrichtert. Was zum Teufel auch immer damit gemeint war?! Jedenfalls war das schlecht, soviel war mir klar. Und ehe ich mich versah, hatten die Prediger *»meinen Leib zum Tempel des Heiligen Geistes«* erklärt: *»Wisset ihr nicht, dass euer Leib ein Tempel des Heiligen Geistes ist, welchen ihr habt von Gott, und seid nicht euer selbst« (1. Korinther 6, 19).* »Hä«? »Wie jetzt«?

»Wie zum Henker sollte so'n komischer Tempel in meinen kleinen Bauch passen? Und ganz davon ab, bereitete mir der Heiland doch schon Bauchschmerzen zur Genüge. Und das, obwohl er noch nicht mal in mir wohnte. Der Dreifaltige sollte seinen dämlichen Tempel nehmen und sich sonst wo hinstecken, jedenfalls nicht in meinen Bauch«, so oder ähnlich ging es mir, etwas überspitzt formuliert, durch den Kopf. Erst mit zunehmendem Alter sollte mir klar werden, dass mit der Bezeichnung *»Leib«* nicht nur mein Bauch, sondern mein ganzer Körper gemeint war. Machte die Sache als solche aber nicht besser. Im Gegenteil. Innerhalb kürzester Zeit hatte ich verinnerlicht, dass meine langsam erwachenden Triebe und mein sich unaufhaltsam entwickelnder Körper –den Begriff »Pubertät« kannte ich damals noch nicht– schmutzig und verdorben waren. Und hinter allem steckte, wie sollte es anders sein, der Teufel und sein Pack.

Und schon bald sollte ich am eigenen Leib zu spüren bekommen, wie Recht die Prediger hatten. Dem Teufel war es nämlich klammheimlich gelungen, unter dem Deckmantel der sogenannten »Aufklärung« auch den Schulunterricht zu unterwandern. Aber ja! Als ich eines Tages nach Schulschluss –ich war damals 12 Jahre alt– meiner Mutter das Formular einer Einwilligungserklärung zur Teilnahme am neu eingeführten Sexualkundeunterricht vorlegte, musste ich kurzzeitig um ihren Verstand fürchten. Ich will es mal so sagen, sie führte sich auf, als sei ihr soeben der Teufel mit dem »nackten Arsch ins Gesicht gesprungen«. Wobei das gar nicht mal weit hergeholt war. Niemals würde sie einen derartigen Pakt mit dem Satan unterschreiben. »*Der Teufel hat die Welt verdreht und die Menschen verrückt gemacht*«, wie sie es mir ebenso entrüstet, wie gehässig entgegenpolterte, so als ob die Sache auf meinem Mist gewachsen wäre.

Wie ein Häufchen Elend stand ich vor ihr – beschämt und reumütig. Schließlich war ich derjenige, der den »Stein der satanischen Anfechtung« ins Rollen gebracht hatte. Dabei hatte mir schon nichts Gutes geschwant, als Lehrer Mecker die Formulare morgens im Schulunterricht verteilte. »*Ach du Scheiße*«, schoss es mir spontan durch den Kopf. Mir war sofort klar, dass das zuhause Ärger geben würde. Aber was hätte ich denn machen sollen: »*Mama den Zettel gar nicht zeigen? Ging nicht, weil ich ihn tags darauf wieder in der Schule abgeben musste. Lehrer Mecker anschwindeln, dass ich die Erklärung verloren hätte? Kam nicht in Frage, weil ich nicht* lügen durfte. *Und ganz davon ab, er würde mir sofort ein neues Exemplar in die Hand drücken. Mamas Unterschrift nachmachen? Undenkbar*«*!* Dabei wollte ich doch immer lieb sein und Mama diese *Versuchung des Teufels* ersparen. Aber ich wusste einfach nicht, »wie«?! Das waren Probleme, die meine Mitschüler nicht hatten.

Dabei hätte mir, ich will mal so sagen, ein gewisses »unkeusches Basiswissen« wahrlich gut zu Gesicht gestanden. Nun ja, ich hatte bis zu diesem Zeitpunkt noch keine Erfahrungen mit den Abbildungen unbekleideter Menschen im Allgemeinen und nackter Frauen im Besonderen gemacht. Ganz zu schweigen von der Herkulesaufgabe, die mir unser Meister mit meinem »sündigen Ding da unten« reingedrückt hatte. Wohl unnötig zu erwähnen, dass ich auch keinen blassen Schimmer hatte, »*wo die Kinder überhaupt herkamen*«. Ich wusste nur so viel, dass der Klapperstorch entgegen anderslautender Bekundungen nicht direkt an einem irgendwie verdorbenen Geschehen beteiligt war. Mitunter war ich dann drauf und dran gewesen, meiner Oma die anstößigen Geheimnisse zu entlocken. Schließlich musste die es ja wissen, hatte sie doch fünf Kinder in die Welt gesetzt. Doch immer dann, wenn ich kurz davor war, verließ mich der Mut.

Der einzige, der mir auf die Sprünge hätte helfen können, war ein gewisser Dr. Sommer mit seinen hoch gehandelten Ratschlägen zu Sex und Liebe in der damals so angesagten Jugendzeitschrift »Bravo«. Das hatte ich jedenfalls Gesprächsfetzen meiner Freunde und Schulkameraden entnommen. Dummerweise war es nur so, dass diese Schundlektüre niemals in meine Hände gelangen durfte. Oder glauben Sie etwa, der Herr Jesus hätte sich mit glühenden Wangen und roten Ohren die »Bravo« reingezogen? Womöglich noch in Sammlerlaune die lebensgroßen Star-Schnitte der dämonischen Popstars ausgeschnitten? Wohl kaum!

Und wenngleich ich die Warnungen der Prediger vor meiner »*Fleischeslust*« beileibe nicht auf die leichte Schulter nahm, scheiterte ich mit Pauken und Trompeten. Mein verstohlener Blick in die Kino-Schaukästen beim Vorbeifahren unseres Schulbusses, mein gieriges Schielen nach den unkeuschen Auslagen in den Kiosken, meine heimliche Suche nach anstößigen Magazinen hier und dort, meine Tante Helga, die ich nur deshalb so häufig besuchte, weil bei ihr die verruchten Boulevardblätter (Das Neue Blatt, Neue Revue, Stern etc.) bisweilen so offen herumlagen, alle meine Gedanken und Fantasien schienen von diesen teuflischen Begierden, die mir vor Monaten noch so fremd waren, besessen zu sein. Ehrlich gesagt, ich lief wie ein aufgescheuchtes Huhn jeder halbwegs obszönen Zeitschrift hinterher.

Der Teufel konnte aber auch ein Eichhörnchen sein und die halbnackten Frauen derart hinterlistig verstecken, dass ich alle Hebel in Bewegung setzen musste, um meine verwerfliche Gier zu befriedigen. So spekulierte ich beispielsweise beim Friseur darauf, dass ich als letzter an der Reihe war, um meinen Kopf noch so lange wie eben möglich, in die verdorbenen Blätter zu stecken. Und wenn dann der Friseur, der Vater eines Kumpels, hin und wieder glaubte, mir einen Gefallen damit zu tun, dass er mich als ersten an die Reihe nahm, musste ich auch noch gute Miene zum bösen Spiel machen, während ich ihn am liebsten erwürgt hätte. Es schien dann so zu sein, als würde er mit dem Heiland unter einer Decke stecken, um meinem unkeuschen Treiben einen Riegel vorzuschieben.

Nun ja, dass unser Meister ausgerechnet beim Friseur zum ersten Mal eine seiner zahlreichen Verheißungen erfüllte, in dem Fall: »*Die Letzten werden die Ersten sein*« (Matthäus 19, 30), war mehr als ärgerlich. Schließlich würde ich Mama kaum erklären können, weshalb ich alle nasenlang zum Friseur rennen wollte. Dafür wuchsen meine Haare einfach zu langsam. Nach »Mecki« kam »Glatze«, und nach »Glatze« kam erstmal nichts, jedenfalls keine nackten Frauen mehr, zumindest nicht beim Friseur. Was mich allerdings nicht davon abhielt, nur kurz darauf wieder meinem nächsten Haarschnitt entgegen zu fiebern. Es war einfach zum Verrücktwerden; mit meinen Haaren.

Und während die spärlich oder idealerweise gänzlich unbekleideten Models nur darauf warteten, von mir mit lüsternen Blicken angestarrt zu werden, schwirrten mir gleichzeitig die Ermahnungen der Prediger durch den Kopf: »*Fliehe solches*« *(1. Timotheus 6, 11);* »*Wandelt im Geiste, so werdet ihr die Lüste des Fleisches nicht vollbringen*« *(Galater 5, 16).* Ja, besten Dank auch, »liebe« Prediger, für die hilfreichen Tipps! Dass ich mich auf ganz dünnem Eis bewegte, musste mir nun wirklich keiner mehr sagen. Doch blöderweise war es so, dass ich weder fliehen wollte noch konnte. Und »*im Geist oder als Geist zu wandeln*«*,* war mir leider Gottes auch nicht gegeben. Und ungeschoren, mit oder ohne Friseur, würde ich ohnehin nicht davon kommen.

Mitunter brachte es der Teufel sogar fertig, mich im Minutentakt in dieses »*schändliche Verlangen*« zu versetzen, von dem ich nur wusste, dass ich es »*zu kreuzigen hatte*«*:* »*Welche aber Christo angehören, die kreuzigen ihr Fleisch samt den Lüsten und Begierden*« *(Galater 5, 24).* Schön und gut, aber irgendwie haute das bei mir nicht hin, also das mit dem Fleisch kreuzigen und so. Dabei »*hätte ich doch eigentlich mit der Kraft des Heilands alles vermocht*« *(Philipper 4, 13).* Von wegen! Gar nichts vermochte ich! Mir machte mein sündiges Verlangen in einer Tour einen Strich durch die Rechnung. Und das, obwohl ich mir der Konsequenzen für mein Seelenheil durchaus bewusst war, »*denn die solches tun, werden das Reich Gottes genauso wenig erben, wie Hurer oder sonstige Unreine*« *(Galater 5, 19 – 21 u. Epheser 5, 5).* Und da ich nicht die leiseste Ahnung davon hatte, was diese merkwürdigen »*Hurer*« überhaupt verbockt hatten, grübelte ich allen Ernstes, ob ich mit meinen schändlichen Begierden nicht schon unversehens in diese zwielichtige Gruppe der Hurer und Hurenböcke hineingeschlittert war.

Zu allem Überfluss war es auch noch so, dass meine *Augenlust* in jedem Fall meinen Blick verfinstern musste. So schlich ich mich mitunter kurz vor Beginn der Versammlungen ins Bad, schnappte mir die Fußbank und gab mir alle Mühe, meine Augen unter fließendem Wasser zu »reinigen«. Ja, Sie haben richtig gelesen! Im Nu hatte ich den Wasserhahn aufgedreht und meinen Kopf seitlich über das Waschbecken »gehängt«, direkt in Höhe des Wasserhahnes. Mit Daumen und Zeigefinger zog ich nun die Augenlieder so weit auseinander, dass der Wasserstrahl direkt die Pupille treffen konnte. Und jedes Mal, wenn ich reflexartig zurückzuckte, begann ich wieder von vorne. Nachdem ich diese Prozedur dann drei oder viermal wiederholt hatte, kam das jeweils andere Auge an die Reihe.

Es war der verzweifelte Versuch, den dunklen *dämonischen Schatten*, den meine teuflischen Begierden werfen mussten, zu entfernen. Das klare Wasser sollte wenigstens etwas von der Reinheit und dem Glanz, von diesen äußeren Merkmalen eines *Gotteskindes*, hervorbringen. Schließlich hatte man uns lange genug eingebläut, dass das Auge »*des Leibes Licht*« sei, in dem die Prediger lesen konnten wie in einem aufgeschlagenen Buch. Das glauben Sie jetzt nicht? Aber natürlich konnten sie das, mit ihren geschulten »Meisteraugen«! Doch was sie da genau in unseren Augen an Verworfenheit zutage fördern konnten, hatten sie wohlweislich immer in der Schwebe gehalten. Richtig, unser schlechtes Gewissen sollte uns stets und ständig plagen!

Und immer dann, wenn ich glaubte, dass es nun gut sei mit der »Augenwäscherei«, schaute ich in den Spiegel und blickte in die geröteten Augen eines kleinen Jungen, der mich genauso verzweifelt wie hilfesuchend ansah. Ein kleiner Kerl, der mich herzzerreißend fragte: »*Ist der teuflische Schatten jetzt weg*«? »*Sieht man mir meine dämonischen Begierden noch an*«? »*Wird der Prediger mich gleich in die Zange nehmen*«? »*Wenn die Versammlung doch schon vorbei wäre*«! Er sollte keine Antwort bekommen. Ich weiß, das hört sich alles total verrückt an, aber so geht Missbrauch an Kindern.

Und dann war da noch die Sache mit dem Fernseher. Nun muss man wissen, dass sich bereits einige Geschwister mit der Anschaffung eines Fernsehgerätes die »*Verführung des Teufels*« sozusagen ›frei Haus‹ geholt hatten. Aber ja! Fernsehgucken war zwar nicht direkt verboten, gehörte aber zu den Dingen, die »*nicht frommten*« (1. Korinther 10, 23). Man setzte sich sozusagen der geballten Ladung *weltlicher Versuchungen* aus. So wurde der Fernseher als eine der »klügsten Erfindungen des Teufels« angeprangert, in einem Atemzug zu nennen mit seiner Glanzleistung, »*dass die Menschen nicht mehr an ihn glaubten*«. Aus dem Umstand jedoch, dass einige Brüder Wasser predigten, aber Wein soffen, also trotz besseren Wissens und markiger Sprüche ein Fernsehgerät angeschafft hatten, schloss ich, dass auch sie gegenüber den Verlockungen des Satans nicht völlig immun waren.

Und ihre Ausrede, das Gerät nur »*zum Verfolgen von Nachrichtensendungen, quasi um mitreden zu können*«, gekauft zu haben, war für mich an den Haaren herbeigezogen. Und ja, »*Verführung des Satans*« insofern, weil man je Sendung Gefahr lief, sich von einer Minute auf die andere mit Gedanken oder Fantasien zu versündigen. Nämlich dann, wenn man die Glotze einmal ein paar Minuten zu spät oder gar nicht ausschaltete, weil unversehens Dinge über die Mattscheibe flimmerten, die man besser nicht geschaut hätte, aber klammheimlich doch zu sehen gehofft hatte. Also Teufelszeug! Ich hatte euch durchschaut, Bruder Heinrich, Gotthard, und, und, und! Ihr gottverdammten Heuchler!

Und wenngleich wir ein fernsehfreier Haushalt waren, erlag ich fast täglich den Verlockungen des Satans und wetzte nach oben zu Tante Frieda ins Obergeschoss, wo ich »*meine Zeit vor dem Drecksfernseher, einem der vielen Altäre dieser Welt verbrachte*«, wie die Prediger die Glotze in Bausch und Bogen verdammt hatten *(Predigtmitschnitt auf Audiodatei): »Wenn du aufhörst deine Stunden vor dem Drecksfernsehen zu verbringen und weiß ich was, … wenn du endlich bereit bist, das Angesicht Gottes zu schauen …«; »Er (Jesus) will Zeichen und Wunder tun, wie sie noch nie gesehen wurden, wenn wir endlich bereit sind, nicht mehr länger vor den Altären dieser Welt unsere Knie zu beugen«.* Schönen Dank auch, »liebe« Prediger, für die gut gemeinten Ratschläge! Aber ehrlich gesagt, ich würde mir dann doch lieber halbnackte Frauen anschauen, als das leuchtende Antlitz Gottes!

Auch die verstörende Bemerkung meiner Mutter, dass ich mitunter »*richtig besessen ausschaute*«, wenn ich mal wieder zu lange vor der Mattscheibe gehangen hatte, hielt mich nicht von meinem sündigen Treiben ab. Ich würde abends darüber Buße tun. Egal, ob es die amerikanischen Western »Bonanza« oder »Rauchende Colts«, Tierfilme wie »Lassie« oder »Daktari« oder andere Vorabendserien waren, Hauptsache keiner aus der Gemeinde erwischte mich bei meinem Laster. Und deshalb schrillten bei mir –aber auch bei Erich- alle Alarmsirenen, wenn es unten an der Haustür klingelte. Zunächst taten wir so, als ginge uns das nichts an. Doch wenn wir dann eine verdächtige »brüderliche Stimme« im Hausflur hörten, galt es auf Tauchstation zu gehen.

Heimlich, still und leise schlichen wir uns aus dem Zimmer und pirschten auf leisen Sohlen die Treppe runter. Unten im Flur angekommen, verschwanden wir nahezu geräuschlos durch die Haustür, um kurz darauf polternd durch den Hintereingang wieder hereinzukommen und Matthias oder einen anderen Bruder mit einem freundlichen Lächeln zu begrüßen.

So wie es sich halt für einen folgsamen Jungchristen gehörte. Und obwohl wir beide –von Gewissensbissen getrieben- gezwungen waren, das gleiche heuchlerische Verhalten an den Tag zu legen, verloren wir untereinander kein Wort darüber. Zu sehr schämten wir uns für unser Versagen. Da gab es auch gar nichts schönzureden. Rückblickend natürlich beängstigend, welche Klimmzüge wir veranstalten mussten, nur um bloß nicht aufzufliegen.

Von daher musste ich mir auch gar nichts vormachen, der Teufel hatte es ganz gezielt auf meine *Augenlust* abgesehen. Doch was half mir diese Erkenntnis? Was nutzten mir alle Gardinenpredigten gegen meine lasterhaften Begierden mit »*Wachen und Beten*« anzukämpfen, wenn »*mein Fleisch einfach zu schwach war*« *(Markus 14, 38)*? Und was zum Henker sollte ich mit all den Warnrufen der Prediger vor den »*Werken und Lüsten des Fleisches*« *(Galater 5, 19 – 21)* anfangen, wenn ich es im Alltag immer und ewig vermurkste? So verstrich kein Tag, an dem ich nicht zigmal gesündigt und genauso oft Buße darüber getan hatte. Tag für Tag flehte ich unseren Meister um Vergebung an und gelobte Besserung, um es dann doch wieder zu vermasseln. Dabei brachte der jeweils neue Tag die gleichen Qualen – ein endloses Wechselspiel aus Begierde, Sünde und Buße.

So blieb es am Ende des Tages bei dem verhängnisvollen Wettstreit zwischen Hase und Igel, wobei ich der Hase und der Teufel sozusagen »Herr und Frau Igel« waren. Denn je verbissener ich gegen die unkeuschen Bilder in meinem Kopf-Kino anbetete, desto fixer schob er immer neue, immer unzüchtigere Fotos hinterher. Es war einfach zum Verzweifeln. Er war mir immer einen Schritt voraus. »*Wie nur soll der Heiland dich liebhaben, wenn du immer wieder der Sünde verfällst*«? »*Wie willst du deine Schulkameraden bekehren, wenn du keinen Deut besser bist als sie*«? »*Warum schaffst du es einfach nicht, einen großen Bogen um den ganzen Schmuddelkram zu machen*«? »*Was bist du nur für ein dreckiges Schwein*«, waren die Zwiegespräche, die in meinem Inneren unablässig tobten.

Verständlich also, dass ich anfing, meinen kleinen Körper, meine Gefühle, mich selbst zu hassen. So bat ich den Heiland aus Wut über meine Schwäche nicht nur darum, mir meine schmutzigen Triebe zu nehmen, sondern »das sündige Ding zwischen meinen Beinen« gleich mit. Diese verfluchten Gedanken und Begierden sollten endlich aufhörten. Wen wundert's, mit diesem Wunsch rannte ich bei Jesus offene Türen ein. Darauf werde ich noch in dem Kapitel 29 zu sprechen kommen. Aber hatten die Prediger denn nicht Recht? Was ist wohl angenehmer, mit »allen Gliedern« in der Hölle zu braten oder »ohne Glied« im Himmel Hochzeit zu feiern? Eben! Und genau deshalb hatte Jesus uns auch wärmstens empfohlen, *»sich lieber das rechte Auge auszureißen oder die rechte Hand abzuhacken, als zu riskieren mit beiden Augen und ganzem Leib in die Hölle geworfen zu werden« (Matthäus 5, 29 – 30).* Das muss man sich mal vorstellen, welche lebensfeindlichen Vorstellungen ich verinnerlicht hatte! Kein Wunder also, dass ich noch schwer erkranken sollte.

Und je erbarmungsloser meine Schuldgefühle an mir nagten, desto größer wurde meine Furcht vor Bestrafung. Hinter der mitunter nur schwer zu verbergenden Erregung, die ich nun immer öfter spürte, vermutete ich eine Zeitlang einen Tumor. Hinter der feuchten Hose, die ich bisweilen nach der verbotenen Lektüre bemerkte, konnte nur ein Tripper stecken, hatte ich im dicken Ärztebuch meiner Eltern erschrocken in Erfahrung gebracht. Dabei versetzte mich allein der Anblick dieses mächtigen roten Buches regelmäßig in Angst und Schrecken. Denn dort waren all die furchtbaren Krankheiten beschrieben, die der Heiland mir für mein permanentes Versagen über kurz oder lang aufzuhalsen drohte.

Und da ich all das, was sich unterhalb der Gürtellinie abspielte, als hochexplosives Minenfeld betrachten musste, pflegte ich den Kontakt mit »dem verbotenen Ding« auch nur, wenn es sich partout nicht vermeiden ließ, wie beim Pinkeln. Aber selbst damit hatte ich meine liebe Mühe und Not. So scheute ich lange Zeit davor zurück, mich in dieser »Finger-weg-Zone« überhaupt anzufassen. Irgendwann kam ich dann auf die glorreiche Idee, mein Unterhemd als eine Art Schutzhandschuh zu benutzen. Darunter litt jedoch –nicht wirklich überraschend- nicht nur die Treffsicherheit, mit dem Ergebnis, dass meine Hose hin und wieder in Mitleidenschaft gezogen wurde, sondern auch mein psychischer Zustand.

So plagten mich einmal im Anschluss an einen Evangelisationsabend in einem Nachbarort entsetzliche Gewissensbisse. Weshalb? Nun ja, ich hatte mit meiner vermeintlich »infizierten Hose«, –die beim Pinkeln ein paar Spritzer abbekommen hatte-, im Vorbeigehen den Mantel einer Schwester gestreift. Wie ein Blitz war mir der Gedanke durch den Kopf geschossen, dass die Schwester nun Gefahr lief, durch diese »Kontaminierung« zu erkranken. Ich begann Blut und Wasser zu schwitzen. Schuldgefühle überfluteten mich. So zermarterte ich mir für den Rest des Abends allen Ernstes das Hirn: »*Musst du der Schwester das Malheur jetzt beichten, damit sie irgendwelche, wie auch immer gearteten Schutzmaßnahmen ergreifen kann*«? »*Oder hältst du lieber den Mund, in der Hoffnung, dass der Heiland sie vor einer Verseuchung bewahrt*«? Nun, ich behielt das »Missgeschick« für mich.

Doch die zermürbenden Gewissensbisse sollten mich auch in den nächsten Tagen und Wochen nicht zur Ruhe kommen lassen. So fieberte ich, ebenso ängstlich wie angespannt, den kommenden Gottesdiensten entgegen. »*Würde die Schwester noch gesund und munter erscheinen*«? das war die bange Frage, die mich umtrieb. Zu meiner Erleichterung durfte ich dann ein ums andere Mal feststellen, dass sie sich offensichtlich noch bester Gesundheit erfreute. »*Noch geht's ihr gut, doch wie lange noch*«? peitschte es mir dann wieder durchs Gehirn. Das ging dann noch wochenlang so weiter, bis ich allmählich darüber zur Ruhe kam. Ich weiß, das hört sich völlig irre an, aber genauso war es. Tut mir leid, liebe Schwester X, dass ich dich nicht warnte! Ich hoffe, du bist noch quicklebendig.

So war es nur eine Frage der Zeit, bis ich einen ausgewachsenen Waschzwang entwickelte. Immer wieder aufs Neue, oft minutenlang, wusch ich mir die Hände. Und wenn sie sich dann, wie so oft, noch immer schmutzig anfühlten, schlich ich mich möglichst geräuschlos in den Keller, holte mir eine Handvoll Waschpulver und legte los. Unter zur Hilfenahme einer Handbürste begann ich nun meine kleinen Hände, Finger für Finger zu bearbeiten. Leider Gottes mit dem beunruhigenden Ergebnis, dass sie innerhalb kürzester Zeit kalkweiß, rau und rissig wurden. Ob meiner Mutter das nicht auffiel? Keine Ahnung! Wahrscheinlich wollte sie es einfach nicht sehen! Was war wohl wichtiger, das »reine Herz« eines Jungchristen oder seine »kaputten Hände«? Eben! Zugegeben, mit Christi Wundmalen an meinen Händen hätte die Sache sicherlich anders ausgesehen. Ich denke, das war die Zeit, in der auch meine Zwangshandlungen und Zwangsgedanken begannen. Alles Folgeerscheinungen und Abwehrstrategien, die meinem Nicht-Okay-Gefühl geschuldet waren.

Und dann war da noch diese Sache mit Onan. Nun, ich habe noch genau vor meinem inneren Auge, als mich mein Vater eines Tages mit finsterer Miene unvermittelt beiseite nahm, und mir die Geschichte von einem verabscheuungswürdigen Mann aus der Bibel mit dem komischen Namen Onan erzählte. Heute würde man wohl »Wichser« sagen. Soviel kann ich schon mal vorwegzunehmen, die Geschichte war kurz, mein Gesicht anschließend umso länger. Denn am Ende hatte der »liebe« Gott Onan eigenhändig umgebracht. Oha! Weshalb? Sie werden es nicht glauben, aber *»der Kollege hatte seinen Samen einfach auf die Erde fallen und verderben lassen« (1. Mose 38, 9 – 10).* Letztlich wohl »verkehrswidrig«!

»Hä«? Samen hin oder her, frisch oder verdorben, ich hatte von der ganzen Geschichte nur Bahnhof verstanden. Nun ja, ich wusste von »Samen« bis dahin nur so viel, dass dieser »in« und nicht »auf« die Erde gehörte, wenn er denn gedeihen sollte. Das hatte man mir schließlich schon im 1. Schuljahr beigebracht. Und den Onkel deshalb gleich umzubringen, fand ich nun wirklich übertrieben.

Papas ernster Miene nach zu urteilen, war es jedenfalls so, dass im Hause Onan irgendetwas nicht mit rechten Dingen zugegangen war. Aber was genau, das ließ er geheimnisvoll im Ungewissen. So druckste und eierte er rum und erzählte mir von Dingen, die ich überhaupt nicht kapierte und auch gar nicht so genau wissen wollte. Am liebsten hätte ich mir die Ohren zugehalten. Und alles was bei mir von dieser »Aufklärung« hängenblieb, war, dass mit der ganzen Sache nicht zu spaßen war. Allerdings! Onan hatte es ja bereits am eigenen Leibe zu spüren bekommen – »das böse Ende eines Wichsers«!

So hatte ich am Ende des Tages mal wieder eine Menge dazulernen dürfen. Ich kannte ein neues Wort: *»Onanie«,* ohne zu wissen, was das war. Ich wusste, dass ich mich *»nicht selbstbeflecken«* durfte, ohne einen blassen Dunst davon zu haben, wie das überhaupt ging. Dafür wusste ich aber, dass der »liebe« Gott, Menschen, die etwas machten, von dem ich nicht wusste, was es war, und wie es ging, gerne auch mal persönlich umbrachte. Danke Papa, für die prima Aufklärung! Jesus hatte meinen Vater, was das Erklären anging, einfach reich gesegnet.

Mit zunehmendem Alter klingelten mir dann immer öfter die Ohren von den eindringlichen Warnungen der Prediger: *»Hände weg«, »Fliehe solches«.* Schön und gut, aber ich hatte immer noch keine Ahnung davon, was zum Teufel sie genau damit meinten. Mir schwante allerdings, dass es irgendwie damit zu tun haben musste, was Erich mitunter spätabends in seinem Bett veranstaltete. Denn mich hatte schon seit geraumer Zeit dieses seltsame »Rascheln und Wackeln« stutzig gemacht. Ein Tier konnte es jedenfalls nicht sein, was da unter seiner Bettdecke zappelte, denn sonst hätte Erich sicherlich Rabatz gemacht. Jedenfalls gelang es ihm ganz offensichtlich nicht, seine Hände über der Bettdecke zu behalten. Kann man als »raschelnder« Jungchrist darauf hoffen, dass der Heiland etwa nicht unter die Bettdecke guckt? Dass Jesus das Rascheln vielleicht gar nicht hört? Doch wohl nicht! Das war einer der Momente, die mein Bild von Erich merklich trübten.

Und während er den Bogen anscheinend raus hatte, wenn es darum ging, das verderbte Geschehen in Gang zu setzen, sollte ich noch lange Zeit auf dem Schlauch stehen. So fiel erst Jahre später bei mir der Groschen, wie ich »die Sache zu bewerkstelligen hatte«. Doch als ich den Dreh erst einmal raushatte, erlag ich, aller Warnungen zum Trotz, immer häufiger diesem unheimlichen Trieb. Doch je mehr ich mich abrackerte bzw. dagegen ankämpfte, desto mehr Trümpfe in Gestalt verdorbener Fantasien hielt mir der Teufel unter die Nase. Anders ausgedrückt, all meine Anstrengungen gingen in die Hose. Dabei ließ mich dieses verbotene Laster wenigstens für einige Augenblicke meine Verzweiflung und die dunkle Nacht, die mich umgab, nicht spüren. Einziger Trost in einer Welt, die mich nicht wollte und mir die Luft zum Atmen nahm.

An all das, was für meine *weltlichen* Freunde im Laufe der Zeit gang und gäbe war, ein Flirt mit Mädchen, der erste Kuss, die bekannte Zettelbotschaft mit der Frage: »*Willst du mit mir gehen? Ja, Nein, Vielleicht*«, war für mich nicht einmal im Traum dran zu denken. Für Jungen meines Alters hatte der *Mann der Schmerzen* eine quarantäneähnliche Kontaktsperre zu Mädchen verhängt – ein riesiges Verbotsschild mit der sinngemäßen Aufschrift: »*Darf nicht in die Hände von Jungs gelangen. Verursacht schwere Augenreizungen. Bei versehentlichem Kontakt einen Prediger oder den Schmerzensmann fragen*«!

Nichtsdestotrotz hatte ich mich heimlich in Hilde, ein Mädchen aus unserer Gruppe, verknallt. Da war ich vielleicht 12 Jahre alt. Besser gesagt, immer dann wenn sie in meiner Nähe war, erschienen mir die grausamen Gottesdienste für einen Moment etwas erträglicher. Natürlich verriet ich ihr das nicht. So nahm sie auch nicht einmal ansatzweise Notiz von mir. Wie sollte sie auch? Ich war klein und unscheinbar. Sie hübsch und 'nen halben Kopf größer. Und womit hätte ich ihr auch imponieren können? Mit Fußball oder Tischtennis? Als Ritter oder Indianer? Wohl kaum! Und wie zum Henker hätte ich die älteren Brüder ausstechen können? Mit stundenlangem Gesangbuch hochhalten? Mit Beten? Etwa mit Singen oder Gitarre spielen? Sie wäre schreiend weggelaufen. Zur Erinnerung, ich war von Geburt an Nichtsänger!

Zugegeben, mit Gitarre spielen hatte ich es ein oder zweimal im Anschluss an die Kinderstunde probiert. Nur ..., ein Ansatz, der mir und allen Beteiligten nicht weiter verfolgenswert erschien. Ich hätte wohl mehr Aufmerksamkeit erhalten, wenn ich meine Indianerpfeile von den Saiten der Klampfe abgefeuert hätte. So jedenfalls konnte ich den älteren Brüdern einfach nicht das Wasser reichen. Okay, beim Bibelquiz da trumpfte ich immer mächtig auf. Aber den gab's unseligerweise nur einmal im Jahr, entweder zu Weihnachten oder Sylvester. Zu wenig, um bei Hilde mit meinem Wissen über David und Goliath oder durch die Gegend preschende »Supersamariter« Eindruck zu schinden. Von daher konnte ich ihr auch nicht krummnehmen, dass ihre Neugier eher den größeren Jungs galt. Denen, die protzten und prahlten und beim Heiland einen Stein im Brett zu haben schienen. Stimmt doch Hilde, oder?!

Und wenn ich bisweilen noch auf eine aufreizende, körperbetonte Kleidung der Schwestern spekuliert hatte, musste ich mir den Zahn im Laufe der Zeit ziehen lassen. Sie waren gehalten sich mit *Scham und Zucht* zu kleiden, damit sie die älteren Brüder nicht zu schmutzigen Fantasien verführten. Und was das Make-up anbetraf, das konnten sie sich gleich abschminken, denn es war ihnen nicht vergönnt, sich *der Welt anzupassen* und in ihren Gesichtern »rumzupinseln«: »*Desgleichen dass die Weiber in zierlichem Kleide mit Scham und Zucht sich schmücken, nicht mit Zöpfen oder Gold oder Perlen oder köstlichem Gewand« (1. Timotheus, 2, 9); »Lieblich und schön sein ist nichts, ein Weib, das den Herrn fürchtet, soll man loben« (Sprüche 31, 30); »Ein schönes Weib ohne Zucht ist wie eine Sau mit einem goldenen Haarband« (Sprüche 11, 22).* Und jetzt mal ehrlich, welche Frau möchte sich schon nachsagen lassen, sie sei eine »Sau«? Egal, ob mit Haarwickel, oder ohne? Eben! Wohl keine!

Kein Wunder also, dass die meisten Schwestern in altbackener Kleidung rumrannten und weit davon entfernt waren, die Brüder unnötigerweise auf Touren zu bringen. Hmm ...? Ein bisschen »weniger Stoff«, dafür ein bisschen »mehr Sau« hätte aber nicht schaden können, oder »liebe« Brüder?!

Kriegt euch wieder ein! War nur ein Scherz! Schon klar, dass ihr die »Weiber« vom Hof gejagt hättet! Jedenfalls wünschte ich mir insgeheim eine Kleiderordnung, an der der *Schmerzensmann* weniger Freude gehabt hätte. Es hätte ja nicht gleich ein Minirock bis zum Bauchnabel sein müssen, aber ein bisschen weniger lieblich und ein bisschen weniger Zucht hätte unseren Meister auch nicht gleich schwermütig werden lassen. Na ja, vermutlich doch!

Eine unziemliche Kleidung von Mädchen bekam ich dann allerdings im Freibad in Form von Bikinis und körperbetonten Badeanzügen gleich reihenweise zu Gesicht. Doch nicht nur das. So glaubte ich eines Nachmittags meinen Augen nicht zu trauen, als sich ein etwa 13-jähriges wildfremdes *Weltmädchen*, nennen wir sie Beate, derart leicht bekleidet auf der Liegewiese direkt neben mich fläzte. Oha! Was hatte das denn jetzt zu bedeuten? Ich will mal so sagen, dafür, dass die Liegewiese relativ groß und das Freibad nicht übermäßig gefüllt war, lag plötzlich das Badetuch eines *Weltmädchens* in ziemlich ungebührlicher Nähe zu dem Handtuch eines unbefleckten Jungchristen. Und ja, es fühlte sich an, als würde die Zeit für einen Moment stillstehen, und alle Badegäste den Atem anhalten und mir »ungläubig« dabei zusehen, was sich da an schamlosen Ungeheuerlichkeiten direkt vor ihren Augen abspielte. Genau! Der Satan »*versuchte*« mich auf die knüppelharte Tour.

Ich kann mich nicht mehr genau erinnern, mit welchen Worten Beate ihren Annäherungsversuch, heute würde man wohl von »anbaggern« sprechen, erklärte. Irgendetwas wird sie wohl gezwitschert haben. Vermutlich: *»Hier ist doch noch frei, oder«?* oder *»Darf ich mein Badetuch hier hinlegen«?* Oder so ähnlich. Spielte aber auch keine Rolle. Wohl überflüssig zu erwähnen, dass ich überhaupt nicht wusste, wie ich mit dieser Situation, in dem Fall mit Beate, umgehen sollte. Einerseits passierte gerade das, wovon ich klammheimlich immer geträumt hatte, anderseits hatte ich nicht die geringste Erfahrung im Umgang mit dem weiblichen Geschlecht, geschweige denn mit *Weltmädchen*. Wie sollte es auch anders sein?! Klar, meine Kumpels hätten sich überschlagen vor Begeisterung, zumal Beate eine ziemlich gute Figur in ihrem Badeanzug machte. Da gab's wirklich nichts zu meckern.

Nichtsdestotrotz, ein »baden gegangener« Jungchrist auf der Liegewiese im Freibad, Handtuch an Handtuch mit einem halbnackten *Weltmädchen*, verabscheuungswürdiger ging es ja wohl kaum. Das würde ich weder den

Geschwistern in der Anstalt noch unserm Meister erklären können. So bat ich Beate höflich, aber bestimmt, *»sich dann doch lieber woanders hinzulegen, weil mich hier jeder kennen würde«*. Das glauben Sie jetzt nicht? Aber ja doch! Mit einem spöttischen Lächeln und den Worten, *»Du bist ja noch grün hinter den Ohren«*, schnappte sie ihr Badetuch und verschwand erhobenen Hauptes. Puh …! Nochmal Schwein gehabt! Ich hatte dem Teufel die Stirn geboten. Aber »grün hinter den Ohren« wollte ich irgendwie auch nicht sein. Hörte sich aus ihrem Mund dazu noch abwertend, fast verächtlich an. Hmm …? Was meinte sie überhaupt damit? Ich ahnte es. Ich war ein *Fremdling in der Welt,* in dem Fall im Freibad, genauso wie es uns der *Schmerzensmann* abverlangte. Gern geschehen, »lieber« Jesus.

Aber woher sollte Beate auch wissen, dass ich mir *Mädchen* im Allgemeinen und *halbnackte* im Besonderen tunlichst vom Hals zu halten hatte? Und wie konnte sie ahnen, dass sie mich mit ihrer frivolen Aktion gehörig aus dem Konzept gebracht hatte? Dass mir, ich will mal so sagen, nicht nur die Haare zu Berge standen?! Ihr jetzt auch noch die(se) »Frohe Botschaft« zu verkünden, wäre wohl des Guten zu viel gewesen. Sie war ganz offensichtlich nicht in der Stimmung dazu. Dessen ungeachtet, ich hätte mir von ihr etwas mehr Dankbarkeit für meine Ehrlichkeit gewünscht.

Und obwohl ich mich nicht mehr entsinnen kann, würde es mich nicht wundern, wenn ich mich direkt nach der *teuflischen Versuchung* ins kalte Wasser gestürzt hätte, sozusagen um wieder runterzukommen. Was für eine fantastische göttliche Bewahrung, oder?! Aber sicher! Der *Mann der Schmerzen* hatte mir in einer äußerst brenzligen Situation *fleischlicher Versuchung* aus der Patsche geholfen. Danke »lieber« Jesus, dafür! Okay, man kann auch sagen, du hast einen Vollidioten aus mir gemacht! So viel zu Beate.

Die älteren Geschwister wurden dann auch in einer Tour ermahnt, sich in Zucht und Geduld zu üben und auf den von Gott auserwählten Partner zu warten. Oder dachten Sie etwa, dass man sich den/die PartnerIn selbst aussuchen konnte? Natürlich konnte man das nicht! Mit einer eigenmächtigen Partnerwahl würde man Gott ins Handwerk pfuschen, mit der Folge, dass die Partnerschaft über kurz oder lang Schiffbruch erleiden musste. Wohl unnötig zu erwähnen, dass ein *Weltmensch* als PartnerIn auch schon deshalb nicht in die Tüte kam, weil der oder die Ungläubige unseren Bruder oder unsere Schwester *»mit in die Welt ziehen würde«*. Zumindest war diese

Wahrscheinlichkeit größer, als dass es umgekehrt gelingen konnte, einen *Weltmenschen* in unsere vernagelte Gruppe zu lotsen. Und wenn bei diesem »himmlischen Partnerwichteln« der eine oder andere glaubte, aus der Reihe tanzen zu müssen, wurde er von den Predigern zur Rede gestellt, oder ihm gleich an Ort und Stelle der handverlesene Partner »aufs Auge gedrückt«. Na und ob!

Okay, bei dem einen oder anderen dauerte es halt etwas länger, bis der Groschen fiel. Wie bei Bruder Jens, bei dem der Groschen, zur allgemeinen Empörung, gar nicht fiel. Zugegeben, es war schon ziemlich starker Tobak, dass ihm ein Kollege, und dann ausgerechnet noch Gisbert, seine Verlobte wegschnappen wollte. So forderten die Prediger eines schönen Tages Jens ganz unverblümt auf, »*sein Verlöbnis mit Schwester Birgit zu lösen, weil der liebe Gott auf die glorreiche Idee gekommen war, dass Birgit eigentlich viel besser zu Bruder Gisbert passte*«. Ja Jens, da guckst du blöd, was?! Die Wege des Herrn sind eben manchmal unergründlich. Aber seien wir doch mal ehrlich, ist es nicht auch eine weise und gerechte Entscheidung Gottes, Gisbert mit einer tugendhaften Schwester, in dem Fall deiner Birgit, zu belohnen?! Schließlich ist Gisbert stärker im Gebet, und er tut viel mehr für die Gemeinde. Oder etwa nicht, Jens?!

Und als ob die Sache mit dem geforderten Bruch des Verlöbnisses nicht schon heikel genug gewesen wäre, kam erschwerend hinzu, dass Gisbert, gelinde ausgedrückt, nicht gerade jemand war, dem die Herzen der Schwestern gleich reihenweise zuflogen. Mit anderen Worten, er war ein Ladenhüter. Dessen ungeachtet, irgendeine Schwester musste ja schließlich in den sauren Apfel beißen, damit er endlich zu Potte kam. Nun hatte es halt Birgit erwischt. Pech gehabt! Um es an dieser Stelle abzukürzen, Gisbert war –wenig überraschend- von Gottes Partnerwahl hellauf begeistert, Birgit nicht so. Von Jens einmal ganz zu schweigen, der schon längst die Wände hochgegangen war. »*Dein Wille geschehe, wie im Himmel so in unserer Anstalt? Den Teufel werd' ich tun! Gottes Wille hin oder her*«, wird er sich gedacht haben. Man glaubte es nicht, er wollte seine Birgit behalten. Wie ihm doch das Gespür für geistliche Partner fehlte!

Wie die Sache ausging, kann man sich vielleicht denken. Die beiden hatten von himmlischen Partnern, Predigern und Meistern und wie die Plagegeister alle hießen, die Nasen gestrichen voll. Ohnehin wäre ihr Verbleib in der

Gemeinde –mit dem falschen Partner an der Seite- zu einem Spießrouten-laufen geworden. Und mittlerweile hat es auch der »liebe« Gott verkraften müssen, dass die beiden glücklich und zufrieden ihre Silberhochzeit feiern konnten. Nur Gisbert sollte noch längere Zeit in die Röhre gucken, bis ihm Gott im zweiten Anlauf, dem Herrn sei's getrommelt und gepfiffen, eine willige Gehilfin schuf. Immerhin sollte es diese Schwester viele Jahre mit ihm aushalten –ein Wunder für sich-, bis sie dann doch das Weite suchte, ohne dabei noch einen wehmütigen Blick auf ihren Auserwählten und die Anstalt zu werfen. Alter Schwede! Was war denn da los?

Das findet der Herr Jesus jetzt aber gar nicht gut, liebe Schwester Ute! Gisbert lümmelt nun bereits seit Jahren einsam und verlassen zu Hause rum. Und das nur deshalb, weil du meinst, mit einem *weltlichen* Partner Unzucht treiben zu müssen! Oder konnte Gisbert auch nur im Entferntesten erahnen, dass er dich nicht mit einem Handwerker allein zu Hause lassen durfte? Dass du ihn betrügen würdest? Eben! Doch wohl nicht! Und wer weiß denn besser als du, dass es verdammt schwer werden wird mit einer neuen Gehilfin für Gisbert?! Auch wenn bei Gott kein Ding unmöglich ist?! Stimmt doch Gisbert, oder?

Ich sollte noch erwähnen, dass Matthias selbst Jahre nach meinem Ausstieg noch die Frechheit besaß, mir in die Partnerwahl zu quatschen. »*Glaubst du wirklich, dass das die Frau ist, die Gott für dich auserwählt hat*«? glaubte ich eines Tages meinen Ohren nicht zu trauen. An den Anlass und die Um-stände kann ich mich nicht mehr erinnern. Nur, dass ich es versäumt habe, ihm umgehend eine rein zu hauen.

Jedenfalls war es so, dass es für die Geschwister nur »den einen bzw. die eine« gab. Und ja, wir waren viel zu wundersüchtig, als dass wir die himmlischen Partnerverbindungen hätten hinterfragen wollen. In einer Welt voller Unwägbarkeiten waren sie bombastische Gottesbeweise, die wir gierig aufsaugten. So möchte ich nicht wissen, wie viele Gebete die Ge-schwister in den Äther gejagt haben, mit der dringlichen Bitte an unseren Meister: »*Herr, bitte gib mir ein eindeutiges Zeichen, welche(n) PartnerIn du für mich auserwählt hast*«. Wie das ausging, kann man sich wohl denken. Richtig, »*der Herr*« hörte auf Kommando und gab Zeichen und Signale wie am Fließband. So deuteten Frischverliebte den etwas längeren Blick-kontakt, das leichte Kribbeln im Bauch oder das aufmunternde Lächeln der/des Angebeteten als »Gottes Wink mit dem Zaunpfahl«. Also eigentlich eine tolle Sache.

Dummerweise war es jedoch nur allzu oft so, dass »*der Herr*« ein Auge oder einen Zaunpfahl auf jemanden geworfen hatte, der oder die Auserwählte da aber nichts von wusste. Schlimmer, auch nichts von wissen wollte. Das war natürlich Mist! Nächster Versuch. Man kann auch sagen, es wurde solange mit »Gottes Zaunpfählen« auf PartnerInnen geworfen, bis man einen Volltreffer gelandet hatte. Nicht wahr, »liebe« Geschwister!

Wenn »*der Kollege da oben*« dann freundlicherweise ein Paar zusammengeführt hatte, hieß das aber noch lange nicht, dass nun endlich »rumgevögelt« werden durfte. Ganz im Gegenteil. Schließlich wird Sex vor und außerhalb der Ehe in der Bibel unter dem Begriff *Hurerei* als schweres Verbrechen gegeißelt und auch bestraft. Im Alten Testament mit der »*Ausrottung*« im hier und jetzt *(3. Mose 18, 29)*, im Neuen Testament noch grausamer mit »*ewigen Höllenqualen*« *(Epheser 5, 5)*. Au Backe! Das war natürlich blöd. Da gab es auch gar nichts rumzudeuten.

So mussten sich selbst verlobte Paare bis zur Eheschließung, lassen Sie es mich so ausdrücken, »*jedweder fleischlichen Betätigung enthalten*«, wenn sie denn ins *Reich Gottes* wollten: »*Weder die Hurer, noch die Abgöttischen, noch die Ehebrecher, noch Trunkenbolde … werden das Reich Gottes ererben*« *(1. Korinther 6, 9 – 10)*; »*Die Hurer aber und die Ehebrecher wird Gott richten*« *(Hebräer 13, 4)*; »*Denn das sollt ihr wissen, dass kein Hurer, Erbe hat in dem Reich Christi*« *(Epheser 5, 5)*. Oha! Sex ohne Trauring? Im wahrsten Sinne des Wortes, ein »*Höllenritt*«!

Von daher war auch unser lauthals ausposauntes gottgefälliges Keuschheitsversprechen: »*Wahre Liebe wartet*« einzig und allein der nackten Angst geschuldet, von Gott mit der »*ewigen Verdammnis bestraft zu werden*«. Ja genau! Ein Kuhhandel mit üblem Beigeschmack. Und natürlich hatte auch »nicht die hellste Kerze auf der Torte« längst geschnallt, dass die Wartezeit bis man dann endlich ran durfte, alles andere als ein Zuckerschlecken war. Meistens mit dem Ergebnis einer Eheschließung in ganz jungen Jahren. So glaubte man, dem Teufel ein Schnippchen geschlagen zu haben, hatte dafür aber nur allzu oft einen Partner an der Backe, von dem man sich irgendwann besser getrennt hätte. Nur blöd, dass unser Meister genau das verboten hatte: »*Denn was Gott zusammengefügt hat, soll der Mensch nicht scheiden*« *(Matthäus 19, 6)*. Was für ein Pech!

Umso verstörender war für uns dann die Erkenntnis, dass auch Matthias ganz offensichtlich seine liebe Mühe und Not mit den *Verlockungen des Fleisches,* in dem Fall Lores Fleisches, hatte. Lore, so hieß nämlich die Schwester, mit der er eines Tages irgendwo in den Hinterzimmern unseres Gebetshauses auf »frischer Tat« ertappt worden war. Jedenfalls wurde das kurz darauf hinter vorgehaltener Hand getuschelt. Und dieser »erste Kuss«, denn mehr sollte da angeblich nicht gelaufen sein, bedurfte der strengen Ermahnung durch seinen irdischen Vater und der Vergebung durch seinen himmlischen Vater. Genauso hatte es mir mein Vater nur kurze Zeit später zu erklären versucht. Schau mal einer an! Unser heiliger Matthias! Dem Teufel in die Falle getappt! Unfassbar!

Nichtsdestotrotz, der Schock saß tief. Doch wer von uns gehofft hatte, dass Matthias von nun an den Ball in Sachen Glaube und Liebe etwas flacher halten würde, musste sich schon bald eines Besseren belehren lassen. Genau, Lore hatte ihn gehörig aus dem Konzept gebracht, und wir kriegten es nun zum Ausbaden. Und während er Lore von da an einfach links liegen ließ, begann er seine ihn bedrängende »teuflische Gier« immer aggressiver an uns abzuarbeiten. Und wenn schon Matthias, der doch so dicke mit unserem Meister war, es vergeigt hatte, um wie viel mehr galt es dann für uns, unser *»schwaches Fleisch«* im Zaum zu halten. *»Verdammt noch mal, warum knutschte er nicht einfach mit Lore rum und ließ uns dafür in Ruhe«?* so oder ähnlich wird es sicherlich dem einen oder anderen durch den Kopf gegangen sein. Zumindest durch Lores Kopf. Jedenfalls sollte sie sich noch längere Zeit in die Schmollecke verziehen.

Trotz allem, so schnell wollte sie sich dann doch nicht geschlagen geben. Als sie sich wieder einigermaßen berappelt hatte, legte sie sich umso mehr ins Geschirr, um Matthias endgültig den Kopf zu verdrehen. Hin und wieder schwänzte sie nun die Jugendstunden, um ihn beim nächsten Mal umso ungestümer anzuhimmeln. Und wenn sie dann mit schmachtendem Gesichtsausdruck unsere Lobpreislieder trällerte, musste sie ihn einfach an einen blonden Engel erinnern. Ein Engel mit weit aufgerissenem Mund und blonden Löckchen, die sich so verführerisch um ihren Kopf kringelten. Zum Anbeißen schön, auch wenn sie auf einem Auge schielte. Allein das Instrument machte den kleinen Unterschied, der Engel blies die Posaune, sie spielte die Klampfe.

Kurz und gut, Matthias blieb standhaft, und Lore war von einem Tag auf den anderen sang- und klanglos verschwunden – im wahrsten Sinne des Wortes. Wenn sie schon Matthias als ihren irdischen Meister nicht kriegte, dann konnte ihr der himmlische Meister auch gestohlen bleiben. Schade eigentlich, ich mochte sie. Vielleicht hätte sie einfach das Instrument wechseln oder es idealerweise ganz ohne Posaune, nur mit Blasen versuchen sollen. Ob Matthias »alle fünfe, in dem Fall alle sechse, hätte gerade sein lassen«? Um Gottes willen! Niemals! In jedem Fall war es so, dass wir am Ende des Tages eine Menge hatten dazulernen dürfen. Vor allen Dingen eins, dass nicht Matthias, sondern wir die eigentlichen Sündenböcke waren.

Ich sollte noch erwähnen, dass wir »die rote Linie«, die der *Mann der Schmerzen* gezogen hatte, bereits mit dem begehrlichen Anschauen einer Frau überschreiten würden: *»Wer eine Frau nur ansieht und sie begehrt, hat schon die Ehe gebrochen« (Matthäus 5, 28)*. Ach ja? Wer zum Henker tat das denn nicht?! Oder, ihr sabbernden Prediger?! Das waren Probleme, die besagter Prediger Stellmacher nicht hatte. Warum? Ganz einfach, weil unser Meister ausdrücklich nur von Frauen gesprochen hatte! Oder hatte Jesus etwa das lüsterne Anschauen einer Ziege oder eines Esels verboten? Eben!

Und dann war da noch die Sache bzw. das Ärgernis mit der Homosexualität. Nun, eines Tages sollte ich auf einer Jugendfreizeit in meinem Heimatort zum ersten Mal einen dieser *»verdammungswürdigen Schwulen«* zu Gesicht bekommen. So habe ich noch heute das Bild eines etwa 30-jährigen, wohlbeleibten Mannes vor Augen, der zum ersten Mal in einer unserer Evangelisationsveranstaltungen aufgetaucht war. Und obwohl ich mich nicht mehr an einzelne Begebenheiten erinnern kann, weiß ich noch, dass wir einen riesengroßen Bogen um ihn machten.

Schließlich hatte man uns lange genug eingetrichtert, wie ekelhaft und verdorben diese Leute waren. So glaubte ich ernsthaft, ich könnte mich irgendwie anstecken, womit auch immer. Wohl überflüssig zu erwähnen, dass ich nicht die geringste Ahnung davon hatte, was diese Menschen überhaupt ausgefressen hatten. Ich wusste nur so viel, dass sie vom Teufel besessen waren, und bei nächster Gelegenheit gesteinigt, zumindest jedoch in unserer »Heil«Anstalt umgezogen werden mussten.

So bekam ich auch nur am Rande mit, dass Onkel Heinz einmal mehr wie das aufbrausende HB-Männchen aus der Zigarettenwerbung in die Luft gegangen war und den »ekligen« Mann mit Schimpf und Schande vom Hof gejagt hatte. Richtig so! Schließlich wollte der schwule Kollege seinem sündigen Treiben partout nicht abschwören. Für Homosexuelle war nun mal, man muss es so deutlich sagen, kein Platz im Hause Gottes. Unser Meister hatte zwar gesagt, »*in meines Vaters Haus sind viele Wohnungen*« *(Johannes 14, 2),* aber nun mal nicht für Schwule. Und einmal auf Hundertachtzig sollte es dann auch nicht lange dauern, bis wir Onkel Heinz' »heiligen Zorn« zum Ausbaden kriegten. »*Warum beschimpft er uns denn jetzt«? »Wir haben doch gar nichts verbrochen«! »Sind wir jetzt auch irgendwie schwul, oder so«?* grübelte ich ängstlich vor mich hin.

Kein Wunder also, dass von da an bei mir alle Alarmsirenen klingelten, wenn ich das Wort »schwul« oder »homosexuell« nur hörte. Und je älter ich wurde, desto mehr stieg ich dahinter, dass »Schwulsein« nun wahrlich kein Pappenstiel war und nur durch »*Beten und Fasten geheilt werden konnte*«. Ja wie denn sonst?! Anders war den »*Mächten der Finsternis*« doch nicht beizukommen *(Predigtmitschnitt auf Audiodatei):* »*Was soll mit Schwulen und Lesben passieren? Was ist das einzige Mittel? Beten und Fasten, Beten und Fasten! Und ich möchte alle Gotteskinder aufrufen, dass wirklich heilige Hände erhoben werden jeden Tag, und diese Mächte der Finsternis gebunden werden*«. Und Futter für ihre Hetze erhielten die Prediger aus zahllosen Bibelzitaten *(Römer 1, 26 – 32; Galater 5, 19 ff; 3. Mose 18 ff).* Gott würde ihnen in seinem Megaofen schon noch richtig Feuer unterm Hintern machen. Stimmt doch, »liebe« Prediger, oder?

Wohl unnötig zu erwähnen, dass ich zu einem durch und durch verklemmten Jungen, voller Schuldgefühle und Minderwertigkeitskomplexe, heranwuchs. Mit der Folge, dass ich weder ein gesundes Körperbewusstsein geschweige denn das Gefühl »mich selbst zu mögen«, entwickeln konnte. Im Gegenteil. Ich begann mich und meinen Körper zu hassen.

Kapitel 23:
Meine altmodischen Klamotten

Bis zum Abflug ins Paradies, kamen wir leider Gottes nicht umhin, uns auch noch mit irdischen Dingen, wie dem schnöden Mammon, dem Geld, zu beschäftigen. Und während ich heute weiß, dass meine Mutter –zusätzlich zu ihren Spenden- einen monatlichen Dauerauftrag in dreistelliger Höhe, zehn Prozent ihrer bescheidenen monatlichen Rente, fröhlichen und dankbaren Herzens zugunsten des Privatkontos des Gemeindepastors, –so bezeichneten sich die Laienprediger mittlerweile taktisch klug in Anlehnung an die Amtskirchen- eingerichtet hatte, wusste ich als Kind natürlich nicht, welchen Betrag sich diese Herrschaften Monat für Monat in die Tasche stecken konnten. Das hatte allerdings weniger damit zu tun, dass ich für finanzielle Angelegenheiten noch zu klein war, sondern vielmehr mit der Geheimniskrämerei des Heilands. Nun ja, unser Meister war ausschließlich an anonymen Spenden interessiert, und auch nur diese würde er segnen: *»Wenn du Almosen gibst, sollst du nicht lassen vor dir posaunen, wie die Heuchler tun … auf dass sie von den Leuten gepriesen werden. Wahrlich ich sage euch: Sie haben ihren Lohn dahin. Wenn du aber Almosen gibst, so lass deine linke Hand nicht wissen, was die rechte tut …«* (Matthäus 6, 1 – 3). Alles klar, Jesus! So wird's gemacht! Augen zu und spenden, was das Zeug hält!

Natürlich fragte ich mich mitunter, weshalb wir jeden Groschen zweimal umdrehen mussten, bevor wir ihn ausgaben. Schließlich verdiente mein Vater als mittlerer Beamter nicht schlecht, und meine Mutter arbeitete halbtags. Davon ließen sich zwar keine großen Sprünge machen, aber sicherlich gutbürgerlich leben, wenn da nicht unser raffgieriger Meister gewesen wäre. Aber ja! So kapierte ich erst im Laufe der Zeit, dass wir aus freien Stücken unseren Lebensstandard runterschraubten, damit meine Eltern mindestens den zehnten Teil ihres Einkommens für die Gemeinde verpulvern konnten. Schlimmer, ich wurde das Gefühl nicht los, dass sie jeden frei verfügbaren Groschen in die Kirche steckten. Nicht umsonst hatten ihnen die Prediger eingehämmert, dass *»der zehnte Teil ihres Einkommens ohnehin Gott zustünde, und der Segen Gottes erst auf zusätzlichen Spenden ruhen würde«*.

Von daher lautete die Gretchenfrage auch nicht, »*wie viel sie geben muss-ten*«*?* sondern »*wie viel sie behalten durften*«*?* Und derjenige, der Gott lediglich »*den Zehnten gab*«, hatte ihn um sein Geld betrogen – unabhängig davon, ob er nun gerade knapp bei Kasse war, womöglich noch auf einem Haufen Schulden saß, oder aber im Geld schwamm *(Predigtmitschnitt auf Audiodatei): »Was ist Gott uns wert, auch aktuell wert, hier an Moneten? Weißt du, dass in einigen dieser Länder es Leute gibt, die 1/3 ihres Einkommens geben fürs Evangelium! Die reden gar nicht vom Zehnten. Wenn du Vergebung deiner Sünden hast, dann ist das so großartig, dass wir schuldig sind, ihm alles zu weihen. Das fängt an mit dem Geldbeutel. Es ist nicht die Frage, wie viel ich geben soll? Es ist die Frage, wie viel ich behalten darf*«? Hört sich verrückt an, oder? Nicht für fleißige Spender!

Ganz davon ab konnten meine Eltern ihr Geld nirgends lukrativer investieren als in himmlische Aktien. Was das heißt? Ganz einfach. Die Prediger hatten ihnen den Floh ins Ohr gesetzt, dass sie ihre Spenden von unserem Meister hundertfältig zurückbekämen *(Predigtmitschnitt auf Audiodatei): »Der Herr Jesus sagt, es ist keiner der Freunde, Vater oder Mutter, Haus oder Hof oder irgendetwas verlässt um meinetwillen, der es nicht hundertfach wieder bekommt*« (Matthäus 19, 29). Wow! Jesus meinte es einfach gut mit seinen Aktionären. Es gab schlichtweg keine Geldanlage, die es auch nur annähernd mit unserem »Meister-Depot« hätte aufnehmen können. Man kann es kaum glauben, aber ich behaupte mal, dass keiner der Geschwister diese wundersame Geldvermehrung auch nur im Geringsten anzweifelte. Stimmt doch »liebe« Geschwister, oder?!

Nur …, ich war mal wieder der Blödmann. Warum? Nun, wenn ich hin und wieder 10 oder 20 Pfennig in den Klingelbeutel warf, was ehrlich gesagt selten genug vorkam, klingelten die Kassen nicht. Ganz im Gegenteil. Dummerweise war es dann nämlich oft genug so, dass es ausgerechnet diese paar Pfennige waren, die mir für den Kauf eines kleinen Matchbox-Autos oder für ein leckeres Eis fehlten. Schwamm drüber, »lieber« *Schmerzensmann*, Hauptsache ich hatte dich bei Laune gehalten, oder?!

Und dass unser Meister keinen Spaß verstand, wenn es um seine Kohle ging, hatten uns die Prediger anhand einer Revolvergeschichte aus der Bibel nur allzu deutlich vor Augen geführt. So hatte der Apostel Petrus zwei Gestalten aus der Urgemeinde, Ananias und seine Frau Safira, während eines

Gottesdienstes ins offene Messer laufen lassen und allein mit der Macht seiner Worte ermordet *(Apostelgeschichte 5, 1 – 11)*. Und das nur deshalb, weil die beiden hinsichtlich ihres Vermögens geflunkert hatten. Genauer gesagt, sie hatten einen kleinen Teil des Erlöses aus dem Verkauf ihres Ackers verschwiegen. Für Petrus allemal Grund genug, sie nacheinander tot umfallen zu lassen. In einem Polizeibericht von heute hätte vermutlich gestanden: *»2 Tote in der Petruskirche! Keine äußeren Anzeichen von Gewalteinwirkung! Todesursache: Überdosis Heiliger Geist«* oder nur kurz und knapp: *»Zu Tode gepredigt«!*

»Was für eine schreckliche Geschichte«, ging es mir jedes Mal durch den Kopf, so oft ich diese Gruselgeschichte auch hörte oder las. *»Unser leuchtendes Vorbild, der Apostel Petrus, bringt wegen einer kleinen Lüge nacheinander zwei Menschen um! Dazu noch in einer Angelegenheit, die ihn nichts, aber auch rein gar nichts anging. Gerade er, der log, dass sich die Balken bogen, und die Hähne anfingen zu krähen (Markus 14, 30 – 31), spielte sich als der große Zampano, als Richter und Henker zugleich, auf. Welch ein himmelschreiender Wahnsinn«!*

Doch genau diese heilige Furcht, die die Urgemeinde damals aufgrund dieses »Mordsmirakels« erfasst hatte, war es, die die Prediger auch von uns sehen wollten. Insbesondere den Alten, oftmals arme Schlucker, machten sie Feuer unterm Hintern und verlangten, dass sie ihr letztes Scherflein für Gemeindezwecke beisteuerten *(Predigtmitschnitt auf Audiodatei): »Geiz bringt immer Fluch über uns«; »Der Antichrist freut sich schon auf deine Sparkassenbücher«; »Die Witwe gab ihr letztes Scherflein« (Lukas 21, 1 – 4))*. Und genau das haben sie dann auch bekommen. Sie wussten einfach, wie man mit armen Leuten umspringen muss, um an deren Kohle zu kommen. Warum jetzt noch sparen, wenn es im Himmel ohnehin kein Geld mehr gibt? Stimmt doch »liebe« Prediger, oder?!

Und während wir sonst eher ein spartanisches Dasein fristeten und das Geld wahrlich nicht mit vollen Händen ausgaben, war für die Gemeinde immer Geld im Überfluss vorhanden. Und wenn ich spartanisch schreibe, dann meine ich das auch so. Denn von alledem, was bei meinen Kumpels gang und gäbe war, konnte ich nur träumen. Wir besaßen kein Auto und keinen Fernseher, wir machten keine Urlaube und Ausflüge. Kirmes und Kino kamen per se nicht in Frage. Und halbwegs modische Kleidung konnte ich mir gleich aus dem Kopf schlagen. So platzte ich fast vor Neid, wenn meine Schulkameraden mit all den angesagten Markenklamotten um die Ecke kamen, während mich mein altmodischer Aufzug schon rein äußerlich in die Rolle eines Außenseiters drängte. Und je mehr ich meine Mutter bekniete, mir die damals so angesagte Levis Jeans zu kaufen, desto bissiger keifte sie zurück: »*Die ist zu teuer, dafür haben wir kein Geld*«. Sie blieb hart und unerbittlich.

Doch eines Tages musste ich ihr mit meiner Quengelei wohl derart auf die Nerven gegangen sein, dass sie anlässlich eines Stadtbummels einen Klamottenladen nach dem anderen mit mir abklapperte. Leider Gottes nicht in der Absicht mir eine Levis zu kaufen, sondern mich mit dem Kauf einer billigen Nietenhose, so bezeichnete man die Jeans damals noch, ruhigzustellen. Und die habe ich dann auch bekommen, sogar im Doppelpack. Blöderweise eine schlabberiger als die andere, aber beide zusammen immerhin zum Schnäppchenpreis von etwa 10 Mark. Ich sollte noch erwähnen, dass Mama beim Waschen der Hosen freundlicherweise etwas Stärke hinzugab, damit ich mich mit diesen Ladenhütern nicht vollends zum Gespött meiner Schulkameraden machte. Was soll ich sagen, sie hätte es sich sparen können.

Und anstatt des olivgrünen Bundeswehr Parkas, den damals nun wirklich jeder meiner Mitschüler trug, rannte ich in einer hellbraunen, übergroßen Jacke herum, in der ich wie ein Handicap auf zwei Beinen wirkte. Und in dem gleichen Maße wie ich voller Missgunst den kultigen Adidas-Sportschuhen meiner Freunde hinterherschaute, belächelten sie mich in meinen vorsintflutlichen Straßenschuhen. Um es an dieser Stelle abzukürzen, allein mein äußeres Erscheinungsbild war dazu angetan, sagen wir mal so, mich überproportional mit gottgefälligem Leiden zu segnen. Schlussendlich musste ich schon fast wieder dankbar sein, dass ich nicht im weißen Gewand und Jesuslatschen rumrennen musste. Gern geschehen, »lieber« Jesus.

Ebbe in der Kasse war meistens auch dann, wenn ich mir die Finger nach Bratwurst und Pommes, Sinalco und Eis aus der Eisdiele leckte. Und gerade was Bratwurst und Pommes anging, hatte ich nach meinem Schulwechsel schon bald mit Stielaugen verfolgen müssen, dass sich meine Mitschüler bisweilen eine Currywurst oder eine Pommes rot-weiß oder beides einverleibten. Meinetwegen, sollten sie doch! Schließlich hatte mir Mama zwei dicke Scheiben Graubrot mit lecker Dauerwurst oder Spiegelei in den

»Tonni« gepackt! Oder? Hmm …? Zugegeben, ein schwacher Trost. Und immer dann, wenn ich an der Imbissbude vorbeikam, und mir der herrliche Duft (Anm.: Gott würde sagen: der liebliche Geruch) in die Nase stieg, half mir weder der Gedanke an »mein Butterbrot« noch an die »armen Kinder in Afrika«, die gar nichts hatten. Okay, ganz schön undankbar für einen »satten« Jungchristen, oder?!

Mitunter musste ich dann an die biblische Geschichte von *Esau* denken, der nach getaner Arbeit einen derartigen Heißhunger verspürte, dass er sein Erstgeburtsrecht für einen Teller Linsen an seinen Bruder Jakob verscherbelt hatte *(1. Mose 25, 29 – 34)*. Genau! Ihm waren ein paar gekochte Linsen wichtiger als Haus und Hof seines Vaters. Und so krampfhaft sich die Prediger auch bemühten, uns diese selten dämliche Geschichte im wahrsten Sinne des Wortes »schmackhaft« zu machen, blieb bei mir nur hängen, dass selbst besagter Bruder Gisbert nicht so bekloppt gewesen wäre, Haus und Hof gegen einen dampfenden Linsenbrei einzutauschen. Bei einer »Mantaplatte«, also Bratwurst mit Pommes rot-weiß, hätte die Sache vielleicht anders ausgesehen. Aber so?! Und jedes Mal, wenn uns die Prediger »Esaus Linsengericht auftischten«, beschäftigte mich die Frage, ob Esau nicht bereits kurze Zeit später seinen Linsen-Deal bereut hatte, zumindest als der erste Hunger gestillt war?! Wie auch immer.

Und so neidisch ich auf meine Freunde und Mitschüler auch war, als genügsamer Jesusjunge war ich natürlich nicht in der Position, die buchstäblich »kreuzfidele« Geberlaune meiner Eltern auch nur ansatzweise zu hinterfragen. Beispielsweise hätte ich niemals unser anspruchsloses Leben in Verbindung mit Onkel Heinz' neuem Dienstwagen bringen dürfen. Nun, ich staunte jedenfalls nicht schlecht, als eines Tages ein nigelnagelneuer Opel der Spitzenklasse mit dem Kennzeichen SG, für Solingen, vor unserem Versammlungsraum eingeparkt hatte. Doch bereits im nächsten Augenblick fiel es mir wie Schuppen von den Augen, dass unser Meister ganz offensichtlich die vielen Gebete und Spendenaufrufe für diesen »himmlischen Schlitten« erhört hatte. Mehr noch, er hatte sich nicht Lumpen lassen und innerhalb kürzester Zeit das neueste Modell ausgeliefert.

Das wurde allerdings auch höchste Zeit. Schließlich war es Onkel Heinz schon seit geraumer Zeit nicht mehr zuzumuten gewesen, sich mit dem älteren Vorgängermodell zu behelfen. Und wie durch ein Wunder hatten die

Spenden auf Heller und Pfennig die Kosten für die beigefarbene Limousine gedeckt. Das konnte natürlich kein Zufall sein. Ein Fingerzeig Gottes. Der Herr Jesus hatte sich mal wieder voll und ganz zu Onkel Heinz' Missionsarbeit bekannt. Und so war es immer. Es wurde solange gespendet und geopfert, bis die benötigte Summe erreicht war. Und weil *»Gott einen fröhlichen Geber liebhatte«* (2. *Korinther 9, 7),* gab es meistens noch einen ordentlichen Batzen obendrauf.

Doch während unser Meister die Marschrichtung vorgegeben hatte, dass wir unseren Missionsjob barfuß und ohne Beutel, also ohne Geld, ausüben sollten: *»Ich sende euch als die Lämmer mitten unter die Wölfe. Tragt keinen Beutel, noch Tasche, noch Schuhe«* (Lukas 10, 3 – 4), waren die Prediger auf diesem Ohr schlichtweg taub. Dafür steckten sie nur zu gerne ihre Finger in unsere Beutel, um dann in teuren Anzügen und dicken Autos damit zu protzen, dass *»Jesus sie in besonderer Weise mit Reichtum und Wohltaten gesegnet hätte«.* Unser Meister meinte es nämlich gut mit seinen Vollblutverkündern. So hatte sich unser bescheidener Lebensstil in jedem Fall bezahlt gemacht.

Und wenn meine Schulkameraden mal wieder die Nase rümpften und verächtlich an meinen altmodischen Klamotten runterschauten, durfte ich mich mit Onkel Heinz über seine »himmlische Protzkarre« freuen bzw. hoffen, dass sein Jähzorn wenigstens für kurze Zeit etwas sparsamer ausfiel.

So haben meine Eltern im Laufe ihres Lebens sicherlich einen Betrag im hohen 6-stelligen! Bereich direkt in die Arme der Prediger getragen. Aber ja! Sie wurden ausgenommen wie eine Weihnachtsgans. Niemals wäre ihnen in den Sinn gekommen, dass dieser lebenslange Spendenmarathon nicht mehr und nicht weniger war, als ein verzweifelter Deal: *»Gnade gegen Bares«.* Honorare für die Prediger, kaschiert als Opfergaben für »unseren Herrn und Meister«.

Dabei werden die Prediger nicht einmal im Traum daran gedacht haben, dass Jesus wohl gerade sie und ihre »Schutzgelderpressungen« vor Augen hatte, als er uns Schäfchen eindringlich warnte: *»Sehet euch vor den Schriftgelehrten vor, ... sie fressen der Witwen Häuser und wenden langes Gebet vor. Diese werden desto mehr Verdammnis empfangen«* (Markus 12, 38 – 40). Wie Recht unser Meister doch hatte! Meine Eltern hätten ein Lied von den »fressenden Predigern« singen können, wenn sie denn nicht so vernagelt gewesen wären. Jawohl, ihr verfluchten Prediger, ihr werdet »umso mehr

Verdammnis« empfangen! Also noch mehr, als es das Höllenfeuer ohnehin erwarten lässt. Stimmt doch Jesus, oder?!

Allerdings sei fairerweise erwähnt, dass auch unser Meister mit seinen zwölf arbeitslosen Jüngern, heute würde man sie wohl eher als herumstreunende Landstreicher bezeichnen, auch nicht gerade das waren, was man ein leuchtendes Vorbild nennt, wenn es darum ging, den eigenen Lebensunterhalt selbst zu bestreiten. Nun ja, während sich Jesus mit seinen bewaffneten Jungs *(Lukas 22, 49 – 50 u. Lukas 22, 38)* einen lauen Lenz machte und große Sprüche klopfte, »*dienten*« ihnen Maria Magdalena, Johanna und Susanna und alle Weiber, mit denen sie so abhingen und um die Lehmhütten zogen, mir ihrer »*Habe*« und was weiß ich, womit noch *(Lukas 8, 3)*. Man könnte auch sagen, sie fraßen sich bei den Frauen durch.

Kapitel 24:
Spontanheilung durch Gebet und Bratkartoffeln

Und da uns der Herr Jesus ein Leben »*in Hülle und Fülle*« *(Johannes 10, 10)* versprochen hatte, bedeutete dies im Umkehrschluss, dass es sich bei Krankheiten um Störfalle innerhalb der göttlichen Schöpfungsordnung handelte. Und verantwortlich für derartige Pannen waren Verstöße gegen Gottes Gebote. Anders gesagt, Krankheit war die Quittung für unsere Sünden *(Predigtmitschnitt auf Audiodatei):* »*Der Ursprung von Krankheit ist eine Folge der Sünde, und darum ist Krankheit auch vom Ursprung dämonisch. Wenn ein Christ krank sein kann, das bedeutet, dass er dämonische Aktivität hat im leiblichen Bereich. Bei diesen Krankheiten wirst du auch keinen Erfolg haben, wenn du betest für Krankenheilung. Du musst diesen Geistern gebieten*«. Ah ja, gut zu wissen! So ließ sich Gottes Arbeitsweise auf den einfachen Nenner bringen: Sünde – Strafe – Krankheit/Unglück. Und genauso hatte das der »liebe« Gott in seinem Wort an unzähligen Stellen zum Ausdruck gebracht und zur Genüge praktiziert.

Letztlich Wasser auf die Mühlen der Prediger, um uns richtig Angst zu machen *(Predigtmitschnitt auf Audiodatei):* »*Wenn ein Mensch durch Sünde krank wird, dann ist es Vorschuss des Lohns der Sünde, weil er dich warnen möchte vor dem ewigen Verderben, … in Hiob im 33. Kapitel sagt Gott: ›Wenn der Mensch sündigt, dann redet Gott mit ihm zwei- oder dreimal auf verschiedene Weise. Durch Träume, durch Nachtgesichte, durch Ängste, durch Krankheiten. Dass ihm die Lieblingsspeise zum Ekel wird. Dass sein Fleisch dahinschwindet und jeder Knochen sichtbar wird. Das alles tut Gott, um den Menschen vom Verderben zurückzurufen, ehe er ins Verderben fährt‹. Jawohl, erschrick ruhig etwas. Das ist ganz gut. Oh, dass wir doch einen heiligen Schrecken bekämen. Unsere Völker, gerade in Westeuropa, die müssen einen Schock Gottes erleben. Unsere Völker sterben in ihrer Sünde usw.*«. Puh …! Erstmal durchschnaufen! An dieser Stelle muss die Frage erlaubt sein, wie krank im Kopf man eigentlich sein muss, um diese bestialischen Fantasien der Bibelschreiber in die Seelen von Kindern und Erwachsenen zu prügeln?!

Kein Wunder also, dass mein »innerer Richter« ein Schuldgefühl nach dem anderen ausspuckte, und sich meine Krankheitssymptome in erschreckender Weise häuften. So entwickelte ich schon in frühesten Kindertagen meine Zwangsneurose vor Krankheiten, die mich mein Leben lang begleiten sollte. Von daher war auch meine Krankheit, vermutlich ein »Sonnenstich«, der mich als damals 12-Jähriger auf besagter Jugendfreizeit in Rheine erwischte, so ziemlich das Letzte, was mir auf einer Freizeit passieren durfte.

Nun, wie bereits beschrieben, campierten wir für die dringend erforderliche Missionierung der streng katholischen Rheiner Bevölkerung mitten in der dortigen Innenstadt. Und als ob das nicht schon schlimm genug gewesen wäre, lag ich eines Morgens mit Fieberschüben in unserem kleinen blauen Campingzelt darnieder. Vermutlich, weil ich tags zuvor zu lange in der prallen Sonne »rummissioniert« hatte. Kein Scherz! Und während sich die anderen bereits zur morgendlichen Gebetsstunde im Schatten mächtiger Eichen versammelt hatten, setzte ich alles daran, meinen elenden Zustand zu verschleiern. Vergeblich. Es dauerte nur wenige Minuten, bis ein mir bis dahin fremder Bruder, nennen wir ihn Günter, von meiner »teuflischen Gliederschwäche« Wind bekam.

Genau in dem Moment als ich aufs Klo musste, stellte sich mir Günter plötzlich breitbeinig in den Weg und forderte mich auf, ihm in Onkel Heinz' Wohnwagen zu folgen, zu dessen Bewachung er anscheinend abkommandiert worden war. Für einen Augenblick glaubte ich den Verstand zu verlieren. Weshalb? Ganz einfach. Weil ich mir sogleich darüber im Klaren war, dass er nur darauf aus war, den vermeintlichen Krankheitsdämon in mir zur Strecke zu bringen. Und davor hatte ich im wahrsten Sinne des Wortes eine Heidenangst. Zu sehr steckte mir noch meine Teufelsaustreibung in den Knochen.

Mein ohnehin schon fiebrig glühender Kopf drohte zu explodieren. »*Der Typ glaubt, dass ein Dämon hinter deiner Mattigkeit steckt. Er wird ›auf Teufel komm raus‹ auf dich einbeten und der ganze Zinnober wird mal wieder für die Katz sein. Du wirst dich genauso schlapp und elend fühlen wie zuvor. Und alle werden dir dafür die Schuld in die Schuhe schieben. Und keiner wird noch irgendwas mit dir zu tun haben wollen, mit einem Heuchler, den der Heiland offensichtlich krank gemacht und verstoßen hatte*«, so oder ähnlich ratterte es mir voller Panik durch den Kopf.

Es gab nur einen Ausweg aus dem Dilemma: Ich musste all meine Kräfte zusammennehmen und schauspielern, dass ich mich bereits auf dem Weg der Besserung befände. Und obwohl sich meine Beine wie Pudding anfühlten, rappelte ich mich irgendwie auf und schwindelte Günter vor, *»dass es mir schon wieder besser ginge«.* Voller Misstrauen starrte er mich an, ließ mich dann aber wider Erwarten gehen. Puh …! Noch einmal Schwein gehabt! Ich sollte noch erwähnen, dass den Brüdern die Idee, ärztliche Hilfe zu holen, wohl als letztes gekommen wäre. Nun ja, Jesus war nicht nur unser Meister, sondern auch unser Arzt: *»Ich bin der Herr dein Arzt«* (*2. Mose 15, 26); »Ist jemand krank, der rufe zu sich die Ältesten von der Gemeinde, dass sie über ihm beten und salben ihn mit Öl im Namen des Herrn« (Jakobus 5, 14 ff).* Kurzum, nicht professionelle Hilfe war vonnöten, sondern schlicht und einfach mehr Glauben.

Und noch heute habe ich den seligen Gesichtsausdruck meiner Mutter vor Augen, wenn ich mich trotz fiebriger Erkältung oder anderer Beschwerden, sozusagen »auf allen vieren« zur Kinderstunde schleppte. Wenn ich ihr damit signalisierte, dass ich nicht gewillt war, mich von den Anfechtungen des Satans kleinkriegen zu lassen. *»Siehst du, Bernd! Es geht doch! Prima, dass du dich aufgerafft hast. Toll, dass du dem Teufel widerstehst. Jesus ist der Sieger, da muss der Teufel weichen«,* so hörte ich sie dann schwärmen, während mir der Schädel brummte, und ich ganz wacklig auf den Beinen war. Ihr »kranker« Jesuskrieger hatte sie stolz und glücklich gemacht. Halleluja! Gepriesen sei der Herr! Dass es mir dann anschließend immer richtig dreckig ging, Schwamm drüber. So kleinlich wollen wir doch wohl nicht sein. Nicht wahr, Mutter?!

In diesem Zusammenhang sollte ich noch erwähnen, dass wir unter Begriffen wie »Anfechtung« und »Versuchung« auch all die Dinge packten, für die wir keine Erklärung hatten. Von daher steckte hinter allem Unverstandenen –und das war wahrlich eine Menge- fast ausnahmslos der Teufel.

Und dann war da noch diese Sache mit den *»Mühseligen und Beladenen«.* Dazu muss man wissen, dass bei uns keine Versammlung verging, in der wir nicht die Kranken und irgendwelche *»Mühseligen und Beladenen«* in unsere Fürbitten mit einschlossen. Als kleiner Knirps hatte ich zwar nicht den blassesten Schimmer davon, was es mit diesen komischen Vögeln auf sich hatte, spielte aber auch keine Geige. Denn schaden konnte es ja auf keinen Fall, wenn ich diese in irgendeiner Weise gebeutelten Menschen in meine Gebete mit einbezog. Ich sollte noch erwähnen, dass ich in meinem kindlichen Verständnis hin und wieder neugierig durch die vollbesetzten Stuhlreihen spähte, ob ich vielleicht einen von ihnen entdecken konnte. Wie das ausging, kann man sich wohl denken. Kein Beladener! Kein Mühseliger! Ein ums andere Mal blieb ich ratlos zurück.

Nun, ich hatte absolut keinen Plan, wonach ich überhaupt suchen sollte. *»Was hat es mit diesen seltsamen Beladenen nur auf sich«? »Ist dir vielleicht schon ein Mühseliger über den Weg gelaufen, ohne dass du es bemerkt hast«?* waren die Fragen, die mich jedes Mal, wenn von ihnen die Rede war, beschäftigten. So blieben mir diese merkwürdigen Zeitgenossen genauso fremd und unheimlich wie diese abgefahrenen Samariter, die auf ihren Eseln durch die Gegend gurkten. Mit dem einzigen Unterschied, dass sich bislang noch kein wie auch immer gearteter Samariter in unsere Gemeinde »vergaloppiert« hatte. Woher ich das wusste? Na ja, es war kein Geheimnis, dass sich Samariter, egal ob barmherzig oder fies, nur in Begleitung von Eseln blicken ließen.

Und das wiederum wusste ich deshalb so genau, weil sich mir die bunten Bilder aus der Kinderbibel regelrecht ins Hirn gebrannt hatten. Und ein eingeparkter Esel vor unserer Anstalt, in erster oder zweiter Reihe, wäre mir allemal aufgefallen. Heute würde ich ergänzen, drinnen wimmelte es ja nur so von ihnen. Kurz und gut, das wirklich Tragische an der ganzen Sache war, dass ich selbst seit frühesten Kindertagen dieser ominösen Gruppe der *»Mühseligen und Beladenen«* angehörte. Verzweifelt und depressiv. Ohne Hoffnung, dem Grauen meiner Kindheit jemals entrinnen zu können.

Und jetzt muss man sich mal einen Augenblick vorstellen, wie es in der Psyche eines Kindes aussieht, das glaubt, mit seinen Gebeten Kranke heilen zu können. Aber ja! Ich war offensichtlich bereits als kleiner Junge so verstört, dass ich allen Ernstes glaubte, Kranken mit meinen Gebeten aus der Patsche helfen zu können. Zugegeben, das war wohl noch in der Zeit, als man mir den Heiland als Freund und Helfer verkauft hatte. Egal. Jedenfalls war ich damals in dem felsenfesten Glauben, dass ich mit meiner Fürbitte zur Heilung unseren Gemeindeleiters Onkel Heinrich, der seit geraumer Zeit schwerkrank darniederlag, beigetragen hatte. Schließlich hatte ich über Wochen und Monate hinweg mehr als eifrig für seine Genesung gebetet und so wahrlich glühende Kohlen auf seinem Haupt gesammelt.

Doch schon bald musste ich einigermaßen ernüchtert zur Kenntnis nehmen, dass man die Initialzündung für seine Heilung, wie sollte es anders sein, einem Prediger zuschrieb. Ich hatte zwar keine Ahnung, welchen Budenzauber Prediger Weber aus Bielefeld da in Onkel Heinrichs stillem Kämmerlein veranstaltet hatte, jedenfalls konnte Onkel Heinrich von einem Augenblick auf den anderen wieder sein Lieblingsgericht, Bratkartoffeln mit Spiegelei, verputzen. Genauso hatte es seine Frau, Tante Alma, nur kurze Zeit später mit verklärtem Blick vor allen Leuten kundgetan. Und derart gestärkt saß Onkel Heinrich bereits sonntags darauf lobpreisend auf seinem angestammten Platz in der ersten Stuhlreihe unserer »Heil«Anstalt. Gepriesen sei der Herr! Und die Bratkartoffeln!

So hatte unser Meister einmal mehr zur rechten Zeit, am rechten Ort eines seiner fantastischen Schauwunder ausgepackt. *»Bei dem Herrn Jesus war eben kein Ding unmöglich«*, genauso hatte ich es von klein auf zu hören bekommen. Am Ende des Tages hätte ich mir allerdings etwas mehr Anerkennung gewünscht, vor allen Dingen von Onkel Heinrich. Sollte er das nächste Mal doch sehen, wie er wieder gesund würde! Ohne meine Gebete! Nur mit Spiegeleiern! Ich war jedenfalls raus aus der »Heilungsnummer«.

Und jetzt kommt's: Wir mussten nur *»feste genug glauben, dann würden wir sogar Berge versetzen können«*. Das glauben Sie jetzt nicht? Aber sicher! Das hatte uns der Heiland jedenfalls genauso versprochen: *»So ihr Glauben habt wie ein Senfkorn, so mögt ihr sagen zu diesem Berge: Hebe dich von hinnen, dorthin! so wird er sich heben; und euch wird nichts unmöglich sein«* (Matthäus 17, 20). Alter Schwede! Wie abgefahren war das denn, bitte schön?! Berge versetzen? Einfach so? Nichts unmöglich?! Und wenn ich auch keine Ahnung hatte, was Senfkörner sonst so glaubten, ich nahm unseren Meister beim Wort und probierte insgeheim, das vor unserer Haustür gelegene Wiehengebirge *»von hinnen zu heben«*.

Wohl unnötig zu erwähnen, dass mir dieses Zauberstück aufgrund meines *»schwachen Senfkornes«* dann doch verwehrt blieb. Allein die Tatsache, dass ich niemanden in mein Experiment eingeweiht hatte, war ja schon Beweis genug für meinen schwachen Glauben. Und es würde mich schon sehr wundern, wenn nicht der eine oder andere Prediger es auch auf einen Versuch hatte ankommen lassen. Angekündigt hatten sie ein derartiges Kunststück im Vorfeld allerdings vorsichtshalber nicht. Ich weiß, das hört sich völlig irre an. Nicht, für »glaubende Senfkörner«!

Blieben die Wunderheilungen aus oder hinter den Erwartungen zurück, mussten die Kranken die Pleite auf die eigene Kappe nehmen. Ja wer denn sonst!? Weder der Herr Jesus noch die Prediger konnten versagt haben. Bruder X. und Schwester Y. hatten einfach »zu wenig geglaubt«, oder sie mussten ihre Krankheit als Strafe Gottes für Sünde und Ungehorsam betrachten. Damit hatten sie dann nicht nur die Enttäuschung über die ausbleibende Heilung zu verkraften, sondern mussten darüber hinaus auch noch mit Stigma leben, an ihrer Misere selbst schuld zu sein. Oftmals sicherlich schlimmer als die eigentliche Krankheit.

Und wie ich aus Erzählungen meiner Mutter wusste, hatten meine Oma und Tante Frieda bereits vor meiner Geburt unserer »Heil«Anstalt den Rücken gekehrt. Sie hatten wohl die Nasen gestrichen voll von nicht erfüllten Heilungsversprechen. Grund genug für meine Mutter, sie zu beschimpfen und abfällig als Kirchenchristen zu bezeichnen. Und wenn die beiden sich dann über stinknormale Gottesdienste in der örtlichen Kirchengemeinde unterhielten, hatten sie sich damit bereits den Mund verbrannt und mussten sich umgehend Mamas abfälligen Kommentar: »*Oben wird wieder gehobelt*« gefallen lassen. Eine verächtliche Anspielung auf die Amtskirche mit ihrem damaligen Pastor Hobel. Und natürlich ergriff ich dann immer Partei für sie, wenngleich ich nicht den blassesten Schimmer davon hatte, was zum Henker es mit diesem Pastor Hobel überhaupt auf sich hatte. Spielte aber auch keine Rolle, schließlich hatte ich wie Muttermilch aufgesogen, dass wir die »heilen« Christen waren.

Wenn jedoch ein Prediger oder besonders treue Gläubige von Krankheiten oder Schicksalsschlägen heimgesucht wurden, handelte es sich entweder um eine Prüfung oder um einen besonderen Vertrauensbeweis Gottes, oder beides. Und diese fragwürdigen Belastungstests führte Gott entweder in Eigenregie durch: »*Denn wen der Herr lieb hat, den züchtigt er. Und er schlägt jeden Sohn, den er annimmt*« (Hebräer, 12, 6), oder aber er ließ den Satan in einer Art Narrenfreiheit einfach gewähren. Schließlich waren dem Teufel *»diese Heiligen«* durch ihre heiß und innige Liebe zu ihrem Meister schon längst zu einem Dorn im Auge geworden. Ich will es mal salopp sagen, »sie hatten ihm einmal zu oft auf den Schwanz getreten«. So schenkte Gott ihnen das Vertrauen, ihr schweres Joch ohne Jammern und Murren tragen zu können. Also eigentlich 'ne tolle Sache! Ein Vertrauensbeweis von ganz oben!

Jedenfalls befanden sich die Kranken dann in bester Gesellschaft mit dem Gottesmann Hiob, einem wohlhabenden Gutsherrn aus dem Alten Testament. Für die Prediger eine Geschichte zur Stärkung unseres Gottvertrauens, für mich eine von vielen Gruselgeschichten, die mir nicht aus dem Kopf gingen. Daher sei sie an dieser Stelle in aller Kürze wiedergegeben. Nicht ganz unerwartet war es nämlich so, dass *Hiobs Gottvertrauen* dem Satan schon seit geraumer Zeit mächtig »auf den Sack gegangen war«. Und unseligerweise hatte sich dann der »liebe« Gott ohne Not zu einer teuflischen Wette mit dem Satan hinreißen lassen: »*Würde es ihm, also dem Satan, gelingen, Hiobs Gottvertrauen durch allerlei Teufelei zu erschüttern«?* Im Klartext, Gott hatte dem Satan den Freibrief erteilt, Hiob solange quälen zu dürfen, bis dieser Gott abschwor oder weiterhin treu ergeben blieb.

Wen wundert's, der Satan fackelte nicht lange und ermordete nacheinander alles, was Hiob lieb und teuer war. Sein Vieh, seine Knechte, seine zehn Kinder. Und zuletzt nahm er ihm seine Gesundheit *(Hiob 1, 1 – 22)*. Den LeserInnen wird dieses sadistische Experiment vermutlich eher unter der Bezeichnung »Hiobsbotschaft(en)« geläufig sein. »*Wie konnte Gott nur so gemein sein und tatenlos zusehen, wie der Teufel seinen treu ergebenen Knecht so furchtbar quälte? Hiob hatte doch nichts Böses getan und war viel gläubiger als wir alle zusammen, bis auf Onkel Heinz und Matthias vielleicht! Und als allwissender Gott musste er doch ohnehin wissen, dass Hiob ihm die Treue halten würde«*, so oder ähnlich ging es mir durch den Kopf. Und während die Prediger Hiobs Gottvertrauen über alle Maßen priesen und von uns ebenso forderten, »*dass uns alle Dinge, egal ob Krankheit oder sonstige Schicksalsschläge zum Besten dienten mussten« (Römer 8, 28),* verspürte ich vielmehr Mitleid mit Hiobs Knechten und Kindern, die Opfer eines teuflischen Wetteinsatzes geworden waren.

Und jetzt aufgepasst! Selbst wenn es um Jesu Auftrag »*die Auferweckung von Toten«* ging, war dies für die Prediger kein Grund, um den heißen Brei herumzureden und sich hinter irgendwelchen Ausflüchten zu verkriechen. Ganz im Gegenteil. So tönten sie frei von der Leber weg, dass Totenauferweckungen in Afrika gang und gäbe wären und forderten derartige Mirakel auch bei uns. Fast unnötig anzumerken, dass es diese Kunststücke nicht zum Nulltarif gab. Denn erst dann, wenn wir bereit waren, den Preis dafür zu bezahlen, nämlich »*alles zu geben, unsere Zeit, unseren Schlaf, unser Geld usw.*«, also das Übliche, würden sich solche Mirakel auch einstellen *(Predigtmitschnitt auf Audiodatei)*: »*Dass wir doch endlich damit rechnen, dass wieder Tote auferstehen*«; »*Sie werden sogar Tote auferwecken. Das möchte Gott uns schenken. Es ist gar keine Frage, Gott steht zu seinem Wort. Auch das geschieht in diesen Ländern in großer Zahl. Große Wunder, unglaubliche Dinge, die Gott tut. Und bei uns geschehen sie nicht. Warum? Weil wir gar nicht bereit sind, den Preis zu bezahlen, nämlich alles zu geben, deine Zeit, deinen Schlaf zu geben …*«. Voll krass, oder?! Und das in großer Zahl?! Und ich dachte schon, das gibt's nur im Film, wie »*Die Mumie kehrt zurück*« und so.

Na ja, wenn man von Totenauferweckungen berichtet, dann sollte es doch auch möglich sein, der staunenden Öffentlichkeit den ein oder anderen Zombie zu präsentieren. Die Kollegen prahlten doch sonst auch, »*dass Wundertaten und Krankenheilungen so viel besser evangelisierten als alle Predigten zusammen*«. Das musste ihnen doch erst einmal einer nachmachen, oder?

Und jetzt mal ganz blöd gefragt: »*Weshalb heilte und heilt Jesus eigentlich niemals Amputierte*«? »*Warum schließt er diese vom Schicksal so hart gestrafte Gruppe von seinen Heilungen aus*«? Jedenfalls brüsteten sich die Prediger seltsamerweise nie damit, dass ein Arm oder Bein oder auch nur ein Finger aufgrund ihrer Fürbitten wieder nachgewachsen wäre. Warum eigentlich nicht? Wäre doch die Sensation überhaupt gewesen! Richtig, wohl deshalb nicht, weil ihnen in all den Jahren kein Fall untergekommen war! Aber warum zum Teufel sollte der Herr Jesus keine Amputierten heilen wollen? Schließlich hatte er seit seiner Himmelfahrt vor 2000 Jahren dafür genügend Zeit gehabt.

So muss man sich wohl oder übel an den Gedanken gewöhnen, dass der Heiland es zwar wollte, aber schlicht und ergreifend nicht konnte. Und wenn er es nicht konnte, dann wird man wohl in Erwägung ziehen müssen, dass er vielleicht gar nicht heilen kann. Und dann lassen sich alle vermeintlichen Krankenheilungen und Wundertaten entweder auf Einbildungen oder aber auf den Aufbau einer positiven Erwartungshaltung, auf das Heilungsversprechen, zurückführen. Genauso, wie es die Naturvölker seit Jahrtausenden praktizieren. Der Glaube, egal an was, hilft. Unser Meister also doch kein Wunderheiler!

Schade eigentlich, denn dann hätte er auch meinen Vater wieder lebendig machen können. So sei hier nur am Rande erwähnt, dass meine Mutter bei seinem Herztod vor vielen Jahren zunächst bemüht war, mit flehentlichen Gebeten die Heilung herbeizuführen, bevor sie dann letztlich doch noch den Notarzt rief. Leider zu spät. Ob er hätte gerettet werden können? Ich weiß es ehrlich gesagt nicht! Ihr Meister hatte jedenfalls für seinen langjährigen, treuen Diener keinen Finger krummgemacht. Nichtsdestotrotz wird meiner Mutter niemals der Gedanke gekommen sein, dass sie einem »PlaceboMeister« auf den Leim gegangen war, dem sie mehr Vertrauen schenkte als einem Notarzt. Tragisch.

Kapitel 25:
Unsere geisttötenden Gesänge - Papas »Schweinehund«

Wie bereits eingangs erwähnt, war der gemeinsame Gesang eine tragende Säule unseres Glaubens. Unsere Droge, um den Realitäten des öden Erdendaseins für ein paar Stunden zu entfliehen. So habe ich nur noch allzu lebhaft vor Augen, wie ich dort vorne im Jugendchor Lieder zur Verherrlichung unsers Heilands trällerte. Für uns ein eingängiger, heimeliger Sound, für Außenstehende ein lausiges Geplärr. Und wenn wir dann jubelten: »*Oh der Heiland strahlt in meinem Herzen noch viel heller als das Sonnenlicht. Es fliehen vor ihm Sorg und Schmerzen und der Sündenkette bricht ...*«, schämte ich mich in Grund und Boden. Denn wenn einer in meinem kleinen Kinderherzen nicht strahlte, dann war es der blöde Heiland. Und wenn irgendetwas vor ihm nicht geflohen war, dann waren es meine Sorgen und Schmerzen. Das Gegenteil war der Fall. Der Herr Jesus und die Prediger waren es erst, die mir die Sorgen und Schmerzen bereiteten. Ängste und Qualen, die ich vorher nicht kannte.

Ganz anders dagegen unser Publikum, zumeist ältere Geschwister, die andächtig an unseren Lippen hingen und regelrecht dahinschmolzen. So reichte ein Blick in ihre verklärten »Halleluja-Fratzen« allemal aus, um zu erkennen, wie weit sie unsere Schmachtfetzen bereits ins Jenseits befördert hatten. An ihren feuchten Augen konnte ich dann ausmachen, dass wir für sie längst zu Hoffnungsträgern für eine bessere Zukunft geworden waren. Wir, die das vermeintliche Vorrecht besaßen, bereits in jungen Jahren unser Leben dem Heiland übergeben zu haben, quasi von der Wiege bis zur Bahre, verkörperten für sie die Illusion eines besseren und erfüllteren Lebens. Dabei hatten sie nicht die geringste Ahnung davon, wie sehr ich sie insgeheim beneidete. War ihnen doch dieser verdammte *Mann der Schmerzen* zumindest in ihrer Jugend erspart geblieben!

So kümmerte es auch keinen, dass wir im Brustton der Überzeugung von Lebenserfahrungen sangen, die wir durch die Bank nicht gemacht hatten und daher auch gar nicht beurteilen konnten: »*Ich sah viel von der Lust und Freude dieser Welt, doch Reichtum, Ruhm und Ehre machten mich nicht frei. Und wenn ich heute denk den Lebensweg zurück, so weiß ich: Jesus brachte mir das höchste Glück*«. Denn was zum Teufel hatten wir von der Welt gesehen? Gar nichts! Und welcher Reichtum? Welche Ehre? Unsinniges Gefasel! Und ich vermag nicht einmal ansatzweise in Worte zu fassen, wie elend mir zumute war von dem verfluchten *Schmerzensmann* Woche für Woche, Monat für Monat, Jahr für Jahr auch noch als von »meinem höchsten Glück« singen zu müssen.

Und da sich in unserem Leben alles um Schuld und Sühne, um Blut und Tod drehte, galt es, den Kreuzestod Jesu auch gesangstechnisch abzuarbeiten: »*Am Kreuzesstamm ist der Herr verblutet....*«; »*Welch Glück ist's erlöst zu sein, Herr durch dein Blut. Ich tauche mich tief hinein und alles wird gut*«; »*Herrliches Golgatha, meine Sünd' ist vergeben, meine Schuld ist bezahlt, herrliches Golgatha*«; »*Ist die Schuld wie Purpur so rot, sein Blut macht mich weißer als Schnee ...*«. Dabei übte schon allein das Wort »*Golgatha*« als Hinrichtungsstätte unseres Meisters auf die meisten Geschwister eine drogenähnliche Wirkung aus. Ja genau, was die *Weltmenschen* als größtes Glück ihres Lebens bezeichneten, beispielsweise ihre Kinder, eine Traumreise oder ähnliches, für uns war es ohne Frage: ein dämlicher Baumstamm. Und immer dann, wenn das Wort »*Golgatha*« fiel, fingen die Geschwister allen Ernstes wie auf Knopfdruck an zu grinsen und zu jubeln. So als ob sie nicht mehr alle Tassen im Schrank hätten. Was ja auch nicht weit hergeholt war!

Ganz anders dagegen mein Gemütszustand. Mir hing dieses verfluchte »*Golgatha*« schlichtweg zum Halse raus. Vielleicht wäre auch die emotionale Verzückung der anderen bescheidener ausgefallen, wenn wir anstatt des klangvollen »*Herrliches Golgatha*« die deutsche Übersetzung »*Herrliche Schädelstätte*« bejubelt hätten. Blöde Frage an dieser Stelle: »*Wenn der Heiland damals nicht am Kreuz gestorben wäre, sondern vielleicht durch eine andere Hinrichtungsart, wie Erschießen oder Erhängen, wären die Schwestern dann mit einer Pistole oder einem Galgen am Halskettchen durch die Gegend gerannt*«? Hmm ...? Allerdings!

Und allein die Vorstellung in irgendeinen Bottich voller Blut, »*Jesu Blut hin oder her*«, einzutauchen, um dann wie ein Phoenix aus der Asche wieder schneeweiß aufzutauchen, fand ich einfach nur ekelhaft. Und ganz davon ab, wie Blut, »*Meisterblut oder nicht*«, uns weißer als Schnee machen sollte, war mir schon von jeher ein Rätsel. Im Alltag hatte ich doch nur allzu oft schmerzhaft am eigenen Leibe erfahren müssen, dass Blut immer Spuren hinterließ. Ich sah doch die roten Flecken auf meinen Klamotten, wenn ich mit meinem Fahrrad gestürzt war oder mich beim Spielen mal wieder verletzt hatte und blutete. Aber erst im Rahmen meiner Auseinandersetzung wurde mir klar: Genauso wenig wie Blut jemals irgendetwas weiß gemacht hat, tilgt Blut Schuld, noch kann Blut vom Tod erlösen. Im Gegenteil. Blut erzeugt Schuld!

Und damit wir in unserem Verlangen nach unserem Meister auch niemals schlappmachten, hatte man uns in der Kinderstunde ein Lied über einen Zöllner, mit dem Namen Zachäus, beigebracht. Nun muss man wissen, dass dieser Zachäus ganz versessen darauf war, den triumphalen Einmarsch des Heilands in Jericho zu bestaunen *(Lukas 19, 1 – 10)*. Und da der Kollege von Statur ziemlich klein war, hatte er alle Hebel in Bewegung gesetzt und war auf einen Maulbeerbaum geklettert. Schließlich kam es auch damals nicht alle Tage vor, dass Gottes leibhaftiger Sohn auf einem Esel, gelegentlich mit einer akrobatischen Meisterleistung auf zweien gleichzeitig *(Matthäus 21, 7)*, angehoppelt kam. Vermutlich hatte der kleine Zachäus auch dieses Mal auf eine derartige Zirkusnummer spekuliert.

»Klein, aber oho«, das waren wiederum Dinge, die mich auf Anhieb für ihn einnahmen. Weshalb? Ist doch klar! Klein war ich auch, und im »Kraxeln« und »Buden bauen« konnte ich ihm bestimmt noch was vormachen. Ich hatte zwar keine Ahnung, was kleine Zöllner sonst so machten, wenn sie nicht gerade auf seltsamen Maulbeerbäumen rumkletterten und dem Heiland hinterherglotzten, sollte für meinen Job in der Kinderstunde aber auch keine Geige spielen. Jedenfalls stimmten wir in nahezu jeder Kinderstunde ein »Hoch« bzw. ein Lied auf den knuffigen Zachäus an. Und damit wir Kinder auch bloß kapierten, dass wir »*alles dafür tun mussten, um dem Herrn Jesus nahe zu sein*«, leitete man uns an, unseren Gesang mit den entsprechenden Körperbewegungen zu untermalen.

Und wenn wir dann aus voller Kehle trällerten: »*Zachäus war ein kleiner Mann, ein sehr kleiner Mann war er. Er stieg auf einem Maulbeerbaum, denn der Heiland kam daher …*«, ahmten wir mit unseren kleinen Armen und Beinen seine Kletterbewegungen nach. Und wenn wir lange genug »geklettert« waren, hielten wir die flache Hand so vor die Stirn, als würden wir gerade Ausschau nach dem Heiland halten und wackelten dabei mit dem Kopf hin und her. So ging es dann Vers und Vers, Strophe um Strophe. Und da ich, wie gesagt, gut klettern konnte, zumindest auf heimischen Bäumen, machte ich bei diesen Trockenübungen eifrig mit. Okay, bei weitem nicht so aufregend, wie mit meinen Kumpels im Wald rumzutoben, aber allemal besser als das, was mich dann abends beim Mitwirken im Jugendchor noch erwartete.

Nun ja, dort standen mir regelmäßig die Haare zu Berge, wenn wir vor versammelter Mannschaft unsere apokalyptischen Gruselgesänge zum Besten gaben. Wobei einige Texte –unter dem Deckmantel vermeintlich selbstloser Missionsbemühungen- wohl eigens zur Befriedigung unserer teils schlummernden, teils aber auch offen nach außen getragenen Rachegelüste geschrieben worden waren: *»In dieser Welt schlägt so manche Stunde, und eine Stunde schlägt auch für dich ...«; »Es kommt die Zeit, wo Gott vergilt den Hohn und Spott, wo vor dem Gottesthron du stehst allein. Dann wird zu spät es sein für alle Ewigkeit ... usw.«.*

Und noch heute habe ich bildlich vor Augen, wie wir dort vorne wie auf dem Präsentierteller unsere Sehnsuchts- und Todeslieder trällerten. Geisttötende »Schmachtfetzen«, die allenfalls zur Befriedigung der Sehnsüchte sterbender Geschwister geeignet waren. Spüre die nackte Angst in mir hochkriegen und die Röte ins Gesicht schießen, während der Boden unter meinen Füßen einfach wegzusacken drohte. So ist es wahrlich nicht übertrieben, wenn ich schreibe, dass mir jeder einzelne Vers die letzte Kraft aus meinem kleinen Körper sog: *»Welch ein Tag wird das sein, wenn Jesus uns holt heim. Meinen Heiland ich darf sehen...«; »Sehnsucht, zieh mich näher zu Jesus, Sehnsucht, bring mich näher nach Haus. Heimat, im Licht dort oben, wo Selige loben, darf ich eingehen«; »Wenn mein Wandern endet, seh' vom Glanz geblendet, ich den Himmelsmorgen in der Herrlichkeit ...«.* Und so weiter, und so fort.

Und die verstörende Tatsache, dass mir noch heute Text und Melodie dieser diabolischen Lieder so eingängig sind und bisweilen die Tränen in die Augen schießen lassen, ist wohl einzig und allein diesem frühkindlichen Einschleifen von Reim und Rhythmus geschuldet: *»Man erzählte mir froh von dem Himmel, von der sonnigen Stadt hoch da droben, wo die Seligen singen und loben. Halleluja, ich wandle zum Himmel, und wir jubeln im himmli-*

schen Saale. *Oh, mein Freund! Bald, ja bald bin ich da. Man erzählte uns vom schneeweißen Kleide und vom Glanze der goldenen Kronen, womit Gott uns will alle belohnen. Ich kann hören der Engel Gesänge. Jubelklänge dem Herzen entspringen, denn ich weiß: Bald, ja bald bin ich da …«.* Der nackte Wahnsinn!

Und ja, ich konnte sie einfach nicht mehr ertragen, diese marternden Gesänge von *»goldenen Kronen, himmlischen Sälen und schneeweißen Kleidern«.* Wie krank im Kopf muss man eigentlich sein, um ein Kind im Grundschulalter mit leuchtendem Antlitz derart schaurige Lieder trällern zu lassen? Und das über viele Jahre hinweg! Ich verstehe es einfach nicht! Und während alle halbwegs verantwortungsvollen Eltern Alarm geschlagen hätten, schien das für meine Eltern das Normalste von der Welt zu sein. So erfasst mich noch heute eine grenzenlose Wut über diesen perfiden Kindesmissbrauch.

Allerdings möchte ich auch nicht verschweigen, dass meiner Mutter eines sonntags nach der Versammlung ganz zaghaft über die Lippen kam: *»Mir zieht es jedes Mal so komisch durch, wenn ihr singt: »Ich hab so Heimweh nach dem Vaterhaus dort oben, und ich sehne mich so von der Erde fort«.* Für einen Moment glaubte ich, mich verhört zu haben. *»Ach ja? Wieso das denn jetzt auf einmal, Mama? Das ist ja ganz was Neues! Meine Ängste und Sorgen haben dich doch noch nie interessiert«!* traute ich mich natürlich nicht zu sagen. Nur …, einen derartigen Satz aus ihrem Mund hatte ich bis dahin nicht für möglich gehalten. So wusste ich zunächst auch gar nicht, wie ich damit umgehen sollte.

»Ist das jetzt gut oder schlecht für dich«? »Meint sie das jetzt wirklich ernst oder ist das nur ein Test«? »Darfst du jetzt endlich deine Mordsangst zeigen und ihr gestehen, dass du lieber hier auf der Erde bleiben willst, oder besser nicht«? peitschte es mir im Sekundentakt durch den Schädel. Für einen Moment keimte Hoffnung in mir auf. Doch nur wenige Augenblicke später wurde mir klar, dass meine Mutter letztlich wohl nur einen schwachen Moment, eine Anfechtung des Teufels, hatte. Der Schuss würde nach hinten losgehen, und ich wäre mal wieder der Gelackmeierte. Also schwieg ich.

Und dieses *»komische Durchziehen«,* von dem sie sprach, verspürte Matthias unseligerweise nicht. Ganz im Gegenteil. Um zu verhindern, dass unser Gesang zu einem gedankenlosen Geplärre verkam, ließ er keine Gelegenheit aus, um uns immer wieder *»auf Spur zu bringen«.* So klingt mir noch heute sein inbrünstiges Seufzen *»Maranatha! Ja, Herr Jesus komm«! (Offenbarung*

22, 20) am Ende der Gebetsstunden in den Ohren. Seine Antwort auf Jesu Ankündigung seiner irdischen Bereisung, um dann seine eiskalten, misstrauischen Blicke in die Runde schweifen zu lassen. Von Stuhl zu Stuhl, von Antlitz zu Antlitz, durchbohrend und heimtückisch zugleich. Ein ums andere Mal packte mich die nackte Angst, dass er gerade bei mir hängenbleiben könnte. Meine Kehle war dann immer wie zugeschnürt, und der Angstschweiß schon längst die Achselhöhlen runtergelaufen.

Wie unter einer Glocke vernahm ich seine gedämpfte, infernalische Stimme: *»Verspürt ihr wirklich dieses Heimweh, dieses Sehnen, weg von dieser Welt, heim zu Jesus, heim zum Vater«?* Kein Sterbenswörtchen kam über unsere Lippen, in einer Atmosphäre, in der man eine Stecknadel hätte fallen hören. Es kam natürlich nicht von ungefähr, dass er den Finger immer wieder in diese Wunde legte, von der er genau wusste, dass sie unsere Schwachstelle sein musste. Einmal in Fahrt gekommen, von sich und unserem Meister berauscht, forderte er ohne Umschweife von uns, mit Paulus zu prahlen: *»Denn Christus ist mein Leben, und Sterben ist mein Gewinn«;* *»Ich habe Lust abzuscheiden, um bei Christus zu sein« (Philipper 1, 21 – 23).* Das glauben Sie jetzt nicht? Aber natürlich verlangte er das! Wenn er doch nur mit gutem Beispiel vorangegangen wäre, dieser Sadist! Ich konnte seine widerliche Visage einfach nicht mehr sehen.

So wurde sein Wahnsinn zum Gradmesser, wie es mit unserem Verhältnis zum Heiland bestellt war. Und während die anderen mit mehr oder weniger verzückten Gesichtern unsere Todeslieder zwitscherten und sich anscheinend auf *»den Ruf zum Vaterhaus«* freuten, verfiel ich in eine Art emotionale Schockstarre. Einfach gesagt: Ich hatte keinen Bock auf *»Vater- oder Mutterhäuser«* oder was weiß ich. Und damit war ich wieder bei meinem Grundproblem: Mit mir stimmte etwas nicht. Wie sollte ich kleiner Knirps auch dahinter steigen, wie pervers es ist, Todessehnsucht von Kindern und Jugendlichen einzufordern?! Schließlich war für uns Kinder die Denkschablone, dass ein Kind, in dem Fall Gotteskind, immer Heimweh nach seinem Vater, in dem Fall Gott, haben wird, mehr als einleuchtend.

Nichtsdestotrotz mussten wohl auch die Geschwister im Alltag nur allzu oft feststellen, dass sich ihre himmlischen Sehnsüchte als Schwärmerei im Wolkenkuckucksheim entpuppten. Gefühlsduselei, die genauso schnell verpuffte, wie sie gekommen war. Was meinen Vater dann auch eines Tages aus tiefstem Herzen zu dem schockierenden Ausspruch verleitete: *»Es ist doch alles Scheiße mit Jesus«*! Dabei war an diesem Sonntag eigentlich alles wie immer, wenn eine Versammlung anstand. Unsere Familie bereitete sich im elterlichen Schlafzimmer auf den Gottesdienst vor. Während ich von meiner Mutter wie üblich piekfein rausgeputzt wurde, machte sich Erich alleine zurecht. Papa hockte derweil vor dem ausgeklappten Ankleidespiegel und wurstelte missmutig an seiner widerspenstigen Krawatte herum.

Und jetzt kommt's. Wie aus heiterem Himmel riss er sich den Schlips vom Hals und fuchtelte damit fuchsteufelswild in der Gegend rum. So als ob dieses Stück Stoff der Grund für seinen Groll und dem ungeheuren Fluch: *»Es ist doch alles Scheiße mit Jesus«* war, der gleichzeitig aus ihm herausplatzte. Alter Schwede! Was war denn da los? Ich glaubte, meinen Ohren nicht zu trauen und guckte spontan zu Mama, der es komplett die Sprache verschlagen hatte. Offensichtlich hatte ich nicht geträumt. So konnte ich förmlich dabei zusehen, wie ihr sämtliche Gesichtszüge entglitten.

Sie starrte Papa derart entgeistert an, als habe dieser soeben den Verstand verloren. *»Alles Scheiße mit Jesus! Und das vor den Kindern! Wie konnte sich Willi nur so gehen lassen? Der Teufel musste in ihn gefahren sein«*, so oder ähnlich wird es ihr wohl durch den Kopf gegangen sein. Nachdem sie sich dann wieder einigermaßen gefangen hatte, bekam mein Vater natürlich einiges von ihr zu hören. Ich sag' mal so, er konnte von Glück sagen, dass sie ihm nicht ihren Ehering vor die Füße knallte. Schließlich hatte sein unverzeihlicher Ausrutscher das Zeug dazu, den Herrn Jesus gegen unsere Familie aufzubringen. Oder dachten Sie etwa, dass unser Meister über diese Todsünde großzügig hinwegsehen würde? Wohl kaum! Und es würde mich nicht wundern, wenn ich spontan zur Wohnzimmerwand geschaut hätte, ob sich unser eingerahmtes Gelöbnis: *»Ich aber und mein Haus wollen dem Herrn dienen«* nicht heimlich, still und leise vom Acker gemacht hatte bzw. von der Wand gefallen war.

Und wenn bei mir auch nur für einen kurzen Augenblick ein Fünkchen Hoffnung gekeimt hatte, dass Papa den ganzen Krempel hinschmeißen und mit mir durchbrennen würde, holte mich Mamas »heiliges Gekeife« bereits im nächsten Moment auf den Boden der Tatsachen zurück. Und anstatt Papa vor lauter Begeisterung um den Hals zu fallen, wie ich es am liebsten gemacht hätte, schwieg ich nur betreten und verkniff mir jegliche Gefühlsregung. Denn im Nu war mir klargeworden, dass mir jedwede Emotionen, angefangen vom schadenfrohen Grinsen bis hin zu Freudensprüngen, über kurz oder lang wieder als Bumerang gegen den Kopf knallen würden.

Mein Vater würde es niemals auf die Spitze treiben und riskieren, dass bei uns sprichwörtlich der »Haussegen schiefhing«. *»Papa wird das Beschimpfen des Heilands mit Sicherheit bereuen und Buße darüber tun. Wahrscheinlich tut es ihm sogar jetzt schon leid. Und dann wird die Stimmung kippen. Mama wird den Spieß umdrehen und dir deine Luftsprünge rechts und links um die Ohren hauen«,* so oder ähnlich schoss es mir in rasender Geschwindigkeit durch den Kopf. Und wenngleich ich meinem Vater schon etliche Male angemerkt hatte, wie unwohl er sich in seiner christlichen Haut fühlte, hatte es dann doch meine Vorstellungskraft gesprengt, dass er sein Unbehagen auf diese Weise raushauen würde.

Schließlich wusste ich bis dahin nur so viel, dass er an den Versammlungstagen stets und ständig mit Anfechtungen zu kämpfen hatte und einen verflixten »inneren Schweinehund überwinden musste«. Das hatte ich jedenfalls aus den Gesprächen der Erwachsenen mitbekommen. Dabei hatte ich lange Zeit nicht die leiseste Ahnung davon, wen oder was er damit meinte. Dass dieser »Hund« letzten Endes sogar sprechen und den Herrn Jesus verfluchen konnte, kam für mich und alle Beteiligten dann doch ziemlich überraschend. Zugegeben, einen »Hund«, den ich auch gerne gehabt hätte. Bekanntlich musste ich schon seit frühesten Kindertagen nach der Pfeife des Heilands tanzen, und zwar ohne aufzumucken.

Und obwohl sich mein Vater alle Mühe gab, die Sache irgendwie auszubügeln, nahm ich ihm das einfach nicht mehr ab. Das Kind war in den Brunnen gefallen. Und ja, ich hatte an diesem Sonntag den schönsten und glaubwürdigsten Satz meines noch jungen Lebens gehört! Danke Papa, für einen kurzen Augenblick der Hoffnung! Blöd nur, das du es vermasselt hast! Und das, was ich bei ihm spürte, war seine Hoffnungslosigkeit, sich jemals aus dem Gotteskäfig befreien zu können. So wird er irgendwann im Laufe seines Lebens aufgegeben haben, an den Stäben des Käfigs zu rütteln. Und eines Tages wird er die Stäbe nicht mehr gesehen haben. Und das Verrückte an der ganzen Geschichte ist, dass er sich bis zu seinem Tod den »Schwarzen Peter« für meinen Ausstieg zuschob. Wahnsinn bis zum Ende!

Und eins ist mir im Laufe der Jahre immer deutlicher geworden, Motor all unserer frenetischen Jubelgesänge und Gebetsorgien war die nackte Angst, dass unser Traum vom Paradies wie eine gigantische Seifenblase zerplatzen könnte, und wir am Ende doch durch »den himmlischen Rost fallen würden« – zumal die Kohlen darunter ziemlich heiß waren. Die Panik, dass Gott vielleicht eines Tages unserer unaufhörlichen Lobhudelei, die er wie ein Valium zur Besänftigung seines unbändigen Zorns benötigte, überdrüssig werden könnte und uns im wahrsten Sinne des Wortes zum Teufel jagen würde. Schließlich wäre es ja nicht das erste Mal gewesen, dass er sich umbesonnen und seine Geschöpfe mit den Worten verflucht hätte: *»Tue nur weg von mir das Geplärr deiner Lieder, denn ich mag dein Harfengeklimper nicht hören« (Amos 5, 23).*

Kapitel 26:
Der Antichrist - Warum ich ein kleiner Jude sein wollte

Wie bereits beschrieben, glaubten die Prediger anhand der sogenannten *»Endzeitzeichen«* vorhersagen zu können, wann Gott den Startschuss für seinen *großen Krieg* gab. Dazu mussten sie lediglich die Großwetterlage im Lichte der Bibel analysieren und eins und eins zusammenzählen. Nun muss man wissen, dass kurz zuvor der große Widersacher Jesu, der *Antichrist*, die Weltbühne betreten und die Weltherrschaft für sich beanspruchen würde. Na und ob! So steht das nämlich in der Bibel: *»Kinder, es ist die letzte Stunde! Und wie ihr gehört habt, dass der Antichrist kommt ... daher erkennen wir, dass die letzte Stunde ist«* (1. *Johannes 2, 18*); *»Der da ist der Widersacher und sich überhebt über alles, was Gott oder Gottesdienst heißt, also dass er sich setzt in den Tempel Gottes als ein Gott und gibt sich aus, er sei Gott«* (2. *Thessalonicher 2, 4*). Und blöderweise würden diesem *großen Verführer* nicht nur alle *Weltmenschen* zujubeln, sondern er würde auch einen Großteil der »wahren Christen« einlullen und zum Abfall von Gott verführen.

Und das Gemeine an der ganzen Sache war, dass er seine Schandtaten im Auftrag Satans und mit Gottes stillschweigendem Segen begehen würde. Aber ja, andernfalls würde doch Gottes von Ewigkeit her erdachter Heilsplan komplett den Bach runtergehen *(Predigtmitschnitt auf Audiodatei)*: *»Wir haben heute etwa dieselbe Situation, nur nicht beschränkt, sondern weltweit, wie vor der berühmten Machtergreifung 1933. Und das braucht Satan, um den starken Mann auf die Bühne zu senden. Der große Mann, der jetzt kommen wird, der Antichristus, der wird Lösungen haben weltweit. Und die ganze Welt wird ihn anschauen. Dafür ist Fernsehen auf der ganzen Welt parat. Im letzten Winkel, im letzten Busch, da ist 'ne Buschhütte, aber die Antenne hängt an einer Bambusstange oben dran, damit sie ihn (den Antichristen) anbeten, ihm zujubeln können«*. Ach was? Was konnten wir von Glück sagen, dass die Prediger sich so gut auskannten – mit Antichristen, Faschisten und was weiß ich, wie die Plagegeister alle hießen!

Aber gerade hinsichtlich der Identität des Antichristen schossen ihre Vorhersagen ins Kraut. Kein Wunder, denn die obskuren Weissagungen der Bibel öffneten ihnen Tür und Tor für wilde Spekulationen. So fühlte sich jeder Prediger, der etwas auf sich hielt, geradezu angestachelt, die täglichen Nachrichten auf das Wirken des Antichristen hin zu durchforsten, und eine Weissagung nach der anderen vom Stapel zu lassen. Und ihre kreuzfidele Weltuntergangsstimmung ließen sie sich auch nicht dadurch kaputtmachen, dass sie eine Bruchlandung nach der anderen hinlegten. So warfen sie missratene Vorhersagen einfach über den Haufen und saugten sich neuere, der aktuellen Weltlage angepasste Orakel aus den Fingern. Was heute noch galt, war morgen bereits Schnee von gestern.

Und um ihren religiösen Fantastereien die größtmögliche Autorität zu verleihen, deklarierten sie ihre »Endzeitergüsse« zu ganz persönlichen Offenbarungen Gottes *(Predigtmitschnitt auf Audiodatei)*: *»Gott hat mir einen Blick gegeben …«*; *»Der Herr Jesus hat heute durch mich und Bruder Karl-Otto zu euch gesprochen …«*; *»Die Predigt hat mir der Herr aufgegeben … usw.«.* Richtig, sie ließen sich obendrein noch »als Verkünder der großen Abrechnung Gottes mit seiner Schöpfung« feiern. Und das, obwohl jeder Scharlatan ohne Frage eine bessere Trefferquote aufweisen konnte. Und da uns beigebracht worden war, alles von der Bibel her zu denken, gab es für uns keinen Grund ihre Endzeitschwärmereien in Zweifel zu ziehen. Zumal sie um Begründungen für ihre Bauchlandungen nie verlegen waren, auch wenn es nur die üblichen hohlen Phrasen waren: *»Die Wege des Herrn sind unergründlich«*; *»Gott hat die Gnadenzeit verlängert«*; *»Gott hat seinen Plan geändert«* etc. Nicht wahr, ihr »lieben« Möchtegern-Propheten!

So war es auch nicht weiter verwunderlich, dass fast täglich eine neue Sau bzw. ein neuer Antichrist durchs Dorf getrieben wurde. Und während er in einem Szenario die Weltbühne schon längst betreten hatte, stand er in einem anderen noch in den Startlöchern. Während er einmal als Regierungschef einer Großmacht die Menschenmassen in seinen Bann zog, schwang er sich beim nächsten Mal als Papst zum großen Verführer auf. So rückte er einmal aus Amerika an, dann wieder aus Russland, um ein paar Wochen später die Sache von Rom aus in Angriff zu nehmen. Moment mal! Der Papst ist der Antichrist? Ja, wieso denn nicht?! Kann es für einen Antichristen eine perfektere Tarnung geben, als im Papamobil durch die Gegend zu brettern?

Eben! Und so blöd, dass er sein Papamobil mit dem Werbeslogan: *»Antichrist auf großer Welttournee«* oder so ähnlich zupflasterte, würde ein abgebrühter Antichrist wohl kaum sein!

Und um das Durcheinander komplett zu machen, orakelten die Hobby-Propheten bei nächster Gelegenheit, dass der Antichrist die Europäische Union als Startrampe bevorzugen würde. Und das nur deshalb, weil in der Bibel *(Offenbarung 13, 1 – 18)* von einem schrecklichen *»Tier mit zehn Hörnern«* die Rede war: *»Und ich sah ein Tier aus dem Meer steigen, das hatte sieben Häupter und zehn Hörner und auf seinen Hörnern zehn Kronen und auf seinen Häuptern Namen der Lästerung. … Und ihm ward gegeben Macht über alle Geschlechter und Sprachen und Heiden. Und alle, die auf Erden wohnen, beten es an, deren Namen nicht geschrieben sind in dem Lebensbuch des Lammes, das erwürgt ist, von Anfang der Welt«.* Wie jetzt? Ein Nashorn als Antichrist? Aber sicher! Nur, eben mit sieben Köpfen und zehn Hörnern! Also kein Tier für den Streichelzoo.

Nun muss man wissen, dass einige Prediger glaubten, dass hinter jedem einzelnen der zehn Hörner ein europäisches Land steckte. Und gemeinsam würden diese Länder den Kopf des Tieres, das wiedererstarkte römische Reich, die Europäische Union, bilden. Und mit der Vollendung dieses Zehn-staatenbundes, der damals erst sechs oder sieben Hörner bzw. Mitglieds-staaten umfasste, würde der Antichrist auftauchen. Puh …, gar nicht so einfach! Vor allen Dingen nicht für uns Kinder! Und nicht gerade schöne Aussichten, was meine Zukunft anging.

Jedenfalls bereiteten mir diese verflixten Hörner mehr Kopfzerbrechen, als mir lieb war. So hätte ich am liebsten alle Regierungschefs angefleht, keine weiteren Staaten in die EU aufzunehmen. Weshalb ich das nicht wollte? Nun ja, wenn es kein zehntes Horn gab, dann gab es auch kein *Armageddon*. Und wenn es keinen *Weltuntergang* gab, würde mir der Heiland auch Mama und Papa nicht wegnehmen können. Das sah doch ein Blinder mit dem Krück-stock. *»Aber wem kannst du dich anvertrauen«? »So einen kleinen Kerl wird doch kein Erwachsener für voll nehmen«,* grübelte ich voller Verzweiflung. Ich weiß, das hört sich völlig irre an, aber so war es.

Und so grundverschieden die Weissagungen zur Identität des Antichristen auch waren, eines hatten sie alle gemeinsam: Allesamt hatten sie sich als Rohrkrepierer erwiesen. Nicht eine Vorhersage ist eingetroffen, zumindest nicht solche, die über die Lottozahlen des Vortages hinausgingen. Offensichtlich ahnten die Prophezeiungen selbst nichts von ihrer göttlichen Inspiration, denn sonst hätten sie sich sicherlich mehr Mühe gegeben. Und was dabei die Kaffeesatzleserei bezüglich des »*Tieres mit den zehn Hörnern*« anbetraf, erwies sich diese als eine lausige Kopie des Zählreimes von den »zehn kleinen Negerlein«. Nur diesmal mit Ländern und dem Unterschied, dass die EU-Länder immer mehr, anstatt weniger wurden. Wohl überflüssig zu erwähnen, dass das alles hinten und vorne nicht mit unserer *Erwartung der täglichen Wiederkehr Jesu* zusammenpasste. Aber wen juckte das schon?!

Mittlerweile hat die EU 27 Hörner bzw. Länder, weder der Antichrist ist aufgekreuzt noch Jesus. Und vom ewigen Schielen zum Himmel werden die Prediger schon längst Stielaugen bekommen haben, die sie jedoch ebenso wenig wahrnehmen können wie die Hörner, die ihnen der Antichrist aufgesetzt hat. Doch sie werden weiter schielen und weiter hellsehen, denn die Lust an der Prophetie lassen sie sich von nichts und niemandem kaputtmachen. Und so spöttisch ich heute über ihre religiösen Schwärmereien schreiben kann, so traumatisiert war ich als Kind, ohne Hoffnung dem Wahnsinn dieser geistigen Brandstifter jemals entkommen zu können.

Und dann war da noch eine andere Sache, in die uns die Prediger geheimnisvoll eingeweiht hatten, und zwar: Unserem Volk würde es immer nur dann gut gehen, wenn wir Israel, also Gottes auserwähltes Volk, in jedweder Form unterstützten. Nichtsdestotrotz waren auch die Juden mit Blindheit geschlagen, zumindest was die Anerkennung unseres Meisters als ihren Messias anging. Denn bekanntlich wollten sie von unserem Heiland nichts wissen, obwohl er doch sprichwörtlich aus dem »gleichen Stall« kam. Allerdings würde es ihnen bereits in Kürze wie Schuppen von den Augen fallen, wen sie da ans Kreuz hatten zimmern lassen. Nämlich nicht nur den Sohn eines Zimmermannes, sondern zugleich *Gottes eingeborenen Sohn*. Und Überraschung, zu guter Letzt würden auch sie vor dem *Schmerzensmann* auf die Knie fallen und ihn als ihren Erlöser annehmen. Ende gut, alles gut! Und das alles wussten wir deshalb so genau, weil die Prediger sozusagen aus »Gottes Nähkästchen« geplaudert hatten.

In jedem Fall war es so, dass Gott an dem Volk der Juden »einen Narren gefressen« und den Plan ausgeheckt hatte, jeden Juden zu retten, egal ob gut oder böse. Und dieser himmlische Freifahrtschein gab ihnen grünes Licht für ein Leben in Saus und Braus, in Laster und Sünde – ohne dafür mit den lästigen Nebenwirkungen *der ewigen Verdammnis* bestraft zu werden. Wie ungerecht ist das denn, bitte schön?! Kein Wunder also, dass ich stets und ständig mit meinem Schicksal haderte. *»Warum hat Gott dich nicht zu einem kleinen Juden gemacht«? »Weshalb musst du dich so elendig abstrampeln, während er jeden Juden ohne Wenn und Aber errettet«,* waren die Fragen, die mich allen Ernstes umtrieben. Verrückt, oder?!

Ich sollte noch erwähnen, dass unsere Liebe zu den Juden im krassen Widerspruch zu den Schimpftiraden des Apostels Paulus stand, der *»den Juden das Maul stopfen wollte« (Titus, 1, 10 – 11)* und auch sonst kein gutes Haar an ihnen ließ: *»Und (die Juden) gefallen Gott nicht und sind allen Menschen feind…, aber der Zorn Gottes ist schon in vollem Maß über sie gekommen…«* (1. Thessalonicher *2, 15 – 16.*). Ich kapierte das alles nicht. Und was ich als Kind nicht zu Ende denken durfte, letztlich entscheidet doch der Kulturkreis, in dem ein Kind hineingeboren wird, über seine Religionszugehörigkeit. Zugegeben, Matthias und Onkel Heinz in einer Moschee? Zu Allah betend? Schwer vorstellbar!

Kapitel 27:
Besuch von Tante Lot aus Sodom? -
Der Gott des Gemetzels

Nachdem Jesus dann seine Günstlinge, also meine Eltern und alle *wiedergeborenen Christen weltweit*, in den Himmel abtransportiert hatte, ging's hier auf der Erde richtig rund. Sieben Engel würden mit ihren Posaunen *das Armageddon* »einläuten« *(Offenbarung 8 und 9)*. Ein »*Hagel aus Blut und Feuer*« würde auf uns niederprasseln, und die Engel würden ein Drittel der Menschheit umbringen. Monsterheuschrecken mit »*Weiberhaaren und Löwenzähnen*« *(Offenbarung 9, 7 ff)* tauchten wie aus dem Nichts auf.

Dabei bestand ihre einzige Aufgabe darin, uns zu quälen, und »*wir würden den Tod suchen, doch der Tod würde vor uns fliehen*«: »*Und es ward ein Hagel und Feuer, mit Blut gemengt und fiel auf die Erde. Und aus dem Rauch kamen Heuschrecken hervor auf die Erde, dass sie das Gras der Erde nicht schädigen sollten, sondern nur die Menschen, welche das Siegel Gottes nicht an ihrer Stirn haben. Und es wurde ihnen gegeben, sie nicht zu töten, sondern zu plagen fünf Monate lang. Und die Menschen werden den Tod suchen und ihn nicht finden. Sie werden begehren zu sterben, und der Tod wird von ihnen fliehen, … dass sie töteten den dritten Teil der Menschen … usw.*« *(Offenbarung 9 ff)*. Puh …! Ist das Gottes Ernst? Aber so was von! »*So steht es geschrieben*«, wie es die Prediger bei jeder Gelegenheit genussvoll rausposaunten. Und ja, mich hätte es nicht gewundert, wenn sich eines Tages wie von Geisterhand die Tür unserer Anstalt geöffnet hätte, und ein Kollege im »Heuschrecken-Kostüm« wäre durch die Reihen gehüpft.

Und wer geglaubt hatte, dieses Horrorszenario sei genug der Qualen, der war auf dem falschen Dampfer, denn Gott hatte noch ein paar Schalen seines schrecklichen Zornes auf Lager. So würden dieselben Engel sieben Schüsseln über uns ausgießen. Und von diesem »Aufguss« ist mir leider noch allzu lebhaft in Erinnerung geblieben, dass wir uns »*vor Schmerzen die Zungen zerbeißen würden*« *(Offenbarung 16, 10 ff)*. Allein diese Vorstellung war schon mehr als mein kleiner Körper verkraften konnte. Genug der Qualen?

Von wegen! Der »liebe« Gott hatte noch ein Ass bzw. vier Asse im Ärmel. Er würde *vier apokalyptische Reiter* als Vorboten des Jüngsten Gerichts »ins Rennen schicken« *(Offenbarung 6).* Und diese erbarmungslosen Reiter waren es, die mich noch jahrzehntelang nach meinem Ausstieg in meinen Träumen verfolgen und nachts immer wieder hochschrecken lassen sollten.

Um die perversen Horrorszenarien an dieser Stelle abzukürzen, sei nur noch erwähnt, dass dann »*die Sterne auf die Erde fallen, der Himmel wie ein zusammengerolltes Buch verschwinden, und wir die Berge anflehen* würden, über uns zu fallen« *(Offenbarung 6, 12 ff).* Und das geht noch seitenlang so weiter, von einem Wahnsinn zum nächsten. Also nicht wirklich nett, was der »liebe« Gott da in seiner himmlischen Denkfabrik ausklamüsert hatte.

Bibeltexte, die schon längst auf den Index jugendgefährdender Schriften gehört hätten. Nicht in den Augen der Prediger! Endlich handelte Gott und die Spötter und Frevler kriegten ihre Abreibung verpasst, frohlockten sie ein ums andere Mal. Schließlich hatte sich Gott die Rache an den Ungläubigen von Ewigkeit her auf sein Schild geschrieben: »*Rächt euch nicht selbst, meine Lieben, sondern gebt Raum dem Zorn Gottes. Denn es steht geschrieben. »Die Rache ist mein; ich will vergelten …«* (Römer 12, 19).* Und es hätte mich nicht gewundert, wenn der eine oder andere Kollege bereits »ein Pferd auf'm Flur stehen hatte«, um jederzeit als apokalyptischer Reiter in die Bresche springen zu können.

Jedenfalls konnten sie aus einem schier unerschöpflichen Repertoire grausamer Bibeltexte die Verse rauspicken, die ihre Allmacht- und Vernichtungsfantasien am besten befriedigten *(Predigtmitschnitt auf Audiodatei): »Sodom ist heute hier bei uns, unter uns, in unseren Städten, nirgendwo anders. Und Gott sagt, ich werde es mit Stumpf und Stiel ausreißen …«.*

»Hä? Wie bitte? Hatte ich richtig gehört? Sodom hier bei uns? Wo denn? Onkel und Tante Lot aus Sodom waren zu Besuch? In unserer Gemeinde? Ein Wunder! Zumal Tante Lot doch zu einem Salzstreuer erstarrt war«! (1. Mose 19, 1 – 26). Wer sollte das denn bitte schön glauben?! Dazu muss man wissen, dass der »liebe« Gott eines Tages mal wieder auf hundertachtzig war und Feuer und Schwefel auf die Orte Sodom und Gomorrah, auf Mann und Maus, hatte regnen lassen. Weshalb er das machte? Ganz einfach, weil er es konnte, und die Einwohner ziemlich verlottert waren; sozusagen sittlich und moralisch aus dem letzten Loch pfiffen.

Bis auf einen, mit Namen Lot, eine Neffe Abrahams. Und weil Lot angeblich ein rechtschaffender Mann war, wurde er mit seiner Familie von zwei Engeln rechtzeitig aus der Stadt gelotst. Nun ja, Hinweisschilder, beispielsweise mit der Aufschrift: »*Gelobtes Land 3 km*« oder »*Keine Wendemöglichkeit: Schwefel über Sodom/Feuerregen über Gomorrah*« gab's ja damals noch nicht. Blöd nur, dass sich Frau Lot verbotenerweise umdrehte und schwuppdiwupp zu einer Salzstange erstarrte oder so ähnlich. Ob das ein Fall für die Versicherung war? Gebäude-, Unfall- oder was weiß ich für eine Versicherung? Keine Ahnung! Haus zerstört durch Feuer- und Schwefelregen, Ehefrau in ein Salzfass verhext …? Hmm …? Das Gesicht des Versicherungsagenten hätte ich sehen mögen! Die »tugendhafte« Familie Lot wird uns an anderer Stelle noch einmal begegnen.

Okay, »*mit Stumpf und Stiel ausrotten*«, das kapierte ich. Jawohl, liebe *Weltmenschen*, wie oft haben wir euch mit den Worten gewarnt: »*Irret euch nicht, Gott lässt sich nicht spotten*«?! (Galater 6, 7). Ausgelacht habt ihr uns! Wer nicht hören will, muss fühlen! Stimmt doch »liebe« Prediger, oder?!

Und als krönender Abschluss »Gottes unendlicher Güte« würde das bekannte *Jüngste Gericht*, über die Menschheit hereinbrechen: »*Wenn aber der Menschensohn kommen wird in seiner Herrlichkeit und alle Engel mit ihm, dann wird er sitzen auf dem Thron seiner Herrlichkeit und alle Völker werden vor ihm versammelt werden. Und er wird sie voneinander scheiden … und wird die Schafe zu seiner Rechten stellen und die Böcke zur Linken. Da wird dann der König sagen zu denen zu seiner Rechten: Kommt her, ihr Gesegneten meines Vaters, ererbt das Reich, das euch bereitet ist von Anbeginn der Welt …. Dann wird er auch sagen zu denen zur Linken: Gehet hin von mir, ihr Verfluchten, in das ewige Feuer, das bereitet ist dem Teufel und seinen Engeln*« (Matthäus 25, 31 ff). Und während meine Eltern und die Geschwister dann auf der guten, der rechten Seite standen, und »*der Heiland alle ihre Tränen abwischen würde*« (Offenbarung 21, 4), hatte ich weniger Glück, ich gehörte zu den Böcken auf der linken Seite, die er in den *Pfuhl aus Feuer und Schwefel werfen würde* (Offenbarung 21, 8).

Und ja, dieser Kleinkrämer hatte in dem *Buch des Lebens* jeden bösen Gedanken, jede noch so kleine Sünde, sogar jedes unnütze Wort von mir notiert: »*Ich sage euch aber, dass die Menschen müssen Rechenschaft geben am Jüngsten Gericht von einem jeglichen unnützen Wort, das sie geredet haben*«

(Matthäus 12, 36). Oha! Nun muss man sich mal einen Augenblick vorstellen, was da so alles im Laufe eines Lebens an unnützem Zeug zusammenkommt. Das ist natürlich Mist, besonders für Quasselstrippen. Ich weiß, das hört sich alles völlig irre an, nicht wenn man die Bibel wortwörtlich nimmt.

Kein Wunder also, dass ich mir wieder und wieder ausmalte, wie ich kleiner Knirps zitternd vor Angst vor dem Throne Gottes stand: »*Auf 1000 Fragen, die Gott mir stellte, hatte ich nicht eine Antwort parat. Dabei durfte ich Gott und den Herrn Jesus noch nicht einmal fragen, warum sie mich all die Jahre nur angeschwiegen hatten. Schließlich waren sie es, die die Fragen stellten. Und dann würde mir Gott vor aller Welt noch einmal in einem Zeitraffer mein ganzes Leben vorspielen. Mit gesenktem Kopf würde ich völlig beschämt mit ansehen müssen, wie er die intimsten Geheimnisse aus meinem Leben ans Tageslicht brachte und vor allen Menschen ausbreitete.*

Es gab nichts, was er nicht auf seiner riesigen Festplatte gespeichert hatte. Gott selbst war es, der meine ganze Schauspielerei aufdeckte und ›alle meine Werke vor Gericht brachte, alles was verborgen war‹ (Prediger 12, 14): *Meine vorgetäuschte Gotteskindschaft, mein Wunsch Fußball zu spielen, das heimliche Anschauen von unkeuschen Bildern und, und, und. Alles flog auf. Nun lernten die anderen mein wahres Gesicht kennen. Ich schämte mich so entsetzlich, weil nun alle erfahren würden, was ich in Wirklichkeit für ein Heuchler, für ein elendes Schwein war*«. Begriffe wie Intimsphäre und Menschenwürde kannte ich ja damals noch nicht.

»*Und dann würde Gott im Buch des Lebens hin- und herblättern, vor und zurück, und nach meinem Namen suchen. Vergeblich. Und ohne mit der Wimper zu zucken, würde er seinen Engeln befehlen, mich in dieses riesige Flammenmeer zu werfen, wo ich von Ewigkeit zu Ewigkeit unsägliche Qualen erleiden würde. In den Ort, den der Herr Jesus selbst mit den Worten beschrieben hatte: ›Wo der Wurm nicht stirbt, und die Flamme nicht verlischt‹* (Markus 9, 44). *Keiner würde mir helfen* können; *alle, wie sie da waren, nicht. Weder Mama und Papa, noch die Geschwister, selbst dann nicht, wenn sie es wollten. Sie würden nur peinlich berührt zusehen und sich auf ihre neue Heimat freuen*«.

Und dieses grauenhafte Kopf-Kino hatte ich mir ja nicht irgendwie zusammengesponnen, sondern war mir von klein auf genauso eingebläut worden: »*Und ich sah die Toten, beide, Groß und Klein, stehen vor Gott und Bücher wurden aufgetan. … Und das Meer gab die Toten, die darin waren, und der*

Tod und die Hölle gaben die Toten, die darin waren; und sie wurden gerichtet, ein jeglicher nach seinen Werken. Und so jemand nicht ward gefunden geschrieben in dem Buch des Lebens, der ward geworfen in den feurigen Pfuhl« (Offenbarung 20, 13 – 15). So verfolgte mich von frühesten Kindesbeinen an dieser nicht enden wollende Albtraum, von dem eine Lähmung meines ganzen Seins ausging. Egal, wann und wo, in der Schule oder beim Spiel, zuhause oder im Wald, es verging kein Tag in meinem Leben, an dem dieses Horrorszenario nicht durch meinen Kopf spukte. Ganz zu schweigen von besagten Albträumen, die mich nachts immer wieder schweißgebadet hochschrecken ließen.

Und dann war da noch diese Sache mit dem *»reichen Mann und armen Lazarus«*. Eine Erzählung des Heilands höchstpersönlich, die mir jedes Mal, so oft ich die Geschichte auch hörte oder las, das Blut in den Adern gefrieren ließ: *»Als er (Anm.: der reiche Mann) nun in der Hölle und in der Qual war, hob er seine Augen auf und sah Abraham von ferne und Lazarus in seinem Schoß. Und er rief und sprach: Vater Abraham, erbarme dich mein und sende Lazarus, dass er die Spitze seines Fingers ins Wasser tauche und kühle meine Zunge; denn ich leide Pein in dieser Flamme. Abraham aber sprach: Gedenke, Sohn, dass du dein Gutes empfangen hast in deinem Leben, und Lazarus dagegen hat Böses empfangen. Nun aber wird er getröstet, und du wirst gepeinigt«* (Lukas 16, 19 – 31). Und ja, spätestens dann, wenn ich vom Spielen »halb verdurstet« heimkam und direkt in die Küche stürmte, um meinen Kopf unter den roten Gummischlauch des Wasserhahns zu legen, glaubte ich die Qualen des *»reichen Mannes in der Hölle«* fast körperlich zu spüren.

Und wenn ich dann mit gierigen Schlucken so viel von dem köstlich kalten Leitungswasser aufsaugte, bis mein Durst gelöscht war, hatte ich ein ums andere Mal den *»reichen Mann in der Hölle«* vor Augen, der zeitgleich nach nur einem Tropfen Wasser lechzte. Und in dem gleichen Maße wie mir dieses Privileg ein schlechtes Gewissen machte, übermannte mich die böse Vorahnung, dass mir das gleiche Schicksal ja noch bevorstehen könnte. So solidarisierte ich mich stillschweigend mit dem »reichen Onkel«. Ich konnte einfach nicht begreifen, weshalb Gott nicht einmal einen Hauch von Mitleid mit ihm verspürte, ihm sogar noch einen winzigen Wassertropfen verwehrte. Wenn es nicht so schrecklich gewesen wäre, man hätte unsere heimliche Verbindung als *»zwei ›in‹ Pech und Schwefel«* bezeichnen können.

Und letztlich hatte sich der »*reiche Mann*« doch nichts weiter zuschulden kommen lassen, als seine Gleichgültigkeit gegenüber dem hungernden Lazarus. Vergleichbar wohl mit unserer heutigen Abgestumpftheit gegenüber jährlich 8, 8 Millionen an Hunger sterbender Menschen (Quelle: Wikipedia). Aus derselben Gleichgültigkeit heraus musste er für alle Ewigkeit in der Hölle qualvoll dürsten, ohne zu verdursten; musste brennen, ohne zu verbrennen. Und genauso wenig wie es für ihn ein Zurück gab, würde es auch für mich keine Rettung geben.

Diese »Höllengeschichte« war natürlich Wasser auf die Mühlen der Prediger. Und bezeichnenderweise vermochten sie die Qualen und Schrecken noch anschaulicher zu beschreiben als der Hausherr, der Teufel, selbst *(Predigtmitschnitt auf Audiodatei):* »*Heute Abend hat Gott mich zu dir gesandt, um dir zu erzählen, dass es eine Hölle gibt. Ich darf gar nicht daran denken, dass du ewig gequält wirst! Dass du 1000 Jahre in der Hölle bist und denkst, so jetzt wird's langsam Ende gehen. Und dass du nochmals 10.000 Jahre usw. … und dann geht's noch mal Millionen und noch x Millionen Jahre, und die Qual geht weiter. Endlos, ewig, immer Qual. Was ich jetzt sage, ist so jämmerlich, denn es ist 1000 Mal schlimmer, als ich es je erzählen kann. Es ist ein Pfuhl, der da brennt Tag und Nacht mit Schwefel und Feuer. Es ist ein Loch, wo der Mensch unendlich fällt. Es hat keinen Boden. Der Mensch fällt und fällt und fällt, und es kommt kein Ende daran*«. Und so weiter, und so fort. Puh …, erst einmal tief durchatmen!

Vermutlich wird auch der Teufel seine Ohren gespitzt haben, jedenfalls soweit das bei Teufeln möglich ist, was da bei ihm in der Hölle so abging, an Pein und Qual. Und nachdem er sich von dem ersten Schrecken etwas erholt haben dürfte, wird er losgepprescht sein und den Höllenschlund nochmals ein paar hundert Meter tiefer gebuddelt haben. Und auch aufs Feuer wird er noch 'ne Schüppe »Pech und Schwefel« oben drauf gepackt haben. Schließlich stand er bei den Predigern im Wort. Nun gut.

Am Ende des Tages wollte es mir einfach nicht in den Kopf gehen, weshalb Gott, der doch vorgab ein *Gott der Liebe* zu sein, ein derart blindwütiges Szenario ewiger Qual über uns verhängen würde. Und so beängstigend die Bedrohungen durch Teufel und Dämonen auch waren, am meistens fürchtete ich mich vor diesem mordenden und metzelnden Gott; diesen »*Gott des verzehrenden Feuers*« (Hebräer 12, 29). Und das zu Recht *(Predigtmitschnitt auf Audiodatei):* »*Menschen, es ist schrecklich in die Hände des Teufels zu fallen, ich rede aus Erfahrung, aber ich sage dir, es ist noch nichts im Vergleich damit, dass du in die Hände des lebendigen Gottes fällst*«. »*Schrecklich ist es, in die Hände des lebendigen Gottes zu fallen*« *(Hebräer 10, 30 – 31).* Und dass dieser Gott, was Gewaltexzesse anging, keinerlei Skrupel kannte und außer Rand und Band agierte, konnten die Prediger mit dem Rezitieren vielerlei Gräueltaten, egal ob Altes oder Neues Testament, nur zu Genüge belegen.

Gottes Ding war es, die Ungläubigen zu vertilgen, niederzumetzeln und zu peinigen: »*Und ihre jungen Kinder zerschmettert und ihre schwangeren Weiber zerrissen werden*« *(Hosea 14, 1)* / »*Ich will meine Pfeile mit Blut trunken machen und mein Schwert soll Fleisch fressen mit dem Blut der Erschlagenen ...*« *(5. Mose 32, 42)* / »*Dass der Herr umbrachte alle, die da nicht glaubten*« *(Judas 1, 5)* / »*Ein schreckliches Warten des Gerichts und des Feuereifers*« *(Hebräer 10, 27)* / *Die Verhängung der Todesstrafe (Steinigung) für widerspenstige und ungehorsame Söhne (5. Mose 21, 18 – 21) / Die Steinigung als Strafe für vergewaltigte Mädchen, wenn sie nicht oder nicht laut genug geschrien hatten, und zwar für die Mädchen (5. Mose 22, 23 – 24) / Die Todesstrafe für Homosexuelle (3. Mose 20, 13) / Gottlose, also Andersdenkende, sollen sterben! (Psalm 139, 19) / Die Zauberinnen sollst du nicht leben lassen (2. Mose 22, 17).* Letzteres als Legitimation für das Verbrennen von mehr als 60.000 Hexen! im Mittelalter. Und so weiter, und so fort. Sie haben richtig gelesen. Wir befinden uns mittendrin, in der Heiligen Schrift. Da gibt es auch überhaupt nichts schönzureden.

Weshalb ich das hier schreibe? Weil es die schrecklichen Bilder in meinem Kopf waren und zum Teil noch sind, die mich einfach nicht mehr losließen. Lebendige Bilder, die zeigen, wie im fernen Ägyptenland Gott höchstpersönlich nachts durch die Straßen eilt und in jedem Haus eigenhändig den erstgeborenen Sohn und das erstgeborene Vieh umbringt. Man muss sich das einmal vor Augen führen, was das für ein furchtbares Geschrei und Jammern tausender Mütter gewesen sein muss. Kinder, die nichts verbrochen hatten, einfach so abgeschlachtet! Von Gott höchstpersönlich! *(2. Mose 11, 4-11 u. 2. Mose 12, 29).*

Bilder von ertrinkenden Menschen, die sich mir unter der Bezeichnung »Sintflut« ins Gehirn gebrannt hatten. Und während ich mich doch eigentlich mit dem Seemann Noah -den man wohl als Vorreiter der modernen christlichen Seefahrt bezeichnen kann- und all den paarweise geretteten Tieren freuen sollte, taten mir vielmehr die vielen Menschen, kleine Kinder und Tiere leid, die Gott mit seiner hausgemachten Sintflut elendig ersaufen ließ *(1. Mose 7)*. Dabei hatte Noah doch mit der Unterbringung der ganzen Tierwelt -immerhin mehr als 8 Millionen Tierarten-, die er, weiß der Teufel wie, in seine Arche gelockt hatte, allemal eine logistische Meisterleistung vollbracht. Die vielen Saurierarten, Raubtiere und Lämmchen … über 300 Tage friedlich beieinander in einem über dem Wasser dümpelnden Kasten. Voll krass! Oder?! Was verputzte so 'n hungriger Tyrannosaurus Rex nicht alles in 10 Monaten? Hmm …? Na ja, für 'nen prall gefüllten Kühlschrank hatte Noah ja bekanntlich gesorgt *(1. Mose 6, 21)*.

König David, der mit seiner »Riesen-Abwehrschleuder« den Riesen Goliath erlegt hatte und darüber so erfreut war, dass er seinen Kopf gleich mit abschnitt und sich als Trophäe unter den Arm klemmte *(1. Samuel 17, 48 – 58)*. Ach Gottchen, diesen Spaß wollen wir unserem Helden doch wohl gönnen. Schließlich stammte auch unser Meister aus dem *»Hause Davids«*. Allerdings in harter Konkurrenz mit dem Heiligen Geist, der die Vaterschaft Jesu ebenfalls für sich beanspruchte *(Matthäus 1, 1 ff)*. Aber wen interessierte das schon?! Und ganz davon ab hatte David doch die erbaulichen Psalmen geschrieben, die uns die Prediger wie Sauerbier zur täglichen Stärkung andienten.

Dabei sortierten wir wie in einem Gemischtwarenladen die blutrünstigen Verse, die von Rache- und Mordlust nur so trieften, geflissentlich aus, wie: *»Wohl dem, der deine jungen Kinder nimmt und zerschmettert sie an dem Stein!«* (Psalm 137, 9), und ersetzten sie durch erquickliche, unsere himmlische Sehnsucht am besten befördernde Texte, wie: *»Der Herr ist mein Licht und mein Heil, vor wem sollte ich mich fürchten! Der Herr ist meines Lebens Kraft, vor wem sollte mir grauen«* (Psalm 27, 1 – 2). So lautete dann auch mein Konfirmationsspruch, der eingerahmt seinen gebührenden Platz über meinem Bett gefunden hatte. Den Nachsatz bewusst ignorierend, denn dieser war dann doch eher dazu geeignet, den feierlichen Rahmen zu sprengen: *»So die Bösen … an mich wollen, mein Fleisch zu fressen, müssen sie anlaufen und fallen«*. Oha, so böse, dass sie *»mein Fleisch fressen wollten«*, waren meine Schulkameraden nun auch wieder nicht. Oder, liebe Mitschüler?!

Auch nicht schlecht, die Geschichte von einer schlagfertigen Dame, namens Jael. Nun ja, diese feine Lady »tackerte« eines schönen Tages mit

Hammer und Nagel den Kopf eines gegnerischen Feldherrn am Fußboden fest. Au weia! Sie hatte quasi Nägel mit Köpfen gemacht bzw. umgekehrt *(Richter 4, 21)*.

Die im wahrsten Sinne des Wortes haarsträubende Geschichte von einem Richter, mit Namen Simson. Nun muss man wissen, dass dieser Simson in der Kinderbibel als *»Gottes starker Mann«* gefeiert wird. Und das zu Recht. Schließlich verfügte er über so viel Kraft in seinen Haarlocken, dass er gleich mehrere tausend Menschen! auf einen Streich ermordete. Man glaubt es nicht!

Dabei hatte er bereits schon kurz zuvor, anlässlich seiner eigenen Hochzeitsfeier, den Laden richtig aufgemischt. Er hatte 30! seiner zukünftigen Verwandten erschlagen. Weshalb? Na ja, er hatte ein Kreuzworträtsel verloren *(Richter 13 – 16)*. Also richtig ärgerlich für ihn. Heutzutage würde wohl folgende Eilmeldung über alle Nachrichtenticker laufen: *»Amoklauf auf Hochzeitsfeier! 30 Tote! Tatverdächtiger flüchtig! Vorsicht: Der Täter ist mit einer Haarlocke bewaffnet!«* Oder so ähnlich. Nicht zu verwechseln übrigens mit dem doch eher friedfertigen Homer Simpson aus der gleichnamigen amerikanischen Fernsehserie.

Der treue Prophet Moses, der seine steile Karriere mit der Ermordung eines Ägypters begonnen hatte *(2. Mose 2, 11)* und seinen Hang zu Gräueltaten auch im späteren Leben, trotz oder gerade wegen der von ihm empfangenen Zehn Gebote, nie ablegen konnte. Nur ein Beispiel: *»Und Mose wurde zornig und sprach zu ihnen: Warum habt ihr alle Frauen leben lassen? … So tötet nun alles, was männlich ist unter den Kindern und alle Frauen, die nicht mehr Jungfrauen sind. Aber alle Mädchen, die unberührt sind, die lasst für euch leben«* *(4. Mose 31, 14 – 18)*. Okay, vielleicht hatte er als Baby auch nur zu heiß gebadet bzw. zu lange in seinem kleinen Schilfkorb auf dem Nil gesessen und schon von daher eine eher ungünstige Sozialprognose in die Wiege, in dem Fall in den Korb, gelegt bekommen *(2. Mose 2, 1 – 10)*.

Wenngleich ich mich auch krampfhaft bemühte, die unzähligen bluttriefenden Texte bei meinem täglichen Bibelstudium einfach zu überlesen, hinterließen sie doch tiefe Furchen in mir kleinem Menschen. Wie sollte es bei Versen, wie den folgenden auch anders sein: *»Da ließen sie die 70 Kinder des Königs enthaupten, packten ihre Köpfe in Körbe und ließen sie zu Juhu bringen. Der befahl: ›Stapelt sie vor dem Stadttor auf und lasst sie bis morgen früh dort* *liegen‹! … Danach ließ Juhu alle weiteren Verwandten von Ahab umbringen, ebenso seine Beamten, seine Freunde und seine Priester. Keiner überlebte«* (2. *Könige 10, 6 – 14)! »70 abgeschlagene Köpfe von Kindern«! »Aufgestapelt vor einem Tor«! »Kinder meines Alters«!* Was in aller Welt wollte mir der »liebe« Gott mit dieser Horrorgeschichte sagen? Und warum zum Henker hieß dieser gestörte Kollege ausgerechnet noch »Juhu«? Als ob irgendetwas an diesem »Kopf ab Gemetzel« zu bejubeln gewesen wäre! Nur …, eine der zahllosen Gute-Nacht-Geschichten, für die ich noch zu klein und dumm war.

Der vorbildliche Familienvater Lot, der schwerbesoffen an zwei aufeinander folgenden Tagen seine beiden Töchter schwängerte *(1. Mose 19, 30 – 38).* Alter Schwede! Da muss man erst mal drauf kommen. Freundlicherweise musste sich Frau Lot das Elend nicht mehr mit angucken, weil sie zu diesem Zeitpunkt bereits zu einer Salzstange erstarrt war *(1. Mose 19, 26).* Bekanntlich hatte sie verbotenerweise einen letzten Blick auf die Vernichtung ihrer Heimat, ihres Haus und Hofes geworfen, das als Verderben Sodoms und Gomorras traurige Berühmtheit erlangen sollte.

Ich fand es jedenfalls echt gemein von Gott, Frau Lot wegen dieses wehmütigen »Rückblicks« einfach in ein Salzfass oder so zu verwandeln. Wer würde das denn bitte schön nicht machen, also sich noch einmal umschauen? Für die Prediger gleichwohl ein willkommener Aufhänger, um uns bildlich vor Augen zu führen, was uns blühte, wenn wir unserem »alten Leben« nachtrauerten.

Was die Prediger allerdings seltsamerweise nicht beherzigten, war die eindeutige Haltung der Bibel zur Sklavenhaltung *(3. Mose 25, 44 – 46; 2. Mose 21, 7 – 11).* Dazu muss man wissen, dass Gott von uns selbstverständlich verlangte, Sklaven zu halten. Aber ja! Einzige Auflage dabei: Man sollte seine Sklaven nicht so heftig vermöbeln, dass sie starben. Allerdings würde auch dann ihr Tod für den Sklavenhalter straffrei bleiben, wenn sie vorher ein oder zwei Tage im Koma gelegen hätten *(2. Mose 21, 20 ff).* Na dann … ! Oder dachten Sie etwa Jesus oder einer seiner Nachfolger wären gegen die Sklavenhaltung auf die Barrikaden gegangen? Von wegen! Der Apostel Paulus ermahnte die Sklaven sogar, *»ihren irdischen Herren ohne Murren zu dienen, und zwar mit Furcht und Zittern«* (Epheser 6, 5 u. 1. Timotheus 6, 1 – 2). Nun ja, der Job des Sklaven war eben nicht nur ein Beruf wie jeder andere, sondern schlichtweg eine göttliche Berufung *(1. Petrus 2, 18 – 21).*

252

Und dann war da noch diese frauenverachtende Geschichte aus *Richter 19, 22 – 29*. In jedem Fall eine Story mit riesigem Gruselpotential. Es war nämlich so, dass eines guten Tages ein namenloser Levit –Leviten waren Angehörige eines Stammes in Israel- ziemlich gelangweilt aus dem Fenster schaute. Und während er da so in der Gegend rumglotzte, kam zufällig eine Horde wilder Männer vorbei, die ihm an die Wäsche wollten. Glücklicherweise fiel dem Kollegen Levit im letzten Moment ein, dass er ja verheiratet war. Genauer gesagt, er war auf die glorreiche Idee gekommen, dass es doch eigentlich viel besser wäre, seine Nebenfrau dieser mörderischen Meute zur Vergewaltigung vorzuwerfen, um selbst verschont zu bleiben. Dafür war man ja schließlich verheiratet. Gesagt, getan!

Ob er anschließend in aller Ruhe mit ein paar Freunden »telefonierte«? Keine Ahnung! Jedenfalls legte er sich irgendwann schlafen. Überraschung! Rein zufällig entdeckte er seine Frau tags darauf halbtot auf der Türschwelle des Hauses. Vermutlich als er die Zeitung oder die Post reinholen wollte. Was lag da näher, als sie auf einen Packesel zu binden, anschließend in 12 Teile zu zerstückeln, und ihre Gliedmaße per Post im ganzen Land herumzuschicken. Warum er das machte? Weil er es konnte, und Gott es wollte!

Und unseligerweise war es so, dass es sich bei all diesen Geschichten nicht um irgendwelche Schauermärchen handelte, sondern Gott höchstpersönlich hatte inspiriert und diktiert, eingehaucht und erleuchtet, und zwar vom ersten bis zum letzten Buchstaben der Bibel. So hatte uns Gott auch mit dieser letzteren, an Brutalität und Frauenverachtung nicht mehr zu überbietenden Geschichte etwas sagen wollen. Na und ob! Aber was genau, da rauften sich selbst die Prediger die Haare. Und das, obwohl sie uns doch eingeschärft hatten, dass kein Name, kein Wort, nicht einmal eine Zahl in der Bibel steht, ohne eine Bedeutung zu haben *(Predigtmitschnitt auf Audiodatei):* »*Wir lesen aus 1. Mose 14 … diese komischen Namen, die sind nicht von ungefähr dort geschrieben. Jeder dieser Namen hat eine prophetische Aussage in sich. In der Bibel gibt es keinen Namen und keine Zahl umsonst*«. Ah ja, gut zu wissen!

Doch die Prediger konnten quatschen was und so viel sie wollten, für mich blieb die Bibel ein Buch mit sieben Siegeln. Ich konnte mit diesen abscheulichen Geschichten, den komischen Namen und den seltsamen Typen rein gar nichts anfangen. Ganz im Gegenteil. Sie hingen mir zum Halse raus, diese Leviten und Ammoniten, Priester und Propheten, Pharisäer und Sadduzäer und wie diese Nervensägen alle hießen. Allein, wenn ich ihre Namen schon hörte, hätte ich kotzen können. Das mag vielleicht auch mit daran gelegen haben, dass mir weder in der Schule noch im Alltag jemals einer von ihnen untergekommen war. Und ob sie dann Zippora oder Haggai, Obadja oder Zephanja hießen oder einfach nur als namenlose Samariter auf ihren Eseln wie blöd durch die Wüste hoppelten, interessierte mich ehrlich gesagt nicht die Bohne.

Und wenn ich im Klassenzimmer so ins Runde schaute, dann saßen da kein Petrus, sondern ein Peter; kein Barrabas, sondern ein Bernhard; kein Esau und kein Absalom. Alle hatten einen stinknormalen Namen. Und keiner ihrer Väter war von Beruf König oder Knecht, Hoher oder Niedriger Priester oder was weiß ich. Zumindest hatte sich keiner meiner Schulkameraden zu sagen getraut, dass sein Vater sein Geld als Mundschenk oder Jünger verdiente.

Und gerade an Absalom, einem Sohn des Königs David, hatte ich lange Zeit besonders beklemmende Erinnerungen. Nun, es waren Bilder aus der Kinderbibel, die ihn an seinen langen Haaren baumelnd in der Krone eines Baumes zeigten *(2. Samuel 18, 9 – 15)*. Die Prediger hatten uns zwar beigebracht, dass dies seine gerechte Strafe wäre, weil er wegen seiner langen Haarpracht irgendwie eitel und damit böse war, aber mir tat er richtig leid, wie er da so rumbaumelte. Zumal ihn ein Hauptmann noch dreimal mit seinem Spieß »piesackte« bzw. aufspießte. Dass er so ganz nebenbei 10! Nebenfrauen seines Vaters in aller Öffentlichkeit vergewaltigt hatte *(2. Samuel 16, 22)*, darüber verloren die Prediger kein Wort. So bekam ich all das, was mir an eigener Fantasie abging, in der Kinderbibel in bunten Bildern auch noch frei Haus geliefert. Gruselgeschichten, die schon längst auf den Müllhaufen der Geschichte gehört hätten.

Oder dachten Sie etwa, dass die Gebote und Verbote des Alten Testamentes durch das Neue Testament längst aufgehoben wären? Denkste! Das Gegenteil ist der Fall. Schließlich war es Jesus höchstpersönlich, der unmissverständlich klargestellt hatte: *»Ihr sollt nicht wähnen, dass ich gekommen bin, das Gesetz oder die Propheten aufzulösen. Bis das Himmel und Erde vergehe, wird nicht zergehen der kleinste Buchstabe noch ein Tüttel vom Gesetz … (Matthäus 5, 17 – 19)*. Von wegen, mit Jesus ist alles viel besser geworden! Eben nicht! Schließlich gebührt ihm das zweifelhafte Verdienst, die endlichen Strafen und Metzeleien des Alten Testaments übertroffen und ewige Höllenstrafen mit Heulen und Zähneklappern eingeführt zu haben.

Aber natürlich, das Alte Testament kennt ja nur Strafen im hier und jetzt. Und im Vergleich zu dem apokalyptischen Inferno, das Jesus bei seiner Wiederkunft entfachen würde *(Offenbarung 19, 11 – 21)*, wirken die Schauergeschichten des Alten Testamentes eher wie Betthupferl auf Sandmännchen-Niveau. Und dass es letztlich nicht der Kirche, sondern nur dem Zeitalter der Aufklärung zu verdanken ist, dass all die in der Heiligen Schrift geschilderten Strafmaßnahmen nicht mehr vollstreckt werden –sehr zum Leidwesen so manchen Predigers-, wusste ich als Kind natürlich nicht.

Und mit dem Niederschreiben dieser in meinem Kopf grassierenden Horrorgeschichten möchte ich mir und den LeserInnen klarmachen, dass die Prediger uns zwar weisgemacht hatten, die Bibel sei vom ersten bis zum letzten Buchstaben vom Heiligen Geist inspiriert und deshalb auf Biegen und Brechen zu befolgen, sie selbst jedoch längst nicht alles für bare Münze nahmen. So pickten sie aus einem »Gemengelage der Beliebigkeiten« nur die Verse heraus, die ihnen gerade gut in den Kram passten, während sie andere Gebote, wie: *»Verkaufe alles was du hast und gib's den Armen«* (Matthäus 19, 21), einfach in den Wind schlugen. Oder hatte Gott etwa irgendwo gesagt, dass wir uns in der Bibel wie in einem Supermarkt bedienen sollten? Dass wir uns womöglich nur die Rosinen rauspicken sollten, die unser Wohlbefinden am besten beförderten und den Rest *seiner Worte* einfach in die Tonne kloppen sollten? Doch wohl nicht!

Und ja, wer auch nur den kleinsten Buchstaben aus der Heiligen Schrift entfernt, wird verdammt werden: *»Wenn jemand etwas hinzufügt, so wird ihm Gott hinzufügen die Plagen, die in diesem Buche geschrieben sind. Und wenn jemand etwas hinwegnimmt …, so wird Gott wegnehmen seinen Anteil am Baum des Lebens und an der heiligen Stadt«* (Offenbarung 22, 18 – 19). Ende im Gelände. Entweder ist die Bibel Gottes Wort, oder sie ist es nicht! Und wenn sie es ist, dann ist sie vom ersten bis zum letzten Buchstaben, dann gibt es auch kein »Rosinenpicken«. Und wenn sie es nicht ist, dann hat sie uns auch nicht mehr und nicht weniger zu sagen, als jedes andere Buch auch!

Kapitel 28:
Mein Ausstieg - Mit Volldampf rein in »die Welt der Vergnügungen«

Sommer 1972. Es war gerade zwei Monate her, dass ich 16 Jahre alt geworden war, und ich meinen Realschulabschluss mit durchschnittlichen Noten in der Tasche hatte. Nach den Sommerferien würde ich die Höhere Handelsschule besuchen, und in wenigen Wochen sollten die Olympischen Sommerspiele in München beginnen, die durch ein grausames Attentat nicht, wie zunächst geglaubt, als die heiteren, sondern als die tragischen Spiele in die Geschichte eingehen würden. Und während in der Schule und im Freundeskreis bereits die Vorfreude spürbar in der Luft lag, hatte ich seit Tagen einen riesigen Kloß im Hals. Unsere Jugendfreizeit, diesmal in Bremen, stand vor der Tür. Nun, noch konnte ich nicht ahnen, dass dies meine letzte Freizeit sein sollte, und ich schon bald den schönsten Tag meines Lebens erleben würde. Doch der Reihe nach.

Es war ein warmer Sommertag, Mitte August, als wir uns samstagmittags auf den Weg nach Bremen machten. An die Teilnehmerzahl vermag ich mich nicht mehr zu erinnern. Nur noch daran, dass ich bei Erich mitfahren »durfte«, der mittlerweile einen Führerschein besaß und einen alten hellblauen Audi fuhr. Im Handumdrehen hatten wir unser Quartier bezogen, in dem Fall einen Nebenraum des dortigen Versammlungsgebäudes, wo wir auf mitgebrachten Luftmatratzen und Schlafsäcken campieren würden. Zunächst nahm alles seinen gewohnten Gang. Der hinlänglich bekannte Tagesablauf hatte sich wenig überraschend nicht geändert: Bibelstunde, Gebet, Gesang und Mission. Und spätestens als ich Onkel Heinz wie eh und je toben sah und hörte, packte mich die altbekannte Angst. Und ja, auf dieser Freizeit sollte er zur Höchstform auflaufen. Dieses eine Mal wohl zu Recht. Was war geschehen?

Schwester Anja, ein eigensinniges 18-jähriges Mädchen aus unserer Jugendgruppe, war uns mit dem Zug nachgereist. Das war insoweit auch nicht ungewöhnlich, da sie nur sporadisch zu den Versammlungen erschien und so nie richtig Anschluss an unsere Gruppe gefunden hatte. Man könnte auch behaupten, dass wir sie bis dahin hatten links liegen lassen. Kurzum, sie ließ die Nachfolge Jesu schleifen und hinkte auf zwei Seiten. Umso verwunderter rieben wir uns eines Abends die Augen, als sie mit zwei Gammlern im Schlepptau –so nannte man die Obdachlosen damals noch-, im Evangelisationszelt auftauchte. Doch anstatt eines anerkennenden Schulterklopfens, das sie wohl erwartet hatte, ging Onkel Heinz direkt im Anschluss an seine Predigt wütend auf sie los, riss sie am Arm zur Seite und fragte, »weshalb sie mit den fremden Männern so vertraut sei«? Derart zur Rede gestellt, musste sie einräumen, dass ihre »Mission« unseligerweise nicht von »geistlichen Motiven« geleitet war. Jahre später sollte sie von »geistlichem Fremdgehen« sprechen.

So beichtete sie, dass sie die zwei Fremden bereits bei ihrer Anreise am Hauptbahnhof kennengelernt, sie eines Nachmittags wiedergetroffen und spontan einige Stunden mit ihnen in den Parkanlagen rumgelümmelt hatte. Wohl überflüssig zu erwähnen, dass weder unser Meister noch Onkel Heinz das gut fanden. Verständlich also, dass Onkel Heinz auch am nächsten Tag noch auf hundertachtzig war und sie in einer Tour beschimpfte. Und da Anja weder Einsicht noch Reue für ihr Fehlverhalten zeigte, schickte er sie kurzentschlossen nach Hause.

Noch am selben Tag brachte er sie persönlich zum Bahnhof. Und während er auf dem Bahnsteig so darauf wartete, dass der Zug abfuhr, stieg Anja ungeachtet der Gefahr auf der anderen Seite des Zuges wieder aus, sprang ins Gleisbett und kletterte auf den gegenüberliegenden Bahnsteig. Vor dem Bahnhof traf sie prompt ihre neuen Bekannten wieder und übernachtete mit ihnen in Schlafsäcken in den Wallanlagen eines nahegelegenen Parks. Nun muss man aber wahrlich kein Christ sein, um dieses Verhalten nicht gutzuheißen.

Und das alles weiß ich deshalb so genau, weil sie es mir viele Jahre später genauso in einem Brief geschrieben hat. Ob sie die beiden Kollegen dann mehr oder weniger auf eigene Rechnung weiter beackerte, oder aber den Missionsauftrag der Prediger »alles einzusetzen« allzu wörtlich nahm, wird ihr Geheimnis und das der Obdachlosen bleiben. Unstreitig dürfte wohl sein, dass sie klammheimlich nach unserer Anerkennung lechzte, denn anderenfalls hätte sie die beiden wohl kaum ins Missionszelt gelockt. Nun ja, was war wohl angenehmer, mit zwei wildfremden Pennern im Schlafsack zu kuscheln, oder sich freiwillig dem Jähzorn von Onkel Heinz auszusetzen? Hmm ...? Anja wird's wissen!

Nach Ende der Freizeit war es jedenfalls so, dass Anja unserer Gruppe den Rücken kehrte, Onkel Heinz noch einige Tage als HB-Männchen unter der Decke hing, und die Gammler wohl wieder am Bahnhof rumlungerten und darauf spekulierten, recht bald wieder »missioniert« zu werden. Und auch unser Meister dürfte wohl dumm aus der Wäsche geguckt haben. Anstatt zwei frisch bekehrte Obdachlose einsacken zu können, musste er den Abgang einer »willigen Schwester« verkraften. Nun, die ganze Mission war schrecklich schiefgelaufen.

Und nur zwei oder drei Tage später sollte ihm noch ein weiterer Teenager von der Fahne gehen. Und das würde wie durch ein Wunder ich selbst sein. Im Nachhinein überlege ich, ob dieses Geschehen vielleicht der Tropfen war, der das berühmte Fass zum Überlaufen gebracht hatte. Denn schon seit geraumer Zeit spürte ich, dass es mich endgültig zerreißen würde, wenn ich nicht bald die Reißleine ziehen und einfach abhauen würde; komme was wolle!

So nahm ich kurz darauf all meinen Mut zusammen, packte klammheimlich meine schwarze Reisetasche und stürmte mit gemischten Gefühlen zum Bremer Hauptbahnhof. Natürlich mit der Angst im Nacken man könnte hinter mir her sein, oder aber ich würde sprichwörtlich »den letzten Zug verpassen«. So hetzte ich durch die Bahnhofshalle und sprang in den nächsten Zug Richtung Heimat. So, als ob ich eine Heimat gehabt hätte. Und erst als sich nach einer gefühlten Ewigkeit der rote Schienenbus –so nannte man damals die Triebwagen der Eisenbahn- in Bewegung setzte, lösten sich ganz allmählich meine Beklemmungen. Meine Mordsangst, Matthias oder ein anderer Bruder könnten sich mir im letzten Moment noch in den Weg stellen. Und diese Furcht war mehr als berechtigt, denn einige Zeit später sollte ich auf Umwegen davon erfahren, dass Matthias mich noch hätte aufhalten wollen.

Anderseits blieb natürlich das mulmige Gefühl, wie meine Eltern auf meine »Hals über Kopf Abreise« reagieren würden. Schließlich war ich zum Spielverderber ihrer »heilen Jesusfamilie« geworden. So war mir durchaus bewusst, nun auch mit ihnen gebrochen zu haben. Aber das war mir in dem Moment wirklich »scheißegal«. Ich musste einfach raus aus diesem Käfig mit den tausend Stäben. Einfach nur weg von diesen gruseligen Predigern und heiligen Geschwistern. Und ich übertreibe nicht, wenn ich schreibe, dass es ein fast übermenschlicher Kraftakt war, der mich zu neuen, mir gänzlich unbekannten Ufern aufbrechen ließ. Wobei ich sicherlich schon längst tot wäre, wenn ich damals den Absprung nicht geschafft hätte.

Wie in einem unfassbar schönen Märchen habe ich noch heute vor meinem geistigen Auge, wie ich an jenem Samstagabend im August 1972 im Schienenbus saß. Spüre die wärmenden Lichtstrahlen der Abendsonne, die mir wie ein gutes Omen direkt ins Gesicht schienen. Ich hätte vor Freude in die Luft springen, ja regelrecht explodieren können. Empfinde diese unheimliche Erleichterung, endlich die »Jesusketten« gesprengt zu haben. Fühle dieses euphorische Gefühl der Befreiung. Spüre eine ganz Welle von Glücksgefühlen durch meinen Körper peitschen, gepaart mit einem Wechselspiel aus tiefem inneren Frieden und erwartungsfroher Aufbruchsstimmung. Das erste Mal in meinem Leben war ich glücklich und frei. Ich hätte es so hinausschreien können: »Frei, Frei, Frei«!

Das war wirklich der schönste Tag meines Lebens, den nicht irgendein Gott oder Meister mir gegeben hatte, sondern den ich mir selbst erkämpft hatte. Und noch heute stehe ich staunend und »ungläubig« vor der Tatsache, dass ich es tatsächlich geschafft habe, meinem Martyrium in einer teuflischen Parallelwelt ein Ende zu setzen.

Meine Eltern waren natürlich alles andere als begeistert, als ich plötzlich vor unserer Haustür stand und ihnen offenbarte, dass ich die Freizeit einfach abgebrochen hätte. Besser gesagt, sie waren wie vor den Kopf gestoßen. Schließlich trat ich all das, wofür sie standen und lebten, mit Füßen. Nachdem sie jedoch den ersten Schock verdaut hatten, verstanden sie es, mit der neuen Situation relativ unaufgeregt umzugehen. Dabei stand ihnen natürlich ihr Glaube Pate, dass meine Abkehr nur ein kurzes Intermezzo sein würde. Und schon bald machten sie um die neue Situation nicht mehr viel Aufhebens und ließen mich erst einmal in aller Ruhe gewähren. »Ich würde Gott schon nicht durch die Lappen gehen und früher oder später reumütig angekrochen kommen«, das war nicht nur ihr fester Glaube, sondern beschlossene Sache für sie.

Und damit dabei auch bloß nichts schief lief, gaben sie mir noch ein paar unheilvolle Drohungen mit auf den Weg, die mich wieder zur Vernunft bringen sollten. *»Vor Gott kannst du nicht weglaufen«; »Du wirst schon sehen, wohin dich deine eigenen Wege führen«*, um hier nur zwei zu nennen. Zum einen sollte ich wissen, dass sie meinen neuen Lebenswandel auf keinen Fall gutheißen konnten und zum anderen, was mir durch meine störrische Abkehr noch blühte. Ja genau, Gott sollte mir »helfen«, wenn nötig, auf die harte Tour. Das Schlimme daran war, dass das aus ihrem Mund alles noch schlüssig klang. So als hätte Jesus persönlich zu mir gesprochen.

Und jetzt kommt's. Um zu verhindern, dass ihr guter Ruf in der Gemeinde durch ihren widerspenstigen Sohn noch mehr ramponiert würde, als das ohnehin schon der Fall war, sollte ich wenigstens weiterhin die Werbetrommel für ihren Meister rühren. *»Du kannst ja Andreas und Klaus weiterhin vorschwärmen, wie toll es in der Gemeinde ist«*, forderte mein Vater eines Tages allen Ernstes von mir. So als ob die beiden nicht schon längst von unserer Anstalt kuriert gewesen wären. »Mission bis zum Wahnsinn«, anders kann man es wohl nicht bezeichnen.

Jedenfalls sollte dieser im Namen Gottes über mich verhängte Schadenszauber der Preis für mein Leben in Freiheit werden. Dabei konnten sie sich natürlich meine jahrelange Gehirnwäsche zunutze machen, um auf ganz subtile Art die Spirale meiner Selbstbestrafungsängste in Gang zu setzen. Schließlich hatten uns die Prediger lange genug eingeschärft, welche furchtbaren Konsequenzen es hatte, *»wenn wir vom Glauben abfallen und die Welt wieder lieb gewinnen würden«*. Dann würde es nämlich mit uns *»schlimmer werden als jemals zuvor, und der Teufel würde mit sieben seiner Kumpanen bei uns auf der Matte stehen und seine Wohnung in uns nehmen« (Lukas 11, 24 – 26)*. Das mag sich vielleicht idiotisch anhören, nicht wenn man der Bibel glaubt. Der Kuchen war mit meinem Ausstieg also noch längst nicht gegessen.

Doch wie brutal all diese verfluchten Glaubenssätze in mir weiter wüten würden, davon hatte ich damals keinen blassen Schimmer. So sollte sich noch rächen, dass weit und breit niemand da war, der mir bei meinem Ausstieg half. Jemand, der mir gesagt hätte, dass ein neues Leben nur dann gelingen könnte, wenn ich die Lügenmärchen der Prediger samt ihrer unheilvollen Prophezeiungen in hohem Bogen über Bord werfen und meinen Missbrauch Stück für Stück aufarbeiten würde.

Nichtsdestotrotz, zunächst genoss ich dieses Gefühl, zum allerersten Mal im Leben frei zu sein, erlöst von einer zentnerschweren Last. Vor lauter Freude hätte ich an die Decke springen können. Ich konnte von diesem Glücksgefühl einfach nicht genug bekommen. So fuhr ich wie auf Droge mit meinem Fahrrad wieder und wieder am Versammlungsgebäude vorbei, nur um diese euphorische Stimmung, dort nie wieder hin zu müssen, bis zur Neige auszukosten. »*Seht her, ihr verfluchten Prediger! Ihr könnt mir nichts mehr anhaben. Ihr macht mir keine Angst mehr*«, hätte ich am liebsten lauthals rausgebrüllt.

Ansonsten versuchte ich mein bisheriges Leben einfach zu vergessen und Versäumtes in der Welt nachzuholen. Ich musste einfach diesen Hunger nach den Vergnügungen dieser Welt stillen. Endlich durfte ich das machen, was die anderen Jugendlichen in meinem Alter auch machten. So verwirklichte ich als erstes meinen größten Traum und schloss mich dem örtlichen Fußballverein, dem SV Rödinghausen, an. Ein Mannschaftskamerad schenkte mir seine aussortierten, halbwegs passenden Fußballschuhe; Trikot und Stutzen stellte der Verein. Und dann ging's endlich los. Mein Lebenstraum wurde Wirklichkeit. Auf einen Schlag gehörte ich dazu!

Und während ich dieses traumhafte Privileg genoss, in einer »echten« Fußballmannschaft mit richtigen Kameraden spielen zu dürfen, mussten die Geschwister weiterhin dem *Mann der Schmerzen* ihre Lobpreis- und Gebetsorgen in den Hintern schieben. »*Guckt mich an, ihr ›armen Lobpreis-Schweine‹. Ich! In einer richtigen Fußballmannschaft! Im Trikot und echten Fußballschuhen?! Ohne Bibel! Ohne Liederbuch! Einfach frei!!!*« Was war ich stolz und glücklich!

Ich sollte noch erwähnen, dass eine wichtige Rolle bei diesem »Sprung ins kalte Wasser« meinen Mannschaftskameraden und meinem Trainer Reiner zukam. Sie nahmen mich in dieser mir so fremden und geheimnisvollen Welt mit offenen Armen auf und halfen mir, mich überhaupt unter *Weltmenschen* zurechtzufinden. Und ich kann es gar nicht genug betonen, zum ersten Mal in meinem Leben war ich nicht mehr außen vor!

Dabei half mir natürlich, dass ich auf Anhieb einen Stammplatz in der A-Jugend ergatterte und Tore wie am Fließband schoss. So hatte ich schon bald den Spitznamen »Hexer« weg. »*Oha! Ich, ein Hexer«?!* Das passte natürlich wie die berühmte Faust aufs Auge. Kurz nachdem ich unserem Meister den Rücken gekehrt hatte, nannte man mich »Hexer«. Wenn das kein Zeichen war, was dann? Einerseits platzte ich vor Stolz, anderseits beschlich mich jedes Mal ein mulmiges Gefühl, wenn man mich so rief oder über mich sprach. Keine Frage, meine besagte *»dämonische Belastung«* steckte mir noch immer in den Knochen bzw. im Kopf.

Und was Gott mit Wahrsagern, Magiern und »Hexern« im Schilde führte, hatte ich nun wahrlich zur Genüge zu hören bekommen. Ich sag' mal so, sie kamen nicht besonders gut weg. Er würde sie ausrotten *(u. a. 3. Mose 20, 6 u. 5. Mose 18, 10 – 12)*. Da halfen mir auch die vielen Tore nicht. Kein Wunder also, dass ich hin- und hergerissen war. Mit der Zeit beruhigte ich mich dann damit, dass ich ja nicht wirklich »hexte«, sondern einfach nur Tore schoss. Ich weiß, das hört sich total bescheuert an, nicht wenn man von Kindesbeinen an nichts anderes gehört hat.

Voller Neugier begann ich dann, mich in diese faszinierende Welt der »irdischen Vergnügungen und Lustbarkeiten« vorzutasten. Auf Partys zu gehen und in Discos zu feiern, so wie ich es mir immer erträumt hatte. Ins Kino zu gehen, ohne heulend vor den roten Sesseln zu knien. Freunde zu haben, ohne sie missionieren zu müssen. Einfach nur mit ihnen rumgammeln; »abhängen« würde man heute wohl sagen. Eigentlich nur so normal groß zu werden wie jeder andere Jugendliche in meinem Alter auch. Dazu gehörte natürlich auch schon damals der Genuss von Alkohol.

Nun, es war die Hochzeit meines Cousins Michael, als ich mein erstes Bier, also Alkohol überhaupt, genießen sollte. Wobei von Genuss wahrlich nicht die Rede sein konnte, denn dafür schmeckte mir das »Zeug« einfach zu bitter. Doch so schnell wollte ich mich dann doch nicht geschlagen geben. Und siehe da, mit jedem weiteren Bier gab's weniger zu meckern. So sollte ich an diesem Tag meinen ersten Vollrausch haben. Und das, mit einem richtig schlechten Gewissen. Weshalb? Nun ja, meine Mutter lag –nach einem Autounfall- bereits seit einigen Tagen in der Klinik, und mein Vater war mittags ins Hospital gerufen worden, weil sich ihr Zustand dramatisch verschlechtert hatte. Der Herr Jesus wollte mir anscheinend im letzten Moment noch einen Strich durch die Rechnung machen. Schaffte er aber nicht. So viel kann ich schon mal verraten.

Die Stimmung auf der Hochzeit war natürlich getrübt, so dass ich schon zeitig, so gegen 22 Uhr, zu Hause war. Immerhin noch zwei oder drei Stunden später als Onkel Richard, den man bereits vor dem Hauptgang abtransportiert hatte. Nach reichlichem Alkoholgenuss war er bereits beim Löffeln seiner Suppe eingenickt und hatte mit dem Kopf mehr oder weniger in derselben gelegen. Ich fand das witzig, meine Tante und einige andere nicht so. Möglicherweise hatte sich die Abwesenheit meines Vaters »gerächt«. Warum? Sagen wir mal so, mein Vater hätte ihm vor dem neunten oder zehnten Bier noch einmal die Vorzüge eines Lebens ohne Tanz und Alkohol schmackhaft machen können. Dazu muss man wissen, dass unsere Familie gerade was das Zeugnisgeben im Verwandtenkreis anging, sehr gesegnet war. Bessere Gelegenheiten, um derartig viele *Weltmenschen* auf einen Streich mit der *Frohen Botschaft* zuzupflastern, gab es schlichtweg nicht.

So ließ es sich mein Vater beispielsweise nicht nehmen, anlässlich größerer Familienfeiern, wie Hochzeiten, runden Geburtstagen etc. eine eigens von ihm verfasste Bierzeitung zu verlesen. Und während er dann die anwesenden Gäste zunächst mit witzigen Anekdoten aus dem Leben der Brautleute oder des Geburtstagskindes, je nach Anlass der Feier, mehr oder weniger zum Schmunzeln brachte, drohte er den »lieben Verwandten und Bekannten« gegen Ende seiner Festrede –im wahrsten Sinne des Wortes zwischen Suppe und Kartoffeln- ganz unverhohlen mit der »ewigen Verdammnis«. Am liebsten hätte ich mich dann immer in die hinterste Ecke des Raumes verkrochen.

Nun, die Verwandten ließen ihn einfach reden. Das Beste, was sie machen konnten, wenn sie nicht für den Rest der Feier über die Nachteile eines Lebens in der Hölle informiert werden wollten. Warum zum Teufel konnten wir nicht einmal ganz normale Verwandte sein? Weshalb konnten wir nicht einfach ganz normal mitfeiern? Okay, Onkel Richard wird es relativ egal gewesen sein. Hölle hin oder her. Nun gut.

Wie ich an dem Abend nach Hause gekommen bin, weiß ich nicht mehr. Ich kann mich nur noch schemenhaft erinnern, dass ich mich mit meinem halbbesoffenen Zustand nicht zufrieden geben wollte. So holte ich mir eine, vielleicht auch zwei Flaschen Sekt der Billigmarke Kellergeister und eine Dose Früchtecocktail aus dem Keller. Wobei die Früchte, ehrlich gesagt, nur der Beruhigung meines schlechten Gewissens dienen sollten. Schließlich konnte ich mit einer Bowle dem folgenden Besäufnis ein bisschen mehr »Würde« verleihen. Das glaubte ich jedenfalls. Was soll ich sagen? Es dauerte nicht lange und ich war zum ersten Mal sternhagelvoll. Die Früchte, mal gelb, mal grün, mal rot sollte ich dann noch die ganze Nacht über in regelmäßigen Abständen wiedersehen. Was, zugegeben, auch nicht gerade würdevoll war.

Mit meinem »ersten Kater« und noch immer speiübel meldete sich am darauffolgenden Morgen auch noch der *Schmerzensmann* in Form meines schlechten Gewissens zu Wort. *»Wie konntest du nur«? »Mama schwebt in Lebensgefahr, und du warst vollstramm«! »Vielleicht stirbt sie jetzt. Und das nur deshalb, weil du zu besoffen warst, um für sie zu beten«*, ging es mir durch meinen Brummschädel. Und als ob ich nicht schon genug gestraft gewesen wäre, musste Erich nicht wirklich überraschend auch noch seinen Senf dazugeben: *»Besoffen! Toilette vollgekotzt! Zum Kotzen auf'm Klo einsperren hätte man mich sollen! Das alles fand der Heiland gar nicht gut! Blah, blah, blah«!* Das hatte mir gerade noch gefehlt. *»Ach nein, sowas aber auch! Wäre ich selbst auch gar nicht draufgekommen«*, traute ich mich natürlich nicht zu sagen. Wahrscheinlich war er nur neidisch, weil er noch nie betrunken war und es auch in seinem ganzen Leben niemals sein würde. Nicht wahr, Erich!

So abgestumpft sich das jetzt vielleicht auch anhören mag, richtig traurig war ich wegen meiner Mutter ehrlich gesagt nicht. Im Gegenteil, insgeheim genoss ich die Zeit, während sie im Hospital lag. Zu tief saßen die Wunden, die die beiden, also sie und Jesus, in meine Seele geschlagen hatten. Ich sollte noch erwähnen, dass ihr Meister sie noch nicht »heimrief« – trotz meines Besäufnisses. So viel zu meinem ersten Vollrausch.

Kater hin oder her, übel oder nicht, von nun an begann ich mich jedes Wochenende mit meinen Freunden restlos zu betrinken. Und anstatt ihnen einen Knopf bzw. einen Meister an die Backe labern zu müssen, genoss ich es nun, mit ihnen das komplette Wochenende mit kurzen Unterbrechungen durchzusaufen. Eine Zeitlang verbuddelten wir jeden Freitagnachmittag eine Flasche Whiskey im Wald, gewöhnlich der Marke »Racke Rauchzart«, um sie dann abends, wenn es keiner mitbekam, zu leeren. Ab samstagmittags ging es dann weiter. Wir knobelten, spielten Karten, hörten Rockmusik und vor allen Dingen tranken wir. Viel und gerne, meistens Weinbrand, der Marke Mariacron. Abends ging's dann in die Disco. Sonntags wurde Fußball gespielt und anschließend mit den Mannschaftskameraden weiter gebechert. Um es an dieser Stelle abzukürzen, meistens waren wir breit wie die Axt. Es war eine herrliche Zeit.

Und ja, ich brauchte den Alkohol schon allein deshalb, um mir Mut anzutrinken. Denn ohne Alkohol wäre ich in dieser neuen, mich so elektrisierenden Welt schlichtweg aufgeschmissen gewesen. Wie sollte es auch anders sein? Ich war verklemmt und gehemmt, ohne Selbstwertgefühl und Selbstbewusstsein. Voller Schuldgefühle und Unsicherheit. Genauso, wie man es mir bis dahin tagein, tagaus antrainiert hatte. Und wie denn sonst, wenn nicht mit dem »Mut des Alkohols« hätte ich überhaupt *Weltmädchen* kennenlernen können? Mädchen, die unser Meister doch bis dahin komplett eingetütet und steril verpackt hatte und mit einem gigantischen Warnschild *»Gefahr: Ansprechen und Berühren verboten«* aus der Schusslinie genommen hatte. So ganz andere »Wesen«, als ich sie aus unserer Jugendgruppe kannte, unbekümmert und ausgelassen.

Aber was zum Teufel sagte man zu *Weltmädchen*, wenn so Dinge, wie *»Der Turmbau zu Babel«* oder *»Die drei Männer im Feuerofen«*, sagen wir es mal so, eher von untergeordneter Bedeutung waren. Ich hatte da keine Erfahrung. Natürlich hätte ich ihnen das Hohelied der Liebe aus der Bibel vortragen können: *»Deine Zähne sind wie eine Herde Schafe, dein Leib ist wie ein Weizenhaufen. Lass deine Brüste sein wie Trauben am Weinstock …«(Hohelied 1 – 8).* Ich bin mir nur nicht sicher, ob sie das als Zeichen meiner Wertschätzung verstanden hätten. Was wusste ich denn, wie die *Weltmädchen* so tickten!

Hätte ich ihnen etwa das Geheimnis der *»unbefleckten Empfängnis«* verraten sollen? Oder gleich mit der Tür ins Haus fallen sollen: *»Ich habe mein Bett schön geschmückt mit bunten Teppichen aus Ägypten. Komm, lass uns buhlen bis an den Morgen«? (Sprüche 7, 16 – 18).* Doch wohl nicht! Obwohl, wenn ich die ein oder andere Stelle überarbeitet hätte …? Hmm …?

Jedenfalls steckte ich noch viel zu tief im stinkenden Morast meiner Glaubenssätze, als dass ich ihnen mit meinen religiösen Fantastereien nicht gelegentlich richtig auf den Sack gegangen wäre. *»Ein anständiges Mädchen steht still und zappelt nicht«*, haute ich einmal allen Ernstes in der Disco raus. Und an anderer Stelle: *»Der Herr Jesus kann dich auf der Stelle bestrafen, wenn du mir jetzt nicht die Wahrheit sagst«*. Wohl unnötig zu erwähnen, dass ich von Glück sagen konnte, dass sie nicht schreiend wegrannten. Aber irgendwas muss ich wohl richtig gemacht haben, denn die wenigsten Mädchen machten sich aus dem Staub.

Nichtsdestotrotz, anstatt mir von ihnen –wie einmal geschehen- vorhalten zu lassen, dass sie *»so einen komischen Jungen noch nie kennengelernt* hätten«, durfte ich doch wohl etwas mehr Wertschätzung für meine »Meister-Tipps« erwarten. Schließlich hatten sich die Prediger 16 Jahre lang alle Mühe gegeben, um einen derartigen Vollidioten aus mir zu machen.

Und obwohl ich nun als *Weltmensch* lebte, hatte ich nicht die leiseste Ahnung davon, dass ich in Wahrheit noch immer am geistlichen Gängelband der Prediger und meiner Eltern hing. Der Drops war noch lange nicht gelutscht. Selbst noch viele Jahre später versuchte ich, meinen Eltern alles recht zu machen. So habe ich meine Hochzeit aus Rücksicht auf ihre Gefühle nicht wie die »Welt« mit Musik, Tanz und Alkohol gefeiert, sondern nur im kleinen familiären Rahmen. Der Bau meines Hauses direkt nebenan auf ihrem Grundstück, meine Mithilfe beim Umbau ihrer Anstalt, später dann meine beiden Kinder, die ich so häufig in ihre Obhut gab, und, und, und; all das habe ich nur aus Schuld- und Verpflichtungsgefühlen getan. Immer verbunden mit dem Quäntchen Hoffnung, mir so »ein Stückchen weniger Verdammnis« erkaufen zu können. So war ich nach wie vor davon überzeugt, dass sie auf dem *»rechten Weg«* waren, während nur ich das *»Heil«* nicht erkannt hatte.

Darüber hinaus hoffte ich immer noch darauf, mit der Einhaltung des Vierten Gebotes: *»Du sollst deinen Vater und deine Mutter ehren, auf dass es dir wohlergehe und du lange lebest auf Erden«* (2. Mose 20, 12) so eine Art Versicherungspolice für ein langes Leben in der Tasche zu haben. Und erst im Rahmen meiner Auseinandersetzung sollte ich schmerzhaft begreifen, dass dieses Denken und Handeln letztlich nur sichtbarer Ausdruck meiner implantierten »Jesusfratze« war, die nach wie vor als Nicht-Okay-Gefühl in meiner Seele wütete.

Kapitel 29:
Mein beschämender Rückfall - Meine endgültige Befreiung

Nun, bei meinem Ausstieg konnte ich nicht ahnen, dass es nur eines Funkens bedurfte, um mir mein Leben mit all den verdrängten Gefühlen um die Ohren fliegen zu lassen. So begannen mit zunehmendem Alter die heimtückischen Glaubenssätze Wirkung zu zeigen. Ganz schleichend erfasste mich eine abgrundtiefe Traurigkeit. Zwänge und Ängste stellten sich ein. Das mir schon als kleiner Junge eingeimpfte Nicht-Okay-Gefühl, das mich pausenlos nach vermeintlichen Sünden forschen ließ, begann ich nun in Form von hypochondrischen Ängsten auf meinen Körper zu verlagern. Ständige Arztbesuche lösten die permanenten Bekehrungsversuche in meiner Kindheit ab. Während ich als Kind den Herrn Jesus alle nasenlang anflehte, dass er mir doch auch die vorgegaukelte Heilsgewissheit, dieses Okay-Gefühl, schenken möge, beherrschte mich jetzt der Zwang, immer wieder Ärzte nach meinem Gesundheitszustand ausfragen zu müssen. Immer in der trügerischen Hoffnung, sie könnten das Nicht-Okay-Gefühl beseitigen. Kaum hatte ich die Praxis verlassen, quälte mich ein neuer Zwangsgedanke, ein neues Krankheitssymptom.

Und da meine Schuldgefühle noch immer übermächtig waren, plagten mich auch jetzt wieder Gewissensbisse, meinen Eltern zur Last zu fallen. So bat ich sie ernsthaft um Verzeihung, »weil ich ihnen so viel Kummer bereiten würde«. Wie so viele missbrauchte Menschen fühlte ich mich für das erlittene Leid selbst schuldig. Aus ihrer Sicht gab es natürlich eine Menge zu verzeihen, nämlich den Lebenswandel eines undankbaren, störrischen Sohnes, der ihren Meister samt Gemeinde mit Füßen getreten hatte. Und während meine Abbitte ihnen runterging wie Öl, konnte ich mir einfach nicht eingestehen, dass sie und ihre Kirche unendliches Leid an mir angerichtet hatten.

Als sich dann nach der Geburt meines Sohnes mein psychischer Zustand derart verschlechterte, dass ich nicht mehr arbeitsfähig war, musste ich dies als ernste Mahnung Gottes verstehen, in den Schoß der Gemeinde zurückzukehren. Meine Verfassung war so jämmerlich, dass mich selbst kleinste Dinge des Alltags, wie das Schieben des Kinderwagens, überforderten. Kein Wunder also, dass ich mich in meiner Not ausgerechnet an meine Eltern, die Mitverursacher meines erbärmlichen Zustandes, wandte. Natürlich war ihnen meine Bruchlandung buchstäblich ein »inneres Missionsfest«. Schließlich hatten sie gemeinsam mit ihren Glaubensgeschwistern für genau diese Situation über eineinhalb Jahrzehnte lang beim Heiland tagtäglich zu Kreuze kriechen müssen. Endlich hatte Jesus ihre Gebete erhört.

Wohlwissend, dass mein psychischer Zustand eine Gegenwehr unmöglich machte, nutzten sie die Gunst der Stunde und nötigten mich zur Umkehr. In null Komma nichts hatten sie den neuen Anstaltsleiter, nennen wir ihn Jochen, –Bruder Heinrich war zwischenzeitlich heimgeholt worden– auf den Plan gerufen, der meine Bekehrung auf den Weg bringen und die Wiedergeburt »einleiten« sollte. Kurzum, Jochen packte die Gelegenheit beim Schopfe, forderte mich auf niederzuknien und mein Leben dem Herrn Jesus zu weihen. Richtig, das ganze Elend sollte von vorne beginnen.

Und während an diesem Freitagnachmittag in unserem kleinen Dorf das alltägliche Treiben seinen Lauf nahm, saß meine damalige Frau derweil völlig verstört mit unserem einjährigen Sohn zu Hause, nichts Gutes ahnend, was sich gerade im Haus ihrer Schwiegereltern abspielte. Allerdings dürfte es ihre Vorstellungskraft dann doch gesprengt haben, wenn sie geahnt hätte, dass ihr Mann gerade vor einem leeren Sessel kniete und zu einem Toten betete. Umringt von ein paar fanatischen Gestalten, die mit vereinten Kräften versuchten, ihn wieder auf Spur zu bringen, also in die Anstalt ihrer Schwiegereltern.

Und ja, wenn ich mich mit irgendetwas auskannte, dann waren es doch Bekehrungen. Kurz und gut, ich übergab Jesus mein Leben erneut. Dabei war die ganze Situation so beschämend und entwürdigend zugleich, dass ich mich noch heute frage: »*Wie dreckig muss es dir damals eigentlich gegangen sein, dass es so weit kommen konnte*«?! Natürlich kam ich nun auch nicht umhin, die Versammlungen wieder zu besuchen. Schließlich benötigte ich als »Frischbekehrter« nichts dringender als Milch, also Predigt und Gebet. Und zwar die unverfälschte Milch, die es nur in unserer Anstalt gab (*Predigtmitschnitt auf Audiodatei*): »*Die Leute, die sich bekehren, die die unverfälschte Milch empfangen haben, ... wir wollen, dass sie Mitarbeiter in der Gemeinde werden«.* Dazu muss man wissen, dass die Prediger zwar einerseits betonten, dass unsere Gemeinde nicht die allein seligmachende sei, andererseits verspürten sie jedoch keinerlei Hemmungen, die Worte des Apostels Petrus: *»Herr, zu wem sollen wir gehen? Du hast Worte des ewigen Lebens« (Johannes 6, 68),* direkt auf unsere »Heil«Anstalt umzumünzen. Wir konnten schließlich nicht alle überall hinrennen, wir mussten schon zusammenbleiben.

Nun, die traurige Wahrheit war, dass ich überhaupt nicht wusste, wie mir geschah. Ich war genauso manipuliert und fremdgesteuert wie all die Jahre als Kind. Dabei wollte ich doch nur eins, die unerträglichen Ängste und Depressionen, die mich fast in den Wahnsinn trieben, sollten endlich aufhören. Ganz anders dagegen die Gemütslage der Geschwister. Der Heiland hatte ihre Gebete für meine Rückkehr auf fantastische Weise erhört und wie auf Bestellung »den guten Hirten ausgepackt«, der seinen Schäfchen überall nachging. Für sie hatte sich die biblische Geschichte *»vom verlorenen Sohn« (Lukas 15, 11 – 32),* der genau wie ich, alle Warnungen in den Wind geschlagen hatte, einmal mehr wiederholt.

So als wäre ich nie weg gewesen, nahmen sie mich wieder freudig in ihren Reihen auf und wollten sogleich ein Zeugnis von mir hören. Das Eisen musste geschmiedet werden, solange es heiß war. Mich dagegen hatte schon längst das furchtbare Gefühl beschlichen, in einem bösen Traum zu sein, aus dem ich jeden Moment zu erwachen hoffte. Von Stunde zu Stunde spürte ich immer deutlicher, dass hier etwas ganz und gar außer Kontrolle geraten war. Doch erst im Rahmen meiner Auseinandersetzung sollte ich mir eingestehen können, dass ich zu meinen Peinigern zurückgekehrt war.

Fast unnötig zu erwähnen, dass auch die altbekannte Leier des »Bekennen-Müssens« nun wieder von vorne beginnen sollte. Das fing natürlich beim Partner an. Um jedoch nicht gleich mit der Tür ins Haus zu fallen, hatten mir die Brüder aufgeschwatzt, meiner Frau die ganze Geschichte als großen Wurf unterzujubeln. Ich sollte ihr das Märchen auftischen, dass mich die Liebe zu unserem Meister befähigt hätte, sie und unseren Sohn zukünftig noch inniger zu lieben. Gleichwohl durfte ich ihr auf der anderen Seite aber auch nicht verschweigen, dass der *Mann der Schmerzen* zukünftig die erste Geige in meinem Leben spielen würde. Eine glorreiche Idee! Wenn das für meine Frau kein Grund war, mir samt Meister um den Hals zu fallen, was denn bitte schön dann?!

Schön und gut, aber irgendwie schwante auch den Brüdern, dass sie vor Freude nicht gleich unter die Decke springen würde. Eine List musste her. Ich sollte sie mit einem kostbaren Schmuckstück überrumpeln, sie quasi mit einem »umwerfenden« Geschenk zum Schweigen bringen. Tolle Idee, oder? Na ja …! Aber schließlich war auch unser Meister für derart ausgebuffte Tricks zu haben. Bekanntlich sollten wir ja »klug sein wie die Schlangen« (Matthäus 10, 16). Gesagt, getan. Hals über Kopf fuhr ich zum nächsten Juwelier, und bereits kurze Zeit später durfte sich meine Frau über ein wertvolles Medaillon freuen. Blöderweise verpuffte die beruhigende Wirkung des Schmuckstückes schneller, als wir erhofft hatten. Offensichtlich waren die Schlangen doch nicht so klug, wie unser Meister behauptete?! Hmm …?!

Jedenfalls war die Angst meiner Frau, dass ich mich nun ebenso von der Welt abkapseln und ein vollkommen anderes, weltfremdes Leben führen würde, mehr als berechtigt. Nun, sie hatte diese selbstverordnete Isolation der Geschwister tagtäglich nur allzu erschreckend vor Augen. Insoweit war der Wahnsinn, der sie jetzt erwartete, keine böhmischen Dörfer für sie. Meine Bekehrung bedeutete nicht mehr und nicht weniger, als »die Brücken zur Welt abzubrechen und allen weltlichen Vergnügungen abzuschwören«. Dazu zählte natürlich auch die Aufgabe unseres liebgewonnenen Freundes- und Bekanntenkreises. Discos, Partys usw. konnten wir uns, zumindest ich mir, abschminken. Auch würde ich nie wieder ein Fußballtrikot überstreifen dürfen, denn was die »Freundschaft mit der Welt« bedeutete, hatte ich mir ja schon als Kind hinter die Ohren schreiben müssen: »Wer der Welt Freund sein will, der wird Gottes Feind sein« (Jakobus 4, 4). Gern geschehen, »lieber« Jesus!

Verständlich also, dass es nur wenige Tage brauchte, bis ich meiner Frau mit dem ganzen Jesus-Kram und meinem »neuen Leben« den letzten Nerv geraubt hatte. Sie wollte einfach nur ihren Mann und ihr altes Leben zurückhaben. Schließlich hatte sie einen völlig anderen Menschen geheiratet, wie sie es mir ebenso wutentbrannt wie verzweifelt zugleich zum Vorwurf machte. Wie sehr sie sich doch an die weltlichen Dinge klammerte! Und irgendwie musste sie auch die »frohe Botschaft«: »vom Ausziehen des alten Menschen und so …« (Epheser 4, 22 – 24) missverstanden haben, wie ich es nur kurze Zeit später am eigenen Leibe zu spüren bekam. Weshalb? Nun ja, als ich mich eines Abends mit einem riesigen Kloß im Hals zum Gottesdienst aufmachte, versperrte sie mir kurzentschlossen den Weg, um sich dann wie eine Klette an mir festzuklammern.

Oha! Was konnte ich von Glück sagen, dass man mich von klein auf mit den Tricks und Kniffen des Teufels vertraut gemacht hatte. Aber ja! Der Teufel *»versuchte«* es mit der Brechstange. Da ich aber wusste, dass Jesus »der Stärkere« ist, konnte ich mich aus der teuflischen Umklammerung befreien und auf den *»schmalen Weg«* in unsere Anstalt machen. Gepriesen sei der Herr, oder?! Ich sollte noch erwähnen, dass ich unser Haus nur im Hemd verließ. Mein Pullover war auf der Strecke geblieben. Zerrissen im Namen des Herrn, genauso wie mein Gemütszustand.

Als ich dann einige Tage später unsere Wohnung leer vorfand, war ich überzeugt, dass ich nun den Preis für die Nachfolge Jesu zahlen musste. Ja genau, den Verlust meiner Familie! *»Wer nicht hasst Frau, Kind, … kann nicht mein Jünger sein« (Lukas 14, 26),* hatte uns Jesus ohne Wenn und Aber abverlangt. Mit anderen Worten, ich durfte diesen »zweiten Ruf Jesu« nicht ungehört verhallen lassen, wenn ich nicht für alle Ewigkeit im Höllenfeuer landen wollte. Und jetzt mal im Ernst, was ist wohl »auf Dauer« vorteilhafter, mit Jesus im Himmel Hochzeit zu feiern, oder mit Frau und Kind in der Hölle zu braten. Eben! Ich weiß, das hört sich alles völlig irre an; nicht für jemanden, der von klein auf so sozialisiert wurde!

Nichtsdestotrotz, ich vermasselte es erneut. Denn trotz bzw. gerade wegen meiner kurzzeitigen, etwa ein- oder zweiwöchigen Rückkehr, ging es mir jämmerlicher als jemals zuvor. Ich war vom Regen in die Traufe gekommen und durchlebte die Hölle meiner Kinder- und Jugendtage erneut. *»Was machst du hier eigentlich«? »Dir geht es ja dreckiger als je zuvor«! »Kannst du einfach abhauen, ohne dafür von Gott bestraft zu werden«?* zermarterte ich mir mein Hirn. So blieb ich aus reinem Selbsterhaltungstrieb den Versammlungen erneut fern. Und noch heute schäme ich mich für diesen kurzzeitigen Trip in einen unfassbaren fundamentalistischen Wahnsinn.

Und genauso wie ich es als Kind verinnerlicht hatte, suchte ich die Schuld für mein erneutes Versagen und meine erbärmliche Verfassung auch jetzt wieder bei mir. Schlimmer noch. Ich war in tausend Ängsten, dass Gott meine erneute Abkehr nicht ohne Gesichtsverlust würde hinnehmen können. Denn viel zu lange hatten die Prediger in mich »reingeprügelt«, dass *»Gott die Abtrünnigen überall suchen würde, und sie nicht ungestraft vor ihm* *davonlaufen konnten. Außerdem führte der Königsweg zum Heil fast immer aus eigenem Elend und Ausweglosigkeit. Die Wenigsten hatten ohne Not und Tränen zu ihm gefunden«.*

Und damit Gott auch bloß diesen Teil seines Jobs nicht vergaß, war ich mir darüber im Klaren, dass meine Eltern und die Geschwister unseren Meister gebetsmühlenartig um ein »heilsames Erschrecken« für mich anflehten. Dass ich, egal wie, zurückfinden möge. Das wusste ich deshalb so genau, weil ich mich früher selbst nur allzu oft an diesen üblen »Fürbitten«, die wir wie einen bösen Fluch über Abtrünnige verhängten, beteiligt hatte. Kein Wunder also, dass mir auch diesmal wieder ihre altbekannten Einschüchterungen im Nacken saßen: *»Musst du erst krank werden, damit du zurückfindest«?!* *»Muss deiner Familie erst etwas passieren, damit du umkehrst«?!* Im Klartext, heimtückische Drohungen, die sie zur missionarischen Vereinnahmung ihrer Opfer so liebevoll benutzten und perfiderweise auch noch als »Liebeswerben Gottes« bezeichneten.

Als ich dann einige Monate später tatsächlich schwer erkrankte, durften sie glauben, dass Gott ihre Gebete einmal mehr erhört hatte. Ich war damals 30 Jahre alt, mein Sohn gerade einmal 18 Monate und meine Frau hochschwanger. Sicherlich werden sie nicht direkt für meine Krankheit gebetet haben, aber den »heilsamen Schock«, den sie für mich bei Gott reklamierten, umfasste unzweifelhaft auch meine Erkrankung. Und natürlich wird ihnen ein heiliger Schauer nach dem anderen über den Rücken gelaufen sein, als sich dieser gewaltige Gottesbeweis einstellte. Der Beweis, dass Gott handelt, und man ihm nicht ungestraft den Rücken kehren darf. Jesus hatte sich einmal mehr als der treue Hirte erwiesen. Ob das eigene Kind, letztlich nur die leibliche Hülle, dabei über den Jordan geht, spielt keine Geige. Und ja, was ist wohl wichtiger, ein paar läppische Jahre hier auf der vergänglichen Erde oder aber ein ewiges Leben im himmlischen Paradies? Eben! Stimmt doch, ihr wahnsinnigen Prediger, oder?!

Und bei alledem konnten sie sich lockerflockig auf den Apostel Paulus berufen, der die liebevolle Errettung eines Menschen mit den Worten beschrieben hatte: *»Ich habe ihn dem Satan übergeben zum Verderben des Fleisches, auf dass der Geist selig werde« (1. Korinther 5, 5).* Na dann … ! Wie aufmerksam von Paulus, oder!? So musste ich meine Krankheit als Strafe und Mahnung Gottes, als abschreckendes Exempel für Gottes Umgang mit

Abtrünnigen, begreifen. Schließlich hatte man mir das von Kindesbeinen an genauso eingebläut *(Predigtmitschnitt auf Audiodatei):* »*Der natürliche Mensch hat eine Schweinenatur. Ich lese vor aus 5. Mose 28 und jetzt hör gut zu: Wenn du der Stimme des Herrn deines Gottes nicht gehorchst, so werden alle diese Flüche über dich kommen. Der Herr wird gegen dich entsenden Fluch, Verwirrung und Unsegen in allen deinen Geschäften, die du tust, bis du vertilgt wirst. Der Herr wird Seuchen dir anhängen. Der Herr wird dich schlagen mit Schwindsucht, mit Fieberhitze, mit Entzündungen, mit Getreidebrand. Sie werden dich verfolgen, bis du umgekommen bist. Der Herr wird dich schlagen mit dem ägyptischen Geschwür, mit Beulen, mit Grind und Krätze, dass du nicht heil werden kannst, mit Wahnsinn mit Blindheit ...* » *(5. Mose 28, 15 ff)*. Und das geht dann in dieser Tonart mehr als 50! Verse lang so weiter. Nun, in Anbetracht dieser wüsten Verwünschungen Gottes war ich mit meinen Erkrankungen offensichtlich noch einmal mit einem blauen Auge davon gekommen.

Aber erst im Rahmen meiner Auseinandersetzung kapierte ich, dass nicht etwa meine Abkehr vom Glauben für meine Krankheit verantwortlich war, sondern das, was man mir im Namen eines Gottes angetan hatte. Die eingetrichterten Schuldgefühle und der anerzogene Selbsthass hatten sich im wahrsten Sinne des Wortes wie ein Krebsgeschwür durch meinen Körper gefressen. Und die Tatsache, dass ich ausgerechnet an einem Organ (Hoden) erkrankte, das ich seit frühester Jugend verteufeln musste, ließ sich einfach nicht übersehen. Im besten Alter von 30 Jahren war ich nicht nur ein seelisch zerstörter Mensch, sondern drohte nun auch noch körperlich kaputtzugehen. Und als der Hilferuf meiner Seele nach der Ersterkrankung immer noch nicht ausreichte, um mich wachzurütteln, erlitt ich ein Jahr später einen Rückfall (Rezidiv in der Lunge).

Nachdem ich mich bis dahin mit Händen und Füßen gegen eine psychotherapeutische Behandlung gesträubt hatte, ließ mir mein psychischer Zustand letztlich keine Wahl mehr. Auch auf die Gefahr hin nun vollends unter den Bannfluch des Teufels zu geraten, begab ich mich in die Behandlung eines Psychologen. Doch wie es der Teufel so wollte, geriet ich zunächst an einen Quacksalber, der mir zwar helfen wollte, meinen verheerenden Zustand allerdings auf verschiedene Weise missbräuchlich ausnutzte.

Und da ich mich ohnehin auf gefährlichem Terrain bewegte, war diese

Erfahrung meinem Heilungsprozess nicht gerade zuträglich. Weshalb gefährliches Terrain? Nun ja, mir war lange genug eingehämmert worden, dass all das, was in der *Welt* als Heilmethoden unter den Begriffen Psychologie, Autogenes Training, Yoga, Meditation etc. grassierte, Wege zur Selbsterlösung waren, die die Erlösungstat Jesu, sein Sterben für uns, an die Seite drängten. Doch nicht nur das: In den Augen meiner Eltern und Geschwister gab ich mich dem direkten Einfluss der Dämonen hin.

Und bezeichnenderweise erkannte erst mein fünfter! Therapeut, von insgesamt sieben oder acht Therapeuten, –ich weiß es schon gar nicht mehr– meine »Jesuskrankheit«. Bis dahin hatte ich eine »beispiellose Karriere« mehr oder weniger missglückter Therapieversuche hinter mir, auf die ich wahrlich nicht stolz bin. Dabei hatte eine Fachärztin meine Heilungschancen noch ganz plastisch ausgedrückt: *»Ein Bein –gemeint war meine Kindheit-, das ab ist, lässt sich nicht wieder dranflicken«*. So bin ich über viele Jahre hinweg von Therapeut zu Therapeut gerannt, von Pontius nach Pilatus gefahren, ohne dass eine gravierende Besserung meines Zustandes eingetreten wäre. Und das lag im Kern daran, dass keiner meine ekklesiogene (kirchlich bedingte) Neurose, an der ich litt, (er)kannte.

Ich wagte einfach nicht auszusprechen, wie sehr ich in meiner Kindheit gelitten hatte. So waren die Überbleibsel der immer noch so gnadenlos in mir wütenden »Jesusfratze« für die religiös nicht geschulten Therapeuten einfach nicht zu fassen, geschweige denn zu behandeln. Als ich nach dieser zermürbenden Odyssee endlich Hilfe bekommen sollte, versuchte ich meine Eltern und den Heiland noch immer aus der Schusslinie zu nehmen. Ein Ablenkungsmanöver, das der Therapeut im Nu durchschaut hatte.

So hatte ich ihn allen Ernstes vor meiner Behandlung gewarnt, weil zwei seiner Kollegen über meine Therapie hinweg verstorben waren. Seltsamerweise beeindruckte ihn das überhaupt nicht. Anscheinend wollte oder konnte er einfach nicht begreifen, dass ihr Tod die Strafe für meine Behandlung und zugleich letzte Warnung an mich war, in die Gruppe zurückzukehren. Entsprechend reagierte er dann auch. Richtig, er konnte sich das Lachen nicht verkneifen und entgegnete mir hoch amüsiert: *»Dieses Risiko nehme ich gerne in Kauf«*. *»Gut«*, habe ich gedacht, *»er muss ja wissen, was er tut. Mehr als warnen, kannst du ihn ja nicht. Hoffentlich kommt das dicke Ende für ihn nicht noch«*. Ich mochte ihn und wollte nicht, dass ihm meinetwegen etwas Schreckliches zustößt. Ich weiß, das hört sich völlig irre an, aber so war es. Ich sollte noch vielleicht noch erwähnen, dass er meine Behandlung überlebte.

Mit seiner Unterstützung gelang es mir dann, mich Schritt für Schritt aus dem Teufelskreis der diabolischen Lügengeschichten herauszuarbeiten. Raus aus den unheilvollen Drohungen der Prediger, die in dem tückischen Dogma: »*So steht es geschrieben*« fußten. Dem vermeintlichen Schriftbeweis, mit dem jeder noch so größte Schwachsinn begründet wurde. Meine Kindheitserlebnisse und Glaubenssätze, meine Konformität und Hörigkeit, die grausamen Prediger und meine unerbittlichen Eltern, alles Unverarbeitete in meiner Seele gehörte auf den Prüfstand. Ich war nach wie vor vollgepfropft mit Geboten und Verboten, Trauer und Wut, Unsicherheit und Angst. Und vor allen Dingen mit einem: Schuldgefühlen! All das wartete nur darauf, endlich aufgearbeitet, hinterfragt und ganz allmählich aufgelöst zu werden.

Denn bis dahin hatte ich aus Scham- und Schuldgefühlen fast zwei Jahrzehnte den erlittenen Missbrauch verschwiegen. Ich hatte fatalerweise geglaubt, einfach einen Schlussstrich unter meine Vergangenheit ziehen zu können, und damit wäre die Sache ein für alle Mal erledigt gewesen. Ein verhängnisvoller Trugschluss. In Wahrheit hatte ich den ganzen Müll nur in meinem Unterbewusstsein begraben. Diesen Dreck galt es restlos auszugraben und zu vernichten. So begann für mich ein jahrelanger, ungeheuer schmerzhafter Prozess der Auseinandersetzung.

Ich traute mich zum ersten Mal an historisch-kritische Bibelliteratur heran, immer noch mit der Furcht im Nacken, dafür von Gott mit Krankheit oder einem ähnlichen Schicksalsschlag abgestraft zu werden. Ich las und las, Tag um Tag, Monat für Monat. So verschlang ich ein Buch nach dem anderen. Dabei musste ich wieder und wieder von vorne anfangen, weil »das Neue« einfach nicht hängenbleiben wollte. Die mir in meiner Jugend eingehämmerten lebensvernichtenden Glaubenssätze wollten sich nicht so schnell vertreiben lassen.

Immer und immer wieder musste ich mir die Erlaubnis erteilen, anders zu denken und neu zu fühlen. Mühsam musste ich lernen, Trauer und Wut spüren und zulassen zu dürfen. Ich nahm Kontakt zu einer Selbsthilfegruppe auf und merkte schnell, dass ich in der Welt da draußen ja nicht alleine war. Dass es noch viele andere gab, die ähnliche Erfahrungen gemacht hatten.

Ganz allmählich konnte ich auch den Gedanken zulassen, dass ich Opfer eines gigantischen Betruges geworden war. So schrieb ich mir über Wochen und Monate, tage- und nächtelang meine Verletzungen von der Seele und ließ dabei meine unbändige Wut in die Zeilen fließen. Ich schrieb Briefe an meine psychischen Vergewaltiger, informierte die Öffentlichkeit, Sektenbeauftrage und, und, und.

Mir eingestehen zu müssen, von den Menschen, die mir doch am nächsten standen, missbraucht worden zu sein, hatte mich mit ungeheurer Wucht und mörderischer Wut, aber auch mit Trauer und Angst getroffen. Die Erkenntnis, um meine Kindheit und einen Großteil des Lebens betrogen worden zu sein, war kaum erträglich. So konnte ich nur ganz allmählich den Gedanken zulassen, dass es wirklich meine Nächsten waren, die mich an den Abgrund des Lebens getrieben hatten. Und da ich während der Aufarbeitung unentwegt mit psychischen, aber auch physischen Barrieren zu kämpfen hatte, überkam mich dutzende Male das mulmige Gefühl: *»Da will dich jemand zum Schweigen bringen«; »Kriegt er (Jesus) dich am Ende doch«?* Das fing beim Kloß im Hals an und hörte beim erheblichen Gewichtsverlust auf.

Auch von den eingangs beschriebenen Manipulationsversuchen meiner Mutter: *»Dass dir das (Anm.: Der Bruch meines Schweigens) später nicht noch einmal leid tut«,* ließ ich mich nun nicht mehr unter Druck setzen. Denn als ich damals unter Tränen meinen Missbrauch vor ihr ausschüttete, brachte sie nur mit einem höhnischen Lachen den Satz hervor: *»Das habe ich doch nicht gewusst«.* Kurze Zeit später sollte sie mir dann noch mehrmals die Bitte abschlagen, einen Brief von mir zu lesen, mit der Begründung, *»weil ihr das nicht gut täte«.* Die Frage, was mir als kleiner Junge vielleicht *»nicht gut getan hatte«,* stellte sich ihr nicht.

Und obwohl mir ihre Gefühlskälte ja durchaus vertraut war, hatte ich bis dahin eine derart abgestumpfte Reaktion nicht für möglich gehalten. Und die Krönung des Ganzen war ihr besagter Vorwurf: *»Du weißt ja, dass wir in der Endzeit verfolgt werden müssen«* den sie mir mit bebender Stimme erbost an den Kopf warf. Um dann mit triumphierender Stimme und einem zu einer Fratze verzerrten Gesicht die Drohung hinzuzufügen, *dass Jesus bald zum Gericht wiederkäme: »Und er (Jesus) kommt wieder«.* Und mit den Worten: *»Es war alles eine Gnade«* –damit meinte sie allen Ernstes meine Kindheit-, war sie von einem Moment auf den anderen in *»ihre neue Heimat,* *dem virtuellen himmlischen Jerusalem abgetaucht«.* Mit anderen Worten, das Gespräch war für sie beendet. Keine Frage, ihr himmlischer Meister musste an diesem Tag noch eine Extraportion Trost und Stärkung für sie auspacken.

Und es ist wohl das Tragische, dass sie ihr Leben lang davon geschwärmt hatte, wie die Liebe zu Jesus sie verwandelt hätte, doch in Wahrheit war sie zu einer gefühlskalten, selbstgerechten Person mutiert. Eine Braut Christi, die schon längst in einem Paralleluniversum mit dem Heiland und seinen Engeln hauste. Für mich sowohl als Kind als auch als Erwachsener unerreichbar. Und während sie ihr ganzes Leben dem *Mann der Schmerzen* blind vor Leidenschaft gehuldigt und gedient hatte, verspürte er keinerlei Skrupel, sie zum Ende ihres Lebens hin wochenlang elendig dahinvegetieren zu lassen, bevor er sie dann endlich heimrief. Einen Tod, den ich ihr, trotz allem, so nicht gewünscht habe, und den sie so von ihrem Meister sicherlich nicht erwartet hatte.

Mein Bruder Erich wird seine Kindheit sicherlich anders beurteilen – zumindest um den »Heiligenschein« zu wahren. Seine gelungene Dressur zum Prediger und Aushängeschild der Anstalt ermöglichte es meinen Eltern, ihn Leben lang die Augen vor einem heimtückischen Missbrauch zu verschließen. So haben sie in Wahrheit auch Erich um sein Leben betrogen. Er hat sich lediglich eine Nische in dem Elend gesucht, die ihm ein Überleben gestattete. Durch den Bruch meines Schweigens und dem Gang an die Öffentlichkeit war der Abbruch unserer Kontakte dann unumgänglich, da die Nachfolge Jesu ohne Rücksicht auf Verluste jede Familienbande sprengt. Ein paar Jahre zuvor hatte ich seinen verstörenden Fundamentalismus nochmals zu spüren bekommen.

Und ja, es gibt Momente, da bleibt einem, selbst als ehemaliger hartgesottener Gotteskrieger, die Spucke weg. Und es braucht eine Weile bis man kapiert, es ist bittere Realität, was da gerade passiert. Weshalb? Nun, eines Tages fühlte sich Erich im Beistand meines Vaters berufen, meine damalige Ehekrise im Namen Gottes zu lösen. Aber sicher! Die beiden hatten sich ungefragt Zutritt zu meinem Haus verschafft – legitimiert von ihrem *»König, Priester und Propheten«,* dem Herrn Jesus. Und während mich mein Vater –allen Ernstes- mit den Worten: *»Auf die Knie, jetzt wird gebetet«* lautstark aufforderte, niederzuknien und Buße zu tun, drohte mir mein Bruder unverhohlen damit, meine Kinder –damals waren sie vier und zwei Jahre alt-, ihrer Gemeinde einzuverleiben. Dabei klangen sie wie gehetzte Tiere, denen Jesus unser eingerahmtes Gelöbnis: »*Ich aber und mein Haus wollen dem Herrn dienen*« wie eine Pistole an die Schläfe drückte.

Und weil die Situation zu eskalieren drohte, war ich damals drauf und dran gewesen, die Polizei zu rufen. Leider Gottes, ja! Ihre bedingungslose Hingabe an ihren Meister hatte aus zwei an sich liebenswerten Zeitgenossen mörderisch intolerante Fundamentalisten geformt. Verbohrte Fanatiker, die bereit waren, für ihren Glauben über Leichen zu gehen. Ich sollte noch erwähnen, dass sie mir Jahre zuvor beim Bau meines Hauses tatkräftig unter die Arme gegriffen hatten – meine Eltern auch finanziell. Mit Geld, das ich noch Jahre später für die zahllosen Therapien bitter nötig haben sollte. Das alles natürlich in dem felsenfesten Glauben, ich würde bald in ihre »Heil«Anstalt zurückkehren. Das Ergebnis ist bekannt.

So habe ich mit meiner radikalen Umkehr nicht nur die Kirche, die Prediger und meine Eltern über Bord werfen müssen, sondern Gott, Jesus und das ganze Christentum gleich mit. Und dort, wo einst Jesus mit seinen Geboten und Verboten mein Leben regierte, herrschte zunächst ein riesiges Vakuum, das ich bis zum heutigen Tage lernen muss, neu zu füllen. Für meine Eltern und die Gemeinde dagegen hatten sich mit dem Bruch meines Schweigens und der schonungslosen Abrechnung mit ihrer Gemeinschaft, spätestens jedoch mit meinem Auftritt in der Fernsehsendung –»*Abgerichtet- Kindheit in einer Sekte*«- die zahlreichen biblischen Verheißungen, in denen Jesus ihnen Verfolgung angekündigt hatte, erfüllt. Bekanntlich war es ihr Meister höchstpersönlich, der ihnen prophezeit hatte, dass »*sie in den letzten Tagen Verfolgung erleiden müssten, und die eigenen Hausgenossen zu ihren Feinden würden, bevor sie im Himmel dafür belohnt werden*« (*Matthäus 10, 21 u. 36 u. Matthäus 5,11*).

Nur so ließ sich auch der bundesweite gegen mich gerichtete Gebetsaufruf vor der TV-Sendung erklären, von dem ich tags zuvor durch einen anonymen Anruf eines Mitglieds einer Bielefelder Gemeinde Wind bekommen hatte. Weshalb sich allerdings der Heiland einen Teufel um all ihre Gebete geschert hatte, wird wohl sein Geheimnis bleiben! Das Geheimnis eines Toten. Denn eine Gebetserhörung hätte die vielen wütenden Anrufe und Briefe an die Redaktion überflüssig werden lassen. Und so unerquicklich sie ihre Verfolgung auf der einen Seite auch empfunden haben mögen, werden sie sich auf der anderen Seite doch wie echte Märtyrer gefühlt haben, als sich dieser weitere, für sie so bedeutsame Gottesbeweis einstellte.

Daher wird auch dieses Buch für christliche Fanatiker zu einer Bestätigung der eigenen Position. Denn kritische Denkanstöße sind nun mal das letzte, was Strenggläubige, die ihr Leben allein nach der Bibel ausrichten, ins Grübeln kommen lässt. Und wenn jemand etwas glaubt bzw. glauben will, dann ist Feierabend mit jeder Diskussion. In einer heilen, spirituellen Welt, in der eigene, vermeintliche Gotteserfahrungen mit den Worten: »*Ich habe es doch erlebt*«, zum Maß aller Dinge erhoben werden und die Ungläubigen deshalb bekehrt werden müssen, wird jeder aufklärerische Gedanke als persönlicher Angriff empfunden. Wie sagte es der legendäre Kabarettist Werner Finck so schön: »*Auch die Bretter, die manche vor dem Kopf haben, können die Welt bedeuten*«. Wie wahr!

Am Ende des Tages kann ich resümieren, dass es mir seit meiner Auseinandersetzung besser geht als jemals zuvor. Die Striemen und Kerben, die man in mich kleinen Jungen geprügelt hat, durften im Rahmen meiner Aufarbeitung endlich Linderung erfahren. Wobei mir eines im Laufe der Jahre und Jahrzehnte immer deutlicher geworden ist, sie werden mich bis an mein Lebensende immer wieder in Gestalt von Schuldgefühlen, Ängsten und Zwängen quälen. Wie ein Stachel im Fleisch wirken der erlittene Missbrauch und das anerzogene schlechte Gewissen bis heute nach. So kann ich aus tiefstem Herzen sagen, dass mich die in der Freikirche gelebte fanatische Frömmigkeit einen Großteil meines Lebens gekostet hat – geopfert für eine gigantische Mogelpackung.

Unendlich stolz und glücklich bin ich, dass es mir mit meinem Ausstieg gelungen ist, meine Kinder vor einem ähnlichen Schicksal, wie dem meinen, bewahrt zu haben. Das gilt umso mehr, weil meine Eltern und Erich nie in ihrem Bemühen locker gelassen hatten, meine Familie in ihre »Heil«Anstalt zu ziehen. Ich denke da nicht zuletzt an die kleinen christlichen Pixi-Heftchen, diesen jugendgefährdenden geistlichen Müll, mit deren Hilfe sie meine Kinder unablässig anlockten und zu manipulieren versuchten. Ohne meinen Ausstieg wäre ihr Schicksal vorgezeichnet gewesen, und sie hätten keine Chance gehabt, einem fundamentalistischen, ausschließlich nach der Bibel ausgerichteten Leben zu entkommen. Ein wahrhaft schockierender Gedanke!

Nicht zuletzt möchte ich mit diesem Buch aber auch Mut zum Ausstieg machen. Für ein selbstbestimmtes Leben in Freiheit ist es nie zu spät. Und wenn dieses Buch dazu beitragen kann, Erziehungsberechtigte und Verantwortliche in christlichen Gemeinschaften, aber auch in den großen Volkskirchen für einen kritischeren Umgang mit christlichen Geboten und Verboten zu sensibilisieren, dann war mein Martyrium nicht vergebens. Es darf einfach nicht sein, dass sich Eltern irgendeinem überirdischen Geistwesen mehr verpflichtet fühlen, als dem Wohlergehen der eigenen Kinder.

Anmerkung zu den Predigtmitschnitten

Bei den in diesem Buch rezitierten Predigtmitschnitten auf Audiodateien handelt es sich um Aufnahmen und Aussagen aus späteren Jahren bzw. Jahrzehnten, die jedoch in meiner Kindheit von denselben oder anderen Predigern genauso oder ähnlich gefallen sind. Insoweit lässt sich auch festhalten, dass praktizierter Fundamentalismus keine Frage von Jahren oder Jahrzehnten ist, sondern immer mit den gleichen Problemen behaftet ist.